ESG경영 시대의

메타버스와 고객관계관리

김승욱

박영사

머리말

고객관계관리란 무엇인가?

관계라는 단어는 홀로 단독적으로 쓰일 때는 다소 어색해 보이지만, 이미 우리 사회에서 너무 흔하게 보편적으로 사용하고 있는 단어이다. 예를 들어, '가족관계', '남녀관계', '혈연관계', '인간관계' 등 무수히 많은 일상 속에서 우리는 '관계'라는 단어를 아주 흔하게 사용하고 있음을 알 수 있다. 특히, 기업이 고객에게 서비스 제공에 실패하는 경우가 발생했을 때 기업과 좋은 관계를 맺은 고객은 기업의 서비스 실패를 더 잘 용서하며 기업의 서비스 회복 노력에 좀 더 우호적이라는 것을 알 수 있다.

따라서 기업은 고객을 '우리(we)'라는 '관계(relationship)' 속으로 끌어들여야 한다. '우리'라는 관계 속으로 끌어들이고 좋은 관계를 지속하기 위해서는, 단순히 표면상의 드러나 고객의 요구사항들을 단순 대응적으로 응대하는 것이 아니라 더 나아가 고객의 필요성을 선제적으로 예측하고 관리해야 한다. 또한 고객의 숨겨진 마음을 읽고 적절하게 해석하여 고객 내면의 깊숙한 곳까지 고객의 마음을 이해하고, 동병상련의 심정으로 고객의 필요성을 공감해야 한다.

즉, 관계경영이란 신규고객 획득, 기존고객 유지, 고객 수익성 증대 등을 위하여 차별화된 마케팅 활동을 통해 고객행동을 이해하고 고객과의 장기적인 관계 형성을 통하여 고객의 평생 가치를 극대화하여 기업의 수익성을 높이는 경영활동이라고 할 수 있다.

ESG 경영 시대의 고객관계관리

최근 들어서 ESG 경영과 투자에 대한 논의 및 대응방안 마련에 대한 우리나라 대기업 및 중소기업들의 준비가 다양하게 이루어지고 있다. 얼핏 보면 ESG 경영과 고객관계관리 및 메타버스가 잘 연결되지 않는 것처럼 보이지만, 보다 기업 전반의 통찰력을 갖고 고객의 시각으로 바라보면 앞으로 스마트한 고객들은 상품이나 서비스를 받으려 할 때 ESG 인증 태그가 있는지 없는지에 따라서 구매 의사결정을 하려고 할 것이다. 이미 ESG ETF와 같은 금융상품이 출시되어 ESG를 충실히 이행하는 기업들에 대해서 투자가 실행하고 있으며 이러한 투자 결과로는 ESG 경영을 잘 실행하는 기업들에게 투자금이 집중되게 된다. 이에 따라 이러한 기업들은 더 발전하게 되고 성장하게 되는 결과를 가져올 수 있다. 이처럼 고객관계관리의 시각에서도 많은 글로벌 기업들은 자신의 상품 및 서비스가 고객의 선택을 잘 받기 위해서는 자신의 기업이 ESG 경영에 충실하게 참여하고 있는 등급이나 점수 등이 다른 기업들에 비해서 높다는 것을 공시하고 고객들에게 인정받아야 한다. 즉 현재 기업 경영에 있어서 또 다른 중요 변수가 ESG 관계 변수이다.

ESG 경영에 대해서 간략히 살펴보면 다음과 같다. ESG 경영이란 기업이 비재무적 성과를 창출하기 위한 비즈니스 모델을 구축하여 운영하는 것을 말하며, 이는 새로운 개념이 아니라 지속가능경영의 발전 패러다임 상에서 가장 최근까지 발전된 개념이다. ESG 경영은 기업의 목적이 '주주'에서 '모든 이해관계자'의 이익 창출로 재정의되면서 확산되었고, 기업이 장기적으로 리스크를 줄이고 가치를 창출함으로써 '지속가능성'이라는 궁극적인 목표를 달성하는데 필요한 경영이다. 즉, ESG는 환경(Environment), 사회(Social), 지배구조(Governance)의 약자로 기업의 비재무적 성과를 나타내는 요소이며, 기업이 경영 전략을 실행하고 리스크를 관리하여 기업 가치를 높이는 데 영향을 미치는 환경, 사회, 지배구조에 관한 요인을 말한다.

ESG의 각 요소를 간단히 살펴보면 다음과 같다.

먼저, E(환경)에서 가장 중요한 개념은 탄소중립이다. 탄소중립이란 대기 중 이산화탄소 농도 증가를 막기 위해 인간 활동에 의한 배출량은 최대한 감소시키고, 흡수량은 증대하여 순 배출량이 '0'이 된 상태를 의미한다.[1] 세계 각국은 재생에너지 100% 사용(RE100), 녹색분류체계(Taxonomy), 탄소배출권 거래제(ETS), 탄소국경조정제도(CBAM) 등 탄소중립 달성을 위해 정책과 법안 등을 추진하고 있다.

S(사회) 영역의 주요 화두는 DEI(Diversity, Equity and Inclusion, 다양성, 형평성, 포용성)이다. 이는 성별, 인종, 연령, 배경, 성적 지향, 장애, 종교 등에 관계 없이 공정한 기회를 제공하고 포용적인 조직 문화를 조성하는 것은 의미한다. DEI는 기업의 생존에 중요한 영향을 미치는 요소이다. 다양성은 혁신을 촉발하며, 기업의 회복력을 강화시킨다.[2] 글로벌 기업들은 DEI를 적극적으로 추구하는 추세이다. 트레일리언트(Traliant)의 2021년 조사에 따르면 기업의 79%가 2022년에 DEI에 대해 더 많은 예산을 할당할 것이라고 응답하였다.

G(지배 구조)의 핵심 쟁점은 건강한 의사결정체계를 통해 투자자와 주주를 포함한 주요 이해관계자를 보호하는 장치를 갖추는 것이다.[3] 투명한 지배구조는 뇌물 수수, 사기 및 부패를 방지하여 자본 비용이 낮아지고 변동성이 낮아지는 등 긍정적인 영향을 미친다. 러셀 인베스트먼트의 조사에 따르면 투자 의사 결정시 영향을 미치는 ESG 요소를 묻는 질문에 지배구조가 82%로 가장 많이 응답되었다.[4]

1 탄소중립 녹색성장위원회

2 다양성, 비즈니스 의무사항, BCG

3 ESG 경영과 지배구조: 이사회 및 위원회 운영 방안, 법률신문

4 2020 Annual ESG Manager Survey, Russell

메타버스 디지털 공간서도 관계관리가 중요.

지난 2-3년간 우리는 사회적 거리두기(social distance), 격리(quarantine), 줌 미팅(ZOOM meeting), 인공지능 키오스크 등 과거 전혀 들어보지 못했던 단어들과 익숙한 하루하루를 보내고 있다. 과거에는 친한 사람들과의 언제든지 편안하게 만나왔던 즐거움들이 언택트 시대에는 어쩌다 힘들게 만나는 모임들도 매우 소중한 추억으로 기억되었으며 추억이 없는 일상이 일상화되기도 하였다.

하지만, 언택트 환경의 장벽을 해결하고 관계의 끈을 이어나가는 방법으로 '사회관계망서비스(SNS)'라고 불리는 페이스북이나 인스타그램 등과 같은 곳에서 직접 대면하지 못한 친구들이나 가족들의 새로운 게시물에 대해서 '좋아요'라는 버튼을 한번씩 눌러주면서 서로의 관계가 단절되지 않았다는 행동을 하기도 하고 댓글로 다양한 의견을 나누기도 한다.

따라서 현재와 같은 디지털 시대에 고객관계관리를 잘하기 위해서는 다양한 빅데이터를 분석하되 그 데이터 속에 감춰진 고객의 마음을 이해하고, 고객의 더 깊숙한 비즈니스를 예측하기 위해서 기업은 학습하고 노력해야 한다.

다른 차원의 이야기이긴 하지만 우리가 일상적으로 사용하는 콜 센터를 이용하는 경우 아무런 감정이 없는 채팅 로봇을 통해 문제해결이나 서비스를 예약하는 방식이 향후 더욱 보편화되겠지만 아직까지는 상담원과의 대화를 통하여 문제를 풀어나가는 음성 서비스 방식에 더 익숙한 세대들을 위해서 기업으로서는 디지털 방식이면서 인간의 감성도 어느 정도는 작동되는 제대로 된 인공지능 로봇의 서비스 제공을 제공할 수 있어야 한다.

메타버스 서비스 환경에서 기존의 '고객과 기업' 또는 '사람과 사람' 간의 관계 맺기라는 자연스러운 행위들이 디지털적인 관계가 어떻게 표현되며 이어나갈지에 대한 궁금증이 생긴다. 메타버스 환경에서는 과거의 아날로그적인 관계를 이어가기가 어렵기 때문에 디지털 관계관리가 사라질 것이라고 생각하는 사람들도 많다. 하지만 메타버스 기술이 가상세계에서 몰입할 수 있는 보다 현실감 있는 기술로 발전하면 디지털 광고나 마케팅 등에서 사람들이 메타버스 사용성을 더욱 높일 수 있으며 일상생활에서 하는 일들이 머지 않아 메타버스에서 가능할 것으로 예측되기 때문에 메타버스는 훨씬 디지털적으로 고객들과 좋은 관계 맺기에 매우 유용한 서비스 환경을 제공해 줄 수 있다고 생각한다.

저자 김승욱 배상

제1부 고객관계관리의 이해

1장 고객관계관리의 기본원리 · 3

2장 고객관계관리의 핵심영역 · 37

3장 콜 센터와 고객관계관리 · 59

4장 모바일 세일즈와 서비스 · 95

제2부 서비스 마케팅과 고객관계관리

5장 서비스 마케팅과 고객관계관리 · 129

6장 고객 확보 전략과 고객관계관리 · 153

7장 레트로(Retro) 경영과 고객관계관리 · 175

제3부 빅데이터와 고객관계관리

8장 빅데이터 분석과 활용 · 195

9장 빅데이터 분석과 고객관계관리 · 217

10장 빅데이터 활용과 고객분석기법 · 239

제4부 메타버스 서비스의 이해

11장 메타버스 서비스의 개념과 특징 · 269

12장 메타버스 서비스의 산업 동향 및 활용 · 293

13장 메타버스 플랫폼의 종류 및 특징 · 319

제5부 메타버스 플랫폼의 활용

14장 메타버스와 서비스 경험 관리 · 345

15장 메타버스와 정부 및 지방 행정 서비스 · 371

제1부

고객관계관리의 이해

1.1 고객관계관리의 등장배경
1.2 CRM의 정의 및 특징
1.3 CRM의 영역과 종류
1.4 CRM의 성공적 접근 방안

고객관계관리의 기본원리

01 고객관계관리의 기본원리

대학의 강의실에서도 많은 학생들은 수업시간에도 특별한 이유 없이 스마트폰을 책상 위에 꺼내놓고 자신이 가입한 페이스북, 트위터, 밴드, 라인 등과 같은 온라인 채팅 서비스에서 실시간으로 올라오는 친구들의 다양한 실시간 지저김(twitter)들에 마음을 빼앗기고 함께 참여하려 한다. 이 모습을 통해 사람들은 어디엔가 항상 연결되어 있고 작은 일상들도 함께 나누려는 노력을 하는 데 적지 않는 시간을 빼앗기며 서로간의 좋은 관계를 유지하기 위해서 많은 노력을 기울인다는 점을 알 수 있다.

기업은 고객의 마음을 이해하고, 고객의 더 많은 정보를 획득하기 위해서 노력하고, 기존의 남남이던 관계에서 발전하여 '우리'라는 관계발전의 단계에 이르기 위해서 함께 추억을 공유해야 한다. 기업과 고객이 '우리'라는 단계에 이르러야만 서로에게 신뢰가 쌓이고 고객만족의 수준과 충성도가 더 높아지기 마련이다. 관계라는 단어는 홀로 단독적으로 쓰일 때에는 다소 어색해 보이지만 이미 우리 사회에서 너무 흔하게 보편적으로 사용하고 있는 단어이다. 예를 들어, '가족관계', '남녀관계', '혈연관계', '인간관계' 등의 단어를 통해 우리는 무수히 많은 일상 속에서 관계라는 단어를 아주 흔하게 사용하고 있음을 알 수 있으며, 이들의 관계 속에는 좋은 또는 그렇지 않는 시간의 추억들이 축적되어 있는 것이다. 기업이 고객에게 서비스제공에 실패해도 기업과 강력한 관계를 가진 고객은 서비스실패를 더 잘 용서하며, 좋은 추억을 회상하며 기업의 서비스회복노력에 좀 더 우호적이다.

작은 기업이건 큰 기업이건 간에 고객과 '우리'라는 좋은 감정적 관계를 맺기란 쉬운 것은 아니지만, 그만한 가치는 충분히 있다. 고객은 구매 과정상에 좋은 추억이 있어 좋은 관계를 형성한 기업의 상점에 더 많은 재방문의 의도를 가지고 있다는 것이 최근 연구의 결과이기도 하다. '우리'라는 좋은 감정적 추억을 맺게 된다면, 손님이 아니라 매일 가족을 만나게 되는 것이고, 가족과 거래하는 것이기 때문에 신뢰를 바탕으로 하는 거래가 고객과 기업 간에 장기적으로 이루어진다.

1.1 고객관계관리의 등장배경

최근 고객관계관리(이하 CRM: Customer Relationship Management)에 대한 관심은 가히 폭발적으로 급증해 몇 해 전 전사적자원관리(ERP: Enterprise Resource Planning)를 중심으로 했던 정보기술 및 경영혁신의 화두가 이제는 CRM에 그 대세를 넘겨준 듯한 인상을 준다.

그 이유에 대해서는 여러 가지 측면으로 분석해 볼 수 있지만, 그동안 기업들의 경영혁신 활동 또는 대규모 정보시스템의 투자 목적들이 내부(internal)의 효율성, 즉 품질(quality), 비용(cost), 시간(time), 서비스(service) 등에 초점을 두고 내부의 프로세스를 혁신시키고 이에 근거한 정보시스템의 도입이 대부분이었다. 그러나 이제 IMF를 거쳐 오면서 기업은 실제로 고객을 통하여 수익을 창출해야 기업이 생존할 수 있다는 철저한 미국식의 비즈니스 규칙(rules)에 대해서 배우기 시작하였다.

따라서 고객관계관리는 내부의 프로세스 및 정보시스템의 효율성에 기반을 두고 철저하게 고객의 전 생애단계(life stage)에 근거하여 고객으로부터 실제적인 이익을 창출하는 데에 그 목적을 두고 있다. 기존의 한국 기업들은 생산과 판매 그리고 이익창출이 연결된 하나의 비즈니스라고 보기보다는 일단 금융기관 또는 정부로부터 자금조달을 통하여 제품을 생산하고 그 이후에 이익이 창출되건 손해를 보건 일단 만들고 보자는 식으로 기업을 운영해 온 것이 명백한 사실이었다. 결국 기업은 하나의 제품을 생산해서 얼마만큼의 이익을 내느냐에 목적을 두는 것이 아니라 누가 더 많이 생산하는지 또는 누가 더 규모의 경제를 통해서 제품을 생산하여 시장을 확보하는지에 대해서만 관심을 둔 것이 사실이다.

그림 1-1 CRM의 등장 배경

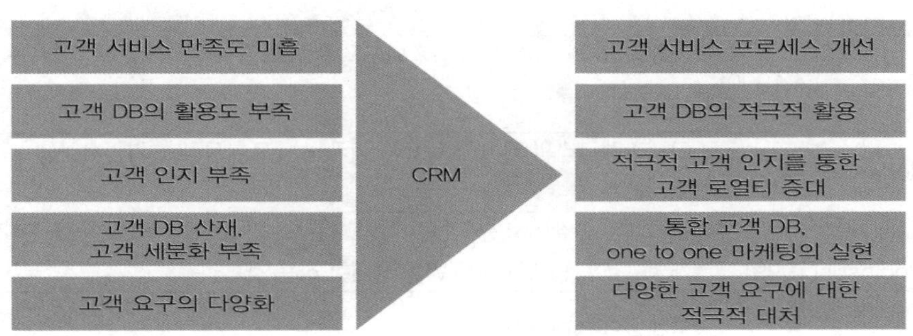

즉, 한국 기업의 경우 1970년대까지 공급자가 대중을 상대로 일률적인 활동을 펼치던 것이나, 1980년대 이후에 판매자 관점으로 전환을 시도하여 영업부문의 강화와 유통망의 통합, 생산과 판매의 결합을 시도하던 것이 이에 해당된다. 그러나 생산성향상 노력은 지속됨에 따라서 효과가 점차 작아지기 마련이고 1%의 생산성향상에 요구되는 노력은 과거에 비해 더욱 커지게 되었다.

이와 같이 제품이나 서비스를 위한 기업들의 치열한 경쟁으로 고객들의 충실도가 점차 낮아지자, 기업에 대한 고객의 기여도를 인정하고 이에 대한 적절한 보상을 통해 고객을 계속 붙잡아 두려는 노력이 나타나게 되었다.

회사에 대한 고객의 충실도를 높이는 데 있어서는 고객 개개인의 성향에 맞는 서비스를 제공하는 것이 가장 효과적인 방법이 된다. 이에 따라 개별고객에 대한 차별화된 서비스의 제공을 위해 고객에 대한 정보를 전략적 자산으로 인식하고 고객의 활동을 측정하고 분석할 수 있는 DBM(Database Management)이나 데이터마이닝이 CRM의 주요 부분으로 인식되고 있다.

표 1-1 고객관계관리의 선행연구

연구자	개념적 정의
Groöonroos(1990)	거래당사자들의 목적이 충족되도록 관계를 구축 및 유지·향상시키는 활동
Kotler(1997)	고객관계관리의 궁극적 목표는 마케팅 네트워크라는 기업자산을 구축하는 것
Kalakota, Robinson(1999)	전사적인 관점에서 통합된 마케팅, 세일즈 및 고객서비스 전략을 통해 개별고객의 평생가치(LTV)를 극대화 하는 것
Peppers, Rogers, Dorf(1999)	고객과의 일대일 마케팅
Imhoff, Gentry(2000)	기업이윤을 촉진하기 위한 전략
Raaen(2000)	마케팅 역량, 세일즈 역량, 고객 서비스 역량으로 구성됨
Buttle(2001)	고객관계관리는 우량고객과의 호혜적 관계를 장기적 관점으로 개발하고 유지하는 전략
Buttle(2001); Parvatiyar, Sheth(2001)	고객과의 관계를 강화하기 위한 목적을 가진 일종의 경영전략
Ryals, Knox(2001)	더 많은 고객을 확보하기 위한 고객 지향적 활동
Woodcock et al.(2003)	기술적인 용어이며, 고객관계를 위해 기업이 사용하는 상거래 기능 정도임.
Kellen(2002)	크게 기술, 고객 라이프사이클, 전략을 중심으로 고객과의 관계를 구축하는 것
Rigby et al.(2002)	고객 관련 전략수립과 고객 관련 업무 활동을 지원하는 전반적인 시스템
Llamas, Sule(2004)	관계마케팅의 관점에서 해석(관계, 네트워크, 상호작용)
Zablah et al.(2004)	고객과의 관계 유지를 통한 기업의 이익을 최대화 하는 것
Boulding, Staelin, Ehret, Johnston(2005)	기업과 고객가치를 동시에 충족시키는 시스템
Payne, Frow(2005)	주요 고객과 고객세분화를 통한 적절한 관계를 유지하고 개발하는 것
Ryals(2005)	고객 포트폴리오를 적절하게 관리하는 것
Richard, Jones(2008)	고객지식의 창출 및 관계구축을 통해 가치 있는 고객을 확보하는 것

자료: 이득규(2011), “고객관점에서의 고객관계관리 활동(CRM) 척도개발,” 숭실대학교 대학원 박사학위논문, p. 26.

고객관계관리를 광의의 개념으로 해석해서 고객관계관리가 곧 마케팅이라는 견해와 함께, 고객관계관리를 마케팅 활동의 일부로 보는 협의의 견해도 있다. 고객관계관리를 광의의 개념으로 해석하는 대표적인 연구자는 Grönroos(1990)이다. 그는 '마케팅이란 고객이나 다른 파트너들과의 관계를 구축 및 유지 그리고 향상시키는 것'이라고 정의하면서, 고객과의 관계관리가 곧 마케팅자체라고 주장하고 있다. 이와 함께 Morgan, Hunt(1994)에 의하면, '성공적인 관계를 구축하고, 발전 및 유지시키는 모든 활동'이라고 정의하기도 하였다.

반면 Bickert(1992)는 고객관계관리를 협의의 개념으로 해석하면서, 고객관계관리를 '촉진 측면을 강조한 데이터베이스 마케팅'이라 주장하였다. 또한 Vavra(1992)는 '판매 후 고객을 유지하기 위해 사용되는 여러 전술 중 하나'라고 주장하기도 하였다. 그리고 '데이터베이스 마케팅'이라는 주장과 함께 Electronic 마케팅, After 마케팅이라는 주장도 있다.

그러나 가장 중요한 변혁의 원인인 인터넷의 등장으로 CRM은 더욱 중요한 위치를 차지하게 되었다. 클릭 한 번으로 모든 경쟁 상품을 한눈에 파악할 수 있게 되어 고객의 선택이 과거에 비해 훨씬 더 넓어졌기 때문이다. 고객이 마음만 먹으면 언제든지 경쟁사의 서비스를 이용하거나 제품을 구매할 수 있게 된 스마트 비즈니스 환경에서 고객을 계속 붙잡으려는 노력은 기업의 생존과도 직결되는 활동으로 이해되고 있다.

또한 인터넷은 고객정보획득이라는 측면에서도 중요한 의미를 가진다. 과거 오프라인 비즈니스에서 고객정보는 그 획득에 있어 양이나 질적인 면에 있어 많은 문제를 가지고 있어서 CRM의 가장 큰 장애 요인이었으나, 인터넷의 등장으로 사람의 간섭을 최소화하면서 다수의 고객에 대한 정확한 정보를 얻을 수 있게 되어 1:1 마케팅의 개인화가 보다 저렴하게 구현될 수 있게 된 것이다.

앞서 이야기된 CRM의 등장배경 및 목적에 대한 내용을 정리해 보면 다음의 4가지로 축약될 수 있다.

(1) 시장의 변화

시장의 규제완화로 인하여 새로운 시장으로의 진입 기회가 늘어남에 따라 동일업종에서의 경쟁사가 많아지기 시작했다. 시장의 성숙에 의해서든 또는 전반적인 경제침제 때문이든, 시장의 수요가 별로 늘지 않는 상황에서 공급자들이 늘어나고 대체될 만한 상품이나 서비스가 많아지면서 그 시장은 실제 수요자가 중심이 되는 구매자시장(buyer's market)으로 변화하였다. 한정된 시장을 놓고 판매업체 사이에는 경쟁이 심화되기 마련이다. 시장에서 실세를 갖고 있는 고객들은 각자의 선호와 욕구에 맞는 상품과 서비스를 찾기 때문에 기업들은 전과 같이 고객을 동질적 집단으로 간주하고 무차별적으로 공략하는 매스 마케팅 방식에 더 이상 의존할 수 없게 되었다.

이러한 시장 상황에서 고객에 대한 정보를 바탕으로 전략적인 고객세분화를 통하여 목표고객군, 더 나아가서 개별화된 목표고객을 설정하고, 그에 적절한 마케팅믹스를 기획하고 실행하여 기존고객과의 관계를 강화해야 할 필요성이 대두되었다.

(2) SNS의 급격한 발전

1990년대 말에는 친구 찾기와 같은 새로운 SNS 기술들이 개발되었다. 그 후 2000년대에 미국에선 2002년 프렌드스터(Friendster), 2003년 마이스페이스(My Space)와 링크드인(Linked In) 등이 등장했고, 우리나라에선 대표적으로 싸이월드가 등장하면서 본격적인 SNS가 시작되었다. 그리고 현재 SNS 이용률이 가장 높은 페이스북은 2004년에 마크 주커버그가 개발하면서 본격적으로 전 세계 사람들에게 퍼져나갔다. 그러나 SNS가 폭발적으로 증가하기 시작한 것은 스마트폰이 본격적으로 보급되고 나서이다. 스마트폰을 통해서 사람들이 SNS에 접근하기 쉬워졌기 때문이다.

(3) 고객의 변화

최근 들어 어느 시장을 막론하고 고객들이 갖고 있는 필요와 욕구가 다양화되고 있으며, 이러한 고객의 필요와 욕구는 고객조차 모를 정도로 끊임없이 변화하여 고객만족은 더욱더 복잡해져 가고 있는 실정이다. 비록 상품 자체는 만족한다 할지라도 고객은 끊임없이 더 나은 서비스나 차별화된 대우를 요구하는데 이것이 바로 관계에 대한 가치이다.

이러한 현실에서 끊임없이 변화하는 고객의 필요와 욕구에 부응하여 고객과의 관계를 유지하고 적절한 상품과 서비스의 차별화를 통해 장기적으로 기업의 경쟁적 우위를 고수하는 것이 현재 기업들의 당면과제이다. 이를 위해 많은 기업들은 고객중심적(customer-centric)인 경영 방식인 CRM의 도입을 서두르고 있고, CRM은 기업의 필수적인 전략적 선택이라는 생각이 보편화되고 있는 것이다.

(4) 마케팅 커뮤니케이션의 변화

기존 매스 마케팅 방식의 비효율성은 광고를 비롯한 마케팅 커뮤니케이션 방식에서도 나타난다. 고객의 이질성이 심해지고 이로 인해 시장이 점점 세분화되어 가고 있을 때, 뚜렷이 차별화되지 못한 획일적인 메시지를 불특정다수의 고객에게 반복하여 뿌리는 매스 미디어상의 브로드캐스팅 광고는 더 이상 효과적이지 못하다.

따라서 광고의 효율성을 높이기 위해서는 우선 구체적인 광고의 목표를 세우고 이를 달성하기 위한 목표고객을 찾아낸 후에 그들의 필요나 욕구를 채워줄 수 있는 상품이나 서비스에 대한 차별화된 광고 메시지를 선별하는 것이 필요하다.

또한, 광고는 단순히 상품이나 서비스를 고객에게 알리는 목적으로가 아니라, 고객과의 장기적인 관계유지라는 관점에서 전체적인 커뮤니케이션으로 이해하고 그에 맞는 활동을 전개하는 것이 광고의 효율성을 높이기 위한 방안이다.

1.2 CRM의 정의 및 특징

CRM은 고객에 대한 정보를 수집하고, 수집한 정보를 분석한 후, 효과적으로 활용함으로써 고객을 적극적으로 관리하고 유지하며, 고객의 가치를 극대화시키기 위한 기업 마케팅전략이 IT 기술과 결합한 것이라 할 수 있다.

따라서 이를 통해 충성고객의 유지 비율을 향상시킬 수 있고 또한 고객의 이탈로 인한 손실을 최소화할 수 있다. 잠재고객의 활성화로 기업의 수익을 증대시키며 효율적인 마케팅 활동을 통해서 비용절감효과를 얻을 수 있다.

(1) CRM의 주요 정의들

최근에는 기업의 사업규모가 확대되고 제품과 서비스의 복잡성이 증가함에 따라 기존 CRM 시스템에서의 문제점들도 속속 나타나고 있다. 고객수요에 대한 비탄력적, 비대면 판매와 비대면 서비스의 증가 및 채널의 다양화, 고객질의의 폭증 및 다양화, 전문 고객 서비스 인원의 인건비 증가, 시간과 장소의 제약 등 전통적인 CRM 시스템이 처리하지 못하는 부분들이 늘어나고 있으며 B2B, B2C 전자상거래의 급성장에 따라 기업들은 고객 서비스 향상에 더 많은 관심이 필요하게 되었다. 이런 기업의 시장환경 변화에 따라 기존 CRM은 웹기능을 추가하여 인터넷 채널을 중심으로 하는 e-CRM으로 발전하고 있다. 몇 가지 주요한 CRM의 개념 및 정의는 다음과 같다.

가. Pricewaterhouse Coopers

CRM은 '기업들이 고객행동을 통해 경영성과를 높이고자 전략, 프로세스, 조직, 기술 등을 변화시켜 나가는 과정으로서 이를 위해 고객에 대한 지식을 획득하고 이러한 지식을 다양한 경로를 통하여 이용하며, 이를 통하여 수익을 늘리고 운영상의 효율성을 도모하는 활동'이다.

이는 크게 고객에 대한 학습단계와 학습을 기반으로 한 고객에 대한 대응단계의 두 가지로 구분하여 이해할 수 있는데, 이렇게 고객행동을 이해하고 영향을 주게 되면 수익성이 확대되고 기존고객을 유지하며 신규고객을 획득하는 것이 가능해진다.

나. 가트너 그룹

고객관계관리는 '신규고객 획득, 기존고객 유지, 고객수익성 증대 등을 위하여 지속적인 커뮤니케이션을 통해 고객행동을 이해하고 영향력을 주기 위한 광범위한 접근으로써 고객에 대해 학습하고, 학습된 내용을 바탕으로 고객에 대응하는 계속적인 반복 과정'이라고 정의하고 있다.

또한 고객과 관련된 기업의 내·외부 자료를 분석, 통합하여 고객특성에 기초한 마케팅 활동을 계획하고 지원하며, 평가하는 과정으로서 고객에 대한 정확한 이해를 바탕으로 고객이 원하는 제품과 서비스를 지속적으로 제공함으로써 고객을 오랫동안 유지시키고 결과적으로 고객의 평생가치를 극대화하여 수익성을 높일 수 있는 통합적 고객관리시스템이다.

다. Flanagan & Safdie

무엇보다 중요한 것은 'CRM이 단순히 정보기술에 의해 이루어진 시스템이라기보다는 하나의 프로세스'라고 주장한다.

라. Carlson Marketing Group

'마케팅 담당자를 포함한 모든 구성원과 고객에게 조직에 대한 긍정적인 선호도를 형성하여 고객유지율과 경영성과 모두를 향상시키는 전략'이라고 정의한다.

마. 한국 소프트웨어 산업협회

'기업이 보유하고 있는 고객 데이터를 수집, 통합, 가공, 분석하여 고객 개개인의 특성에 맞게 마케팅 활동을 계획, 수행, 평가, 수정하는 일련의 과정'이다.

(2) CRM의 특징

한편, 고객관계관리가 과거 기업이나 학계에서 제시되었던 데이터 마케팅과 차별되는 점은 다음과 같이 크게 3가지로 설명할 수 있다.

가. 시장점유율보다는 고객점유율에 비중을 둔다.

기존고객 및 잠재고객을 대상으로 고객유지 및 이탈방지, 타 상품과의 연계 판매(cross-sell) 및 수익성이 높은 상품을 판매하기 위한 상향판매(up-sell) 등 1:1 마케팅전략을 통해 고객점유율을 높이는 전략이 필요하다.

이를 위해서는 기업의 고객을 여러 가지 기준으로 분류하는 작업이 선행되어야 한다. 어느 고객이 우리 기업에게 가장 가치있는 고객인가? 어떤 고객이 다른 회사로 이탈할 가능성이 높은 고객인가? 연계판매가 가능한 대상고객은 누구인가? 등의 관점에서 기존고객을 분류하고, 분류된 고객별로 차별적인 마케팅전략을 집행하기 위해서 고객과의 다양한 접점(contact point)을 활용하며, 고객의 반응결과를 다시 피드백을 통해 보다 향상된 고객관계관리 전략을 수립할 수 있게 된다.

나. 고객획득보다는 고객유지에 중점을 둔다.

마케팅 활동의 초기에는 더 많은 고객을 획득하기 위해 노력해 왔다. 심지어는 정보를 제공해 주는 고객들에게 다양한 상품 및 할인정책을 제시하기도 하였다.

그러나 이제는 한 사람의 우수한 고객을 통해 기업의 수익성을 높이며, 이러한 우수한 고객을 유지하는 것에 중점을 두는 방향으로 바뀌어야 한다. 매스마케팅(mass marketing)을 통해 검증되지 않은 고객들을 획득하기보다는 검증된 한 명의 우수한 고객이 기업에게는 훨씬 더 도움이 될 것이기 때문이다.

다. 제품판매보다는 고객관계에 중점을 둔다.

기존 마케팅 방향은 모든 소비자를 대상으로 대량생산한 제품을 대량유통시키고, 대량촉진(promotion)을 해왔다. 이는 고객중심이라기보다는 기업의 입장에서 제품을 생산한 것이다.

반면 CRM은 이것을 고객의 입장에 맞추는 작업이며 고객과의 관계를 기반으로 고객의 입장에서 제품을 만드는 것이다. 즉, 고객이 원하는 상품을 만들고 고객의 입장에서 고객의 욕구를 파악하여 그 고객이 원하는 제품을 공급하는 것이다. 이러한 고객관계관리를 실시해야만 하는 이유에 대해서는 많은 학자들과 실무진들이 뜻을 같이하고 있는 것이 사실이다. 그 내용을 살펴보면 다음과 같다.

첫째, 고객의 중요성을 마케팅 전면에 내세워 콜 센터나 서비스 센터와 같은 모든 고객과의 모든 접촉점에서 발생한 정보의 방향들을 통합하여 분석하는 프로세스를 형성함으로써 마케팅의 효율성을 높일 수 있는 전사적인 마케팅을 실현할 수 있다는 점이다.

둘째, 20%의 고객이 80%의 매출액을 올린다는 파레토 법칙에 따라 신규고객보다는 기존고객의 유지와 감동을 통해서 기업의 지속적인 매출액을 향상시킬 수 있기 때문이다. 이러한 자사의 고객세분화를 통해 상위 20% 정도의 충성고객의 경우 고객의 욕구와 불만족점을 파악하여 고객만족을 위해 노력하는 한편 하위 80%의 고객은 처음부터 마케팅 노력을 기울이지 않는 전략을 사용함으로써 기업의 마케팅 노력을 효율적으로 가져가고자 하는 것이 고객관계관리이기 때문이다.

그리고 Reicheld & Sasser에 의하면 서비스 기업들이 그들의 단골고객에 대한 이탈률(customer defection rate)을 5% 정도만 낮출 수 있다면 순이익에는 25%에서 85%까지의 효과를 볼 수 있다고 한다. 이러한 내용들은 IMT Strategies의 조사에 의한 결과로써 함축될 수 있는데, “새로운 고객의 확보가 더 이상 기업의 성장률을 유지시키는 중요한 수단이 아니라, 오늘날 시장환경에 있어서는 기업들이 경영성과와 주식가치를 향상시키기 위해서 고객유지에 더 초점을 맞춰야 한다.”고 하였다.

셋째, 과거에는 자사의 고객에 대한 정보나 고객욕구를 파악하기 위한 시스템이 존재하지 못해 지속적으로 고객에게 서비스를 제공할 방법이 없었지만, 정보통신의 발달로 말미암아 고객에 대한 창구가 다변화되었고, 또한 정보를 분류·통합할 수 있는 시스템이 개발되어 고객관계관리를 실현할 수 있는 장치가 구축되었다는 점이다.

1.3 CRM의 영역과 종류

(1) 고객관계관리의 주요 영역

고객관계관리는 크게 3가지로 구성 영역을 구분할 수 있다.

그림 1-2 CRM의 주요 영역

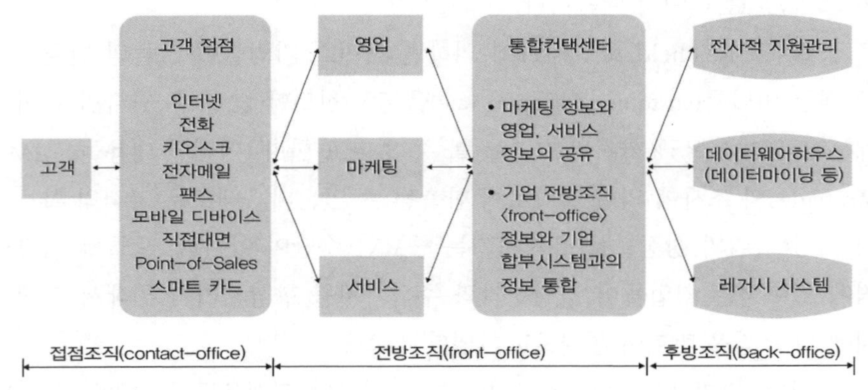

가. 전방조직(front-office)

CRM은 영업, 마케팅, 고객 서비스에 초점을 맞춰 기업의 전방조직 기능을 강화한다. 영업은 일반적으로 영업사원이 현장에서 직접 고객과 만나서 이루어지는 부분과 웹상에서 이루어지는 인터넷 세일즈 및 콜 센터의 상담원들의 텔레 세일즈 등이며, 마케팅은 마케팅 계획을 수립하거나 캠페인을 수립하고 실행하는 부분들이며, 서비스는 고객의 불만 사항이나 요구 사항들을 처리해주는 부분들을 말하고 있다. 여기에는 전자메일, 채팅, 전화, 팩스 등 고객으로부터(inbound call)의 요구 사항들을 처리해 주며 기업 내부로부터 고객에게(outbound call) 행하여지는 텔레세일즈, 텔레마케팅을 지원하는 콜센터 애플리케이션이 하나의 중심을 이루고 있다.

나. 후방조직(back-office)

CRM은 기업 레거시 시스템(legacy system), 전사적자원관리(ERP: Enterprise Resource Planning) 시스템 그리고 데이터웨어하우스(Data Warehouse) 등과도 통합되어 운영되어야 한다.

다. 접점조직(contact-office)

CRM의 마지막 구성 요소로는 분석을 통해 얻은 정보들을 다양한 고객 채널과 연계하여 시행하는 과정이 필요하다. 즉, 기업과 고객의 모든 접점에서 고객 데이터를 바탕으로 분석된 정보를 이용하여 고객의 감동을 이끌어 낼 수 있는 실질적인 활동이 필요한 것이다.

종합적으로 고객의 입장에서는 고객이 모든 요구 사항들을 시간이나 공간의 제약 없이 자신에게 필요한 정보를 획득할 수 있고, 제품을 구매하고 불만 사항들에 대한 서비스를 받기 원하고 있다. 이러한 고객의 요구에 대한 대응 방법 및 과정은 고객에게 있어 경험으로써 축적되며 다음번에 제품 구매 계획에 있어 중요한 의사결정의 판단으로 작용되고 있다.

따라서 기업은 고객에게 일관된 하나의 모습(one face to the customer)으로 고객 대응 시 서비스 및 정보를 제공하여야 한다. 이를 달성하기 위해서는 기업은 모든 고객 채널들의 정보를 전방조직 또는 후방조직과 실시간으로 통합되어 있어야 한다.

한편, IBM에서는 〈그림 1-3〉에서 보는 바와 같이 크게 운영 CRM과 분석 CRM으로 나누어서 설명하고 있다. 본 책에서는 IBM의 개념을 더 확장시켜서 다음과 같이 CRM의 종류에 대해서 설명하고자 한다.

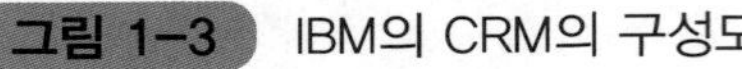
그림 1-3 IBM의 CRM의 구성도

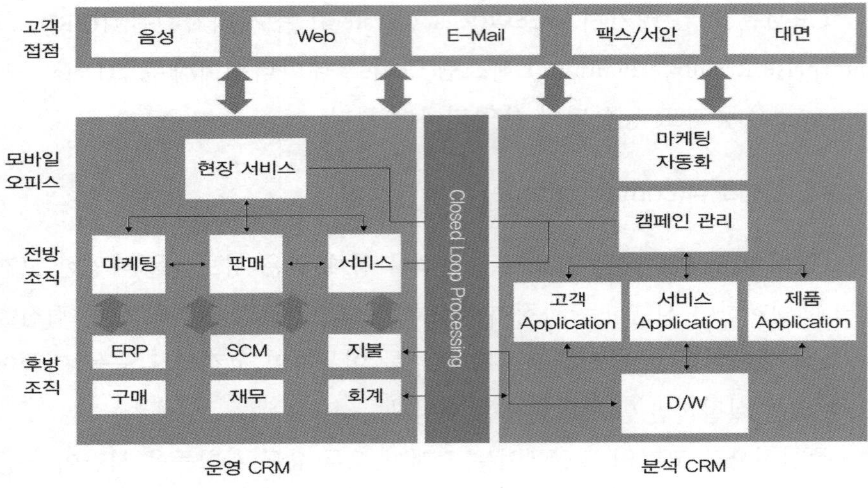

(2) 고객관계관리의 종류

가. 전략 기반의 CRM

전략 기반의 CRM은 명확히 목적을 설정하고, 목표고객을 명확히 한 다음 실행될 때 비로소 효과를 발휘한다는 입장을 취한다.

또한, CRM은 반드시 전사적 전략과 정합성을 지녀야 한다는 것을 강조한다. 즉, 먼저 기업의 핵심 역량이 무엇이며 핵심 역량을 중심으로 사업을 전개하는데 필요한 요소들은 무엇인지를 분명히 한 후, 그 속에서 CRM의 위상을 찾는다. 그 다음 CRM의 목적을 분명히 하고, 그 목적 달성을 위한 실행 프로그램과 정보기술시스템의 요건을 결정하는 순서로 진행된다.

CRM 전략은 나머지 4가지 유형의 CRM을 도입하기 이전에 반드시 수립되어야 한다. 그리고 CRM 전략은 CRM을 도입하는 기업이 직접 수립하거나, CRM 시스템 공급업체와 관련 없는 컨설팅업체에 의뢰하여 수립해야 한다. 그러나 현실에서는 CRM 시스템 공급업체 또는 시스템 공급업체와 제후를 맺고 있는 컨설팅업체가 CRM 전략을 수립하는 일이 많다. 이럴 경우 해당 기업의 상황에 적합한 전략이 아니라, 공급업체의 CRM 시스템 패키지가 지원하는 기능 위주의 전략이 수립되는 경우가 많다.

나. 데이터베이스 기반의 CRM

데이터베이스 기반에 바탕을 둔 CRM이든, 고객접점 관리에 바탕을 둔 CRM이든 간에 고객을 이해하는 데 바탕이 되는 데이터베이스가 반드시 필요하다는 입장에서 출발한다.

이러한 주장은 데이터웨어하우스의 등장과 함께 그 강도가 높아졌다. 데이터웨어하우스란 분석용 데이터를 모아 놓은 정보창고를 의미한다. 이는 기존의 운영계 데이터베이스가 현장의 업무 처리를 편리하게 해주는 목적으로 구축되었기 때문에, 분석용 정보는 효과적으로 제공하지 못한다는 한계점을 극복하기 위해 등장하였다. CRM은 고객에 대한 지식을 바탕으로 하는 것이므로 데이터베이스는 필수조건이다. 그런데도 데이터베이스 중점의 CRM이라는 것을 CRM에 관한 하나의 유형으로 따로 상정하는 것은 이 유형이 데이터베이스의 범위와 역할에 관해서 다소 과도한 주장을 하고 있기 때문이다.

즉, 이 유형은 CRM을 위해서는 다양한 분석이 필요하며 그 분석의 형태는 미리 예측하기 어렵기 때문에 분석의 필요성이 조금이라도 있는 정보는 포괄적으로 데이터베이스에 적재하여 미래의 정보 수요에 대응해야 한다고 주장한다. 물론 이런 막강한 데이터베이스를 갖추면 좋다. 문제는 시간과 돈이다. 방대한 데이터베이스를 구축해도 실제 분석에 쓰이는 것은 몇 가지 반복적인 분석들이 대부분이다.

따라서 많은 데이터들이 한번 제대로 분석도 되지 못한 채 시스템과 데이터가 진부화되는 경우가 많다. 필요한 데이터만으로 데이터베이스를 구축한다면, 훨씬 적은 비용으로 신속하게 구축할 수 있다. 또한, 데이터웨어하우스는 분석의 기반이 되는 가치중립적 수단일 뿐, 그 자체로는 아무런 해답도 제공하지 않는다. 따라서 명확한 목적과 분석기술 없이 데이터웨어하우스를 구축한다면 현실적으로 아무런 의미가 없게 된다.

다. 분석 기반의 CRM

분석 기반의 CRM의 주장은 고객정보를 잘 분석하면 피상적으로 보이는 내용이 아닌, 무엇인가 숨겨진 비밀을 발견할 수 있다는 것이다. 데이터베이스 중심 CRM이 데이터의 수집과 저장에 초점을 두고 있다면, 분석중심 CRM은 수집된 데이터의 분석에 초점을 둔다.

마이닝이란 용어 자체가 의미하는 것과 같이, 데이터마이닝이란 쌓여 있는 데이터 속에서 유용한 정보를 꺼내는 것이다. 이때 효과적으로 정보를 분석하기 위해 통계적인 기법이나 신경 망(Neural Network) 기법이 활용된다.

데이터 분석의 유용성을 주장하는 사례 중 대표적인 것은 우리가 잘 알고 있는 예로서 "기저귀와 맥주의 관계"이다. 오스코 스퍼 마케팅의 데이터를 분석해 본 결과, 기저귀를 산 사람이 맥주도 사는 확률이 높게 나왔다는 것이다. 맥주는 대부분 남자가, 기저귀는 당연히 여자가 사는 것으로 알고 있었던 사람들은 이러한 분석이 나오자 큰 놀라움을 보였으며, 이 사례는 데이터마이닝의 전설이 되었다.

그러나 실제로 오스코 스퍼 마케팅은 이러한 발견을 활용하지는 못했다. 기저귀와 맥주의 상관관계는 오후 5시부터 7시까지 발생할 뿐, 나머지 시간대에는 거의 발견되지 않기 때문이다. 또한 선부른 진열대 재배치는 점포 내의 질서를 어지럽혀, 고객들을 혼란스럽게 만들 우려도 있었기 때문이다.

이처럼 분석중심의 CRM은 실제 활용 가능한 의미 있는 사실을 발견하기가 쉽지 않다는 한계를 지닌다. 또한, 데이터 분석 소프트웨어들은 겉으로 보기에는 이용하기 쉽게 보이지만, 그 이면에서는 여러 종류의 가정과 복잡한 관계를 거치게 된다. 따라서 통계학 등 관련 지식이 없는 사람이 함부로 사용한다면 효과보다 부작용이 더 클 수도 있다.

라. 고객접점 CRM

최근 IT 업체들이 가장 강하게 주장하는 CRM이 바로 고객접점 기반의 CRM이다. 모바일 컴퓨팅(mobile computing), 콜 센터(call center), 영업조직 자동화(sales force automation) 등의 IT 시스템을 통해 고객과의 접점(point of contact)관리를 효율화해야 한다는 것이다.

예를 들어, 보험업에서의 고객접점 CRM이라면 설계사가 무선 노트북을 이용하여 고객의 선호 상품을 그 자리에서 설계·계약하고, 고객접촉 이력은 영업관리자의 컴퓨터에 실시간으로 나타나는 기능 같은 것이다. 이런 기능들 중에는 현실적으로 필요한 것도 있지만, 우리나라의 영업 현실을 무시한 기능도 많다. 같은 보험업이나 신용카드업이라고 해도 우리나라의 제도와 영업 현실은 미국에 비해서 엄청나게 다르다. 그런데 대부분의 고객점접관리 중심 CRM시스템 패키지는 미국의 영업 상황에 바탕을 두고 있어서 우리 현실에 그다지 적합하지 않다는 한계를 지닌다.

1.4 CRM의 성공적 접근 방안

현 기업 및 조직환경은, 기업들이 기존의 기업중심의 가치관을 뛰어넘어 고객중심이라는 새로운 가치관을 가지고 기업 활동에 나설 것을 요구하고 있다. 이제 기업의 가치는 그들이 생산하는 물품이나 서비스가 아니라 그것들을 사는 고객들에 의해 평가받게 되었다. 그리고 이러한 현상은 인터넷의 발달로 더욱더 빨리 진행되고 있다.

이제 고객은 자신의 욕구에 적합하지 않은 제품이나 서비스는 수용하지 않으며, 그들은 시장에서 접하는 다양한 제품 및 서비스들을 비교·평가하여 자신이 필요로 하는 대안을 선택할 수 있는 환경에 놓여 있다. 따라서 변화된 환경에서 살아남고, 나아가 이를 계기로 사업의 도약을 꿈꾸는 기업이라면 고객과의 관계를 새로이 설정하고 이를 전략적 자산으로 관리하는 노력을 기울여야 할 것이다.

본 절에서는 조직의 성공적인 CRM의 도입을 위해서 기업들의 CRM 도입에 있어서의 문제점과 성공전략에 대해서 언급하고자 한다.

(1) 국내 기업의 CRM 도입 문제점분석

CRM에 대한 관심이 폭발적으로 증가하고 있으나 아직까지 CRM을 완전히 갖춘 기업은 없으며, 오히려 고정관념에 빠져 추진 과정에서 많은 기업들이 어려움을 겪고 있다.

가. 기존 마케팅 방식은 마케팅 부서만의 마케팅이 실시되어 왔다.

특히, 기존의 마케팅 투자는 뚜렷한 방향이나 본질적인 요건을 정의하지 못한 채, 변화하는 시장환경을 따라잡는 데 급급하였다. 이러한 마케팅의 방향과 환경, 제도를 바꾸는 방안이 CRM인 것이다. 고객에 대한 중요성을 마케팅의 전면에 배치하여 사내 모든 정보의 방향과 프로세스와 사내 마인드를 고객관계에 역량을 쏟아 넣은 것이다.

나. 현재 각 기업의 마케팅은 고객의 욕구를 파악하지 못하고 있다.

고객들은 모든 광고와 정보의 홍수 속에 살고 있으며, 이들 고객들은 어느 누구보다도 많은 정보를 갖고 있다. 반대로 이런 고객에 대한 분석력은 항상 제자리에 머물고 있다. 고객을 이해하기에는 많은 문제점이 있는 것이다.

다. 고객에 대한 욕구를 파악할 수 있는 시스템이 실제 존재하지 않았다.

고객에 관한 정보는 하루가 멀다하고 변하지만 이러한 고객정보를 뒷받침할 수 있는 시스템은 전혀 없었다. 어떻게 고객을 세분화할 것인가? 어떻게 목표고객을 설정할 것인가? 목표고객에 대한 포지셔닝은 어떻게 실시할 것인가? 고객에 대한 수익을 어떻게 증가시킬 것인가? 이러한 문제에 대한 해답을 제공할 만한 제반 인프라가 구축되어 있지 않기에 기반 조성을 통해 새로운 기회를 엿보며, 새로운 고객에 대한 전략을 실시하는 것이다.

라. 지속적으로 고객에게 서비스를 제공할 방법이 없다.

고객에 대한 정보가 있어도 어떻게 서비스를 실시해야 할지를 모르고 있다. 어떠한 방향으로 고객을 만족시킬 것인지에 대한 대책이 없다면, 아무리 좋은 투자라도 무용지물이 될 것이다. 지속적인 관리 방안을 통한 장기적인 계획수립을 통해 고객을 관리해야 한다.

마. 전사적이고 고객지향적이지 못하다.

더 나은 고객을 위해서라면, 사내 어느 부서에 근무하는 그 누구라도 항상 고객을 위해 고객에 대해 준비해야 한다. 예를 들어, 판매지점에 근무하는 직원이야말로 고객을 가장 자주 접하는 사람으로 이 직원은 자주 접촉하는 고객들의 특성과 정보, 취향을 가장 많이 알고 있다.

그러나 대부분의 기업에서는 가장 확실하고, 가장 신뢰할 수 있는 정보에도 불구하고 이러한 정보를 제대로 활용하지 못하고 있다. 고객의 불만, 고객의 특징, 고객의 취향 등의 정보를 마케팅 부서에서 활용한다면 직접적인 시장의 변화를 느낄 수 있으며, 고객의 변화를 통한 새로운 마케팅이 가능하게 될 것이다.

CRM은 이처럼 전사적으로 고객에 대한, 고객정보에 대한 마인드를 바꾸고 개선하며 집중적인 관리를 통해 완전한 정착단계에 이를 수 있다. CRM은 고객, 정보, 사내 프로세스, 전략, 조직 등 경영 전반에 걸친 관리체계이며, 정보 기술이 밑받침되어 구성되는 것이다.

(2) 성공적 CRM 도입을 위한 추진전략

CRM을 이제 시작하는 기업들은 어느 한 시점에 동시에 전체 CRM을 추진하는 것보다는 사전에 구축전략을 충분히 협의하고, 회사 실정에 맞게 단계별 진행을 함으로써 위험 요소를 배제하고, 추가적으로 필요한 부분에 대한 확충을 통해 기업이 목표로 하는 CRM에 보다 쉽게 접근하여야 한다.

과연 구축한 CRM이 이러한 기업의 요구에 부응을 했는가에 대한 평가에 대해 국내외에서 많은 연구가 진행된다. 이것은 CRM 시스템이 하나의 IT 유행처럼 대부분의 기업들이 하고자 하지만 정말로 필요에 의해서 하는 것인지, 정확한 목표를 가지고 추진하는 것인지에 대해 명확하지 않은 상태에서 추진하는 사례가 많다는 하나의 예이거나, 잘못될 확률이 크다는 주의일 수도 있다.

따라서 기업은 기업목표에 맞는 CRM 구축을 위해서는 다음과 같은 대응 전략을 검토할 필요가 있다. 〈그림 1-4〉에서 보는 바와 같이 조직은 CRM 접점 솔루션을 도입할 수도 있고 CRM 스위트(suite)를 도입할 수도 있으나 맨 오른쪽의 그림에서 보는 바와 같이 스마트 비즈니스 환경 하에서 개방적 통합을 이루는 것이 가장 효율적인 CRM 추진 전략이라 하겠다.

그림 1-4 성공적 CRM 도입을 위한 추진전략

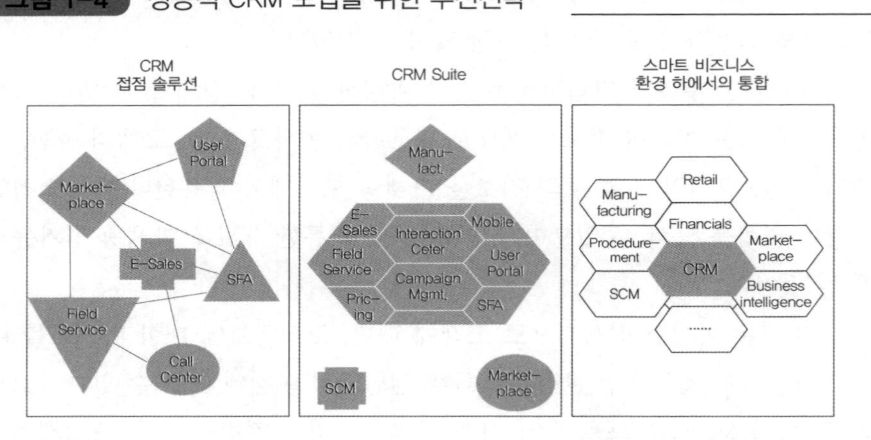

가. CRM 접점 솔루션(point solution)

시간 및 비용 측면에서 가장 효율적이라고 판단할 수 있다. 하지만 추가적인 CRM의 도입 시 기존 시스템과의 연동 가능성이 낮아지며, 반복적이며 추가적인 노력이 소요된다고 할 수 있다.

CRM은 앞서 언급을 했듯이 마케팅에서부터 세일즈와 서비스까지 가치사슬(value chain)의 상당부분을 커버하는 개념으로 솔루션의 도입만으로 해결할 수 있는 대상은 아니다. 따라서 기업이 CRM 도입을 고려할 때 가장 우선시해야 하는 부분은 철저한 전략수립이다. CRM의 영역이 그만큼 넓고, 솔루션의 종류도 상당히 많기 때문에 후속 과정에서의 시행착오를 최소화시키기 위해서는 신중한 전략수립이 요구된다. 특히, 신기술의 추세를 고려하여 고객충성도 및 친밀도관리, 고객가치관리, 1:1 마케팅, 고객을 위한 조직체계 등에 대한 전략을 수립해야 한다.

전략수립단계 이후에 검토되어야 할 것이 프로세스의 정립이며, 이 단계

에서는 실제 고객정보 획득과 고객세분화의 실시, 이들에 대한 연계판매(cross-sell) 및 상향판매(up-sell) 실시, 고객의 유지, 텔레마케팅 등의 이용, 세일즈 생산성 관리, 캠페인 관리 그리고 고객충성도를 제고하는 등에 대한 방안을 수립하고, 실제 실현에 따르는 각종 서비스를 디자인하는 작업이 이루어지게 된다.

나. CRM 스위트(CRM Suite)

CRM과 관련된 솔루션을 동시에 도입하는 전략이다. 이 경우 동일한 CRM솔루션을 도입하기 때문에 연동 및 통합의 문제점은 거의 존재하지 않는다. 다만 기존 기업의 레거시 시스템과 다른 솔루션과의 통합이 문제점으로 지적된다. 따라서 ERP 등과의 후방조직 통합이 필요 없을 경우 활용되는 장점을 가지고 있다.

다. 스마트 비즈니스 환경 하에서 개방적 통합

CRM은 나홀로 존재하는 정보시스템 내지는 경영전략(마케팅전략)의 주체는 아니다. CRM은 E-Business 환경하에서 자연스럽게 운영되고 활용되는 존재가 되어야 한다. 그렇지만 기업환경 및 필요에 따라서 CRM 접점 솔루션을 고려할 수도 있고 또는 CRM 기능이 패키지화되어 있는 CRM 스위트를 고려할 수도 있겠다.

하지만 성공적인 CRM 도입을 위해서는 전체적인 큰 그림 스마트 비즈니스 환경을 먼저 생각하고 기획하여야 한다. 예로 홈쇼핑 또는 쇼핑몰에서 CRM을 사용하는 담당자는 그의 시스템 안에서 단지 CRM 시스템만을 사용하는 것이 아니다. 필요에 따라서는 주문 받은 제품 또는 캠페인 중의 제품에 대해서 실시간적으로 제품의 제고와 납기일 정도는 고객에게 즉각적으로 정보를 제공해야 하는 경우가 많다. 이럴 경우에 담당자는 공급망관리(SCM) 또는 전사적자원관리(ERP) 시스템과도 연동되어 업무를 수행해야만 한다.

따라서 CRM 사용자는 현재 자신이 사용하고 있는 시스템이 CRM인지 아닌지 알 필요가 전혀 없다. 결국 담당자 또는 사용자에게 필요한 것은 단지 자신이 M-Business 환경의 시스템 내에서 CRM 시스템을 사용하고 있다는 정도만 알면 충분하다.

사례 1

상거래도 디지털 전환 바람…SAP "고객경험 관리하라"

코로나19 확산 이후 전자상거래 업계에서 기업 경쟁력을 강화하는 방안으로 맞춤형 개인화 마케팅이 주목받고 있다. 세일즈포스와 어도비에 이어 SAP까지 다국적 소프트웨어(SW) 기업들이 일제히 데이터를 기반으로 소비자를 이해하고 브랜드와 제품 전반에 걸친 '고객 경험(CX: Customer Experience)'을 관리해야 한다고 강조하고 나섰다.

SAP코리아는 6일 인터컨티넨탈 서울 코엑스에서 기자간담회를 열고 SAP 본사 임원들과 국내 전문가 패널 토론을 통해 포스트 팬데믹 시대의 CX 관리 방안을 제시했다. 이날 SAP는 전사적자원관리(ERP) 솔루션 S/4HANA와 함께 △고객데이터플랫폼(CDP) △커머스클라우드 △이마시스 고객 인게이지먼트 △세일즈클라우드 △서비스클라우드 △고객데이터 등으로 구성된 CX 솔루션 사업을 강화하고 있다고 밝혔다.

이날 젠 베일린 SAP CX 최고매출책임자(CRO)는 "기업이 고객과 상호작용하는 방식이 중요해지면서 데이터의 역할이 커머스, 세일즈, 마케팅 등 현업 부서와 관리·지원 부서 프로세스를 통합하고 더 나은 제품과 서비스를 만들고 성장을 이끌 수 있는 수단으로 떠올랐다"며 "사람들이 SAP를 ERP 회사로 알고 있지만 우리도 CX에 초점을 맞춰 다양한 규모의 기업과 고객 간 상호작용 방법을 고민하며 진화 중"이라고 했다.

CX를 강조하는 글로벌 기업은 SAP뿐이 아니다. 세일즈포스는 고객관계관리(CRM) 시장에서 몸집을 키우면서 데이터를 활용해 개인정보보호·데이터보안 분야 규제를 준수하면서 개별적인 고객의 행동과 관심을 시시각각 파악하고 이들의 요구에 실시간으로 응답할 수 있는 데이터 중심 CX 전략을 제안한다. 어도비는 디지털 마케팅을 지원하는 클라우드 플랫폼 사업을 키우면서 브랜드에 대한 고객 신뢰도에 작용하는 디지털 경험 비중이 물리적 경험 못지않게 커졌음을 지적하고 온오프라인을 아우르는 CX를 전달하는 데 투자해야 한다고 강조해 왔다.

일찍부터 CX에 관심을 기울이고 투자에 나선 기업에 SAP의 제안은 다소 때늦은 감이 있다. 하지만 국내에서 경영계에 데이터 기반 의사결정이 주목받고 내부에 축적된 데이터의 잠재적 가치를 인식해 본격적으로 활용해야 한다는 메시지는 코로나19 확산 이후 디지털 신기술로 비즈니스에 회복탄력성을 확보해야 한다는 진단이 나오면서 제대로 조명받기 시작했다. SAP도 지난 2018년부터 마케팅·커머스·고객데이터 클라우드 등 기업이 소비자에게 CX를 제공하도록 돕는 솔루션 포트폴리오를 구성했지만, 국내에선 최근에야 목소리를 내기 시작한 배경이다.

한국 제조 업종 중심으로 기업들이 코로나19 확산 후 디지털 전환 성과를 거둔 글로벌 사례를 주목하면서 국내 수요가 확대되고 있는 분위기다. 원영선 SAP코리아 CX총괄본부장은 "2000년대 초부터 국내에 유행한 고객관계관리(CRM) 도입은 사업부나 팀별 관리 목적이라는 한계가 있었는데 이제 재고관리부터 주문 추적, 마케팅, 세일즈 등을 통합된 흐름으로 보려는 요구가 있다"며 "글로벌 화학·철강·제약사가 우리와 함께 팬데믹 기간에 디지털 전환을 수행하고 실질적으로 매출 증대 효과를 얻었는데 한국에선 특히 이런 사례 벤치마킹을 원한다"고 설명했다.

SAP는 디지털 영역의 고객 접점이 되는 커머스 영역에 모든 업종 기업이 관심을 두도록 당부했다. 발라지 발라서브라마니안 SAP 수석부사장 겸 커머스클라우드 글로벌 총괄은 "SAP는 B2B나 B2C 방식과 새로운 형태의 비즈니스 모델 전반에 걸쳐 CX 관점에서 커머스 영역이 중요한 관여 지점(engagement point)이 될 수 있고 이는 자동차나 다른 제조 산업에서도 마찬가지라고 본다"면서 "우리는 산업 중심 접근법을 통해 기업이 적절한 CX를 제공할 수 있도록 고객 이해, 오케스트레이션, 몰입형 경험 등을 구현하는 단계별 방법론을 제안하고 있다"고 말했다.

다만 고객 접점 데이터를 쌓고 성과지표에 연동하는 것을 CX 전략이라고 보기는 어렵다는 게 전문가의 견해다. 이날 간담회에 CX 분야 전문가로 참석한 차경진 한양대학교 경영학부 교수는 CX 전략을 고민하는 기업에 컨설팅을 수행한 사례를 들며 "매장에 키오스크를 들이는 등 고객 접점을 디지털화하고 성과지표를 만들고 보유 제품과 브랜드에 대한 감성분석(긍정·부정 평가 점수화) 기준을 만드는 곳도 있었는데 저는 이건 CX가 아니라고 얘기한다"며 "CX는 시간이 지나도 기억에 남고 이에 대해 남과 얘기하고 싶어 하는 것"이라고 설명했다.

차 교수는 "기업은 고객이 어떤 상황에서 불편이나 어려움을 느끼고 어느 시점에 잠재적 구매 기회가 생길지 알기 위해 디지털 기기를 포함한 많은 데이터를 보고 맥락을 파악해야 한다"면서 "전자제품 제조 기업들이 스마트TV 같은 제품에 어떤 제원의 카메라를 탑재해야 할지 고민하고 있는데 저는 카메라의 제원은 별로 중요하지 않고 자녀가 있는 가정에서, 독거 어르신이 지내는 곳에서, 각각의 상황에 어떤 경험을 설계해 제공하느냐가 중요하다고 얘기한다"고 덧붙였다.

성공적인 CX 관리를 위해 기존 솔루션으로 확보한 데이터에서 출발하기보다 고객의 상황과 맥락을 파악하고 그것에 맞게 CX를 설계해 제공해야 한다는 조언이 이어졌다. 차 교수는 "과거부터 고객을 이해하기 위해 데이터를 썼지만, 고객의 맥락은 시간·장소에 따라 달라지는데, 기업 내에 맥락과 목적 없이 축적된 기존 데이터는 생각보다 쓸모가 없다"고 지적했다. 그는 "제공할 가치부터 우선 설정하고 그에 필요한 데이터와 프로세스를 연결해야 하는지 파악하고 그걸 위해 어떻게 고객을 '센싱'할 것인지로 접근하는 맥락 기반 개인화 경험이 필요하다"고 했다.

코로나19 사태에 억눌렸던 생산·소비 활동이 회복하면서 비즈니스 성장을 위해 CX 관리 전략을 채택하는 움직임이 형성되고 있다. 국내에서 세일즈포스, 어도비, SAP 등이 대기업 수요를 겨냥해 클라우드 기반 고객 데이터 수집·가공과 대형 브랜드의 CX 설계를 지원하는 데 집중할 것으로 보인다.

자체 IT인프라 구축 여력이 부족한 중소기업·소상공인 대상으로는 네이버·NHN·카카오 등이 클라우드 기반 커머스 플랫폼을 제공하면서 소비자 접점 디지털화, 데이터 기반 마케팅과 영업·물류 관리 인프라 확충을 촉진하고 있다. 이들의 솔루션이 직접적인 CX 설계와 관리 전략을 구현하는 것은 아니지만 중소·중견기업에 CX 관리 전략의 근간이 되는 데이터 기반 고객 관리와 성과 분석 등을 장려하는 분위기다. 국내 대기업과 중소기업 이커머스 기술 인프라가 클라우드 전환 흐름을 타고 디지털 신기술 기반 개인화 마케팅 방법론이 보편화할 전망이다.

네이버는 올 1월 '커머스솔루션마켓' 시범 서비스를 내놓고 온라인 매장 구축 서비스 '스마트스토어' 입점사의 상품 소싱·관리, 주문·결제, 고객관리, 사업관리 등 기술을 순차적으로 선보인다고 밝혔다. 네이버클라우드는 산업특화 클라우드 전략 일환으로 이커머스 특화 서비스형소프트웨어(SaaS) 사업을 확대해 지난달 29일 중소규모 판매자들이 온라인 판매에 필요한 상품 등록, 수정, 주문, 재고, 배송 현황을 한 번에 관리할 수 있는 온라인 마켓 통합 관리 서비스 '마켓팟'을 출시했다.

카카오엔터프라이즈는 지난 4월 문구·의류 제품 제작과 판매 사업으로 MZ세대 고객층을 확보한 오롤리데이와 업무협약을 맺고 '카카오 i 클라우드' 기반으로 오롤리데이의 메타버스 플랫폼 개발 지원과 라이프스타일 관련 노하우를 활용한 커머스 비즈니스 기회 확대에 힘을 모으기로 했다.

NHN커머스는 SAP코리아와 손잡고 국내 중견 이커머스 기업을 겨냥한 온라인 판매 플랫폼 구축 솔루션 사업을 강화하고 있다. 올 상반기 자사몰과 외부몰 등 모든 판매 채널 주문을 자동 취합하고 물류 입출고 관리와 운송장 연동, 제품·고객별 손익 분석 등 SAP ERP와 연동되는 NHN커머스 쇼핑몰 구축 서비스 기능을 확충했고 지난 8월 31일 양사 이커머스 고객 대상 디지털 전환 자문과 기술 지원 등 신사업 협력을 강화하기 위한 업무협약을 체결했다.

임민철 기자(2022년 3월 25일), 상거래도 디지털 전환 바람…
SAP "고객경험 관리하라", 아주경제신문

사례 2

매출 성장을 위한 고객 관리, 이제는 선택이 아닌 필수다

"고객 관계 관리"라 불리는 CRM(Customer Relationship Management)은 기업이나 매장에서 고객들의 성향과 욕구를 미리 파악해, 이를 충족시켜주고 목표로 하는 수익이나 광고효과 등, 원하는 바를 얻어내는 고객과의 유대관계 상승 기법을 말한다.

◇ 고객과의 유대감, 매출 상승의 신호탄이 되다.

CRM(고객 관계 관리)의 주된 가치는, 단순히 일회성으로 제품을 판매하기 보다 '고객과 어떤 관계를 형성 해나갈 것인가', '고객들이 어떤 것을 원하는가' 등에 주안점을 두며, 최대한 고객과의 소통을 통해 충성고객을 만들어내는 것이 주요 목적인데, 신규 고객 창출도 좋지만, 기존 고객의 관리에 초점을 맞추고 있다는 점이, 바로 이 CRM의 특징이라고 할 수 있다. 고객과의 유대감을 높이기 위해서 가장 좋은 방법은 바로 SNS를 활용하는 것인데, 인스타그램, 페이스북, 카카오톡과 같은 플랫폼을 이용하여 우리 매장의 이벤트, 혜택 등을 소개하고, 일회성 고객을 충성고객으로 전환시켜 준다면, 안정적인 매출 상승으로 이어지게 될 것이다.

◇ 불특정 다수의 소비자는 해시태그로 공략하자.

인스타그램과 페이스북은 이러한 면에서 본다면 매우 우수한 고객 유치 플랫폼이라고 할 수 있다. 우선 국내 SNS(Social Network Service) 앱 중, 이용률이 가장 높으며, 10대에서 30대 사이의 연령층에게 가장 사랑받는 플랫폼이다. 해시태그로 인해 유저 간의 공유가 빨라 광고의 파급력이 크고, 콘텐츠 형식으로 노출이 되어 소비자로 하여금 광고에 대한 거부감이 적다는 것도 큰 장점이다. 해당 SNS 플랫폼은 비즈니스 계정으로 전환 시, 광고 집행이 가능하며, sponsored로 분류되어 잠재 고객들에게 노출이 되는데, 여기서 원하는 유형의 소비자들에게 보이도록 '타깃 설정'이 가능하다. 또한 두 플랫폼 모두 해시태그로 인해, 불특정 소비자로 하여금 알고리즘으로 노출이 되므로 자연스럽게 매장으로의 방문을 유도하는 것 또한 특징이다. 두 플랫폼 사이의 차이점이라 하면 페이스북의 경우, 광고가 게시글과 게시글 사이에 삽입되는 '샌드위치 로직' 형식으로 진행되며, 광고의 설정이 모바일만 가능한 인스타그램에 비해 PC로도 세부 설정이 가능하지만 조작이 더 어렵다는 단점은 있다. 본인이 이러한 SNS 플랫폼을 능숙하게 사용하기 어렵다고 판단되면, 먼저 인스타그램으로만 시작하길 권장하며, 큰 시너지 효과를 원한다면 인스타그램과 페이스북을 함께 연동하여 이용하길 추천한다.

◇ 기존의 고객에게는 익숙한 플랫폼으로 공략하자.

이렇게 특정 타깃층을 겨냥한 플랫폼 광고가 진행되었다면, 이제는 방문한 고객을 나만의 충성고객으로 전환시키는 작업이 필요하다. 기존의 고객을 관리하면서 유대관계를 쌓아가기 가장 좋은 플랫폼은 카카오톡이 있는데, 카카오톡도 앞서 말한 인스타그램이나 페이스북처럼 비즈니스 계정인 카카오 채널을 개설하여 활용할 수 있다. 카카오 채널의 가장 큰 특징은 스마트 채팅을 등록하여 매장으로 오는 길, 신제품 정보 등의 게시글을 고객에게 알리는 것도 있지만, 무엇보다도 기존의 고객과 소통하기가 제일 수월하다는 점이다. 대한민국의 80% 이상이 카카오톡을 사용하고 있는 만큼, 우리에게 가장 익숙한 플랫폼이며, 매장에서도 친구 수를 늘릴 때, 간단히 친구 추가 버튼만 누르면 끝난다는 부분도 매우 큰 장점으로 적용된다.

홍보 메시지의 효율을 높이기 위해서는 2단계로 분류하여 진행되는 것이 좋은데, 첫 번째는 누구나 친구 추가를 하게 되는 경우, 자동수신이 되는 홍보 문구를 만드는 것이다. 자동 수신 문구에는 보편적으로 매장에 대한 정보나, 친구 추가 시 받을 수 있는 혜택, 우리 매장의 홈페이지 링크 등으로 구성하는 것이 효율적이다. 두 번째는 추가

되어 있는 친구들을 대상으로, 타깃 맞춤 홍보 메시지를 전송하는 것이다. '타깃 설정'은 앞서 설명드린 인스타그램이나 페이스북과 비슷하지만, 차이점은 게시글 홍보를 불특정 다수가 아닌, 나의 채널 친구들에게 보낸다는 점에서 거부감이 매우 적게 느껴진다는 것이다. 해당 방법은 친구가 최소 200명 이상일 때 발송하는 것이 효율적이며, 비용적인 면에서 부담이 적기 때문에 주기적으로 이벤트가 있을 때마다 진행하는 것이 좋다.

노민희 기자 (2022년 11월 21일), "매출 성장을 위한 고객 관리, 이제는 선택이 아닌 필수다.", fn 아이포커스

사례 3

[메타버스ESG]
"재택근무도 메타버스ESG 융합 사례"

▶ 메타버스와 ESG, 너무도 쉽게 융합 가능

메타버스 도입과 ESG(환경·사회·지배구조) 경영이 산업계 전반의 핵심 화두로 떠올랐다. 디지털 지구, 확장 가상 세계로 불리는 메타버스와 기업의 비재무적 활동을 계량화한 ESG 경영은 모든 산업 분야에서 가장 중요한 요소이기 때문이다. 하지만 두 개념을 연관 지은 기업은 찾기 힘들다. 메타버스는 신사업 영역으로, ESG경영은 경영전략 개념으로 분리하기 때문이다. 전문가들은 메타버스와 ESG의 융합은 결코 어려운 개념이 아니라고 입을 모은다.

메타버스는 ICT 분야뿐 아니라 공공·의료·교육·건설·문화 등의 다양한 분야에서 활용된다. ESG는 주요 선진국에서 비재무 정보를 공시하거나 ESG보고서를 발간하는 등 주요 투자 지표가 됐다.

다만 메타버스는 신사업 분야, ESG는 경영전략이라는 점에서 얼

핏 큰 관련이 없어 보일 수 있다. 재택근무뿐 아니라 실제 메타버스 서비스를 하는 기업 관계자들도 아직 서비스가 구체화된 것이 없다며 말을 아낀다. ESG 경영에 메타버스를 융합했다고 발표하기에는 유난 떠는 것 같아 조심스럽다는 의견도 나온다.

IT기업 한 관계자는 "재택근무가 본격화되기 전부터 업무 협업툴을 자주 사용해 왔다"며 "전부터 완전 선택적 근무제도를 운영해 코로나19 재택근무체제로 전환됐을 때도 큰 변화가 없었다"고 말했다.

홍기훈 홍익대학교 경영학부 교수는 "기업들은 ESG 보고서까지 발간하면서 잘 실천하고 있다고 강조한다"며 "상대적으로 메타버스를 활용했다고 하는 곳은 적다"고 말했다. 그는 이어 "하지만 두 개념 융합은 사실 단순하다"며 "온라인에서 ESG만 실천해도 메타버스와 ESG의 융합 사례다"라고 말했다.

◇메타버스를 바라보는 시각의 차이… '온라인 = 메타버스'

일반적으로 메타버스와 ESG 융합을 어렵게 바라보는 것은 메타버스를 바라보는 시각적인 해석 차이에서 시작된다. 메타버스를 좁게 해석하면 두 개념 융합이 까다롭다. 메타버스를 아바타를 이용하는 플랫폼을 구축해야 하는 것으로 여기는 식이다. 메타버스를 증강현실(AR)·가상현실(VR) 같은 실감형 콘텐츠와 동일시하기도 한다. 하지만 메타버스를 넓게 해석하면 '현실과 상호작용하는 온라인 세계'다. 이 경우 메타버스와 ESG가 융합된 사례는 다양해진다.

가장 좋은 사례는 재택근무다. 재택근무는 메타버스와 ESG에 모두 해당한다. 전문가들은 메타버스와 ESG 융합이 메타버스를 꼭 아바타로 접속하는 플랫폼을 구축해야 한다고 생각하는 등 어렵고 복잡한 것으로 인식하지 않으면 된다고 설명한다.

이는 재택근무가 방식은 다를 수 있지만 온라인을 기반으로 하기 때문이다. 재택근무를 도입하면 출퇴근에 드는 자원을 줄일 수 있다. 환경(E) 요소에 해당한다. 재택근무로 출퇴근 시간을 절약해 '워라밸(일과 삶의 균형)'을 챙길 수 있는 점은 사회(S) 요소다. 재택근무 체제에서는 의사결정도 온라인으로 이뤄진다. 이를 구성원 모두에 공유하면 투명경영(G)이다. 재택근무 도입만으로도 메타버스와 ESG를 융합한 것이다.

현대원 서강대학교 메타버스대학원 원장은 "재택근무로 출퇴근 등 이동에 들어가는 자원을 절감하고, 비효율적인 회의 등이 줄어 비용 절감 및 업무 효율성이 오른다"고 설명했다.

◇각종 온라인 활동과 커뮤니케이션, 캠페인도 해당

온라인을 통해 캠페인을 벌이는 것도 메타버스ESG 활동이다. 일례로 봄이되면 유수의 기업이 온라인 상에서 나무를 심으면 오프라인에도 똑같은 나무를 심을 수 있다고 캠페인을 벌인다. 나무를 심자(E)는 캠페인에 메타버스를 이용한 활동(S)이 되는 것이다.

미래세대를 위한 교육에 메타버스를 활용하는 것도 두 개념의 융합 사례다. 미래세대 성장 및 교육에 기여는 S에 해당한다. 온라인 플랫폼이 결합하면 된다. 또한 버추얼 스튜디오 사업도 메타버스·ESG 융합으로 볼 수 있다. 버추얼 스튜디오를 활용하면 다수의 연출진과 배우들이 현지 로케이션 촬영을 진행하지 않아도 된다. 이동이 줄면서 자연스레 탄소 배출을 줄일 수 있는 것이다.

익명으로 온라인 접수가 가능한 고충처리 채널 운영이나 온라인 주주총회 개최도 융합사례다. 특히 온라인 주주총회는 메타버스를 거버넌스(G)에 활용한 대표 사례로 꼽힌다. 거버넌스(G)를 위해 메타버스를 만드는 사례도 있다. 실시간 의사결정 플랫폼을 구축해 경영 일선에 도입하고 의사결정 간소화를 추진하면 환경과 사회 등의 문제도 해결이 가능하다.

현대원 교수는 "온라인 플랫폼이 메타버스로 진화하면서 업무와 비즈니스에 최적화된 기능을 제공하기 시작했다"며 "이를 활용한 근로환경 개선, 고객과의 소통, 주주와의 정보 공유 및 투명성 제고에 이르는 광범위한 행위들이 메타버스 상에서의 ESG 경영 실천이 될 수 있다"고 설명했다.

변인호 기자(2022.09.20.), "[메타버스ESG] 재택근무도 메타버스ESG 융합 사례", IT조선

02

고객관계관리의 핵심영역

02 고객관계관리의 핵심영역

관계관리(CRM)는 각 학문 분야 및 접근 방법에 따라서 그 내용 및 관심 분야가 달라질 수 있다. 예로 마케팅 측면에서는 CRM을 고객이나 전통적인 마케팅의 관점에서 이해하고 접근하려고 할 것이다. 그리고 정보기술 측면에서는 고객접촉 채널, 시스템 기능(functionality)의 효율성 및 시스템 통합과 같은 측면에서 CRM에 대해 관심을 가질 수 있다. 또한 데이터마이닝이나 데이터베이스 전문가들은 고객정보나 분석적인 CRM 측면을 강조하려 할 것이다. 결국 고객관계관리를 보다 잘 이해하기 위한 통일된 구분법은 존재하지 않고 있다.

따라서 본 책에서는 크게 3가지 영역으로 가장 일반적인 구분 방법인 마케팅, 서비스, 세일즈(영업)로 구분하여 고객관계관리를 설명하고자 한다. 그리고 콜 센터 부분은 마케팅, 서비스, 세일즈 모든 영역과 관련되면서 하나의 채널(channel)로서 인식할 수 있기 때문에 3가지 영역속으로 포함시키지 않고 추가적인 다른 영역으로 구분하여 설명하였다.

그림 2-1 CRM 마케팅관리

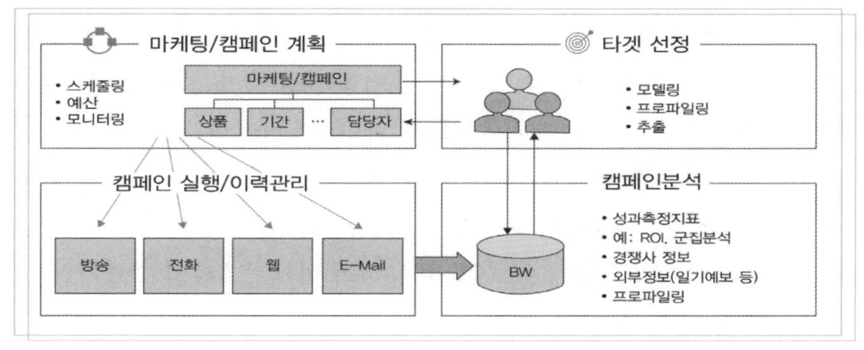

2.1 CRM 마케팅

(1) 주요 기능

- 제품 및 브랜드관리
- 원투원 마케팅
- 마케팅분석
- 웹 마케팅
- 텔레마케팅
- 마케팅관리

마케팅/캠페인을 기획하고, 상품별 캠페인 실행채널을 지정한다. 채널에 따라 캠페인을 실행하고 실행된 데이터가 비즈니스 정보 웨어하우스(BW: Business Informatoin Warehous)에 저장되며 이렇게 저장된 데이터는 다시 BW에서 분석되어 마케팅/캠페인 계획수립에 사용된다.

(2) 마케팅기획 및 캠페인관리(marketing planner)

마케팅계획을 계층구조로 수립한다. 계층구조의 수에는 제한이 없으며, 마케팅이나 캠페인의 구조(structure)에 대해서는 브랜드나 지역과 같은 특성들에 따라서 정의한다. 수립된 마케팅계획은 예를 들어 ERP PS(Project System)모듈의 WBS(Work Breakdown Structure)와 연계되어 비용을 관리할 수 있다. 또한 생성된 마케팅계획과 캠페인은 새로운 마케팅계획과 캠페인 생성 시 템플릿(template)으로 사용될 수 있으며, 마케팅계획에 관한 자세한 설명은 긴 문장으로 입력이 가능하며, 여러 언어를 사용할 수 있다. 또한 마케팅계획 담당자와 같은 각각의 책임을 정의한다. 한편 마케팅계획 생성 시, 실제 수행된 날짜와 계획한 날짜를 관리하게 되며 수립된 캠페인 구조에서 하부단계의 마케팅요소는 상위단계의 마케팅요소의 계획된 기간을 벗어나서 실행될 수 없으며, 마케팅달력(calendar)을 이용하여 마케팅계획의 수행기간을 모니터하고 수정·관리한다.

(3) 타겟 그룹 생성(segment builder)

고객 데이터(customer data)를 통해 제품 특성별 프로파일을 생성·수정할 수 있으며, 프로파일의 각 속성들은 다양한 기준에 의해 자유롭게 정의하여 사용한다. 세그먼트 빌더(segment builder)툴을 이용하여 다양한 세그멘테이션을 분류하거나 조건에 맞는 샘플 비즈니스 파트너(sample business parter)를 추출한다. 실행결과는 분석 CRM을 통해 분석하여 분류·평가된 주요 세그멘테이션별로 적합한 마케팅활동이 가능하도록 지원하며 고객과의 모든 채널을 통한 트랙잭션 데이터는 분석 CRM에 축적되고 통합되어, 분석 CRM을 이용하여 적정한 분석결과를 제공한다.

(4) 캠페인 실행관리

고객의 구매행위를 유발하거나 고객의 충성도를 높이는 행위를 캠페인이라고 하는데, 대부분 모든 고객에게 동일하게 행해지는 것이 아니고 고객을 여러 계층으로 분할하여 각 계층별 캠페인을 달리하는 방법으로 이루어지게 된다. 이러한 캠페인을 관리하는 도구는 메일, 콜 센터 인터넷 등 다양한 고객접점을 활용하여 캠페인을 실시하였을 경우에, 캠페인에 대한 목적, 형태, 전략을 제시하여 대상 고객에 대한 캠페인을 실시한 이후 고객의 반응까지 확인할 수 있는 전 과정을 한눈에 볼 수 있는 프로세스로 제공하는 관리도구라고 할 수 있다.

분류된 고객 개개인에 대한 특성을 바탕으로 해당 고객에 대한 적절한 캠페인전략을 지원·관리하는 도구는 다양한 형식으로 관련 부서 및 사용자의 목적에 따라 이용될 수 있다.

또한 추출된 타겟 그룹을 대상으로 캠페인을 실행한다. 캠페인 실행은 전화, 웹, 모바일, 이메일, FAX, SMS 등을 통하여 처리될 수 있으며, 그 중에 인터넷 마케팅을 위한 고객중심의 개인화된 메일 양식을 개인화된 이메일로 구성할 수 있다.

마케팅/캠페인에 의거하여 콜 리스트(call list)를 생성하고 콜 센터 에이전트는 이 콜 리스트를 실행한다. 에이전트는 콜올 실행할 때 마케팅 팀이 제공한 인터렉티브(상호 작용적) 스크립트를 활용한다. 또한 마케팅계획의 대량 메일 발송 기능을 사용하여 타겟 그룹(target group)에 속한 고객들에게 E-mail을 발송할 수 있는데, 다이렉트 메일(direct mail)이나 이메일을 보내는 경우 다양한 폼(html, planin text, fax, white mail)을 지원하는 폼 빌더(builder)를 제공하여 고객정보(주소, 이름 등)를 기반으로 하여 다양한 메일 형식(mail form)으로 개인화(personalized)할 수 있다. 또한 실행하는 채널에 맞게 폼을 선택한다(팩스, 이메일, SMS 등). 이메일 형식인 경우 고객 개개인에게 맞추어진 주제 라인(subject line)과 첨부 콘텐츠를 조건(즉, 여자면 A, 남자면 B)에 맞추어 함께 보낼 수 있다.

(5) 리드관리

리드관리(lead management)란 CRM 마케팅 내용 중에서 새로운 고객을 찾아내고 향후 자사의 실제 고객화하기 위한 고객의 특성 및 마케팅 기획관리를 수행하는 부분이다.

리드관리는 영업부서가 보다 가치 있는 기대고객(prospects)이나 기회(opportunities)에 역량을 집중할 수 있도록 초기 사전영업(pre-sales)단계를 자동화할 수 있으며, 리드평가(lead qualification)는 일정 기간 동안 반복적으로 인터랙티브(interactive)하게 리드를 평가한다.

한편, 활동관리와 통합(activity management integration)은 리드는 활동을 참조하여 생성될 수 있으며 리드와 관련된 다양한 활동 이력을 생성할 수 있어 향후 고객으로 전환 시에도 통합하여 관리된다. 또한 리드를 분석할 수 있는 다양한 질의(queries)가 제공된다.

(6) 마케팅분석

시장 및 경쟁사분석은 새로운 기회와 잠재성을 평가하고, 새로운 전략수립을 지원한다. 또한 마케팅계획 및 최적화는 기간별·지역별·유통 채널별 등 마케팅효과에 대한 사전 계획 및 분석을 지원하며 시뮬레이션 결과 및 모니터링을 기반으로 캠페인 및 프로모션 계획을 효과적으로 수행할 수 있도록 한다. 또한 캠페인 성공 요인으로서 고객응답률, 기여도, ROI 등을 쉽게 분석할 수 있도록 한다. 상품 및 브랜드분석은 개별상품 또는 상품그룹별로 가능하다. 효율적 분석을 통해 알맞은 고객 그룹을 대상으로 적합한 캠페인을 수행할 수 있도록 지원한다.

2.2 CRM 영업

(1) 주요 기능

- 모바일 세일즈
- 인터넷 세일즈
- 주요 고객관리
- 영업지원
- 영업관리

그림 2-2 CRM 영업 프로세스

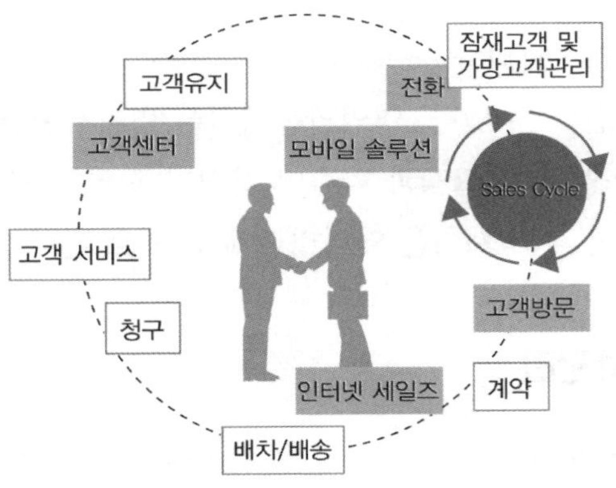

(2) 인터넷 세일즈

콜 센터의 가능을 활용하여 다양한 텔레세일즈 활동을 수행할 수 있으며, 인터넷 세일즈와의 통합적인 제품 카탈로그(product catalog) 관리 및 기능(예: cross-selling) 공유가 가능하다. 또한 실시간 재고 및 생산가능성(realtime ATP)[1] 체크도 실행한다. 또한 cross/up/down-selling 기능을 지원하여 고객이 필요한 물품을 제시하고, 효과적인 매출 증대를 기대할 수 있도록 관리한다. 인터넷 세일즈에서는 고객이 제품을 구입했을 경우 세 가지 방안의 지급방법을 지원한다(신용카드 판매, 현금 판매, 후불제 판매). 비즈니스 프로세스상 새로운 지급 방법이 필요하다면 새롭게 지급 방법을 구축한다.

(3) 영업계획 수립

생성된 영업계획에 따라 영업기회에 대한 계획(opportunity plan)을 수립하고, 기회계획(opportunity plan)은 여러 가지 현재 상황을 참고로 작성할 수 있는데, 특히 경쟁사에 대한 정보, 주된 판매 제품, 추진팀의 설정, 파트너 및 접촉 고객 등에 대한 전반적인 내역을 주된 내용으로 하여 계획을 수립할 수 있다. 계획을 공유하는 추진팀들은 변화되는 내역을 함께 공유할 수 있으며, 특별히 알아야 할 사항에 대해서는 관리자나 이슈를 관리하는 영업사원이 문서(파워포인트, 엑셀, 워드 등 모든 문서 가능) 형태로 저장하여 공유시킬 수 있다.

또한 수립된 기회관리(opportunity management) 계획에 따라 보다 구체적인 영업계획을 수립할 수 있다. 영업활동계획은 영업사원별로 월별·주별·일별 계획을 수립하게 되며, 고객과 약속이 잡히기 전의 계획은 태스크(task)로, 고객과 약속이 잡힌 후의 계획은 액티비티(activity)로 관리한다.

(4) 고객정보관리

고객과의 계약체결, 견적, 주문 등의 활동을 수행하기 위해서는 기본 전제가 되는 것이 고객과의 관계를 어떻게 유지할 수 있는가 하는 부분이다. 특

---

1 ATP란 고객과의 시간 약속을 의미한다.

히 CRM에서는 기본적으로 고객과 관련된 데이터를 온라인상에서 관리·지시할 수 있도록 지원한다.

또한 모바일 세일즈나 인터넷 세일즈 기능을 이용하여 현장에서 바로 새로운 고객을 입력하고, 데이터 전송을 통해 신규고객으로 등록할 수도 있으며, 모바일 세일즈를 사용하는 경우 영업사원들은 자신이 관리하고 있는 고객에 대한 정보를 자신의 노트북에 저장하여 관리한다. 이러한 내용은 CRM 온라인으로 전송되고, 관련 있는 동료(팀 멤버)나 관리자와 함께 공유할 수 있다. 만약 영업사원이 이직이나 부서 이동 등으로 인해 교체되더라도 예전 영업사원이 사용하던 정보는 시스템과 노트북에 남게 되므로 효과적인 인수작업이 수행될 수 있다.

(5) 영업조직 자동화

영업조직 자동화(SFA: Sales Force Automation)는 영업력의 자동화를 위한 것으로서, 영업사원들이 각자 관리하던 기존의 고객 및 잠재고객의 요청 사항, 구매정보, 취향 등 고객에 관한 정보 및 대 고객 영업전략 등을 전사적으로 관리하는 기능이다.

영업사원들은 매일매일의 영업 내용, 일정, 고객과의 접촉결과, 판매실적 및 예상 판매계획 등의 자세한 영업정보를 입력하고 이들 영업사원의 관리자는 이들 정보를 종합해서 현재의 영업 상태를 파악할 수 있다. 또한 달력(calenda) 기능을 사용하여 영업 활동을 계획할 수 있다. 영업 매니저는 각 영업사원의 달력을 하나로 합쳐 부서원 전체의 활동계획을 한눈에 파악할 수 있다.

SFA는 시스템 구조적인 측면에서 ERP의 재고 및 외상매출금 모듈과 밀접한 관계를 가지고 있으며, 또한 영업사원의 성과급을 책정하는 데 있어서의 정량적인 근거를 제공하는 역할을 한다. 이를 위해서는 영업사원의 잡무 제거와 사무처리 자동화를 위해 접촉관리, 일정관리, 수금관리가 자동화되어 제공되어야 하며, 모든 필요한 정보는 데이터웨어하우스에 축적되어 해당 영업사원이 필요할 때 언제든지 조회할 수 있는 환경이 필요하다. 또한, 영업사원이 수행한 모든 영업 활동은 영업 매니저가 모니터링 할 수 있으며, 성공이나 실패여부와 그 이유 등을 살펴볼 수 있어 향후 계획을 수립할 때 참고할 수 있다. 그리고 현장에서 주문이 확정되어 고객이 주문내역을 문서로 요구하게 되는 경우, 영업사원은 자신의 노트북에 저장되어 있는 모바일 클라이언트(mobile client)기능을 활용하여 즉석에서 영업 문서를 출력할 수 있다.

2.3 CRM 서비스

(1) 주요 기능

- 서비스관리
- 현장(field) 서비스
- 모바일(mobile) 서비스
- 반품/수리품 처리
- 셀프 서비스(self service)
- 인스톨레이션(installation) 관리

(2) 모바일 서비스

콜 센터 또는 인터넷을 통해 요청된 서비스 내역은 모바일 서비스 기능을 탑재한 노트북을 이용하여 현장 서비스 요원에게 할당되어 신속하게 처리가 가능하다. 특히 제품과 관련된 서비스 요청은 기존고객이 구입한 상품에 대한 서비스 요청이므로 과거 주문내역을 확인하여 어떠한 고객에게 어떠한 제품이 어느 시기에 판매되었다는 정보를 조회하여 신속하게 처리가 가능하다.

현장 서비스 요원들은 워크 센터(work center)에 등록되어 제품별·지역별로 서비스를 수행할 수 있도록 구성할 수 있으며, 서비스와 관련된 내용은 모바일 서비스 클라이언트에 저장되어 서비스 요원이 서비스 처리 후 CRM 온라인으로 그 내역을 전송할 수 있다. 또한, 모바일 디바이스(PDA, WAP Phone 등)를 이용하여 워크플레이스(workplace)를 구축하여 서비스와 관련된 내역을 현장에서 접수, 신속하게 처리할 수 있다.

그림 2-3 글로벌기업 E사의 인터넷 고객 셀프 서비스– 질문하기

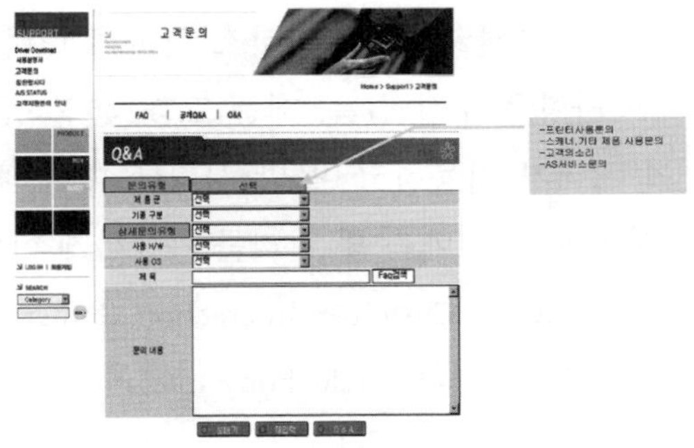

그림 2-4 글로벌기업 E사의 인터넷 고객 셀프 서비스– 답변하기

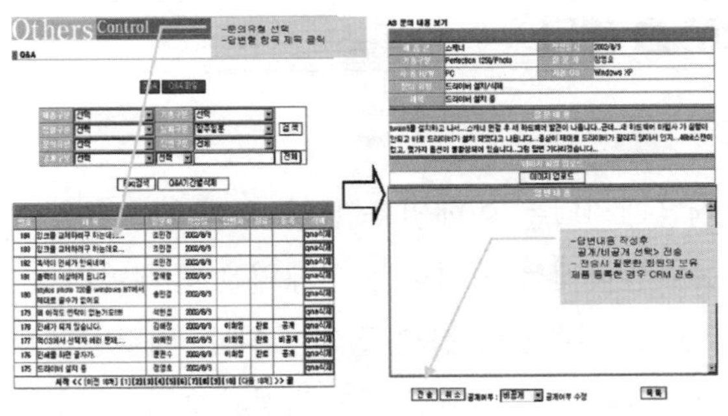

(3) 고객 셀프 서비스

고객은 인터넷에서 상품정보 또는 문제 해결을 위해서 CRM이 제공하는 콘텐츠 관리 기능과 검색 기능을 사용하여 원하는 정보를 얻을 수 있다. 인터넷 셀프 서비스 기능은 고객이 원하는 때에 언제든지 사용할 수 있으며 인터넷에서 원하는 답을 찾지 못했을 경우에는 VOIP, 이메일, 채팅, 콜 백(call-me-back)기능을 사용하여 상담원과 접촉할 수 있다. 또한 고객과 연결된 후 코-브라우징(co-browsing) 기능을 사용하여 고객의 이해를 쉽게 하며 문제를 해결할 수 있다.

고객의 불만 사항은 서비스 센터로 직접 전화를 한 경우와 인터넷을 통한 인터넷 고객 셀프 서비스(ICSS: Internet Customer Self Service)를 통해 접수될 수 있으며, 마스터에 등록된 제품 및 서비스 항목에 대하여 모두 처리가 가능하다. 접수된 불만 사항은 무상 반품, 제품 교환, 환불 등 고객이 원하는 프로세스를 정의하여 처리가 가능하고, 불만 사항에 대한 내용을 저장하고 분석하여 향후 불만 사항에 대한 예측 및 관리를 가능하게 한다.

CRM의 고객응대센터(CIC: Customer Interaction Center)[2] 컴포넌트는 기존의 컴퓨터 전화통신(CTI: Computer Telephony Integration)과의 용이한 통합성을 지원하며, 고객 전화에 대한 통계적 분석 기능 및 인바운드(inbound), 아웃바운드(outbound) 전화관리 기능을 지원한다.

2.4 CRM 콜 센터

CRM의 고객응대센터는 이메일을 통한 고객과의 커뮤니케이션 기능을 지원한다. 고객응대센터에서 처리하는 이메일은 홈페이지를 통하여 접수된 요청사항도 포함한다. 이메일을 통한 질의에 대한 해결방안을 고객응대센터에서 제시하기 어려운 경우, 이메일 문제해결확대(escalation) 기능을 통하여 담당자에게 해당 사항을 전달할 수 있다. 또한 CRM의 고객응대센터는 웹 기반의 다른 시스템과의 통합 기능을 지원하여, 자체홈페이지는 물론 어떠한 웹사이트와의 연계도 가능하다.

2 CRM 제품에서는 일반적인 용어인 콜 센터를 고객과의 상호작용에 중점을 더 강화한 의미로서 고객 상호작 용센터(CIC: Customer Interaction Center)라는 용어로 사용하고 있다(네이버 위키백과 참고).

그림 2-5 CRM 콜 센터의 구성도

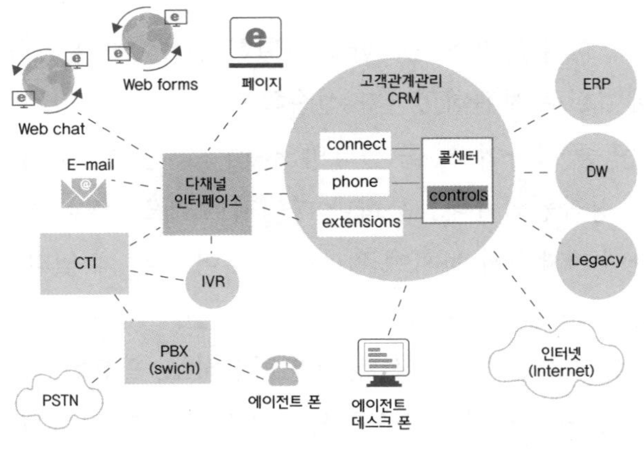

(1) CRM 콜 센터의 특징

마케팅, 영업 서비스에 대한 실시간 데이터의 고객정보 및 비즈니스 데이터와의 연동으로 인하여 컨택 센터(contact center)의 효율성을 증대하며, 차별화된 고객의 상세한 요구에 따라 설계된 시스템으로서 에이전트 교육에 대한 요구 사항이 줄어든다.

인터랙션 센터의 에이전트들의 높은 직무만족으로 인한 이직률의 감소로 관리 비용을 절감한다. 또한 고객/비즈니스 정보의 허브인 고객 인터랙션 센터의 이용으로 고객에 대한 일관된 서비스 대응체계의 수립 및 매출을 증대한다.

(2) 콜 센터와 CTI의 구성

CTI(Computer Telephony Integration)라 불리우는 기술 덕분에 수백 회선의 전화를 한꺼번에 받거나 자동으로 고객에게 전화를 하는 것이 가능해졌다.

이와 같은 정보기술의 발전으로 콜 센터는 더욱 고객에게 밀착된 응대와 마케팅을 제공할 수 있게 되었다. 콜 센터의 기능 중에서 가장 중요한 것은 고객이력의 제공이다. 수많은 고객을 상대하면서 그들 각각에 대한 사례를 기억하는 것은 불가능하므로, 고객이력을 단일한 자료로 만들어 관리하는 것이 필요하게 된다.

그리고 고객의 문의에 신속하고 정확하게 응대하기 위하여 필요한 정보를 데이터베이스로 보관하였다가 신속하게 응답할 수 있는 장치 역시 중요한 필요 기능 중 하나이다. 콜 센터의 최종 목적은 아웃바운드 콜(Outbound Call)을 통한 상담원의 1대1 통화나 다이렉트 메일(Direct Mail) 그리고 이메일을 이용하여 마케팅과 동시에 판매를 이루어 내는 데 있다.

예를 들어, 고객으로부터 전화가 걸려오면, 스위치가 다음 처리를 나누어 준다. 콜 센터 상담원은 직접 상대를 확인하고, 필요한 정보를 ERP로부터 불러온다. 또한 자동인식의 순서로서는 IVR에 의해 미리 고객의 용건을 나누는 경우와 직접 전화번호에서 고객을 나누는 경우를 생각할 수 있다. 미리 고객을 특정한 상태에서 ERP에 그 정보를 보내고, 상담원이 전화를 받음과 동시에 화면상에 고객의 데이터를 표시하고, 서비스 처리를 촉구한다. 결국 ERP의 축적된 고객 데이터를 그대로 콜 센터에서 사용할 수 있으므로 데이터 관리의 수고를 덜 수 있으며, 정확한 타이밍에 고객이 원하는 서비스를 만족시켜 줄 수 있는 것이다.

(3) 다양한 채널을 통한 고객 응대

CRM의 CIC는 기존 CTI와의 용이한 통합성을 지원하며, Call 통계 기능 및 인바운드와 아웃바운드 콜(Inbound&Outbound Call)관리 기능을 지원한다. 특히 이메일을 통한 고객과의 커뮤니케이션 기능을 지원한다.

사례 1

고객경험 관리 시장 공략 나선 SAP코리아, 제품 포트폴리오 확장

비대면 시대의 전환에 따라 기업의 고객경험 관리가 중요해지고 있다. 고객경험 관리를 통해 기업은 충성도 높은 고객 확보는 물론 여기서 나오는 데이터에 기반한 상품 개발 및 출시 등 다양한 의사결정을 위한 전략을 수립할 수 있다.

이러한 상황에서 SAP코리아가 전통적인 ERP(전사자원관리)를 넘어 CRM(고객관계관리), 커머스 솔루션 등 솔루션 포트폴리오 확장을 통해 비대면 경제시대의 기업 디지털 전환을 지원한다는 계획을 밝혔다.

SAP 코리아(대표 신은영)가 6일 인터컨티넨탈 서울 코엑스에서 개최한 기자간담회에서 젠 베일린(Jen Bailin) SAP 고객경험 최고매출책임자(CRO)는 "기업들은 고객 관리 솔루션에 많은 인력과 금액을 투자하고 있다"며, "이 같은 성장세에 힘 입어 고객 경험 솔루션은 가장 빠른 성장세를 보이는 SAP 사업 분야 중 하나로 자리 잡았다. 커머스, 고객 데이터, 세일즈 및 서비스, 그리고 마케팅이라는 4대 솔루션을 바탕으로 기업과 조직이 고객 관리를 더욱 효율적으로 하고 발전시켜 나갈 수 있도록 지원할 것"이라고 말했다.

SAP의 클라우드 기반 고객 경험 포트폴리오는 기업과 조직이 공감과 신뢰를 바탕으로 고객 경험을 관리할 수 있도록 지원한다. SAP 고객 경험 솔루션은 고객 데이터, 경험 및 운영 데이터 그리고 머신러닝 등을 기반으로 기존 CRM 솔루션 그 이상을 제공한다는 주장이다.

기업과 조직은 개인화된 경험을 일관되고 신속하게 제공해야 하며, SAP 고객 경험 솔루션은 이 같은 기업의 요구를 충족한다.

고객 경험은 SAP가 집중하고 있는 인텔리전트 엔터프라이즈 전략의 핵심 요소다. 팬데믹 기간 전 세계 소비자들은 기존 구매 및 소비 패턴에서 벗어나 많은 활동을 온라인으로 옮겨갔다.

이에 따라 기업은 비즈니스 혁신을 가속화하고 고객을 위해 환경을 혁신해오고 있다. 팬데믹과 소비 패턴의 변화는 전반적인 비즈니스 혁신으로 이어졌다. 기업은 고객의 구매 여정에 걸쳐 데이터 흐름을 통합했으며, 다수의 데이터를 활용하기 시작했다. 또한, 데이터를 바탕으로 소비자 행동과 트렌드를 예측하고 있다.

결과적으로 고객 관리는 개별적인 하나의 요소가 아닌 기업 전체 전략의 핵심 요소로 자리잡았다. 이에, SAP는 지속적으로 고객 관리 솔루션 포트폴리오를 발전시키고 있다.

여기에는 새로 출시된 SAP 고객 데이터 플랫폼(SAP Customer Data Platform)을 포함한 SAP 커머스 클라우드(SAP Commerce Cloud), SAP 이마시스 고객 인게이지먼트(SAP Emarsys Customer Engagement), SAP 세일즈 클라우드(SAP Sales Cloud), SAP 서비스 클라우드(SAP Service Cloud) 및 SAP 고객 데이터(SAP Customer Data) 솔루션 등이 포함된다.

SAP 고객 경험 솔루션은 기업이 고객의 기대치를 충족할 수 있도록 지원한다. 우선 고객 데이터를 보호하고 각 소비자 데이터를 기반으로 인사이트를 확보한다. 이를 바탕으로 고객이 원하는 방식으로 제품과 서비스를 탐색하고 브랜드와 소통할 수 있는 선택권을 제공한다. 또한, 세일즈 팀이 수익 목표를 완벽하고 투명하게 파악하여 고객의 기대에 부응할 수 있도록 지원한다. 이와 같은 접근 방식은 프런트 오피스에서 백 오피스에 걸쳐 전체 프로세스의 투명성 보장하고 진정한 고객 중심적 프로세스를 수립한다.

특히, SAP 고객 경험 솔루션은 SAP S/4HANA와의 네이티브 통합을 제공해 다양한 데이터를 바탕으로 단일화된 인사이트를 제공한다. 여기에 SAP의 인공지능 및 머신러닝 기술 등이 더해져 고객사는 더욱 탄탄한 고객 경험 솔루션을 활용할 수 있다.

이와 같은 SAP의 접근 방식은 실제로 소비자 직접판매(DTC) 및 B2B의 소비자화 같은 트렌드와 맞물려 다수의 고객사의 도입으로 이어지고 있다는 설명이다.

실제로 SAP는 팬데믹 기간 동안 글로벌 3대 백신 제조업체인 화이자, 존슨앤드존슨 및 모더나가 신뢰하고 선정한 유일한 솔루션 공급업체다. 또한 온라인 의류 쇼핑몰 쉬인(Shein)은 SAP 이마시스 솔루션을 활용해 각 소비자에 특화된 인게이지먼트를 제공하고 있다. 그 외 다수의 글로벌 전자제품 업체가 고객 데이터, 커머스 및 마케팅 등을 위해 프론트 오피스에 SAP 솔루션을 도입하고 활용하고 있다.

SAP는 솔루션을 개선하고 상호 운용성을 높이기 위해 다양한 노력을 이어가고 있다. SAP는 올해 인텔리전트 서비스 클라우드 솔루션을 출시하고 친환경 고객 중심 경험을 위한 솔루션 포트폴리오를 확장한 바 있다. 또한, 마케팅 솔루션의 B2B 기능을 향상하고 커머스 솔루션을 지속적으로 개선해 나가고 있다.

한편 이번 행사에서는 젠 베일린 SAP 고객경험 CRO를 비롯해 발라지 발라서브라미니안(Balaji Balasubramanian) SAP 수석 부사장 겸 SAP 커머스클라우드 글로벌 총괄과 차경진 한양대학교 경영학부 교수가 패널 토론을 통해 고객 관리에 대한 다양한 의견을 나눴다.

이상일 기자(2022.10.06.), "고객경험 관리 시장 공략 나선 SAP코리아, 제품 포트폴리오 확장", 디지털데일리

사례 2

고객 정보 관리의 중요성 및 최선의 관리 방법에 대하여

영업업무에서 고객정보를 제대로 관리하고 유효하게 활용하는 것은 매우 중요합니다. 일정 수준 이상 축적된 고객정보를 잘 활용하면 영업 프로세스의 문제점과 예상 매출을 정확하게 도출할 수 있습니다. 그러나 이때, 정보를 관리하는 방법에 따라 업무상 활용도는 큰 차이를 보일 수 있습니다.

이와 관련하여 고객 정보 관리의 중요성과 최선의 관리 방법에 대해 알아보겠습니다.

◇ 고객 정보 관리는 왜 중요할까?

대부분의 기업이 고객정보를 축적하고 있지만, 관리 상황이나 정보량, 사용되는 관리 툴은 저마다 다릅니다. 어떤 형태이든 고객정보는 회사의 중요한 자산이며, 이를 활용해 큰 효과를 낼 수 있습니다. 그만큼 어떤 용도로든 쉽게 활용할 수 있도록 잘 정리되고 분석된 상태로 유지, 관리하는 것이 중요합니다.

먼저 고객정보 관리가 중요한 이유를 몇 가지 소개하겠습니다.

▸ 거부 당한 이유」를 분석으로 알 수 있다

고객과의 상담을 진행하다 보면 아쉽게도 최종 계약단계에 이르지 못하고 흐지부지되는 경우가 종종 생깁니다. 또 크로스셀(Cross sell, 기존 거래제품과 함께 사용될만한 품목 판매)이나 업셀(Up sell, 기존보다 품질과 단가가 높은 상위상품 판매) 등 추가 구매로 연결되지 못하고, 심지어 '고객이 우리 제품에 부정적인 생각을 갖고 있다'고 느껴지는 상황도 자주 발생합니다.

하지만 어떤 경우라도 반드시 그만한 이유가 있습니다. 이럴 때마다 담당 영업직원이 고객과의 상담 내용을 면밀히 기록해 둔다면 어떨까요? 이와 같은 실패 사례를 모아 분석하여 그 원인을 파악할 수 있게 됩니다. 나아가 개선책을 고민해 영업 프로세스의 약점을 극복하고 자사 제품에 대한 관심이 낮아진 고객에게 적절하게 접근해 새로운 수익이 발생하는 계기가 될 수도 있습니다.

▸ 기존 고객에게 효과적인 접근이 가능하다

기존 거래고객과의 지속적인 관계 유지나 매출 극대화를 위해서도 고객정보 관리는 반드시 필요합니다. 예전과 달리 고객들은 인터넷, 모바일 채널을 통해 손쉽게 많은 구매정보를 확인할 수 있어, 당장 많은 고객을 보유하고 있다고 해도 언제까지나 거래를 낙관할 수만은 없습니다. 경쟁사에서 보다 성능이 좋은 제품을 내놓거나 파격적인 할인조건으로 우리 고객을 설득하게 되면, 기존

거래는 물론 가능할 수 있었던 추가 거래까지도 모두 없던 일이 되고 맙니다.

하지만 지속적이고 섬세한 고객관리가 이뤄져 왔다면, 그리고 이와 같은 시점에 적절한 제안을 내놓거나 서로 시너지효과를 낼 수 있는 캠페인을 제시할 수 있다면, 경쟁사의 공격적인 마케팅에도 고객 이탈 없이 장기적인 거래를 이어갈 수 있습니다. 이와 같은 효과적인 접근, 설득력 있는 제안을 위해서도 꾸준한 고객정보 관리는 중요합니다.

▸ 매출 예측은 경영 판단의 근거

기업 경영자 입장에서도 수익 창출의 최전방에 서 있는 영업부서 실적은 매우 민감한 정보입니다. 이를 통해 현재 상황이나 향후 수익성에 대한 다양한 경영 판단을 내릴 수 있기 때문입니다.

또한, 잘 관리된 고객정보를 통해 개별 안건에서 빠르고 정확한 판매 예측을 내릴 수 있고 경영 판단을 가속화할 수 있습니다. 안건 정보 및 구매 이력을 분석하면 앞으로의 생산 계획 및 상품 개발, 인사 계획 등 경영 전략 전반에 큰 도움이 됩니다.

◇ 고객 정보 관리에 사용되는 툴은?

고객정보는 어떤 방식으로 분석하고 활용하느냐에 따라 많은 성과를 가져올 수 있습니다. 하지만 그간의 관리 방법에 따라 분석 용이성과 편의성이 다릅니다. 과연 어떤 도구를 사용해 관리하면 좋을까요?

▸ Excel은 사용 장벽이 낮다는 이점이 있지만….

아마 고객정보 관리에 가장 많이 사용되는 소프트웨어는 엑셀(Excel)일 것입니다. 이미 대부분의 컴퓨터에 설치되어 있는 데다, 기본적인 기능 정도는 누구나 사용할 수 있어 그만큼 도입 장벽도 낮습니다. 또 많은 기업에서 고객 리스트 작성에 엑셀을 이용하고 있으므로, 고객관리 역시 여기에 새로운 기입 항목을 추가하는 형태로 '일단 시작하자'는 분위기가 대부분일 것입니다.

하지만 엑셀은 시간 순서대로 정보 관리를 하는 것이 어렵고 새로운 정보를 입력하여 갱신하면 그 이전의 상황을 확인할 수 없게 됩니다. 그렇다고 매번 입력할 때마다 파일을 백업하게 되면 분량이 순식간에 방대해져 관리가 어렵습니다. 데이터를 분석할 때에도 복잡한 조건 설정이 불가능해 고객정보 관리 툴로서는 기능과 사용 편의성 측면에서 많은 한계점이 드러납니다.

▶ 적은 비용으로 편리하게 사용하는 명함 관리 툴

적지 않은 기업에서는 각 부서 사원들이 고객관리를 위해 명함정보 통합 관리 툴을 추가로 활용하기도 합니다. 업무상 주고받은 정보와 인맥을 활성화하는 툴로 급속하게 보급된 것이 그 이유입니다. 또한, 최근에는 명함 정보뿐만 아니라 상담 중인 안건 정보 등을 함께 관리해주는 제품도 등장하고 있습니다. 하지만 고객정보 관리에 특화되어 개발된 제품과 비교하면 역시나 기능적인 면에서 보조적인 대안에 지나지 않습니다. 고객정보 추출·분석, 마케팅 자동화 등 복잡한 조건에 따른 외부 툴과의 연계를 위한 유연한 운용에는 적합하지 않습니다.

▶ 영업 업무를 지원하는 영업 지원 시스템(SFA)

SFA(영업지원시스템, Sales Force Automation)는 말 그대로 영업 업무를 지원하고 효율화하는 툴입니다. 취급하는 정보는 진행 중인 상담 상황 및 거래 이력, 방문 이력과 그 결과, 안건에 관한 것들이 주축을 이룹니다. 또한, 고객의 기본 정보 및 행동 이력도 기록되기 때문에 일상 영업 활동의 시점에서 고객 정보를 관리하기에는 적합한 툴입니다. 뒤에서 언급할 CRM(고객 관계 관리, Customer Relationship Management)과 함께 영업 활동 지원 툴로 사용되고 상호 연계 가능한 기능이 많기 때문에 그 경계는 애매합니다. 제품에 따라 CRM과 마케팅 자동화와 링크하여 원활한 운용이 가능합니다.

▸ 고객과의 관계를 기록하는 CRM

'고객 관계 관리' 전용 소프트웨어인 CRM은 자사와 고객과의 관계에 중점을 둔 정보 관리 툴입니다. 고객과의 관계를 우호적으로 유지하여 재구매를 증가시키고 크로스셀 및 업셀을 통해 매출 증대로 이어지게 하는 목적입니다. 그렇기 때문에 고객정보 관리에 매우 적합하고 기본 정보는 물론 고객의 행동 및 문의 이력 등 폭넓은 정보를 연결하여 관리할 수 있습니다.

주로 영업 부서에서 사용되고 있는 SFA와 달리 CRM은 마케팅 부서, 고객 지원 부서에서도 이용되기 때문에 고객의 첫 구매 시점부터 사후 지원, 관리까지 보다 폭넓은 고객정보를 관리할 수 있습니다. 축적된 정보는 다양하게 나누어 추출·분석할 수 있고 고객에게 세세한 대응을 실현하고 자사의 영업 프로세스 개선에 도움을 주는 등 다양하게 활용될 수 있습니다. 제품에 따라서는 영업지원시스템 및 마케팅 자동화와의 연계 역시 가능합니다.

◇ **CRM을 통한 고객 정보 관리 포인트**

CRM은 고객정보 관리에 최적인 툴이지만 그 진가를 발휘하기 위해서 알아야 할 포인트가 몇 가지 있습니다. 그 중 특히 중요한 것은 '명확한 도입 목적', 그리고 '제대로 된 입력과 활용'입니다. 각각에 대해서 상세하게 설명하겠습니다.

▸ 무엇을 위해 도입하는지 명확히 할 것

CRM 도입 단계에서 가장 중요한 것은 목적을 확실히 하는 것입니다. 단지 '편리해 보이니까' 라는 인식 수준으로 접근하면 정보 입력 및 관리가 복잡하게 느껴만지고, 외려 현장에서도 '이런 작업이 무슨 소용 있나'하는 불만이 쌓이기 쉽습니다.

CRM 도입의 최종 목표인 '고객과 우호적인 관계 유지'를 위해 기업이 어떤 목적을 수립해야 할까요? 먼저 CRM 도입으로 추가 구매가 늘고, 최종계약 실패를 줄여 수주율을 높이는 것 등 목적을 명확히 하고 사내 주요 관계자에게 이를 명확히 인식하도록 해야 합니다. 이러한 토대가 갖춰져야 CRM이 원활하게 도입하고 지속적으로 운영됩니다.

◇ 적절한 툴에서 자사의 정보 자산을 활용합시다

고객정보의 중요성에 대해 인식하지 못하는 기업은 없습니다. 하지만 적절한 툴, 프로그램 없이는 충분한 활용이 어렵습니다.

회사의 중요한 무형자산인 고객정보를 축적만 하시겠습니까? 목적에 맞는 소프트웨어를 선택해 낭비 없이 활용하십시오.

"고객 정보 관리의 중요성 및 최선의 관리 방법에 대하여", 2020. 6. 11, salesforce(세일즈포스)

콜 센터와 고객관계관리

03 콜 센터와 고객관계관리

콜 센터(Call Center)는 고객과 가장 가깝게 위치하고 있으며 상담요원의 역할에 따라 기업 전체의 매출 증대에 많은 영향을 주기 때문에 고객관계관리(CRM)에서 아주 중요한 역할을 담당하고 있다. 지속적인 고객관계 확립, 고객의 마음에 소구하는 고객관계마케팅이 콜 센터에서 시작되기 때문이다. 고객의 요구나 욕구, 불만 사항을 처리하거나 주문접수 처리, 제품설명 및 고객의 의문점이나 궁금증에 대해 확인 및 확신시켜 주는 인바운드 업무와 고객지향적인 판매와 마케팅, 캠페인 전개 등의 아웃바운드 업무를 수행하는 고객관리종합정보센터로서의 역할을 수행한다. 현대 기업에서의 마케팅전략이 고객지향적이라면 그 마케팅의 중심에 서 있는 것이 콜 센터이다. 콜 센터에서 만들어진 정보는 기업의 경영전략에 심대한 영향을 주는 살아 움직이는 기업의 마케팅 정보창고이다.

3.1 콜 센터의 정의

많은 기업체에서 콜 센터 구축에 투자하는 이유도 이러한 콜 센터의 역할이외부환경의 변화와 함께 그 중요성이 날로 증대되고 있기 때문이다. 최근 들어 기존의 콜 센터 기능에 고객관계관리(CRM)와 CTI(Computer Telephony Integration) 기능이 시스템적으로 연계되고 있다. 이는 변화하는 기업과 고객의 관계를 보여주는 좋은 예로써 고객에 대한 끊임없는 지원과 서비스 개선을 시도하지 않는 기업은 살아남기 힘들다는 것을 의미한다. 고객 만족과 이익창출이라는 두 가지 요소를 모두 만족시킬 수 있는 해결방안으로 CRM과 CTI가 연계되는 종합 콜 센터의 구현이 더욱 증가하고 있는 추세이다. 그에 덧붙여 정보통신기술의 발전으로 인해 기존에는 고객과 만나는 접점이 주로 전화에 의존하였으나 지금은 고객과 다양한 만남을 제공할 수 있는 인터넷에 기반한 콜 센터로 영역이 확대되고 있다.

그림 3-1 콜 센터의 시스템 아키텍춰

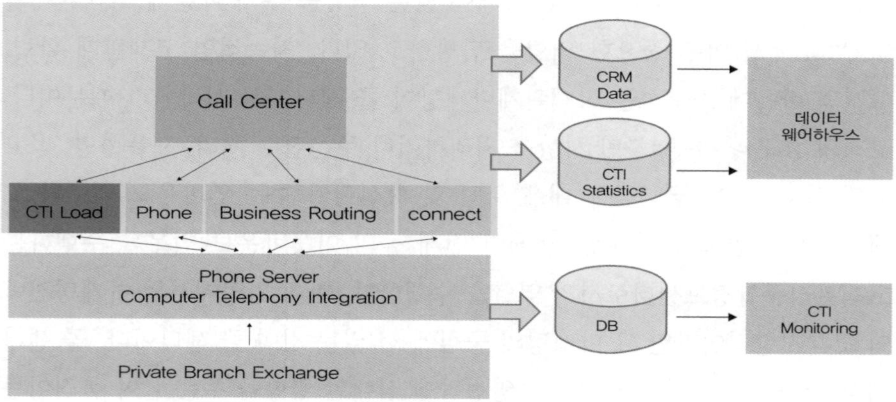

이러한 콜 센터의 시스템 아키텍춰를 정리하면 〈그림 3-1〉과 같다. 그림에서 보는 바와 같이 콜 센터는 전형적인 CTI 기술의 대표적인 응용 분야로서 컴퓨터 시스템과 전화시스템이 연동 운영되도록 두 시스템 간의 물리적인 연결은 필수적이며, 컴퓨터 응용프로그램 내에서 전화시스템을 제어하며 관리할 수 있어야 한다. 일반적인 콜 센터 시스템 구성은, 전화 네트워크를 주관하는 교환기(PBX: Swich), 교환기와의 물리적 결합을 통하여 모든 전화통화에 대한 제어 및 모니터링을 하는 CTI 서버, 상담원 상담처리업무 응용 프로그램과 운영관리를 위한 모니터링 및 운영통계 기능을 갖는 관리자업무 응용 프로그램이 운영되는 상담원 PC, 자동응답 기능 및 팩스 기능의 VRU(Voice Response Unit), 고객정보를 가지고 있는 DB서버로 나누어 볼 수 있다.

콜 센터는 전화시스템을 통하여 CTI와 연동되며 PBX는 CTI와 연동된다. PBX의 정보는 CTI로 보내질 수 있으며 전화기에 정의된 매핑 규칙에 따라 CTI의 정보가 콜 센터로 이관될 수 있다. CTI 서버의 레포팅 툴을 이용하여 레포트를 개발하거나 콜 센터에 전송된 정보에 기반하여 레포트를 개발하여 사용할 수 있다. 또한 비즈니스 정보 웨어하우스(BW: Business Information Werehouse)에서 기본으로 제공되는 CTI 통계분석 기능을 이용하여 고객정보를 분석할 수 있다.

CTI 기술을 근거하여 콜 센터 내의 인바운드 콜(Inbound Call) 및 아웃바운드 콜(Outbound Call)에 대하여 컴퓨터 응용 프로그램과의 지능적인 통합이 가능하여 콜 센터 내의 워크플로우(Workflow)와 연계되는 통화흐름(Call Flow) 및 통화경로(Call Path)에 대한 자동화가 가능하다. 이렇게 컴퓨터와 전화시스템, 두 시스템 간의 연동을 통하여 컴퓨터를 이용한 빠르고 정확한 정보의 제공 및 상담업무의 효율을 극대화할 수 있으며, 이를 통하여 결국은 상담통화 시간의 최소화보다 향상된 고객 서비스를 제공할 수 있다. 이러한 결과 비용절감의 효과와 매출증가의 기회를 가져올 수 있다.

또한, CTI 기술은 콜 센터 업무의 효율화 및 상담원의 생산성 증가와 이에 효과적인 고객지원을 통하여 1:1 고객접촉 채널(Invidiual Marketing) 강화로 다양한 고객계층에 적합한 서비스를 제공할 수 있다. 그리고 기존 전화중심의 콜 센터에서 이제는 인터넷 환경에서 인·아웃바운드 콜을 연계하여 고객관계관리(CRM) 기능을 수행할 수 있는 웹기반 콜 센터가 확산되고 있다. 즉, 종전에 전화에 기반한 음성통화중심에서 벗어나 인터넷에 접속한 사용자와 상담원 간에 음성통화는 물론 화상통화, 문자채팅, 파일전송, 화이트보드 공유 등 인터넷에 구매, 상담문의 등의 다양한 커뮤니케이션을 할 수 있는 웹기반 고객 상호작용 센터(CIC: Customer Interaction Center)로서의 역할이 증가하고 있다.

3.2 고객응대센터

인바운드 콜 관리는 주문접수 처리, 고객문의 상담, 고객불만 접수 및 애프터 서비스, 긴급상황 처리 등 고객지향적인 업무이다. 이러한 인바운드 콜 관리도 기존의 문의 사항이나 주문접수, 고객의 불만접수 등의 업무에서 잠재고객이나 기존고객을 설득시키는 업무 등으로 인바운드 콜 관리의 성격이 변화되고 있다. 인바운드 콜 관리에 관련되어 보다 구체적인 설명은 다음과 같다.

그림 3-2 인바운드 콜 관리

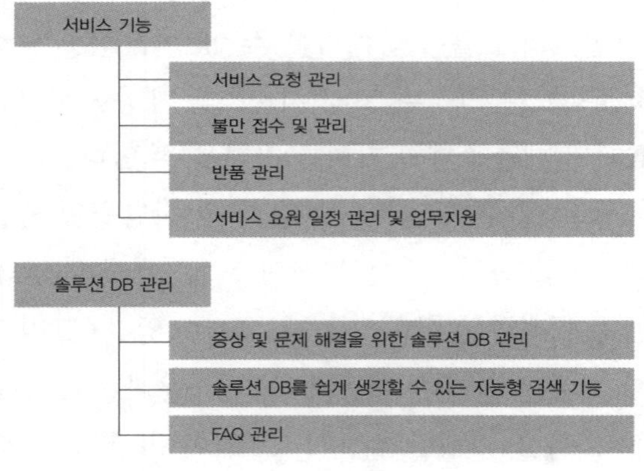

(1) 인바운드 콜 관리 일반

콜 센터에는 다양한 업무를 동시에 처리할 수 있도록 해당 응용 애플리케이션들이 개발되어 있다. 하나의 프로그램에서 인바운드 콜, 아웃바운드 콜, 영업, 서비스 마케팅의 업무를 모두 처리할 수 있으며 E-mail 확인, 인터넷 등을 동시에 처리할 수 있다. 인바운드 콜 관리 업무는 고객이 제품이나 서비스에 대해 관심을 가지고 전화를 거는 고객주도형 업무이기 때문에 고객이 쉽게 접촉할 수 있는 채널의 다양성, 접근의 편리성 등이 제공되어야 한다.

그림 3-3 상품상세정보 조회

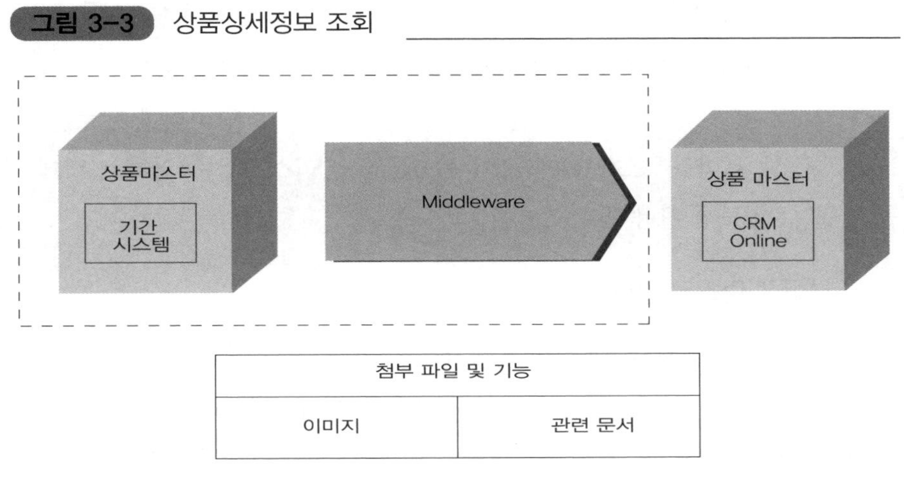

(2) 상품 상세 정보 조회

고객센터를 통해 들어온 문의 사항을 처리하기 위해서 상품에 관련된 정보를 실시간으로 조회 및 관리가 가능하다. 제품의 상세한 설명 및 이미지, 주요 특성들을 조회할 수 있으며 첨부 파일 형태로 필요한 정보를 함께 조회하여 볼 수 있는 기능을 제공한다. 이 정보는 고객센터뿐만 아니라 인터넷이나 모바일(Mobile) 등 다양한 채널에서 공통적으로 활용이 가능하다. 또한 시스템에서 제공하지 않는 정보를 관리하고자 할 때도 손쉽게 해당 정보를 추가할 수 있다.

(3) 고객정보관리

가. 접촉이력관리

고객센터를 통해 주문을 생성한 고객의 경우 과거 주문상황(주문일, 주문제품, 가격, 수량, 배송일 등)에 대한 이력을 관리할 수 있다. 이러한 정보는 비즈니스 정보 웨어하우스(BW)에 모여 목표(target) 리스트를 정의하고 캠페인을 벌일 수 있도록 활용된다.

나. 고객 마스터 관리

기간시스템을 통해 생성된 고객정보는 실시간으로 온라인상의 고객정보로 전송되며, 온라인상의 고객정보는 관리자에 의해 정보의 생성, 변경, 삭제, 유지, 관리된다.

다. 고객접점 부분 통합관리

콜 센터는 고객과 접촉하는 다양한 접점(대면 접촉, 전화, 인터넷 등)을 통하여 수집되는 모든 고객 관련 정보를 단일의 통합 데이터베이스로 관리한다. 또한 콜 센터의 여러 구성 요소 간의 완벽한 통합성을 기반으로 언제 어디서나 일관된 정보 및 서비스를 제공할 수 있다.

라. 고객분석

콜 센터는 비즈니스 정보 웨어하우스(BW)와의 완벽한 통합성을 기반으로 고객과의 관계를 측정, 예측, 강화할 수 있는 분석 기능을 지원한다.

마. 비즈니스 라우팅(Business Routing)

인바운드 콜에 대한 상담원 지정과 마찬가지로 특정 고객에 대한 응대를 위해서는 비즈니스 라우팅 기능을 이용하여 특정 상담원을 지정할 수 있다.

바. 고객등급 지정 및 순위 부여

고객등급 지정 기능을 이용하여 고객들 중에서 시장을 선도하고 있는 고객의 등급을 분류하고 순위를 부여할 수 있다. 그에 따라 고객지향적 마케팅 전략을 수립하고 실행함으로써 고객충성도를 증진시킬 수 있다. 고객등급 지정 및 순위부여 기능은 비즈니스 룰(rule)에 따라 자동 생성될 수 있도록 세팅이 가능하다. 또한 직접 입력을 통해서도 생성이 가능하며, 이는 영업 부서의 고객별 전망을 통해서 생성되면 자동차의 종류, 연봉, 직업 등에 기반하여 적절한 시기에 적절한 제품을 판매할 수 있는 고객지향적 마케팅이 이루어지도록 지원한다.

그림 3-4 고객등급 부여 및 순위 지정

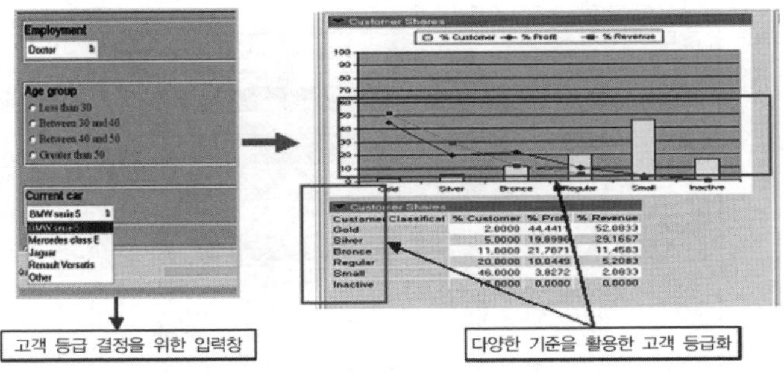

(4) 인바운드 콜 서비스

인바운드 콜 서비스는 고객이 제품이나 서비스에 대해 관심을 가지고 전화를 거는 고객주도형이기 때문에 고객을 대하는 기업과 상담원은 고품격의 서비스를 제공한다는 자세가 요구된다. 즉, 고객의 입장에서 서비스에 정성을 기울이고 사후 서비스와 고객의 의견을 기업경영과 제품 서비스 개선에 피드백할 수 있도록 노력하여야 한다.

가. 불만 사항 처리

마스터에 등록된 제품 및 서비스 항목에 대한 고객의 불만 사항은 서비스센터로 직접 전화를 한 경우와 인터넷을 통한 자기서비스(internet selfservice)를 통한 접수가 모두 가능하다. 접수된 불만 사항은 무상반품, 제품교환, 수량관리 등 고객이 원하는 프로세스를 정의하여 처리가 가능하고 불만 사항에 대한 내용을 저장하고 분석하여 향후 불만 사항에 대해 예측 및 관리를 가능하게 한다.

그림 3-5 인 바운드 콜 서비스 개요

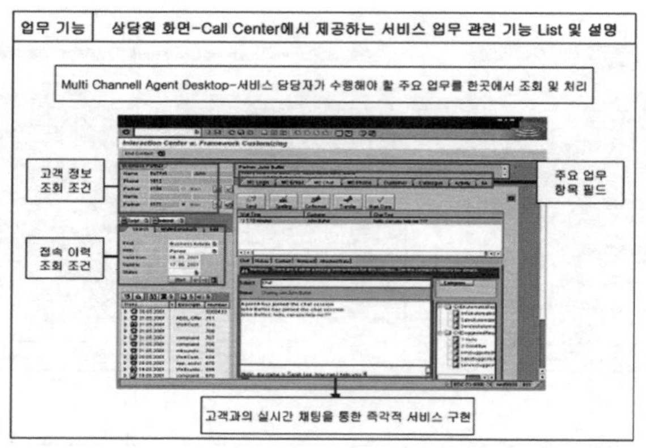

나. 서비스 내역 분석 및 향후 처리 방안 지원

서비스 처리에 대한 내용을 비즈니스 정보 웨어하우스(BW)를 통해 분석하여 상품, 기간, 고객, 반품내역, 사유 등 필요한 영역에 대해 조회하고 고객 응대와 향후 대응방향을 수립할 수 있다.

다. 서비스 담당자의 효율적 업무 지원

수신·발신 통화, 다중채널 응대, 이력관리, 물류·재정 정보, 응대문서 지원, 예측 메시지 등의 업무를 한 곳에서 처리하여 서비스 요원이 고객을 집중적으로 관리하고 만족시킬 수 있도록 지원한다.

라. 서비스 확정

전화를 통해 고객으로부터 서비스 요청을 받은 경우 상담원이 직접 응대를 통해 서비스를 완료할 수도 있지만, 서비스 담당자가 직접 고객을 방문하여 서비스를 완료하는 경우도 있다. 이 경우 현장에 나가서 서비스를 수행한 담당자는 자신이 수행한 서비스 활동을 다시 시스템에 입력하여 향후 다른 서비스 요원들이 이를 공유할 수 있게 한다. 이때 서비스 담당자는 기본적으로 자신이 수행한 작업의 시간과 서비스에 사용된 제품에 대해 서비스 센터 에이전트에게 최종확정(confirmation)을 받아야 서비스 관련 업무가 완료된다.

그림 3-6 콜 서비스 실행

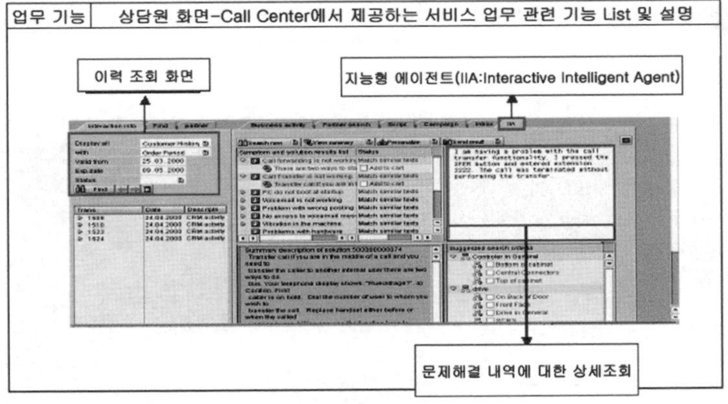

마. 콜 전환(Call Transfer) 이력관리

전화상담 시 다른 에이전트에게 콜을 전환하는 이력관리는 기본적으로 CTI 수준에서 통제된다. 물론 이러한 기능은 콜 센터 애플리케이션상에서 기본적으로 제공되는 기능이지만 CTI와의 연계를 통해 더욱 효과적으로 수행할 수 있다. 콜 전환에 관련된 이력 사항은 애플리케이션상에서 데이터베이스(DB)로 관리되지는 않지만 로그파일(Log File) 형태로 관리할 수 있으며 이러한 이력관리에 관련된 리포팅을 생성할 수 있다.

(5) 인바운드 콜의 기타 기능

인바운드 콜의 기타 기능으로는 비즈니스 라우팅 기능, 조직관리 기능, 콜백예약 기능, 그리고 자원계획 도구 기능이 있다.

가. 비즈니스 라우팅

고객으로부터 전화가 걸려왔을 경우, 현재 가능한 에이전트(agent)에게 자동으로 전화를 연결해 주는 기능으로서 기본적으로 비즈니스 라우팅(business routing) 기능을 통해 지원된다.

그림 3-7 비즈니스 라우팅

Business Routing을 세팅하기 위해서는 Routing Server와 Agent group, Business Partner Group을 함께 연계시켜야 함. 이는 미리 작성된 시나리오에 따라서 세팅되어, 고객별로 Agent가 응대할 수 있는 기능을 제공함.

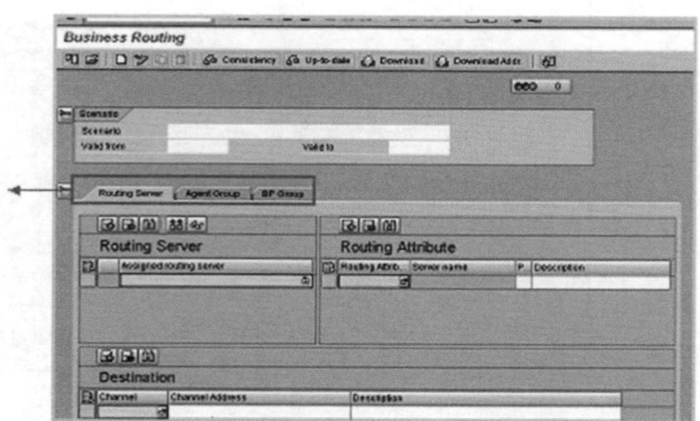

나. 조직관리 기능

상담원, 상담 그룹 간 역할 변경은 조직관리(organization management)를 통하여 쉽게 변경할 수 있다.

다. 콜 백 예약 기능

전화를 통해 고객을 관리하기 위한 방안으로 고객이 원하는 시간에 정기적으로 전화를 걸도록 일·주·월 단위로 세팅할 수 있다. 휴일이나 경축일 등에는 전화를 걸지 않도록 예외 사항에 대한 관리가 가능하다. 이러한 기능은 우선 고객별로 전화가 걸려 왔던 이력을 조회하여 콜 리스트(call list)를 작성하고 전화를 걸어 고객을 관리하며 또한 그 내역을 다시 비즈니스 정보 웨어하우스(BW)를 통해 분석할 수 있도록 지원한다. 고객에게 전화를 걸기 전에 우선 고객에 관련된 정보와 지금까지 고객과의 전화내역을 조회하여 적절한 통화가 진행되도록 준비할 수 있다.

그림 3-8 콜 센터 솔루션 데이터베이스

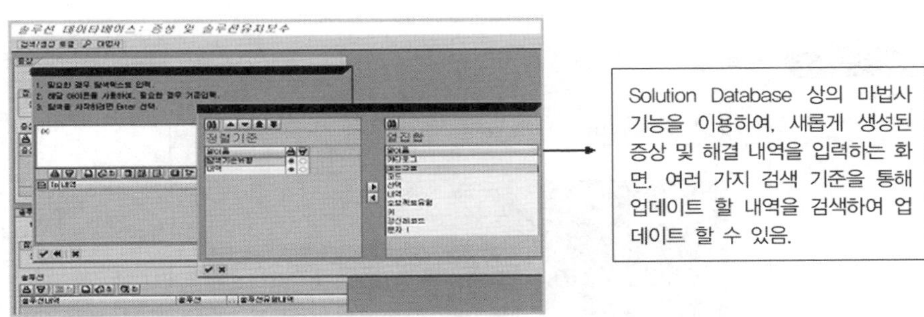

라. 자원계획 도구(Resource Planning Tool)

고객의 서비스 요청에 따라 관련 서비스 항목과 가능성, 서비스 요원을 할당함으로써 원활한 서비스가 이뤄지도록 지원한다. 인력관리 툴은 그래픽 할당 화면상에서 관리자가 쉽게 인력을 할당할 수 있으며 OLTP의 인적자원(HR)모듈과 연계되어 인력 가용성을 점검할 수 있다.

(6) 인바운드 콜 솔루션 데이터베이스

솔루션 데이터베이스(solution database)는 증상(symptom)과 해결방안(solution)으로 구성되어 있으며, 이를 통하여 적시에 정확한 해결방안을 제공할 수 있다. 사용자는 지능형 에이전트(interactive intelligent agent)를 통하여 솔루션 데이터베이스를 검색할 수 있다. 솔루션 데이터베이스의 주요 기능은 다음과 같다.

가. 서비스 요청 접수 및 처리

사용자는 지능형 에이전트(IIA: Interactive Intelligent Agent)를 통하여 반복적인 검색작업을 최소화하고 가장 정확한 솔루션을 검색하여 고객에게 제공할수 있으며 이를 위하여 최적화 엔진(optimization engine)을 활용한 적응학습(adaptive learning) 프로세스를 적용할 수 있다.

그림 3-9 모바일 서비스 애플리케이션

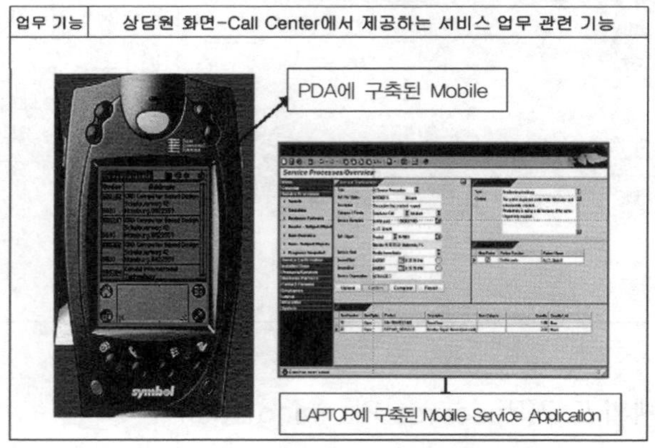

나. 상담내역의 갱신

솔루션 데이터베이스(SDB)를 통해서 상담한 내역은 솔루션 데이터베이스 상에서 그 내역을 갱신할 수 있다. 즉, 솔루션 데이터베이스상의 마법사를 통해서 생성된 서비스 관련 증상 및 해결 내역을 새롭게 입력할 수 있다.

다. 솔루션 데이터베이스 관리

솔루션 데이터베이스에 존재하고 있는 서비스 관련 증상 및 해결 내역은 제품별·고객별·증상별·해결 내역별 등 여러 가지 검색조건을 통해서 그 내역을 살펴볼 수 있다.

라. 불만 사항 입력 및 관리

고객의 불만 사항을 접수할 경우 '어떠한 고객에 대하여 어떠한 제품에 클레임(claim)을 요청했다'라고 하는 내역을 입력·관리할 수 있다.

그림 3-10 콜 센터와 E-Mail 연계

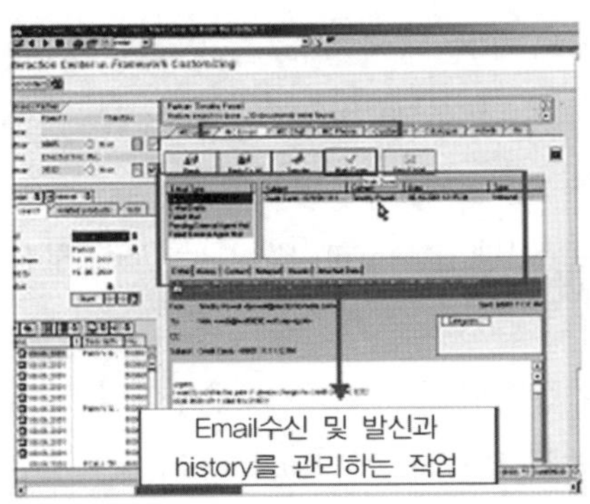

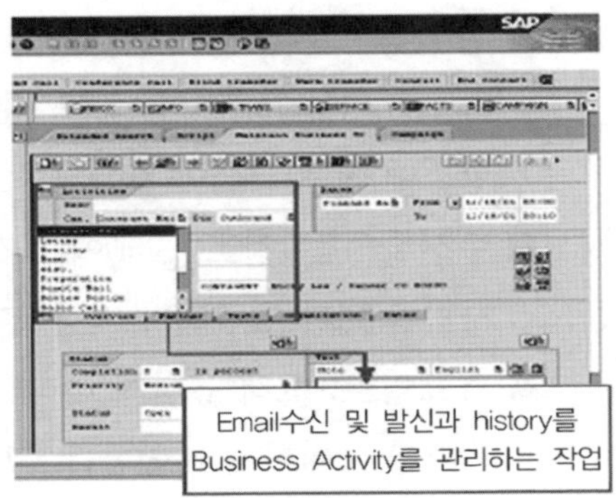

마. 접수매체관리

불만 사항을 접수할 때 어떠한 채널을 통해 접수하였는지를 쉽게 알아보기 위해서 콜 센터에서는 기본적으로 숫자 범위(number range)를 이용한다. 즉, 인터넷을 통한 불만 사항은 1로 시작하고, 콜 센터를 통한 불만 사항은 2

로 시작하면 CRM 온라인을 통한 불만 사항은 3으로 시작하는 등 숫자 범위를 통해 불만 사항이 어떠한 채널을 통해 입력되었는지 쉽게 알 수 있다.

(7) 인바운드 콜 전화시스템

콜 센터는 이전의 단순히 음성만 전달해 주는 교환기능(PBX)의 차원을 넘어서서 고객상담에 관련된 음성과 데이터를 상호 결합하여 전달 가능하도록 한 것이다. 이에 보다 자세한 설명은 다음과 같다.

가. 수신전화관리

전화시스템과 CTI의 통합을 통해 고객으로부터 전화가 걸려 오면 발신번호가 자동으로 보여진다. 만약 개인적으로 입력된 전화번호(개인 휴대폰, 집전화)의 경우에는 전화번호를 등록한 고객의 정보가 자동적으로 조회된다.

나. 구성 항목

- ■ **검색창:** 고객 및 제품, 고객 사이트에 설치되어 있는 인스톨 기반(installed base), 서비스 내역 및 이력 등 고객 서비스에 관련된 모든 사항들에 대해 검색이 가능하다.
- ■ **수신함:** 에이전트(agent)에게 전송된 이메일(e-mail) 및 업무 관련 지시사항에 대한 메시지가 저장된다.
- ■ **스크립트:** 고객 유형에 따라 미리 정의된 스크립트를 제공하여 고객 응대를 용이하게 지원한다. 그 밖에도 인스톨 기반(installed base) 세부항목, 영업팀 관련 정보, 고객 주소 및 E-mail 편집기, 비즈니스 행위(business activity) 관련 화면 등이 제공된다.

다. 모바일 서비스와의 연계

콜 센터 또는 인터넷을 통해 요청된 서비스 내역을 모바일 서비스 기능을 탑재한 노트북을 이용하여 현장 서비스 요원에게 할당되어 신속하게 처리가 가능하다.

(8) 외부시스템과의 연계

콜 센터에서 지원되는 외부시스템과의 연계는 이메일(E-mail), 웹 채팅, 그리고 서신이나 팩스(Fax)를 통한 방법이 있다.

첫째, 콜 센터 기능에서 이메일관리는 접속(connect interface)과 워크플로우(workflow)를 통해 이루어진다. 즉, 고객으로부터 들어오는 인바운드 이메일은 인터넷 주소 또는 고객의 이메일 교환 서버(e-mail exchange server)로부터 전달될 수 있다.

두 번째, 웹기반 콜 센터는 웹 고객을 지원하는 기능을 제공한다. 고객은 온라인상에서 상담원과 상담하기를 원하는 시간을 요청한다. 그 요청은 콜을 위한 IP number(시스템에서 생성됨)와 질문 사항을 포함하게 되며, 이 요청은 요구 큐(request queue) 상태로 있으면서 가능한 상담원이 요청에 응답하게 된다. 상담하는 동안 모든 고객정보는 상담원에게 보여지게 되고 상담원은 고

객정보를 위해 다른 시스템으로 접속하거나 하는 번거로움을 줄일 수 있다. 고객과의 상담을 마친 후 메시지는 XML 파일 포맷으로 저장되고 웹 서버에서 볼 수 있다. 만약 상담원이 고객과 관련된 비즈니스 다큐멘트(document)를 보기 원하면 콜 센터의 네비게이션 영역에서 모든 고객정보를 볼 수 있다.

그림 3-11 모바일/FAX를 통한 상담처리

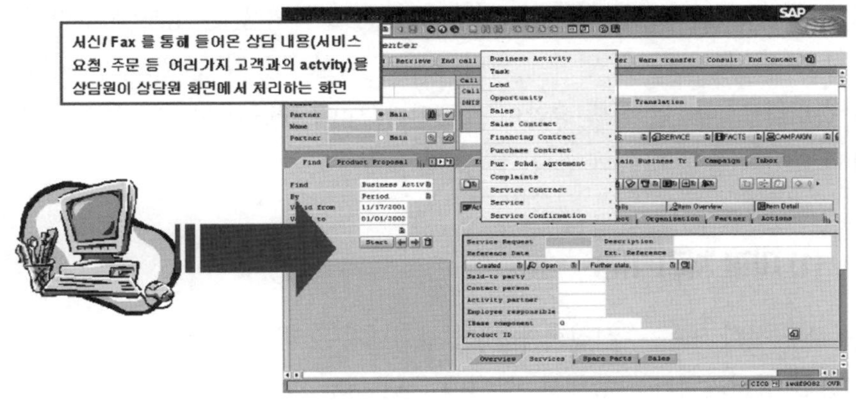

세 번째, 웹상에서의 채팅(chatting) 기능은 웹 고객과 연계하는 채널 중의 하나이며, 상담원은 CTI의 기능 연계(function intergration)를 통해서 콜 센터 상담원 화면에서 실시간으로 고객과 웹을 통한 채팅이 가능하게 된다. 웹 채팅은 콜 센터 네비게이션에서 고객과 관련된 모든 기록을 관리할 수 있다. 또한 인바운드 고객 서비스를 통해서 고객이 웹에서 스스로 문제를 해결할 수 있도록 한다. CRM 서버에서 고객이나 자재에 관련된 FAQ를 생성하면 이것이 웹에서 디스플레이 되고 고객이 검색하고 쉽게 문제를 해결할 수 있도록 지원한다.

마지막으로, 서신이나 FAX를 통해서 들어오는 상담요청에 대해서 콜 센터 상담원이 화면에서 응답할 수 있다. 이때 상담내용은 서비스 요청, 주문, 계약 등 고객과 일어나는 모든 트랜잭션(transaction)이다. 각각의 트랜잭션은 사용되는 데이터가 다르기 때문에 상담원이 작업하기를 원하는 트랜잭션에 따라 필드가 변경된다.

3.3 아웃바운드 콜 관리

아웃바운드 콜 관리는 고객에 대해 뚜렷한 목적을 가지고 제품, 서비스 그리고 정보 등을 전화나 기타 커뮤니케이션 채널을 통해 전달하는 기업주도형업무이다. 그러므로 아웃바운드 콜 관리는 조직의 높은 성과와 수익에 직결될 수 있지만 잘못 운영하게 되면 커다란 위험에 놓일 수 있으므로 종합적인 검토나 구체적인 실행 방안이 요구된다. 이에 관련된 아웃바운드 콜 관리의 주요한 기능은 다음과 같다.

(1) 미결 처리 기능

발신전화 또는 수신전화에 대한 상담내용은 비즈니스 행위(activity)생성을 통한 상태관리가 가능하고, 상태에 따란 행위 리스트 조회가 가능하다. 행위별 타입을 다르게 생성하여 관리할 수 있으며 해당 행위타입에 따라 미결 처리된 상담을 선택할 수 있다. 또한 미결 처리된 상담에 대해 다양한 후속 작업을 관리할 수 있다. 미결 처리된 상담고객에 대한 발신전화 프로세스는 다음과 같다.

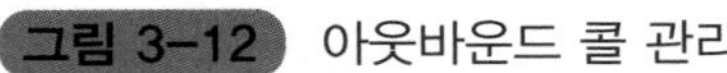
그림 3-12 아웃바운드 콜 관리

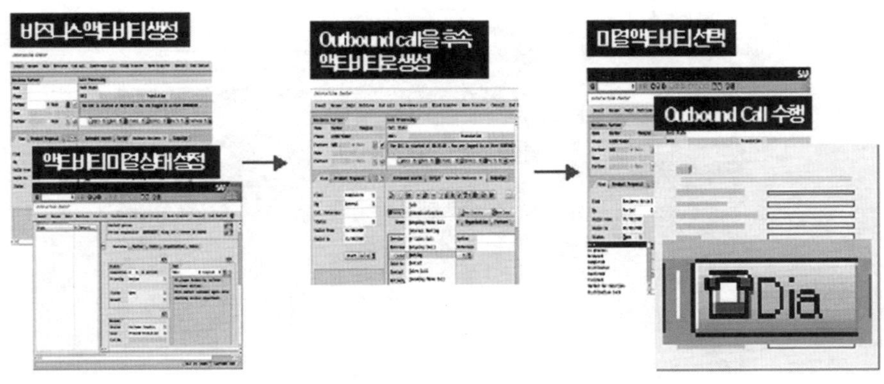

① 콜 센터를 시작한다. 전화 리스트가 지정된 경우 지정된 전화 리스트가 나타나며 전화 리스트를 선택하여 작업을 시작할 수 있다. 각각의 전화에 대한 정보를 조회할 수 있다.

② 발신전화는 설정에 따라 수동으로 전화를 걸거나 '다음 전화' 버튼을 이용하여 걸 수 있다.

③ 인터랙티브 스크립트(interactive script)가 전화 리스트에 지정되어 있으면 애플리케이션 영역에 스크립트가 표시되어 원활한 통화를 도와준다. 전화하는 상대방의 응답에 따라 트리 모양으로 시각화된 스크립트를 선택하여 통화를 진행한다. 행위스크립트에서 필요한 세일즈 오더, 서비스 요청 등의 기능들로 이동할 수 있다.

④ 전화 리스트에 행위가 지정되어 있으면 발신전화가 행위로 나타난다.

⑤ 해당 비즈니스 파트너에 대한 과거의 각종 통화기록과 세일즈 오더,

서비스 요청 등의 비즈니스 기록을 조회할 수 있다. 또한 콜 센터 화면에서 비즈니스 파트너 정보나 제품정보를 바로 조회할 수 있다.

⑥ 발신전화가 종료되면 행위를 생성할 수 있으며 후속 작업을 지정할 수 있다.

⑦ 콜 센터 시스템은 통화기록뿐만 아니라 분석 가능한 로그를 제공한다.

그림 3-13 해피 콜 기능

그림 3-14 해피 콜의 실행 과정

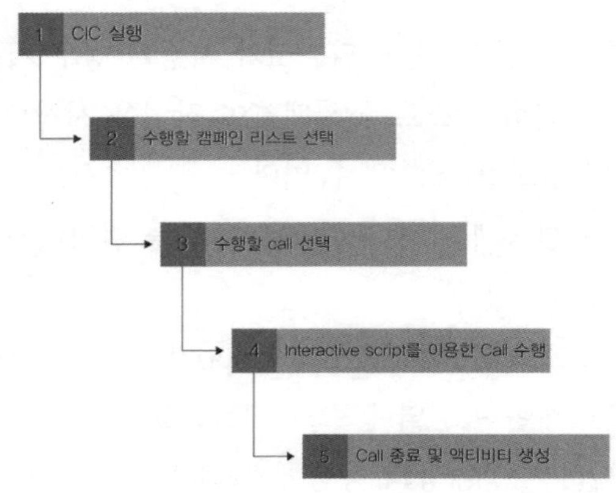

미결 처리는 콜 센터의 행위관리(activity management)를 통하여 해당 에이전트(agent)와 에이전트 팀(agent team)에 관한 미결 처리 내용을 조회할 수

있다. 에이전트는 네비게이션 영역(navigation area)을 통하여 미결 여부를 알 수 있다.

(2) 해피 콜 기능

전체 대상자 중 일부만을 추출하는 선택적 해피 콜 대상자를 지정하는 기능으로서 전화 리스트(call list)에 근거하여 캠페인 생성 및 목표 그룹을 지정한다. 마케팅 기능 중 세그먼트 구현자(segment builder)를 이용하여 해당 해피콜(happy call) 대상자를 선정하여 목표 그룹을 생성한다. 다양한 조건으로 대상자를 선정할 수 있다. 생성된 목표 그룹을 캠페인에 지정하고 전화 리스트와 목표 그룹을 연결하고 콜 센터에서 캠페인을 실행한다. 마케팅의 세그먼트 구현자(segment builder)는 목표 그룹(target group)을 선정하여 선택된 대상에 한하는 콜 리스트(call list)를 생성할 수 있다. 콜 센터에서는 선택된 콜 리스트에 의거하여 해피 콜을 수행한다.

그림 3-15 콜 센터의 레포팅 기능

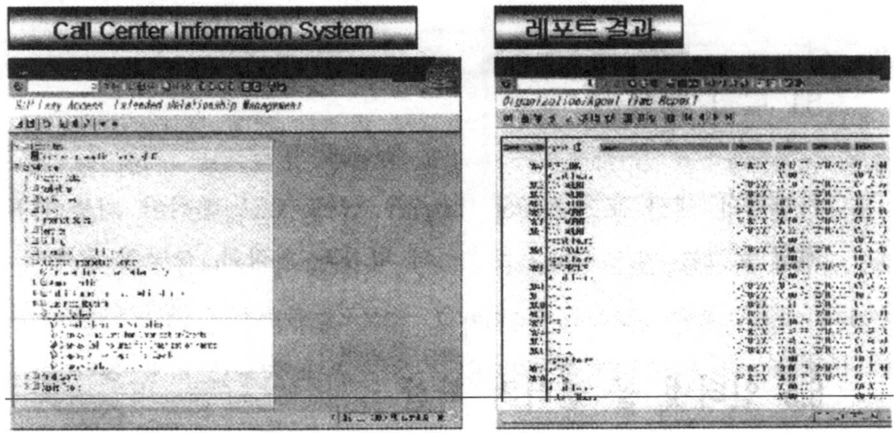

(3) 레포팅 기능

콜 센터의 정보시스템에는 상담원의 행위에 관련된 레포트가 제공된다.

제공되는 레포트는 리스트 뷰 기능을 이용하여 추가 개발없이 레이아웃을 편집할 수 있다. 콜 센터 정보시스템에는 CTI의 정보를 콜 센터로 갱신(upload)해주는 레포트도 기본을 제공된다.

(4) 네비게이션 기능

콜 센터 화면에 네비게이션 영역(navigation area)의 다양한 선택 기능을 이용하여 추가 개발없이 필요한 정보를 얻을 수 있다. 레이아웃의 편집과 결과에 대한 출력이 가능하다.

(5) 로그 분석

그림 3-16 네비게이션 기능

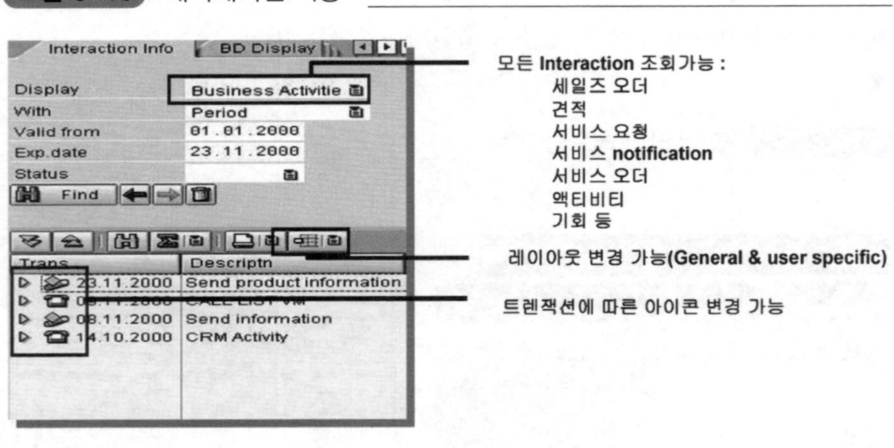

상담원의 액션 로그(action log)가 남아 로그 분석이 가능하다. 상담원의 액션 로그는 비즈니스 프로세스의 평가와 최적화, 상담원 교육에 이용된다.

3.4 콜 센터와 텔레마케팅

(1) 텔레마케팅의 개념

텔레마케팅(Telemarketing)이란 Telecommunication과 Marketing의 합성어로 통신수단, 특히 전화를 이용한 마케팅활동을 총칭하는 용어이다. 국내 콜 센터는 1980년대부터 기업과 고객의 연결창구 역할을 담당해 오고 있다. 과거에는 주로 판매된 상품이나 서비스에 대한 A/S나 불만 사항을 접수하던 수동적이고 보조적인 수단이었으나 오늘날 콜 센터는 고객을 관리하고 자사 수익을 올릴 수 있도록 유도하는 마케팅 일선창구로써 역할이 변화하고 있다.[1]

수동적인 전화상담에서 벗어나 기업경쟁력을 강화시키는 마케팅수단으로 변화함에 따라 접촉(contact)을 통해 고객과의 관계를 형성·강화시키고 있으며 이미지나 동영상을 통해 정보를 제공하는 멀티미디어 개념으로 발전하고 있다. 이에 따라 콜 센터 운영에 각종 설비가 통합되고 있다.

왜 기업이 고객에게 먼저 전화를 걸게 되었을까? 이유는 여러 가지가 있겠지만 신규고객의 확보가 아닌 '유지'로 관심이 옮겨졌기 때문이다. 이러한 시각의 변화는 기업 조직의 총체적인 변화를 가져왔는데 그 중심에 고객관계관리(CRM)가 놓여 있다. 콜 센터도 CRM의 관점에서 여러 역할을 담당하고 있다. 고객의 정보를 수집하고 캠페인이나 교차판매, 신규고객 확보 등의 역할이 그것이다.

(2) 텔레마케팅의 주요 업무

가. 고객정보 정비 및 확장(List Qualification/Enhancement)

■ **목적**

- 매년 20%씩 변화하는 고객정보에 대해 새롭게 변화한 정보구축
- 정확한 고객정보를 통한 맞춤형 고객관리 실시

1 송현수, (텔레마케팅 관리사3) 『텔레마케팅 관리』 도서출판 새로운 제안, 2003.

- 고객 특성별 정보를 통해 타겟 서비스 실시

■ **효과**

- 비용 효율적인 마케팅 접근
- 정확한 고객정보를 통한 맞춤형 1대1 서비스 실시로 고객만족 극대

■ **사례〈통신업체〉**

- 기존고객의 수정된 정보 파악 및 추가정보 획득
- 수정된 정보를 이용해 실무자의 구매욕구 유도

나. 시장조사(Market Research)

■ **목적**

- 인지도조사 및 상품·서비스에 대한 고객욕구조사
- 광고매체 효과 측정·분석
- 고객만족도조사
- Lead Qualification을 겸한 가망고객 확보

■ **효과**

- 약점(Weak Point)의 보완과 강점(Strength Point)의 확대로 차별화된 시장파악 및 경쟁우위 확보
- Target Lead Qualification으로 인한 고객 점유(Customer Share) 확대

■ **사례〈통신업체〉**

- 자사 제품을 구입했던 고객을 대상으로 현재 사용중인 제품 및 추가 구매계획조사
- 사용중인 제품에 대한 만족도조사
- 신제품 소개를 통한 기업홍보 및 서비스 이미지 개선

다. Membership Marketing

■ **목적**

- 유료 회원제에 의한 충성도가 강한 고객집단 창출
- 매출액의 안정적 증가
- 이용고객 및 이탈고객 사유조사

■ **효과**

- 회원에 의한 매출액(전체의 20%) 확보로 안정적 영업기반 확보
- 잠재고객에 대한 1:1 전화홍보(연 9,000명 회원모집 및 180,000명에게 직접적인 전화홍보 및 상품·서비스 안내)

■ **사례〈통신업체〉**

- 연회비 150,000원인 멤버십 프로그램으로 인한 매출증대
- 인지도 증대, 서비스 개선, 이미지 상승에 대한 고객요구(needs/wants) 조사

라. Lead Qualification

■ **목적**

- 전문 텔레마케터를 통한 상품구매 유도
- 가망고객 발굴을 통한 세일즈 생산성 증가

■ **효과**

- 가망고객 발굴로 인한 광고와 판매비율 절감
- 신규고객 창출을 통한 매출액 증진
- 방문자(영업사원)의 방문약속을 대행해줌으로써 영업 생산성향상

■ **사례〈FITNESS〉**

- FITNESS 홍보
- 고객관심도 및 반응조사
- 방문 약속
- 정규회원 가입 유도 및 유지

마. 감사전화(Welcome Call)

■ **목적**

- 고객에 대해 소속감 증가
- 새로운 제품·서비스에 대한 소개 및 홍보
- 고객의 다양한 의견 수렴

■ **효과**

- 고객의 소속감을 증가시켜 Customer Loyalty 증가
- 고객의 다양한 의견을 수렴하여 고객만족 극대화

바. 고객이탈 방지 및 고객 활성화(Anti-Attrition & Customer Activation)

■ **목적**

- 이탈고객의 이탈사유 접수
- 이미 이탈한 고객에 대한 제2의 비즈니스 창출

■ **효과**

- 이탈사유 분석을 통한 고객욕구 파악 및 서비스 개선
- 이탈고객의 재진입으로 인한(제2의 비즈니스) 매출액 증진

■ **사례〈백화점〉**

- 회원기간 만료 후, 더 이상의 이용이 없는 이탈고객에게 전화
- 이탈사유 조사
- 개선되고 있는 서비스와 다양한 상품소개로 인한 재구매 유도
- 재구매 및 추가구매로 인한 매출액 증진

사. 고객만족 서비스(Customer Satisfaction)

■ **목적**

- 상품·서비스에 대한 고객의 궁금증 해결
- 고객의 다양한 욕구 접수
- 불만 사항 처리

■ **효과**

- 고객의 다양한 욕구 충족
- 기업이미지 개선으로 시장우위 확보 및 매출액 증진에 기여

아. 홈쇼핑(Home Shopping)

■ **목적**

- 다양한 광고매체를 통한 고객 주도형의 구매를 원활히 진행
- 상품·서비스에 대한 고객의 문의 사항 해결

■ **효과**

- 구입 희망자에게 One Stop Service를 제공함으로써 고객만족 극대화
- 관련 문의에 대한 전문적이고 친절한 상담으로 기업 이미지 개선
- 다량구매와 추천구매 발생으로 인한 매출액 증진

■ 사례〈미디어 홈쇼핑〉

- TV/Radio/Poster 등 다양한 광고매체를 통한 상품 홍보
- 상담 및 판매
- 우편을 이용한 상품 발송

사례 1

인공지능 고객관리 기법을 바꾸다

세계 고객관계관리 서비스형 소프트웨어(CRM SaaS) 시장에서 절대적인 위치를 차지하고 있는 세일즈포스는 일찌감치 인공지능(AI) 기반 고객관리 기법을 도입했다. 세일즈포스는 기업의 영업과 서비스, 마케팅, 커머스 관련 플랫폼을 클라우드 형태로 제공하는 SaaS 기업이다. 애플, 매리어트, 구찌, 삼성전자, 쿠팡 등을 고객사로 두고 있는데 그 수가 17만개를 넘어섰다. AI 플랫폼 '아인슈타인'은 세일즈포스의 독자 서비스로 이미 상용화돼 있다.

AI가 CRM에 적용되면 고객 분류는 초개인화 수준까지 발전시킬 수 있다. 큐레이션 커머스가 대세인 이 시점에 초개인화된 CRM 고객 클러스터를 운영할 수 있다는 것은 e커머스 기업에는 매우 큰 장점이다. 국내에서도 유사한 솔루션을 개발한 스타트업이 등장하고 있다. 두 번째 변화는 고객을 대응하는 채널의 변화다. 기존 콜 센터 채널은 챗봇으로 급격히 바뀌고 있다. 챗봇은 기존 시나리오 기반 알고리즘에서 딥러닝 기반으로 성능이 점점 발전하고 있다. 세 번째 변화는 크로울링 기술에 기반한 VOC(Voice Of Customer) 관리다. 이전에는 고객 불만은 콜 센터나 홈페이지를 통해 접수됐다. 하지만 요즘은 고객 불만사항은 고객의 SNS에 기록된다. 이를 선제적으로 파악해 고객의 불만을 해결하는 AI 기법이다.

소프트자이온은 중소기업도 부담 없이 사용 가능한 클라우드 기반 고객관계관리 서비스 셀비스 CRM을 개발했고 AI 기술을 결합한 AI CRM, 또 콘텐츠와 e커머스를 결합해 스토리가 있는 감성 마케팅으로 고객을 창출하고 매출로 연결되도록 돕는 서비스로 확장 중이다. 셀비스 CRM의 특징은 '쉽고 빠르고 편하게'라는 슬로건처럼 중소기업이 적은 비용으로 고객관리를 할 수 있도록 돕는다. 문자, 이메일, 고객정보, 상담정보, 통계분석 등에 기반을 둔 캠페인 관리시스템으로 고객 이탈률을 줄이고 고객관계 유지율 향상에 도움을 준다. 현재 시장에서 공급되는 클라우드형 CRM 솔루션은 고객관리와 영업관리에 특화돼 있어 다양한 업종에서 CRM을 이용하려면 고객사 업무를 분석·설계하는 과정에서 수개월의 개발과정이 소요된다. 그러나 다양한 업종별 업무를 반영한 셀비스 ssCRM은 간단한 커스터마이징을 통해 즉시 사용이 가능하다. 또한 셀비스 ssCRM는 표준형 CRM, 광고대행업, 주식정보, 분양관리, 금융설계, 취업지원 등 10여개 다양한 업종에 맞게 설계됐다.

미스테리코는 국내 챗봇 빌더 시장을 리드하는 응용 소프트웨어 개발·공급 전문 스타트업이다. 미스테리코는 직접 챗봇을 만들어 사용할 수 있게 해주는 챗봇 빌더 '라떼AI'를 개발했다. 라떼 AI는 일반인도 손쉽게 챗봇을 만들 수 있게 '원스톱 패키지' 형태로 나온 플랫폼이다. 라떼AI에는 자연어 학습 기능과 한국어·영어·일본어·중국어 등 다국어 번역 및 엔진 기능, 빅데이터 기반 통계, 챗봇과 대화한 고객 관련 정보 수집·관리 기능이 탑재돼 있다. 관리자가 챗봇과 고객 간 대화를 모니터링하며 대화에 참여할 수 있는 실시간 모니터링 및 라이브 챗 기능을 구현한다. 클릭 한 번으로 주문·판매·예약·결제 등 여러 기능을 플러그인 방식으로 손쉽게 추가할 수 있고 버튼, 슬라이더, 동영상 등 8개 이상 컴포넌트 구성이 가능해 각종 답변 시나리오를 만들 수 있다.

미스테리코는 챗봇에서 수집된 데이터를 바탕으로 고객 불만에 대해 빨리 대처하는 소셜 모니터링 서비스를 최근 출시했다. 소셜모니터링은 크로울링 기술을 기반으로 SNS를 실시간 수집하고 AI로 분석하는 도구를 제공해 민감한 키워드는 이메일이나 휴대폰으로 실시간으로 알려주는 서비스다.

전화성(씨엔티테크 대표이사),
인공지능 고객관리 기법을 바꾸다, 2020.04.12., 전자신문.

사례 2

AI가 콜 센터 상담원을 도와줄 수 있을까?

언젠가부터 콜 센터에 전화를 걸면 통화연결음으로 "제가 세상에서 가장 좋아하는 우리 엄마가 상담드릴 예정입니다."라는 아이의 앳된 목소리가 나온다. 앱에서 나는 에러 때문에, 1시간씩 걸리는 통화 대기 때문에 치밀어 오르던 온갖 짜증을 눌러 앉히고 이성을 찾게 해주는 멘트다. 콜 센터 상담원 잘못이 아니라는 것을 뻔히 알면서도 상담원께 짜증부터 내곤 했다. 물론 이 통화연결음 하나로 진상고객이 없어지지는 않는다. 실제로 이 통화연결음을 도입한 이후의 효과는 고객이 친절하게 한마디를 하는 경우는 겨우 8.3% 증가했을 뿐이다.

상기 통화연결음으로 생겨난 콜 센터 상담원에 대한 관심으로 콜 센터 상담원을 소재로 하는 [전화벨이 울린다]라는 연극을 관람하게 되었다. 연극은 전화벨이 신경질적으로 울려대는 장면으로 시작한다. 콜 센터 상담원 수진은 요즘들어 도무지 감정조절을 할 수 없다. 요금 때문에 다짜고짜 화를 내는 고객을 향해 자신도 모르게 욕을 해버리고 만 것이다. 스트레스로 악몽에 시달리던 수진은 고시원 옆방에 사는 연극배우 민규에게 연기지도를 부탁한다. 자신의 감정과 상관없이 웃을 수 있는 방법을 배우고 싶었기 때문이다. 수진은 자신의 바람대로 가면을 쓴 채 고객을 대할 수 있게 된다. 업무평가 1등도 하고 포상금도 받게 된다. 사건은 그즈음 터진다. 상담전화를 통해 욕설을 했던 고객의 개인정보를 찾아 수차례 전화해 욕을 해버린 어느 직원 때문에 회사가 고소를 당하게 된 것이다. 어느 누구도 예상하지 못했던 2팀의 우수사원 지은이었다.

"난 괜찮다고 생각했어요. 저들은 괴물이고 나는 인간이니까 괜찮다고. 근데 안괜찮은가봐요. 나도 괴물이 돼가고 있었나 봐요." 지은은 자신의 마음속에 커져갔던 빨간불을 미쳐 끄지 못하고 자살을 선택한다.

콜 센터 상담원은 항공 승무원 등과 함께 감정노동 강도가 가장 세다고 할 정도로 극한의 업무에 종사하고 있다. 연구 결과에 따르면 콜 센터 근로자들은 일하면서 겪는 스트레스가 심해 이직률이 22%에 이른다. 실제 콜 센터 상담원 일상을 들여다 보자. 콜 센터 상담원은 좌우 70~80cm의 파티션 안에서 옆사람과 대화 한마디 없이 하루종일 수십통의 콜을 받아야 한다. 화장실 다녀오는 것도 단톡방에 보고해야 한다. 모 회사의 콜 센터 상담사들은 하루 평균 80콜의 전화를 응대하고 목표 콜수를 채우지 못하면 사유서를 제출하며 화장실 가고 물 마시는 시간 포함 휴게시간이 30분밖에 안 된다. 휴식·휴게·이석하는 시간이 초 단위로 체크가 되는 전자감시 시스템으로 관리되어 기준 미달 시 연봉이 삭감된다. 진상고객으로부터 "남자 직원 바꿔. 이 씨XX아", "용역하고 있는 주제에. 미X새X" 등 반말과 인격모독성 발언에 성희롱까지 들어도 담배 한대, 차한잔 마시며 숨돌릴 겨를이 없다.

여기에 상급자나 QA강사들이 '교육과 전화 품질 모니터링'이라는 명목하에 상담원과 고객과의 통화를 엿듣고 이에 대한 피드백을 한다. 상담원의 멘트 하나하나를 누군가 엿듣고 실시간으로 평가하고 체크한다는 것은 그 자체로 큰 압박이 된다. 여기에 고객의 문의를 처리하기 위해 택배 현황을 알아본다든지, 반품 가능 여부를 확인하는 등의 후처리 시간이 길어지면 목표 콜수를 못 채우게 되고 당장 상급자로부터 후처리를 빨리 하라는 독촉을 받는다. 상담이나 후처리를 위해서는 방대한 양의 업무지식을 습득해야 한다. 특히 금융권이나 통신업종 콜 센터는 이로 인해 매주 또는 격주로 시험을 본다. 이 시험성적은 업무평가에 들어가고 인센티브와 연계된다.

또한 상담 이후에는 상담 이력을 남겨야 하는데 이력을 남기는 중에도 대기가 밀린다며 상급자의 질책을 받고 이력이 상세하지 않거나 뭔가 빠져 있으면 이것 또한 트집을 잡히는 건수가 된다. 아파서도 안 된다. 스케줄 근무제이기 때문에 한 명이 빠지면 남은 인원이 그만큼 더 힘들고 응대율이 떨어지기 때문에 아파서 병원 가겠다고 하면 일단 반려된다. 상담이 끝나면 고객은 상담원에 대한 평가를 하고 최하점을 받으면 인센티브는 없다. 콜 센터 상담원은 대부분 정규직이다. 그러나 임금은 최저시급 수준이다. 고용안정 측면에서 봐도 원청사와의 위탁계약이 종료되면 상담원도 자동으로 계약해지된다. 비정규직의 3대 요소를 저임금, 고용불안, 장시간 노동이라고 본다면 콜 센터 정규직 상담원은 비정규직의 요건을 두루 충족하는 짝퉁 정규직이다.

연극 [전화벨이 울린다]에서 수진은 사무실에서 할 수 있는 일을 찾다가 상담사 업무를 시작했다. 공장에서 평생 일을 하셨던 엄마는 공순이는 절대 되지 말라고 입버릇처럼 말씀하셨기 때문이다. 그러나 상담사 업무는 공순이 못지 않은 극한직업이었다.

'콜 센터 상담업무는 부가가치를 창출하지 못하는 단순업무'로 비용절감만이 유일한 가치라는 원청사 인식이 바뀌지 않는 한 이런 열악한 근무여건과 저임금 현상은 없어지지 않을 것이다. 이런 콜 센터 상담 업무를 AI가 도와줄 수 있는 방법은 없을까?

◇ 챗봇을 도입해서 육성으로 들리는 욕설을 피해 보자.

카카오 고객센터는 2018년 10월 음성이 아닌 채팅 중심으로 고객센터 운영방식을 바꾸었다. 이렇게 바꾼 데에는 전화연결지연에 따른 고객불만이 많다는 점과 요즘 젊은 이용자들은 음성통화보다 문자기반 커뮤니케이션을 선호한다는 점이 고려되었으나, 그 결과는 놀랍게도 상담사들의 이직율 저하와 직원만족도 향상이었다.

진상고객의 짜증 섞인 욕설 음성을 직접 듣지 않다 보니 상담사들의 스트레스가 줄었다. 동시에 3~4개 채팅창을 띄워 놓고 고객불만에 대응할 수 있다 보니 업무 효율도 높아졌고 고객 평균 대기 시간도 1분 이하로 줄었으며 상담 중 영상이나 인터넷 링크를 보낼 수 있어 고객 이해를 도울 수 있다는 점도 장점이다. 이렇듯 음성통화를 채팅으로 변경하는 것만으로도 많은 변화를 이끌어 낼 수 있다.

◇ 음성인식 기술을 도입하여 통화 상대방의 욕설을 묵음 처리해 주면 어떨까?

욕설뿐 아니라 빅데이터 기반으로 학습한 성희롱적인 표현까지 차단하면 상담사들의 스트레스를 줄일 수 있을 것이다. 여기에 상습적으로 폭언을 하는 고객의 발신번호를 블랙리스트화해서 별도 관리하는 방법도 있다. 실제로 한국코퍼레이션은 블랙리스트 번호로 전화가 걸려오면 상담경력이 긴 베테랑 상담사에게 연결한다. 남아공의 로만 손 피자는 고객의 어조와 감정을 파악하여 욕설이나 공격적인 대화를 보이면 지원팀에 도움을 요청하도록 프로그램 되어 있다.

◇ 상담후기를 AI가 대신 작성하도록 해 주자.

음성인식 기술을 이용하면 상담 후기를 남기는 작업도 간편해진다. 기존에는 상담사가 직접 상담내용을 요약해 타이핑해야 했지만, 이제는 자동으로 완성된 상담내용 요약을 눈으로 확인만 하고 필요한 부분만 수정하면 되는 AI컨택센터 솔루션이 출시되어 있다. 이러한 상담후기를 체계적으로 관리할 수 있게 되면 이를 빅데이터 분석하여 정교하게 고객 세그멘테이션 하고 고객에 대한 새로운 인사이트를 발굴하여 이를 새로운 상품기획 및 고객케어 전략으로 연결할 수도 있다. 현대자동차는 고객센터에서 전달받은 소비자 의견을 반영하여 터널에 들어가면 자동으로 외부 공기가 실내로 유입되지 않도록 모드가 전환되고, 창문이 닫히는 기능을 신차에 적용했다. 고객센터에서 전달 받은 소비자 의견을 반영한 것이다.

◇ 고객 상담 시 답변 내용을 실시간 추천해 줌으로써 공부 부담을 줄여주자.

이런 음성인식 기술과 문서관리 솔루션을 이용하면 고객의 말을 실시간으로 분석해 고객에게 답변해야 할 내용을 추천해 줄 수도 있다. 상담사들이 1~2주 간격으로 보는 업무 매뉴얼 시험공부에 대한 부담을 줄이고 더욱 정확한 내용을 고객에게 전달할 수 있게 된다.

◇ AI로 콜 모니터링 및 피드백을 처리해서 상사 스트레스를 줄여 주자.

상담사들이 스트레스 심하게 받는 부분인 콜 모니터링과 피드백도 AI를 도입하면 스트레스를 완화시켜 줄 수 있다. 상담원들은 자신들의 통화내용이 누군가에게 감청 당하고 있다는 생각에 불쾌하고 이에 대한 피드백을 사람마다 다르겠지만 야단치듯이 상담원에게 전달하는 상사에게 시달리는 것도 큰 스트레스다. 고객 입장에서도 자기 통화내용이 감청 당하고 있다는 것이 기분 좋을 수 없다. 그런데 AI가 전체 콜을 모니터링하면서 SOP(표준운영절차)에서 벗어나는 내용이 있으면 이메일이나 채팅 등으로 상담원에게 전달한다면 쓸모 없는 감정소모를 피할 수 있게 된다. 게다가 이는 실시간으로 처리되기 때문에 상담사와 고객 간 통화가 끝나기 전에 잘못을 바로잡을 수도 있다. 콜센터 입장에서도 잘못된 내용이 안내되거나 필수 내용을 누락하여 고객 클레임 등 재무적 손실이 발생하는 리스크를 예방할 수 있다는 장점이 있다.

◇ AI로 단순 응대 및 조회 서비스 업무를 처리한다.

고객의 상담내용에 따라 AI가 이를 인간 상담사에게 연결할 지, 스스로 상담할 지를 판단하도록 한다. 단순문의는 AI가 스스로 처리하도록 한다. 대부분의 상담센터에는 단순 문의가 차지하는 비중이 상당히 높다. 통신사의 경우, 청구서 발행 주기에 요금문의, 납부방법문의, 여행사의 경우 스케줄 변경/취소, 홈쇼핑의 경우 주문문의가 집중되는 것이 대표적 예다. 단순문의를 AI가 처리하도록 하면 고객은 상담사와의 연결을 기다릴 필요가 없어지고 상담사는 단순문의에 반복적으로 응대해야 하는 피로를 줄여 보다 생산적인 업무에 집중할 수 있다. 콜센터 입장에서도 고객과 상담사 모두의 만족도를 높일 수 있을 뿐만 아니라 인력 운영의 효율성도 도모할 수 있게 된다.

◇ 규격화된 아웃 바운드 업무는 AI로 수행한다.

컨택센터 업무 중 고객에게 설문조사를 한다든가 불완전 판매 모니터링, 연체 알림, 서비스 변경 안내, 예약확정 해피콜 등 아웃바운드 업무 또한 상당히 중요한 업무이다. AI로 수행하면 많은 리소스를 절약할 수 있는 단답형 업무가 상당 부분 존재한다. AI를 이용해서 고객에게 정보를 전달하고 고객 답변 및 변경 정보를 수신하여 업데이트함으로써 단순업무로 인한 상담사의 피로도를 어느 정도 경감시킬 수 있다.

◇ 고객의 목소리로 고객을 인증함으로써 인증절차를 간소화한다.

고객 상담 시 많은 부분이 고객인증하에 이루어진다. 상담 도중 이러한 인증 작업을 위해 상담원은 단순 질문을 반복하게 된다. 고객은 다이얼 패드를 누르고, 은행계좌 등을 이야기하다가 잘못 입력하면 다시 수정하는 등 번거롭고 짜증나는 일로 상담시간을 많이 할애해야 하는 프로세스로 구성되어 있다. 여기에 목소리 인식 솔루션을 도입하게 되면 고객은 단지 상담원과 자연스러운 대화를 통해서 해당 고객에 대한 "인증"이 자연스럽게 이루어지게 된다. 이를 통해 인증에 소요되는 절차 및 시간이 간소화되고(약 15% 감소 효과) 단순반복적인 업무를 자동화함으로써 상담원의 업무 만족도가 증가하고, 이 밖에 타인 사칭을 방지하고 금융사고를 최소화하는 등 부가효과도 누릴 수 있게 된다.

일부에선 콜 센터에 AI를 도입하는 일이 "기계가 인간의 일자리를 뺏는 것 아니냐"고 우려할 지 모른다. 하지만 상담사에게 가중된 업무를 기계가 대신함으로써 상담사는 고객의 의견을 분석하여 개선안을 내거나 업무 프로세스를 개선하는 등 보다 부가가치 있는 다른 업무에 집중할 수 있다. 보다폰의 경우 AI 어시스턴트를 상담원을 대체하기 위한 수단으로 활용하지 않고 기존 상담원을 AI 어시스턴트에게 고객의 니즈를 학습시키는 전문인력으로 활용해 보다 신뢰할 수 있는 자동화 서비스 시스템과 이를 위한 프로세스를 구축할 수 있었다.

이제 상담원은 언제든지 대체 가능한 최저시급을 받는 단순 업무 담당이 아니라, 고객의 니즈를 파악하여 상품기획에 반영하게 하고,

고객 세그멘테이션을 정교하게 하여 Personalized Offer를 가능하게 하며 업무 프로세스를 효율적으로 개선하는 고부가가치 창출 업무를 담당하게 할 수 있게 되었다. 또한 AI 어시스턴트를 교육시키는 인공지능 전문가로 재조명될 수도 있다. 예전 컨베이어벨트와 로봇팔이 산업혁명을 주도하게 되자, 사람들은 공장 노동자들이 직업을 잃고 도시빈민으로 추락할 것이라고 예상했었다. 그러나 공장노동자들은 컨베이어벨트와 로봇팔, 기계를 수리하는 엔지니어로 재탄생했고 보다 높은 보수와 대체불가능한 인력으로 자리매김하게 되었다. 이와 유사한 트랜스포메이션이 콜 센터 상담원들에게도 일어나기를 기원하는 바이다.

이은정(201.07.30), "AI가 콜 센터 상담원을 도와줄 수 있을까?", SAMSUNG SDS.

모바일 세일즈와 서비스

04 모바일 세일즈와 서비스

정보통신업계의 '거물' 카카오와 KT가 은행시장에 진출한다. 카카오은행과 K뱅크가 인터넷전문은행 설립을 위한 예비인가를 받았다. 1992년 평화은행 이후 23년 만의 신규은행 인가로, 2016년 6월부터는 점포 없이 영업하는 인터넷은행시대가 국내에서도 본격 열릴 예정이다. 인터넷은행 시대가 도래하면 소비자들은 은행 지점에 가지 않고 온라인으로 예금이나 대출 등 모든 은행업무를 볼 수 있게 된다. 기존은행 고객들은 계좌 개설 등을 위해 은행을 방문해야 했지만, 화상통화 등으로 본인 확인을 받고 계좌를 열 수 있다. 또한 인터넷은행은 은행 지점의 인건비와 지점운용비 등을 줄여 예금 금리는 높이고 대출 금리를 낮출 수 있어 고객들의 혜택이 커질 전망이다. 이에 따라 시중은행들은 새로운 경쟁에 직면하게 됐다. 금융당국은 대부분 오후 4시면 문을 닫는 은행의 영업 관행에서부터 점차 변화가 나타날 것으로 기대하고 있다.

2015년 11월 29일 금융위원회로부터 은행업 예비인가를 받은 K뱅크와 카카오은행은 혁신적인 아이디어와 다양한 핀테크(금융+기술)를 앞세워 경쟁의 흐름을 바꿔놓겠다고 강조하고 있다. 금리와 수수료 등의 가격 파괴는 그 첫 단추가 될 것으로 기대되고 있다. 지금까지 은행들은 정부가 금리 등 가격의 큰 골격을 발표하면 은행연합회를 매개로 가이드라인을 세우고 이를 따르는 방식으로 편하게 영업해왔다. 주택담보대출 등의 금리건 해외 송금수수료건 은행 간 차이가 거의 없는 이유다.

그러나 저비용으로 무장한 인터넷전문은행의 등장으로 이와 같은 관행에 제동이 걸릴 것이라는 예상이 나온다. 당장 K뱅크는 해외 송금수수료를 10분의 1로 줄이겠다고 했다. 기존은행을 이용해 100달러를 송금하면 12달러를 수수료로 내야 하지만 인터넷전문은행에선 1달러가량에 송금이 가능하다는 얘기다. 카카오은행은 결제대행사를 중간에 세우지 않는 결제 방식을 채택, 카드 수수료를 대폭 내리는 방안을 준비 중이다.

유비쿼터스(ubiquitous, 언제 어디에나 있는) 금융 서비스도 인터넷전문은행의 등장이 가져올 변화 중 하나다. 언제 어디서나 은행을 이용할 수 있다는 얘기다. K뱅크는 전국 GS25 편의점에 설치된 현금자동입출금기(ATM)를 활용해 대출, 펀드 가입 등 모든 금융업무를 24시간 이용할 수 있도록 하겠다고 발표했다. 카카오만 해도 '카카오 금융비서' 등 3,800만 회원이 모여 있는 공간에 금융을 접목하는 것을 대표 상품으로 내세웠다. 인터넷전문은행들은 이처럼 차별화한 서비스를 내놓는 방식으로 새로운 고객 수요를 이끌어내는 데 주력할 계획이다. 기존은행들은 수성을 위한 작업에 들어갔다. 신한은행은 비대면(非對面)으로 통장 개설 등이 가능한 무인점포를 선보였다. 우리은행은 모바일전문은행 위비뱅크에 '톡(talk)' 기능을 넣는 방안을 검토 중이다.[1]

CRM에 있어서 모바일 비즈니스는 CRM을 구현하는 하나의 방안으로 보다 효과적으로 고객에게 다가설 수 있는 방법을 마련해 주고 있다. 제품의 판매를 위해서 "저희 물건을 사기 위해서는 곡 저희 매장으로 오셔야 합니다."라고 이야기하는 시대는 끝났다. 고객에게 물건을 팔기 위해서는 고객이 원하는 시간과 장소에서 주문이 가능해야 한다.

서비스 또한 마찬가지이다. 기업이 제품에 대한 소비자 불만을 줄이는 최선의 방법은 완벽한 품질을 구현하는 것이지만, 때로는 제품 자체의 불량 또는 고객의 사용 중 부주의 등에 의해 부득이하게 서비스를 제공해야 하는 경우가 있다. 서비스를 받기 위해 고객이 힘들게 제품을 운반하고 없는 시간을 쪼개가며 수리를 받는 시대 역시 끝나고 있다.

비록 고객의 부주의로 인하여 제품에 문제가 발생하더라도 소위 "문에서 문까지(Door to Door) 서비스"가 점차로 보편화되고 있는 것이다. 이처럼 고객이원할 때 주문과 서비스를 제공할 수 있는 방법은 기본적으로 고객만족을 위한 업무의 프로세스 개선이 가장 중요한 요소가 될 것이다.

---

1 김일규, '무점포 은행' 카카오은행 · K뱅크 등장…금융산업 판이 바뀐다, 한국경제신문, 2015. 12. 04.

4.1 모바일 비즈니스

(1) 모바일 비즈니스의 개념

모바일 비즈니스는 대단히 광범위한 범위의 개념이다. 왜냐하면 기존의 E-비즈니스 개념과 무선인터넷의 결합으로 탄생한 것이 모바일 비즈니스이기 때문이다. 무선 네트워크를 통한 통신의 기반을 확보하고, 이동이 용이한 멀티디바이스를 통해서 여러 가지 전자상거래를 할 수 있게 된 것이 모바일 비즈니스의 등장을 가능하게 하였다. 웹기반의 전자상거래에서 시작된 모바일 비즈니스의 발전 과정은 다음과 같다.

그림 4-1 모바일 비즈니스의 발전 과정

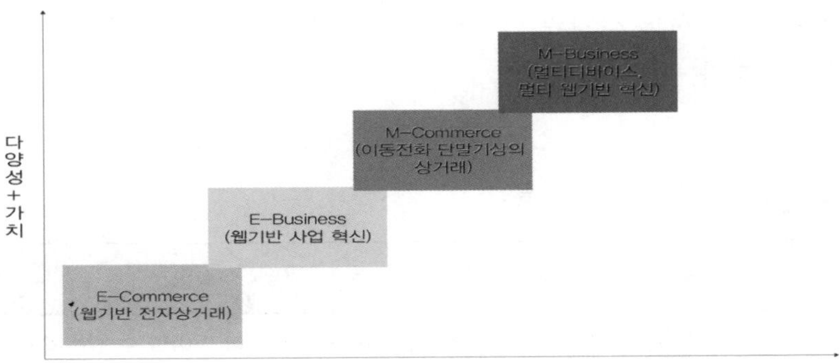

자료: 전국소프트웨이 진흥원, 2002에서 재구성

웹의 기술적인 혁신과 이동통신이 가능하게 한 기기들을 이용하여 기업은 모바일 비즈니스를 시작할 수 있게 되었다. 언제 어디서나 판매와 서비스가 가능하도록 모바일 개념을 경영에 도입함으로써 생산성의 향상과 고객서비스를 통한 효율성 증대를 가져올 수 있다. 〈그림 4-1〉에 따르면 현재는 M-Commerce시대의 성숙기에 진입하고 있는 시기라고 볼 수 있다.

모바일 비즈니스의 기반이 되는 핵심 요소인 모바일 인터넷은 일반적으로 알고 있듯이 기존의 랜선 등의 유선이 아닌 무선을 통해 데이터와 서비스를 받을 수 있다는 것이 핵심기술이다. 일반적으로 모바일이라는 것은 이동(mobile)과 무선(wireless) 두 가지를 모두 포함하지만, 두 가지 중에 좀더 중요한 개념은 이동성이라 할 수 있다. 유선 인터넷과 무선 인터넷의 특성을 비교해 보면 현재까지는 무선 인터넷이 유선에 비해 안정성과 속도, 데이터 저장의 용이성에 많이 뒤떨어지는 것이 사실이지만, 네트워크와 모바일 디바이스의 발전에 따라 상당 부분의 문제가 해결되는 과정에 있다.

현재 모바일 인터넷의 특징은 〈표 4-1〉과 같이 나타낼 수 있다. 모바일 인터넷은 향후에 현재의 유선 인터넷과 비슷한 수준의 서비스를 제공하게 된다고 하더라도 기술의 발달과 목표, 사용자 측면에서도 많은 차이가 있을 것으로 예상된다. 특히 모바일 인터넷은 개인이 자신만의 기기를 통해 서비스를 받는 것이 일반적으로 해당 개인의 기호와 성향을 명확하게 분석하여 비즈니스를 진행시킬 수 있는 장점이 있다. 이는 모바일 비즈니스를 추구하는 기업의 입장에서도 사업의 한 축은 모바일 환경에 맞게 변화시켜야 한다는 것을 의미한다.

표 4-1 모바일 인터넷의 특징

속성		특징
현재	ubiquity	실시간 정보를 어디서나 받아볼 수 있는 속성
	reachabrility	언제 어디서나 접속할 수 있다는 속성
	security	보안과 안전이 보장된다는 속성
	convenience	경박단소화된 통신 도구 속성
미래	localization	특정 시점에 사용자의 현위치가 어디인지 보여주는 속성
	instant connectivity	빠른 시간 내 필요한 정보를 탐색할 수 있는 속성
	personalization	이동통신 사용자의 개인화와 차별화된 고객 서비스

자료: 한국소프트웨어진흥원, 2002.

(2) M-Commerce 시대

앞서 살펴본 바와 같이 현재는 M-Commerce가 성숙하고 있는 단계라고 할 수 있다. 그렇다면 M-Commerce의 현재 모습을 살펴보면서 향후 모바일 비즈니스가 나아갈 방향에 대해 유추해 보는 것도 의미가 있을 것이다. 굳이 M-Commerce와 M-Business를 구분하자면, M-Commerce는 개인의 삶에 기반을 둔 응용 서비스가 주된 것이고, M-Business는 기업의 사업에 관련된 응용사업이 주된 목표라고 할 수 있다.

현재 젊은 계층 중에서는 휴대폰을 이용하여 요금지급을 하는 것이 일반적인 일이 되고 있다. 이러한 일련의 과정이 지금은 자연스럽고 편리하게 이용되고 있으나, 실제로는 휴대폰 관련 업체와 은행, 신용카드 업체, 모바일 지급관련 업체, 인증 관련 업체 등 많은 이종의 업체가 공동으로 비즈니스를 구성하고 운영하고 있는 것이다. 초기에는 사용자 인증의 문제나 정보의 끊김 등의 문제로 인하여 별로 인정받지 못하였으나 기술적인 발전으로 인하여 문제들은 점차 개선되고 있는 상황이다.

M-Commerce를 통해, 외상거래를 한 후에 예전처럼 힘들게 은행창구에서 순서를 기다렸다가 무통장입금을 통해 거래를 했던 시기는 이제 끝나가고 있다. 휴대폰과 신용카드, 인증번호만 있으면 신속한 거래가 가능한 시대가 도래한 것이다.

M-Commerce를 구성하는 서비스는 가장 큰 부분인 모바일 상거래와 MBanking, M-Payment를 아우르는 M-Finance로 구성된다. 이를 도식해 보면 〈그림 4-2〉와 같다.

그림 4-2 M-Commerce의 구성

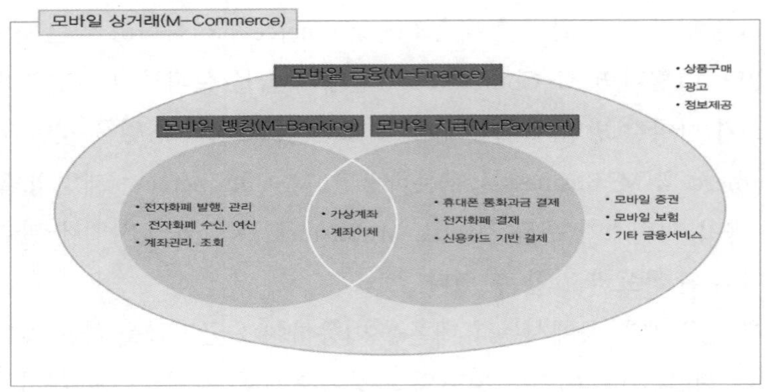

자료: 김희수 외, 2002, p. 8에서 재구성

가. M-Payment

M-Commerce에서 금전적 거래를 하기 위해서는 요금지급에 대한 명확한 체계가 있어야 한다. M-Payment는 온라인상의 거래뿐만 아니라 오프라인상의 거래까지 각종 상거래에서 이루어지는 지급 관련 요청을 이동전화 단말기 등을 이용하여 대금처리하는 서비스이다.

M-Payment 방식은 이동통신망을 통해 실시간 인증과 전자결제시스템을 연동하는 S/W 방식[2]과 이동전화 단말기에 IC칩을 내장한 H/W 방식[3]으로 구분할 수 있다. M-Payment의 가장 큰 장점은 편리함으로, 휴대폰 등 이동성이 강한 장치를 통해, 언제, 어디서나 지급이 가능하다는 것이다. 일반적으로 M-Payment 모바일 콘텐츠 등을 소액결제하는 경우와 보안, 표준화 등 기술적인 문제점과 융합 서비스에 대한 제도 미비 등으로 인하여 시장 활성

2 웹상에서 전자상거래를 할 경우 인터넷 지급업체를 통해 휴대폰으로 인증번호가 문자메시지로 전전 달되고, 사용자는 인증번호를 입력하여 최종 승인이 되면 지급이 이루어진다.

3 휴대폰에 교통신용카드와 같은 칩을 심어놓아 RFID(Radio Frequency Identification) 방식으로 지급이 이루어지게 하는 방식이다. 휴대폰에 전자화폐를 판독할 수 있는 리더기(슬롯)를 부착하여 이용하거나(듀얼슬롯), IC칩을 내장하여 신용카드 또는 전자화폐 대용으로 결제하는 방식(듀얼칩)이있다(네이버 위키백과사전 참조).

화의 전망시기가 다소 지연되는 추세라고 볼 수 있다. 하지만 현재 국내외에서는 다양한 유형의 모바일 결제 서비스가 제공되고 있다. 글로벌 시장은 알리페이와 페이팔이 글로벌 양강 체제를 구축하고 있으며, '구글, 아마존, 텐센트' 등에서도 모바일결제서비스 분야에서 경쟁하고 있는 상황이다.

한편, 글로벌 모바일 어플리케이션(앱) 시장이 2022년 1565억달러(약 176조7200억원) 규모로 성장할 것이란 분석이 나왔다. 모바일 앱 시장은 지난해 817억달러(92조2600억)를 기록했다. 국내 모바일 앱 규모는 지난해 39억달러(4조4100억원)으로 중국, 미국, 일본에 이어 4위에 랭크됐다.

표 4-2 M-Payment 서비스 방식

구분	종류	내용
IC칩 내장 여부	카드기반(H/W식)	· IC칩에 결제정보를 담아 인증 및 결제 서비스 · 싱글슬롯, 듀얼슬롯, 듀얼 칩 등
	미카드 방식(S/W식)	· 무선망을 통해 실시간 인증 및 결제(폰빌 방식) · 휴대폰 메모리에 결제정보를 저장(인터넷 지갑) · 바코드 방식
무선망 이용 여부	온라인 방식	· 무선 인터넷에 접속하여 모바일 뱅킹 또는 무선 PG(Payment Gateway)를 이용한 대금결제 (통화료 사용자 부담) · 폰빌, 원격 지급
	오프라인 방식	· 휴대폰과 이동단말기, ATM(현금입출금기) 간의 근거리통신 기술(RF, 블루투스, 바코드 등)을 이용하여 대금결제 · 통화요금을 부담하지 않음
이동통신 사업자 참여 여부	직접결제 방식	· 이동통신업자가 직접 지급결제 서비스 제공 · 지급결제 과정을 이동통신업체가 관리, 책임 · 폰빌(휴대폰 통합과금), SKT의 네모 등
	간접결제 방식	· 금융기관과 제휴하여 간접 서비스 · 선불, 직불, 신용카드, 계좌이체 등

나. M-Banking

모바일 뱅킹 서비스는 이동전화로 이동통신사의 무선인터넷 포탈(Portal)에서 제공하는 각 은행의 온라인 뱅킹 서비스 메뉴에 접속한 후 은행이 제공하는 금융정보 서비스(계좌정보 조회, 계좌이체, 금융정보 등)를 이용하는 것이다. 일반적인 모바일 뱅킹의 이용 과정은 〈그림 4-3〉과 같다.

그림 4-3 모바일 뱅킹 서비스 업무흐름도

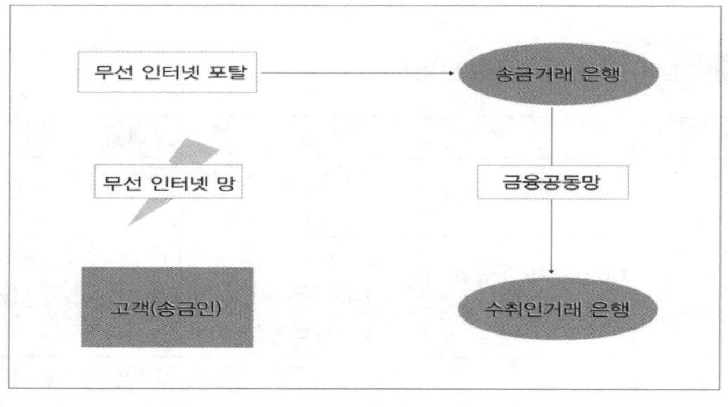

자료: 한국 IDC, 한국 모바일 지불결결제시장현황 및 분석 보고서, 2003.

〈그림 4-3〉에서 보는 바와 같이 이동전화를 기존은행 서비스의 전달 채널로 이용하는 것으로, 이동통신사의 무선 인터넷망에 접속하여 이용하는 것을 제외하면 은행이 PC와 유선 인터넷망을 통하여 제공하는 기존의 인터넷 뱅킹서비스와 유사하다.

실제거래는 은행과 이동통신사만이 참여하며, 이동통신사는 액세스 제공에따른 수수료(무선 인터넷 이용료 및 은행으로부터의 수수료)를 확보하고, 이용자의 거래정보, 거래에 대한 책임은 계좌를 보유한 은행의 소관이다.

4.2 모바일 세일즈

모바일 영업(mobile sales)은 무선통신장치(노트북, PDA, 휴대폰 등)를 이용하여 현장에서 제품의 판매가 가능하도록 지원하는 기업 활동의 총칭으로 일반적으로 SFA(Sales Force Automation)로 표현되고 있다.

기존에 영업사원들은 고객관리에 있어서 주로 수첩에 의존하였다. 물론 수첩과 메모가 훌륭한 영업의 수단이 된다는 것은 분명하다. 그러나 고객의 사무실에서 영업전 활동(pre-sales)을 수행하던 영업사원에게 고객이 그 자리에서 바로 상품의 내용을 보고 싶어 할 경우, 더욱이 재고가 있다면 계약을 하고 싶다는 의사를 표명할 경우에는 어떻게 할 것인가? 그때도 수첩에 내용을 적고 회사에 들어가서 구매과와의 연락을 통해 재고파악을 한 후에 주문을 내줄 것인가? 물론 휴대폰을 통해서 자재담당 사원에게 재고량을 물어보고, 충분한 재고가 있다면 사무실에 있는 다른 영업사원에게 품의와 견적을 보내서 계약을 체결할 수도 있다. 그러나 담당사원이 자리에 없고, 급한 볼일을 보기 위해 외근을 나갔다고 가정해 보자. 고객은 기다림에 그리 익숙하지 못하다는점을 간과해서는 안 된다. 언제 어디서나 웹에 접속할 수 있는 환경이 펼쳐지고 있는 현 시기에 자신의 인프라 구축이 부족하여 고객을 기다리게 한다는것은 영업 활동에 상당한 지장이 있을 수 있다. 그렇다면 고객이 기다리지 않고 원하는 제품을 원하는 시간에 받아 볼 수 있도록 지원하는 시스템은 어떻게 구성되고 어떻게 발전하고 있을까?

(1) SFA에 대한 정의

Sales Force Automation은 현장영업 자동화이고, 현재는 모바일 SFA의 개념으로 사용되고 있다. 한마디로 SFA는 영업의 성패를 좌우하는 신속성과 이동성을 확보해 주어 궁극적으로 매출의 증대를 달성할 수 있도록 지원하는 시스템이다.

모바일 환경이 시작되던 1999년 River and Dart에 의하면 SFA는 “영업

및마케팅 활동과 관련된 각종 하드웨어와 소프트웨어 애플리케이션들을 다양하게 결합하여 사용함으로써 수작업으로 진행되어 온 영업 활동을 전자적인 과정으로 전환시키는 것"이라 정의되었다.

또한 국내에 있어서는 2002년 한국소프트웨어진흥원의 정의에 의하면, "모바일 SFA는 기존 데스크용 애플리케이션이 충족시키지 못한 장소와 시간의 초월이라는 한계를 극복하고자 하는 영업 분야의 요구와 모바일 단말기의 급속한 보급, 이동통신과 인터넷의 융합, 3세대 이동통신으로의 융합이라는 모바일비즈니스 환경의 변화가 맞물려, 최근 들어 급속히 발전하고 있는 기술"이라고 하였다.

이러한 정의를 통해서 모바일 SFA에 대한 정의를 정리해 보면 "이동성과 무선통신에 대한 기술 발전을 기반으로 현장영업에 있어서의 이윤극대화를 추구하는 영업사원을 지원하는 애플리케이션"이라 정의할 수 있다.

(2) SFA 프로젝트를 성공으로 이끄는 요소

SFA를 실행하기 위해서는 우선 관련 시스템을 구축하고 각 사업체의 환경에 맞게 적용할 수 있는 프로젝트를 수행하는 것이 최우선 과제라 할 수 있다.어떠한 프로젝트이건 중요한 것은 시스템의 표준화와 최적화를 추구하는 컨설턴트의 능력과 현업 부서 사원들의 참여, 현재 업무 프로세스에 있어서의 문제점을 파악하여 기업환경에 맞게 적절하게 커스터마이징(customizing)하는 것이라 할 수 있다.

SFA 프로젝트에 있어서도 이러한 원칙은 통용된다. 가트너 그룹의 조사에 의하면 SFA 프로젝트를 수행하는 기업의 평균 55%는 실패를 경험한다고 한다. 그러나 어떠한 기업도 이러한 손실을 묵과하고 넘길 수는 없다. 즉, 투자비용을 공중에 날리고 싶은 기업은 없다는 것이다. 하지만, 왜 50%가 넘는 기업이 프로젝트에 실패하게 될까? 프로젝트를 성공으로 이루기 위해 타 기업의 실패의 문제점을 파악하고 효과적인 프로젝트를 수행하여 프로젝트를 성공으로 이끌고 싶은 것은 모두 기업의 바램이다. 과연 어떠한 과정이 프로젝트를 성공으로 이끌게 될까?

가. 기업별 영업 과정에 대한 명확한 이해

기업 간에 영업 관련 운영체계 및 실행 과정이 상이한 것은 당연한 것이다. 그렇기 때문에 영업 활동에 대한 기업별 최적화는 해당 기업의 상황에 맞게 재정립되어야 한다. 프로젝트를 수행하는 입장에서 컨설턴트는 기업용 애플리케이션에 있어서 최신 모바일 기술과 업계의 동향을 기반으로 해당 기업의 독특한 영업 과정을 이해하고 궁극적으로 기술과 프로세스를 통합하는 과정을 적절하게 매칭시켜야 한다.

SFA뿐만 아니라 IT 관련 기술은 항상 변화하는 것이므로 컨설턴트는 각 프로젝트 때마다 항상 최신의 방안을 이해하고 적용할 수 있는 능력을 키우는 것이 기초적인 자질이 된다. 그리고 항상 어떠한 최신의 기술을 담고 있다고 하더라도 영업의 프로세스가 뒤처진 것이라면 아무런 소용이 없다는 것을 인식해야 한다. 즉, 현업부서의 현재 프로세스에 맞게 최신의 기술을 적용시키는 것은 아무런 소용이 없는 일이고 프로세스의 개선을 기술이 담아낼 수 있도록조화를 이루어야 한다는 것이다.

나. 현업 인력의 참여 유도

앞서 이야기한 것처럼 영업 프로세스의 개선이 프로젝트의 기본이라는 것은 현업 인력 참여가 얼마나 중요한 것인가를 알 수 있게 한다. 만약 프로젝트가 시작되었어도 영업 인력이 새로운 기술에 대해 이해하지 못하고 주도적 역할을 하지 않는다면 아무리 혁신적인 시스템이 구축되었다 하더라도 예전의 업무 방식을 고수하며 그 시스템을 사용하려 하지 않을 것이다.[4]

또한 컨설턴트는 SFA의 유용성과 가치에 대해 사용자들에게 명확한 신념을 심어줄 수 있어야 한다. 영업사원들에게 SFA가 그들의 영업 활동에 있어 현재보다 시스템이 구축된 후 얼마나 더 도움이 될 것인지를 보여주고 비전을 심어줄 때만이 현업부서 인력의 참여를 유도할 수 있다.

이는 시스템이 완벽히 구비되기 전 파일럿 프로젝트를 통해 영업 활동

---

4 가트너 그룹에 의하면 SFA 프로젝트를 시작하면서 현업부서가 아닌 IT부서가 프로젝트의 메인역할을 하게 될 경우에는 그 프로젝트는 거의 100%에 가까운 실패를 보인다고 조사되었다.

의 전반에 걸친 경험을 체험하게 함으로써 가능하게 된다. 영업을 담당하는 사원들은 나름대로 영업전략과 철학을 가지고 있다. 이러한 영업사원의 특수성을 파악하여 SFA를 통해 더 나은 방향을 제시하고 이를 해결할 수 있는 것이 새로운 시스템이라는 확신을 심어주어야 한다. 그러나 너무 많은 해결책을 보여주는 것은 영업사원들로 하여금 “솔루션 중에 어떠한 것이 나에게 가장 유용한가?”를 너무 고민하게 만들 수 있어 혼란을 가중시킬 수 있다는 점은 결코 간과해서는 안 된다. 즉, 학생에게 너무 많은 것을 가르치려 하면 수업에 참여하기보다 미리 질려버리는 것과 같은 현상이 발생할 수 있다.

다. 신속한 개선안 마련

SFA 프로젝트 실행을 과도하게 길게 잡는 것은 어렵게 시간을 내고 참여하는 영업사원들의 의견과 참여에 의한 프로젝트에 있어 성과에 큰 장애가 된다. 영업사원들의 본연의 임무는 프로젝트에 참여하는 것이 아니라, 현장에서 고객을 만나고 향후 고객이 될 잠재고객을 발굴하고, 경쟁업체에 대한 정보를 획득하여 우리 제품에 대한 장점을 홍보하는 것이다.

그러한 활동을 통해 궁극적으로 매출을 확대하는 것이 영업사원의 근본적인 목표이자 본연의 활동인 것이다. 그렇기 때문에 본연의 임무에 과도하게 방해가 되는 프로젝트는 새로운 시스템에 대한기대를 줄여버리는 역효과를 내게된다. 영업사원들이 프로젝트에 대한 흥미가 없어지기 전에 시스템 구축 시 현재보다 나은 장점에 대한 영향력(high impact benefit)을 인식할 수 있어야한다. 어떠한 SFA 프로젝트이든 일반적으로 90일 이내에 마무리를 지을 수 있어야만 한다.

라. 새로운 시스템에 대한 훈련

아무리 SFA 시스템이 훌륭하게 구축되었다 하더라도 영업사원들이 사용하지 않으면 아무런 소용이 없다. 모든 현업부서의 영업사원이 프로젝트에 참여하는 것이 아니기 때문에 프로젝트에 참여하지 않은 영업사원들이 SFA

시스템을 최대한 활용하게 하기 위해서는 지속적인 훈련이 필수적이다.[5]

지속적인 훈련은 시스템을 사용하는 영업사원들에게 자신감을 심어 줄 뿐아니라 영업사원을 관리하는 관리계층에게 시스템에 의한 영업 활동의 향상을 보여줄 수 있는 계기가 될 수 있다.

마. 최고경영층의 참여

어떠한 프로젝트이든 최고경영층의 의지가 없는 프로젝트는 성공하기가 어렵다. 조직 전체의 참여를 유도하여 일사불란하게 프로젝트를 진행하기 위해서는 부서 관리자의 지도 정도로는 부족하기 때문이다. 프로젝트를 시작하기 전에 최고경영층에게 SFA의 필요성을 설득하고, 벤치마킹 등을 통한 효과의 각인이 필요하다. 물론, 지나친 관심 역시 프로젝트를 어렵게 하는 단점을 낳을 수 있으므로 프로젝트 매니저의 수위조절능력이 필수적이다.

바. 적절한 ROI 도출

프로젝트가 마무리되고 컨설턴트가 현장을 떠난 후에도 시스템에 대한 사후관리 서비스는 지속되어야 한다. 프로젝트가 마무리되었다고 해서 그것으로 끝나는 것은 진정한 고객관리가 아니기 때문이다. 물론 어떠한 IT 컨설팅 업체도 유지보수를 담당하는 부서는 따로 있긴 하지만, 몇 달간 함께 프로젝트를 수행했던 컨설턴트보다 시스템을 잘 아는 사람은 없다. SFA 시스템이 구축된 고객사에 시스템에 대한 믿음을 주고 프로젝트의성공을 인식시킬 수 있는 방법은 여러 가지이다.

그 중에서도 가장 효과가 있는 것은 투입 대비 효과(ROI: Return Of Investment)을 보여주는 것이다. 프로젝트 완료 후 단순히 얼마의 비용이 절감되었다고 하는 것은 프로젝트 성과의 단면만을 보여 주는 것이다. 고객에게 프로젝트 성공을 완벽하게 알려주기 위해서는 영업 활동의 전반에 걸친 성과를 보여 주어야 한다.[6]

---

5 일반적으로 영업사원이 새로운 시스템에 완벽하게 적응하고 사용하기 전까지는 적어도 매일 영업 활동의 29% 정도를 할애하여 훈련을 해야 한다(InfoTech Research Group, 2002).

6 그러한 내용으로는 ① 판매량의 증가 여부와 ② 판매 활동에 있어서 비용의 절감, ③ 판매에 따른

(3) CRM 영업 분야에 대한 평가

시장에 있어서 영원한 강자나 영원한 약자는 없다. 기업이 시장에서 퇴출되지 않는 한 언제나 선두로 올라설 가능성이 있다. CRM 솔루션을 제공하는 기업도 항상 시장에서 리딩그룹이 되기 위해 노력하고 있다.

모바일 영업을 비롯한 CRM 영업 기능 전반에 걸친 세계적인 기업의 기능과 기술을 대략 살펴보고 향후에는 어떻게 시장이 변화할지를 예상해 보는 것도 의미가 있을 것이다. 2002년 가트너 그룹에서 발표한 CRM 영업 분야에 있어서의 솔루션 기업의 기술력은 다음과 같다.[7]

궁극적으로 모바일 세일즈는 각 기업의 영업환경에 맞게 프로젝트가 진행되어야 하며, 그 핵심 요소는 현업인 영업사원의 적극적인 참여이다. 현재 모바일 세일즈는 노트북, PDA, WAP폰 등 모바일 장치를 통해 고객에게 좀 더 효율적으로 다가설 수 있도록 영업사원을 지원하는 방향으로 진화되고 있으며, 궁극적인 모바일 세일즈의 목적은 시스템적인 지원을 통한 영업 효율화에 따른 매출의 극대화이다.

현재로서는 완벽한 무선통신에는 기술적인 문제점이 있을 수 있지만, 온라인과 오프라인을 동시에 지원하는 방식을 통해 문제점을 해결할 수 있을 것이고, 네트워크와 모바일기기의 발전 과정으로 미루어보아 향후에도 지속적으로 발전할 가능성이 크다.

순익의 증가, ④ 판매된 제품, ⑤ 질적인 잠재고객의 발굴, ⑥ 제품 관련 문의의 증가, ⑦ 영업사원의 고객사 방문횟수, ⑧ 거래에 걸리는 시간, ⑨ 고객의 만족도, ⑩ 기타 측정이 가능한 성과 등 영업 활동 전반에 걸친 내용이다(네이버 위키백과사전 참조).

7 기술력 평가에 있어 주된 항목은 ① Integration(시스템 통합성), ② Selling Environment(어떠한조건에서 판매가 가능한가? 무선, 이동, 유선 등), ③ Sales process/methodology alignment(특정기업별로 영업 과정과 방법론이 얼마나 맞는가?) ④ Flexibility(개발을 하지 않고 고객의 요청을 얼마나 받아들일 수 있도록 커스터마이징이 가능한가?) 등으로 구성되었다.

그림 4-4 CRM 영업 분야에 있어서 솔루션 기업별 평가

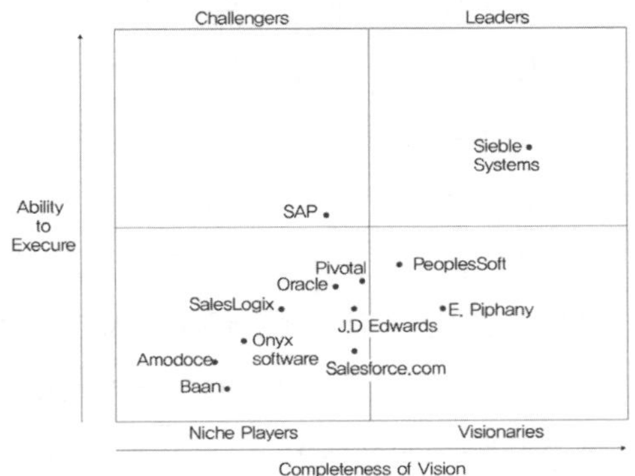

자료: Gartner Research, Research note, 2003.

4.3 모바일 서비스

현대사회는 3차산업인 서비스 사회라고 지칭되고 있다. 일반적으로 서비스부문의 총생산이 국가경제 측면에서 차지하는 비중이 50% 이상일 경우 서비스 경제라고 정의한다. CRM에 있어서 서비스의 개념은 하나의 모듈로써 일반적으로 제품을 판매한 후에 고객이 고장이나 제품에의 불만으로 인하여 교환, 교체, 수리를 요청하는 경우 이에 대한 응대로서 발생하는 기업 활동이다. 좀 더 확장된 개념으로 고객정보에 판매되거나 설치된 제품을 입력하고 함께 관리하여 일정 시간이 지나면 자동으로 제품상태를 점검하고, 부족한 부분을 처리하기도 한다.

더욱이 현재는 제품이나 설비에 대한 관리, 담당 요원의 서비스 수준과 만족도에 의해 해당 기업 제품의 재구매를 결정하는 고객이 늘어나고 있는 만큼 서비스는 영업 활동의 연장선에 있다고 해도 과언이 아니다. 모바일 서비스는기업에 있어서 서비스 활동을 현장에서 처리할 수 있도록 지원하는 시스템이다.

(1) 서비스의 개념

사실 CRM도 광의의 서비스에 비해서는 작은 개념이다. 서비스는 고객에 관련된 모든 철학과 사고, 행동과 절차 등 너무나 광범위한 개념이다.

전 세계적으로 서비스 산업의 비중확대는 점차로 증가하고 있으며, 이로 인하여 새로운 형태의 서비스 경쟁, 서비스를 경영관리 기법으로 도입하기 위한,기법, 서비스를 전담하는 조직 등 여러 가지 변화가 일어나고 있다.

서비스는 특성상 생산과 소비가 함께 발생하며, 서비스 요원과 고객 간의 상호작용이 발생하는 시점에서 고객의 인지로 서비스의 질이 판단된다. 이로 인하여 서비스를 제공하는 조직은 서비스 품질에 대한 직접적인 관리가 완벽하게 이루어지지는 못하며, 이러한 한계점을 극복할 수 있으려면 조직의 분위기나 문화가 중요하게 고려되어야 한다(Schneider *et al.*, 1994).

즉, 고객 서비스에 대한 만족도를 높이기 위해서 최고경영층의 지원을 통해전사적으로 고객만족을 위한 기업문화를 만들고, 이에 따라 고객 서비스를 훌륭하게 제공한 사원에게 인센티브를 지급하는 정책을 쓰는 기업의 경우, 그렇지 않은 기업에 비해 더 나은 고객만족 서비스를 제공할 것은 자명하다. 이러한 회사정책과 더불어 서비스를 제공하는 개인의 성품과 개성, 대인관계 기법 및 화법 등도 서비스의 품질을 좌우하는 하나의 척도가 될 수 있다. 이처럼 서비스 지향점은 기업 차원과 개인 차원으로 크게 나누어 볼 수 있을 것이고 이를 실현하는 방법은 기업, 개인 할 것 없이 다양하게 존재한다.

가. 기업 차원의 서비스 지향

기업 차원의 서비스 지향점은 크게 서비스를 추진하는 리더십에 관련된 것과 이를 시스템적으로 뒷받침하는 것, 그리고 서비스를 수행하는 사원의 인적관리로 나누어 볼 수 있다. 첫 번째, 서비스 관련 리더십은 효과적이고 능동적인 서비스 지향성을 창출하고 유지하는 데 필요한 요소로서, 없어서는 안 될 가장 중요한 요소라고 할 수 있다(Heskett *et al.,* 1997). 근래에 들어서 최고경영층의 전문성과 적극적인 조직 활동 참여가 계속적으로 요구되고 있다.

마찬가지로 서비스에 대한 전사적인 분위기를 쇄신하고 향상시킬 수 있는 가장 큰 영향력을 지닌 존재가 바로 최고경영층이다. 고객이 만족하는 서비스를 수행하는 사원들에게 동기부여를 할 수 있는 인센티브와 보상을 줄 수 있으며, 조직 전반에 걸쳐 서비스 분위기를 확산시키는 것도 최고경영층이 할 수있는 역할이다.[8] 즉, 고객 서비스에 대한 지각이 최고경영층에게 스스로 있어야만 조직도 서비스 체제로 변화될 수 있다는 것이다.

두 번째, 서비스를 효율적으로 수행하기 위한 시스템적[9] 지원이다. 이 부분이 실질적으로 CRM 서비스와 관련되는 부분이라고 할 수 있는데, 모든 기업에서는 나름대로의 업무흐름이 있다. 서비스에 관련된 업무흐름도 물론 존재한다. 그렇지만 현존하는 서비스를 비롯한 업무흐름과 관행이 과연 최적화된 것일까? 더 나은 서비스를 지향해야만 하는 기업의 입장에서는 현재보다 더 나은 업무 프로세스와 이에 따른 시스템적인 지원이 필요하다. 서비스의 실패를 방지하고 추락한 고객신뢰를 회복하기 위해서는 서비스 시스템에 서비스에 대한 고객의 반응을 반영해야 한다.

제공된 서비스에 대해서 고객의 반응은 천차만별일 수 있다. 그 중에서 그룹화 할 수 있는 내용을 추려내어(mining) 서비스 품질을 발전시킬 수 있는 방향으로 시스템을 변화시켜야 한다. 오늘날 고객들은 첨단기술환경에 익숙해져 있다. 예를 들어, PC가 고장났을 경우 PC를 들고 해당 수리점에 가서 수리를 받아야만 한다면, 그 제품은 시장에서 도태될 것이다. 기업이 시장에서 살아남기 위한 하나의 방편으로 첨단기술이 담겨 있는 서비스를 제공하고, DB를 통해 서비스 요청고객의 이력을 관리하며, 24시간 언제나 가능한 서비스를 제공해야 한다. 이러한 부분이 시스템에 반영되도록 조직 차원에서 지원이 되어야 한다.

마지막으로 서비스 요원의 인적자원관리이다. 조직은 서비스를 담당하는 사원에 대해 문제를 해결할 수 있는 능력과 대인관계를 잘 이끌 수 있도록 지속적인 관심을 보이고 서비스 관련 교육을 실시해야 한다. 이는 보상체

8 최고경영층이 직원들에게 가지는 관심이나 격려, 지원수준 등에 대한 지각 정도가 종업원의 직무성차에 긍정적인 영향을 미친다(Burk *et al.*, 1992).

9 여기서의 시스템은 광의의 의미로는 서비스 업무를 처리하는 일련의 과정을 뜻하며, 협의의 의미로는 서비스 요원을 지원하는 정보기술적인(IT) 시스템을 뜻한다(네이버 위키백과사전 참조).

계와 밀접한 관계를 갖게 되는데, 서비스 요원에 대한 보상과 보상에 대한 인식은 고객 만족도와 강한 긍정적 영향을 미친다. 즉, 서비스 요원에 대한 보상이 높으면, 자연스럽고 자발적으로 교육에 적극적인 참여를 할 것이고 이는 고객 서비스를 성실하게 수행하여 고객만족도를 높이는 결과를 가져온다는 것이다. 또한 서비스를 담당하는 사원들 간의 원만한 관계유지는 서비스의 질 향상에 시너지 효과를 가져올 수 있게 된다.[10]

나. 개인 차원의 서비스 지향

전사적으로 아무리 훌륭한 시스템이 구축되고, 최고경영층이 진심으로 고객만족 서비스를 진행시키려 하더라도 고객을 직접 대면하고 서비스를 제공하는 직원이 서비스에 대한 마인드가 없다면 아무런 소용이 없다.

서비스를 수행하는 서비스 요원은 프로정신(professionalism)에 입각하여 활동해야 한다. 사람은 감정의 동물이다. 고객 서비스를 수행하기 전에 개인적으로 대단히 불쾌하고 가슴 아픈 일이 있더라도, 감정을 다스리고 서비스를 수행하는 것이 진정한 서비스맨 정신이다. 개인 차원의 서비스 지향점은 고객과의 만남, 즉 서비스 접촉에 대한 부분에 관련된 것이라 할 수 있다.

서비스 접촉은 서비스 요원과 고객 간의 상호작용이다. 그렇기 때문에 고객서비스를 지향하는 기업에서는 서비스 요원이 고객을 만나는 순간에 서비스의 품질을 판단한다는 것을 알아야 한다.[11]

서비스 요원이 고객을 만나서 서비스를 수행할 때 고객은 처음 서비스를 요청했을 때보다 무리한 요청을 할 수 있다. 이때 그것은 자신의 권한이 아니라며 거절하게 될 때 고객은 이미 서비스의 품질에 빨간 줄을 긋는다.

이를 방지하기 위해서는 서비스 요원의 위기대처에 대한 개인적인 순발력도 필요하지만, 고객응대 시에는 업무에 대해 유연한 대처를 가능하도록

10 Btterncourt & Brown의 연구에 의하면 동료사원에 대한 관심의 지각수준, 즉 사원 간의 협력은그들의 직무만족수준이나 직무몰입도에 긍정적인 영향을 미침으로써 고객의 만족수준을 높일 수있는 서비스를 창출한다고 한다(서창적 외, 2000).

11 고객과의 단순한 접촉은 단순한 접촉으로 끝나는 것이 아니라 서비스 품질평가의 중요한 기반을 형성할 수 있다(Zeithaml *et al*., 1996).

경쟁력을 갖춘 하나은행의 차별화된 선진금융을 체험하고 금융 지식과 글로벌 역량을 기를 수 있는 뜻깊은 시간을 보냈다.

하나은행 ESG 기획부 관계자는 "이번 체험활동을 통해 미래를 이끌어 갈 각국의 청소년들이 다양하고 폭넓은 관점에서 글로벌 역량을 키워나가는 데 실질적인 도움이 되었기를 바란다"며 "하나은행이 글로벌 금융비즈니스 확장을 활발히 추진하고 있는 만큼 장차 한국과 모국 간의 가교 역할을 수행할 미래 인재 양성을 위한 다양한 활동을 펼쳐 나가겠다"고 밝혔다.

◇ IBK기업은행, TV광고 '이 세상에 작은 기업은 없다' 방영

IBK기업은행은 TV광고 '이 세상에 작은 기업은 없다' 캠페인을 1일부터 선보인다고 밝혔다.

이번 광고 캠페인은 중소기업 대표자 및 직원을 주인공으로 제작됐으며 '사장님 편', '직원 편', '인생 편' 총 3편으로 구성됐다.

'이 세상에 작은 기업은 없다'라는 메인 카피를 통해 기업을 존중하며, 기업의 가능성을 발견하고 지원하는 기업은행의 철학을 담았다.

영상은 배우 이제훈의 진정성 있는 나레이션과 함께 밝고 희망적인 분위기로 연출했으며, TV채널과 유튜브 등 SNS에 동시에 공개될 예정이다.

기업은행 관계자는 "기업을 운영하는 사장님과 재직하는 직원을 포함해 기업과 함께하는 모든 사람들의 꿈과 가능성을 응원하는 마음을 전하고자 이번 광고를 제작했다"며 "앞으로도 IBK기업은행이 중소기업과는 함께하며 기업의 성장을 지원할 수 있도록 노력할 것"이라고 말했다.

◇ 급여고객을 위한 비대면 프리미엄 혜택관 'IBK급여라운지' 오픈

IBK기업은행은 i-ONE Bank(개인) 內 급여고객에게 각종 혜택을 제공하는 'IBK급여라운지' 서비스를 오픈한다고 지난달 30일 밝혔다.

'IBK급여라운지'는 매월 IBK계좌로 50만원 이상 급여를 받는 고객에게 스탬프를 제공하고, 고객은 적립된 스탬프를 사용해 각종 이벤트에 응모할 수 있는 비대면 혜택관이다. 또 급여실적 현황, 제휴 할인쿠폰, 재테

크 정보, 맞춤 상품 추천 등 급여 관리에 도움이 되는 서비스도 제공한다.

서비스 오픈 기념 이벤트로 'IBK급여라운지' 첫 입장고객에게 웰컴 기프트(GS25 2000원권) 및 스탬프 1개를 제공하며, 친구초대 시 추가 스탬프를 적립해준다. 이외에도 적립된 스탬프를 사용해 스타벅스 아메리카노, BHC 치킨 모바일 쿠폰 등 매월 제공되는 이벤트에 응모할 수 있다.

기업은행 관계자는 "IBK계좌로 급여를 받는 누구나 'IBK급여라운지' 서비스를 이용할 수 있다"며 "앞으로도 고객의 급여 관리에 도움이 되는 서비스를 지속적으로 제공할 예정"이라고 말했다.

◇ KB국민은행, KB모바일인증서 연말정산 이벤트 실시

KB국민은행은 오는 1월 31일까지 KB모바일인증서 연말정산 이벤트를 실시한다고 1일 밝혔다.

KB모바일인증서는 본인 명의 휴대폰과 신분증만 있으면 영업점 방문 없이 발급할 수 있는 금융권 대표 인증서다. 지난달 11월 가입자 수 1200만명을 돌파한 KB모바일인증서는 국세청 홈택스를 비롯해 정부24, 국민건강보험공단 등 120여개 기관에서 이용할 수 있다.

이번 이벤트는 KB모바일인증서를 이용해 연말정산하는 고객에게 추첨을 통해 경품을 제공한다. 참여방법은 KB모바일인증서로 국세청 홈택스에 로그인한 고객이 KB스타뱅킹앱 내 이벤트에 응모하면 된다. 경품은 골드바 10돈(1명) LG 스탠바이미(3명), LG 디오스 오브제컬렉션 와인셀러(5명), 신세계 이마트 상품권(1000명)을 제공한다.

KB국민은행 관계자는 "직장인의 연말정산 시기에 맞춰 KB모바일인증서로 편리하게 국세청 홈택스를 이용하실 수 있도록 이번 이벤트를 준비했다"며 "빠르고 안전한 KB모바일인증서로 연말정산도 하고 푸짐한 경품도 받을 수 있는 좋은 기회가 되길 바란다"고 밝혔다.

한편, KB국민은행은 오는 8일 KB모바일인증서 서비스 명칭을 'KB국민인증서'로 변경할 예정이다. 앞으로 더욱 많은 사용처와의 제휴를 통해 금융을 넘어 고객의 일상을 책임지는 국민 인증서로 성장시킨다는 계획이다.

비한 융합형 디지털 인재를 양성하기 위해 'DT University'를 운영하고 있으며, 2025년까지 2500명의 데이터 인재를 육성하는 '2500 by 2025' 프로젝트도 추진하고 있다.

또한, 행내 사이버 연수원인 '하나 디지털 캠퍼스'를 통해 365일 24시간 언제, 어디서나 접속해 자발적 학습이 가능하도록 디지털 환경도 구축했다.

하나은행 디지털그룹 관계자는 "디지털과 휴먼 터치가 조화된 금융 혁신을 통해 손님들께 더욱 쉽고 편리한 금융 서비스를 제공한 점을 인정받아 기쁘다"며 '하나로 연결된 모두의 금융'이라는 그룹의 비전에 발맞춰 디지털과 데이터에 대한 아낌없는 투자를 통해 손님 중심의 디지털 금융 혁신을 지속해 나갈 것"이라고 밝혔다.

◇ 2022년 수출입 아카데미

개최하나은행은 수출입 기업 임직원을 대상으로 '2022년 수출입 아카데미'를 개최했다고 밝혔다.

지난 2007년 시작된 '하나은행 수출입 아카데미'는 수출입 업무 이론과 환리스크 관리 등 최신 사례를 접목한 현장 중심의 연수 프로그램으로, 수출입 업무를 담당하는 기업 실무자들에게 큰 호응을 얻고 있다.

이를 통해 하나은행은 대한민국의 무역 활성화를 이끌고 있는 수출입 기업과 함께하며 외국환 전문은행으로서 입지를 더욱 공고히 하고 있다.

이번 수출입 아카데미는 사전 신청한 170여 개 기업의 실무자 480명을 대상으로 유튜브 라이브를 통해 진행됐으며, 주요 질의사항에 대한 전문가 답변과 실시간 퀴즈 이벤트도 포함되어 참석자들의 집중을 이끌었다.

특히 하나은행 소속 수출입 전문 강사는 물론 외부 초빙 관세사가 주요 연사로 참여하여 수출입 결제와 신용장 업무, 수출입 관련 외환거래, 통관 실무, 외환시장과 환리스크 관리 등 실제 업무 적용에 초점을 맞춘 강의가 진행됐으며, 기업별 특성과 사례에 따른 금융 솔루션도 소개됐다.

하나은행 관계자는 "오랜 기간 지속된 하나은행의 수출입 아카데미는 우수한 강사진과 수준 높은 콘텐츠로 수출입 기업의 경쟁력 강화와 실무자들의 업무 능력 향상에 큰 기여를 해왔다"며 "향후에도 참석자들의 접근성을 높이고, 더 많은 수출입 기업이 혜택을 누릴 수 있도록 다양한 지원 프로그램을 마련하겠다"고 밝혔다.

◇ 전 세계 32개국 청소년 초청 '글로벌 금융 체험' 실시

하나은행은 미래세대 주역인 해외 청소년들이 핵심인재로 성장할 수 있도록 지원하기 위해 전 세계 32개국 100여 명의 청소년을 초청해 글로벌 금융 체험의 기회를 제공했다고 밝혔다.

이번 초청행사는 11월 28일부터 12월 2일까지 교육부가 주최하고 국제한국어교육재단이 주관하는 '2022 해외 청소년 한국어 교육 연수'에 참여한 해외 중·고등학생들을 대상으로 진행됐다. 하나은행은 '2022 해외 청소년 한국어교육 연수'의 공식 후원사로 참여해 한국어를 제2외국어로 채택하고 있는 청소년들이 한국을 방문해 한국의 언어와 문화를 직접 체험하고 소통할 수 있는 기회의 장을 마련했다.

초청된 해외 청소년들은 4박 5일간의 연수기간 동안 인천 청라 소재 하나금융그룹 연수원 '하나글로벌캠퍼스'에서 머물게 된다. 지난달 30일에는 국내 최대 규모의 외환거래가 일어나고 있는 하나은행 딜링룸을 방문해 치열한 외환시장에서 외환딜러들의 업무를 체험해보며 글로벌 금융 거래의 실제 현장을 생생히 느낄 수 있는 시간을 가졌다.

또한, 하나금융그룹 명동 사옥 내 화폐박물관과 위변조대응센터를 방문해 전 세계 다양한 화폐 실물을 직접 눈으로 확인하고, 하나은행의 위폐감별사에게 세계 각국의 화폐를 감별할 수 있는 방법을 체험했다.

이어서 하나은행의 VIP클럽 영업점에서 가진 'PB와의 만남' 시간을 통해 하나은행만의 전문 PB 자산관리서비스를 경험하는 등 글로벌

새마을금고 지도자들이 전산화된 금융시스템 활용 역량을 갖추도록 프로그램이 구성됐다.

우간다 새마을금고는 디지털 금융시스템을 통해 혁신적 금융포용을 선도하고 있다. 이미 새마을금고 회원들은 모바일 뱅킹을 통해 저축 및 대출 서비스도 이용 가능 하며, 약 9200명의 회원들이 이용 중이다.

박차훈 새마을금고중앙회장은 "새마을금고를 통해 우간다 농촌 지역 주민들의 금융 접근성은 더욱 개선될 것이고 지역 금융기관으로서 새마을금고의 신뢰성 또한 굳건해질 것"이라고 전했다.

◇ 신협, 네 번째 어부바 캐릭터 광고 ON-AIR

신협중앙회(이하 신협)의 네 번째 어부바 캐릭터 광고가 1일(목) 온에어 된다.

신협의 마스코트 어부바 캐릭터는 지난 2018년 '평생 어부바'라는 슬로건과 함께 탄생했다. 현재까지 조합 홍보, 사회공헌활동 등 다양한 곳에 사용되며 연령을 불문한 전 고객들에게 사랑받고 있다.

새로운 캐릭터 광고는 올 상반기부터 배우 조보아와 함께 진행하고 있는 신규 캠페인 광고 '행복 내비게이션 신협'의 메시지에 집중했다. 사람들에게 행복을 찾아주는 길이 신협으로 펼쳐지는 모습을 귀여운 어부바 캐릭터가 안내한다.

특히, 어부바 캐릭터 광고는 인형의 움직임을 미세하게 조정해 움직임을 자연스럽고 사실적으로 보이도록 하는 초당 24프레임 스톱 모션 애니메이션 기법을 적용하고 있다. 촬영에 필요한 소품과 배경 등 세트 제작 기간에만 3주 이상이 소요되고, 30초 분량의 영상을 기준으로 촬영에만 일주일 이상이 걸린다.

이렇게 많은 시간과 노력이 필요한 스톱 모션은 어부바 캐릭터 광고에서 중요한 촬영기법으로 자리 잡았다. 아날로그적인 기법이지만 컴퓨터 그래픽으로 표현하기 어려운 캐릭터의 질감을 잘 살릴 수 있고, 캐릭터의 친근함과 따뜻한 온기를 느낄 수 있다. 신협의 어부바 캐릭터 광고 캠페인은 4년간 스톱 모션 촬영을 캠페인으로 이끌고 간 희소 사례이다.

하현욱 신협중앙회 홍보본부장은 "신협의 어부바 캐릭터 광고 캠페인이 이토록 오랜 기간 모두에게 사랑받는 이유가 단지 캐릭터의 외향에만 있지는 않을 것"이라며 "기업 차원에서 어부바 캐릭터에 지원을 아끼지 않고 큰 애정을 품고 있기에 지금까지도 모두에게 사랑받는 캠페인이 될 수 있었다"고 전했다.

◇ H농협은행, 스마트팜 금융지원 역량강화 '스마트팜 로드쇼' 개최

NH농협은행은 지난 29일 경북 상주와 전북 익산 등지에서 스마트팜 금융지원 활성화를 위한 임직원 역량강화 현장교육인 '스마트팜 로드쇼'를 개최했다고 밝혔다.

이번에 새롭게 마련된 '스마트팜 로드쇼'는 지난 달 5일 정부가 발표한 '스마트농업 확산을 통한 농업혁신방안'에 맞춰 스마트팜이 무엇이고, 어떻게 금융지원을 해야 하는 지에 대한 현장교육 프로그램이다.

스마트팜의 개념, 대출상담과 심사기법 등 2일 동안 이론교육을 실시하 였으며, 수료자를 대상으로 스마트 영농설비의 실제 구동 견학, 농업인의 성공·실패사례와 스마트팜 도입효과 등을 청취하는 현장교육을 실시하였다.

이와 함께 농협은행에서는 스마트팜 금융지원 활성화를 위하여 스마트팜 대출상담과 심사관련 업무자료집인 '스마트팜 종합안내서'를 제작하여 전국 농협은행 영업점에 배포하였다.

이날 '스마트팜 로드쇼'에 참석한 농협은행 상주시지부 신태출 팀장은 "지금 상담진행 중인 스마트팜 대출이 있는데, 이론 및 현장교육이 큰 도움이 되었다"며 "직원들의 역량강화를 위한 실무중심의 교육이 지속적으로 이어졌으면 좋겠다"고 말했다.

서준호 농업금융부장은 "이번 '스마트팜 로드쇼'에 적극적으로 참여해준 직원들에게 진심으로 감사드린다"며 "농가소득 증대를 위해 스마트팜 확산은 필수적이며, 이에 대한 금융지원 활성화를 위해 스마트

◇ 우리은행, 장기미거래 신탁 찾아주기 캠페인 실시

우리은행은 1일부터 한 달간 '장기 미거래 신탁 찾아주기' 캠페인을 실시한다고 밝혔다.

대상은 신탁 계약 만기일 또는 최종 거래일로부터 5년 이상 경과한 신탁 계좌이며, '개인연금신탁'과 '연금저축신탁'의 경우 적립 만기일이 경과하고 잔액이 120만원 미만인 계좌이다.

우리은행은 잔액 3만원 이상 계좌를 보유한 대상 고객에게 우편으로 안내문을 발송하고, 추가로 이메일이나 유선으로 관련 내용을 안내할 예정이다.

장기 미거래 신탁 보유 여부는 우리은행 영업점과 인터넷뱅킹, 모바일뱅킹 또는 계좌정보통합관리서비스(payinfo.or.kr) 등을 통해 확인할 수 있으며 신분증을 지참해 가까운 우리은행 영업점을 방문하거나, 비대면 채널(인터넷뱅킹, 모바일뱅킹, 계좌정보통합관리서비스)을 통해 신탁금을 수령할 수 있다.

우리은행 관계자는 "매년 장기 미거래 신탁 찾아주기 캠페인을 실시하고 있다"며 "우리은행 고객들의 권익과 소중한 금융자산 보호를 위해 더욱 노력할 것"이라고 말했다.

◇ 새마을금고 고객지원센터 서비스부문 'KS인증' 획득

새마을금고는 2022년 10월 12일, 한국표준협회(KSA)에서 인증하는 '고객 컨택트센터 서비스 KS인증'을 획득하고, 지난 11월 30일 서울 강남구 삼성동 새마을금고중앙회관에서 KS인증서 및 현판 수여식을 진행했다.

이는 2001년 대고객상담을 진행하는 고객지원센터 운영 이래 지속했던 고객지원센터의 질적 향상을 위한 노력이 결실을 맺은 것이다.

서비스 KS인증제도는 한국표준협회가 주관하며, 국가가 제정한 한국산업표준(KS규격) 이상으로 서비스 능력을 보유한 사업장에 대해 심사를 통해 국가가 그 품질을 보증해 주는 국가인증제도이다.

새마을금고에 대한 KS인증 심사는 지난 9월 22일부터 26일에 걸

쳐 3일 동안 진행됐으며, 22일과 23일 양일간의 사업장 심사에서부터 26일 서비스 심사에 이르기까지 다각도의 평가가 이루어졌다. 새마을금고 관계자에 따르면 서비스 운영체계 등 사업장의 환경 및 대고객 서비스의 수준을 평가하는 인증 심사에서, 콜 응대 관련은 물론 그 외 서비스 KS에서 요망하는 수준과 기준 이상을 심사 수검 전 이미 시행 중이었던 점에서 복수의 인증 심사위원으로부터 우수한 평가를 받았다고 설명했다.

박차훈 새마을금고중앙회장은 "고객지원센터 운영 이래 20여년 이상 늘 고객과 함께 했던 고객지원센터가 금번 서비스 KS인증 획득으로 그 역량을 인정받게 되었음에 자부심을 느끼며, 이를 발판으로 더욱 체계화된 고객 중심의 금융·공제(보험) 관련 상담서비스를 제공할 것"임을 강조하고 "서비스 운영 프로세스의 체계화, 콜 인프라 투자의 확대, 상담업무환경 개선 및 감정노동자 보호 등을 위해 지속적인 노력을 기울일 것"이라고 밝혔다.

한편, 새마을금고 고객지원센터는 전국 새마을금고의 고객(회원)을 대상으로 인터넷뱅킹 등 전자금융 업무 상담, 자동화기기 안내, 분실·사고 접수 및 보이스피싱 신고 등을 비롯한 일반업무상담과 공제(보험)상담을 제공하고 있다.

◇ 우간다 새마을금고 지도자 역량 강화 현지 연수

새마을금고중앙회는 행정안전부와 함께 14일부터 24일까지 우간다 농업지도자연수원에서 건전하고 지속가능한 금융시스템 구축을 위한 '우간다 새마을금고 현지연수'를 성공적으로 마쳤다고 밝혔다.

1차 및 2차로 나뉘어 총 2주간에 걸쳐 진행된 연수에는 우간다에 설립, 운영 중인 총 18개 새마을금고 임직원 90명이 참석했다. 최근 우간다 새마을금고는 회원 및 자산 규모 측면에서 괄목할 만한 성장이 이루어졌고, 이에 대한 새마을금고 지도자들의 전문역량 강화를 위해 교육이 마련됐다.

특히, 우간다 새마을금고 디지털 전환이 급속히 이루어짐에 따라

서울시는 메타버스 플랫폼 '젭(ZEP)'에서 '지구의 날'을 진행했다. 지구의 날은 190개국 10억명쯤이 참여하는 세계적인 환경기념일로 매년 4월22일이다. 서울시는 젭에서 지구의 날 기념행사를 진행하고, 탄소중립 생활 실천을 위한 캠페인을 전개했다.

한국 코카콜라는 2021년 메타버스 플랫폼 '게더타운'에 '코카-콜라 원더플 아일랜드'를 만들었다. 당시 코카콜라는 '원더플 아일랜드'에서 투명 음료 페트병이 순환되는 과정을 소개했다. 메타버스로 음료 페트병의 올바른 분리배출과 자원순환을 경험해 동참을 이끌겠다는 취지였다.

메타버스를 인식 개선에 활용하기도 한다. 케냐 게임사 '인터넷 오브 엘리펀츠(Internet of Elephants)'의 증강현실(AR) 기반 게임 '와일드버스'가 그 예다. 와일드버스는 과학자가 된 이용자가 임무를 수행하면서 오랑우탄·침팬지·고릴라 등 유인원을 추적하는 게임이다. 게임을 플레이하면서 멸종위기종 보호에 관심을 갖게 하고, 보호에 무엇이 필요한지 이해를 돕게 한다는 구상이다.

변인호 기자(2022.09.23.), "[메타버스ESG]
물질 대신 전파 쓰는 메타버스", 핵심은 '친환경',IT조선

팜 관련 현장교육을 지속적으로 확대할 계획이다"고 말했다.

김승준 기자(2022.12.01), "신한은행, 메타버스 플랫폼 '시나몬' 오픈 이벤트 시행", 우먼컨슈머.

사례 2

[메타버스ESG]
물질 대신 전파 쓰는 메타버스, 핵심은 '친환경'

기업의 비재무적 활동을 수치화한 ESG 지표가 소비자, 투자자, 정부 등 선택이 아닌 필수사항이 됐다. ESG 항목 중에서도 친환경(E) 분야는 빨라진 디지털 전환으로 메타버스와 융합이 활발하다.

ESG에서 환경(E)은 기업 경영 활동에서 발생하는 환경 영향 전반을 포괄하는 요소를 말한다. 지구온난화 등 최근 기후변화와 관련한 탄소중립, 재생에너지 사용 등을 예로 들 수 있다. 특히 세계는 온실가스 배출량을 감축하고 탄소중립 기술을 개발하는 데에 힘을 쏟고 있다.

우리나라를 포함해 미국, 일본, EU 등 127개국은 2050년까지 탄소중립을 실천한다는 목표다. 탄소중립은 온실가스 배출을 줄여 '0'으로 만든 상태를 의미한다. 탄소중립을 위한 탄소배출권은 국가 단위로 관리할 만큼 중요성이 커졌다.

◇ 메타버스 가상공간 활용해 자원 절감…행안부, 온북으로 약 4조원 효과

메타버스는 실체가 없는 온라인 세계라는 점에서 탄소중립에 활용할 수 있는 요소가 많다. 메타버스에 접속하는 것만으로도 이동에 들어가는 자원을 절감할 수 있다. 재택·원격근무가 대표적이다. 이는 효율적인 E의 실천 수단으로 꼽힌다. 행정안전부의 경우 업무용 노트북 '온북'을 도입하면서 5년간 약 4조6000억원의 예산 절감 및 탄소

배출 감소 효과를 기대했다. 온북은 공무원·공공기관 임직원이 시간·장소에 구애받지 않고 사무실처럼 일할 수 있는 수단이다. 행정기관 공무원 62만3000명이 기존 업무용 컴퓨터 대신 온북으로 전환할 경우 기회비용, 전기세, 용지·인쇄비 절감 등을 계산한 결과다. 출퇴근 교통비와 시간을 기회비용으로 환산한 금액만 3조9092억원에 달한다.

또한 '디지털 트윈'으로 실제 상황이 발생하기 전 대비도 가능하다. 디지털 트윈은 메타버스 가상공간에 현실 세계를 이식해 다양한 상황을 시뮬레이션할 수 있게 하는 기술이다. 메타버스를 환경 보호에 간접적으로 활용하는 곳도 많다.

디지털 트윈은 재택·원격근무처럼 가시적인 비용 절감 성과를 보긴 어렵다. 자연재해 등의 사건사고 예방에 초점을 맞춘 기술이기 때문이다. 활용 가능한 분야는 많다.

현대차는 실제 공장을 메타버스에 이식한 '메타팩토리'로 공장 가동률 최적화에 나섰다. 메타팩토리를 통해 실제로 공장을 가동하는 데 드는 자원을 사용하지 않아도 최적화가 가능해졌다.

건설업계도 강풍·파도 등 외부 상황 대응에 디지털 트윈을 활용 중이다. 대우건설 '메타갤러리'처럼 가상 견본주택은 실제로 만들 때 소모되는 원부자재를 아끼고 폐기물을 줄일 수 있다. 예기치 못한 사고를 미리 대비해 사고 수습에 사용될 자원을 줄이는 셈이다.

정부가 추진하는 '디지털 기반 노후·위험시설 안전관리시스템 구축사업'도 마찬가지다.

◇ 메타버스로 환경 정책 홍보

메타버스는 환경 보호를 위한 홍보 수단으로도 사용된다. 간접적으로 친환경에 기여하는 것이다. 두나무가 산림청과 협약을 맺고 올해 초 메타버스 플랫폼 '세컨블록'에서 가상의 나무 한 그루를 심으면 경북 산불 피해지역에 실제 나무 두 그루를 심은 캠페인도 친환경(E) 실천이다. 두나무는 해당 캠페인으로 산불 피해지역에 나무 1만260그루를 심었다.

13 메타버스 플랫폼의 종류 및 특징

13.1 메타버스 플랫폼 동향

코로나 19의 영향으로 비대면 서비스의 수요가 높아지고 있다. 줌(Zoom), MS팀스(MS Teams) 등의 원격 회의 플랫폼이 활성화되고, 오프라인 공간이 필수였던 콘서트와 공연 등이 온라인에서 열리고 있다. 어느새 우리는 온라인 공간에서의 만남에 익숙해졌다. 코로나19가 앞당긴 '디지털 대전환 시대'의 중심에는 메타버스가 있다.

메타버스에 이목이 집중되는 요인은 여러 가지가 있겠지만, 코로나19로 인한 사회적 배경이 주된 요인 중 하나인 것은 분명하다. '사회적 거리두기'를 위해 실내에 머무는 시간이 증가했고, 오프라인 만남이 온라인으로 옮겨갔다. 메타버스는 온라인에서 사람들이 모이고, 활동할 수 있는 좋은 플랫폼을 제공해주고 있다.

메타버스의 인기에는 '부캐(부(副) 이하 부캐, 캐릭터의 줄임말)'의 유행도 한몫이 있다. 최근 방송 미디어계에서는 부캐가 인기있는 콘텐츠 소재로 자리잡기 시작했다. 부가 캐릭터는 실제 본인이 아닌 다른 인격의 캐릭터를 생성하고 페르소나를 부여하여 해당 캐릭터에 본인을 투영시키는 개념이다. 이러한 부가 캐릭터의 개념은 디지털 기반 서비스에서도 쉽게 확인할 수 있다.

최근 주목받고 있는 메타버스 서비스의 핵심 요소 중 하나인 아바타도 가상세계에 존재하는 부캐와 같은 개념이다. 사용자들은 본인의 아바타를 생성하고 아이디를 부여하여 메타버스 세계관 내에서 다른 이용자들과 소통하고 활동한다. 사람들의 이목이 메타버스에 쏠리게 되면서 메타버스 내에서 일어날 수 있는 경제 활동, 그리고 메타버스 역할 자체에서 오는 사업적 가치가 화두에 오르고 있다. 본 강의에서는 국내외 기업에서 메타버스를 어떻게 활용하고 있는지 살펴보고 있다. 특히 메타버스를 기반으로 제작된 미디어 콘텐츠의 특성과 향후 방향성에 대해 조사하고 그 가능성을 알아보도록 한다.

국내 메타버스의 대표적 플랫폼으로는 네이버Z의 제페토가 있다. 이용자는 자신만의 3차원 제페토 아바타를 생성하고, 아바타를 기반으로 다양한 가상 활동을 할 수 있다. 네이버에 따르면, 2018년 8월 출시된 10대 등 젊은 층을 중심으로 인기를 끌고 있으며, 2억 명 이상의 이용자를 보유하고 있다. 제페토 내에서는 기본적으로 아바타를 꾸밀 수 있는 아이템과 3차원 공간을 구성하는 오브젝트를 사전에 구현해 두어 사용자가 해당 프리셋(Preset)을 사용할 수 있도록 한다. 이에 더해서 제페토는 사용자에게 크리에이터라는 아이덴티티를 추가로 부여하는데, 3차원 오브젝트 메쉬를 형성할 수만 있다면 누구든 제페토의 크리에이터가 되어 제페토 월드를 구현할 수 있도록 플랫폼의 세계관을 구축하였다. 이와 같이 3차원 가상 공간에서 사용자의 상호작용을 구현한 해외의 대표적 메타버스 플랫폼으로 로블록스(Roblox)를 예로 들 수 있다. 2006년에 출시된 로블록스는 사용자가 게임을 직접 프로그래밍하여 이를 다른 사용자도 즐길 수 있도록한 온라인 게임 플랫폼이다. 로블록스는 1억 6,000만 명 이상의 활성 사용자를 보유하고 있으며 미국 MZ 세대에서 선풍적인 인기를 누리고 있다.

로블록스의 성장은 코로나로 인해 더 두드러지게 되었다. 사용자가 직접 게임을 만들 수 있다는 조건은 게임씬 내에서 모든 시나리오가 가능하다는 뜻으로 해석될 수 있는데, 비대면 수요가 증가함에 따라 로블록스 내에서 가상 회의 및 모임 등의 게임이 만들어지고 만남이 이뤄지기 시작한 것이다. 이와 같이 3차원 메쉬와 같은 디지털 오브젝트를 활용하여 메타버스를 생성하고 이용자가 메타버스 구현에 직접 참여하도록 하는데 집중한 플랫폼이 있는 반면, 현실 세계의 데이터를 반영함으로써 가상공간에서 오프라인 활동을 대체할 수 있는 온라인 서비스를 개발하고 제공하는데 주력하는 플랫폼들도 있다. 일례로 게더타운(Gather.town)은 이용자들이 가상의 공간에서 만나 대화와 업무를 할 수 있는 온라인 플랫폼이다.

13.1 메타버스 플랫폼 동향
13.2 국내외 메타버스 플랫폼 종류
13.3 국내외 메타버스 플랫폼 특징
13.4 국내외 메타버스 활용 사례

메타버스 플랫폼의 종류 및 특징

05 서비스 마케팅과 고객관계관리

현대의 시장은 예전과 달리 기업은 물건을 팔고, 소비자는 그 물건을 사면 그만인 시대가 아니다. 소비자가 물건을 구입하게 되는 순간부터, 그 물건을 만들고 판매한 기업과 '관계'를 맺게 되는 것이다. 여기서 바람직한 관계정립을 위해 기업이 고객을 대상으로 노력해야 하는 것이 바로 서비스라고 할 수 있다. 지금은 서비스 경제의 시대이다. 소비자는 제품 구매보다 서비스 구매에 더 많은 비용을 지출한다. 서비스 경제의 출현은 직장여성 비율의 급격한 상승, 독신가구 및 노인층의 증가 그리고 맞벌이 부부의 증가에 따른 가처분소득의 상승과 같은 요인에서 비롯된다. 그러한 노력 하나하나가 기업의 가치를 최상으로 끌어올리는 데 밑거름이 될 것이다. 관계를 맺는다는 것은 서로가 끊임없이 의사소통을 하면서 영향을 주고받을 수 있다는 것을 의미한다. 기업과 고객의 관계 맺기는 일차적으로 '소비자의 구매'를 통해서 이루어지는데, 이것은 기업의 생산은 고객의 구매라는 관계 속에서 끊임없는 교류가 일어나야 한다는 것을 보여준다고 할 수 있다. 그로 인해 서비스로 인한 마케팅이 나타나고 있다.

서비스 마케팅에서 가장 중요한 것은 기업과 파트너 각각의 각종 고객 관련 업무를 통합 관리해 CRM을 더욱 효율적으로 수행하는 것이다. CRM은 고객에 대한 정보를 수집하고 수집한 정보를 분석한 후 효과적으로 활용함으로써 고객을 적극적으로 관리하고 유지하여 고객의 가치를 극대화시키기 위한 기업마케팅전략이 IT 기술과 결합한 것이라 할 수 있다.

따라서 이를 통해 충성고객의 유지비율을 향상시킬 수 있고 또한 고객의 이탈로 인한 손실을 최소화할 수 있다. 잠재고객의 활성화로 기업의 수익을 증대시키며 효율적인 마케팅 활동을 통해서 비용절감효과를 얻을 수 있다. 4장에서는 서비스 마케팅과 CRM을 적절히 활용하는 방법을 알아보도록 한다.

5.1 서비스의 정의

서비스는 사용자에게 성과에 대한 어느 정도의 만족을 제공하지만, 소유되거나 저장·수송될 수 없는 무형적 활동으로 정의될 수 있다. 즉, 고객의 욕구충족을 목적으로 사람과 설비 또는 시설에 의해 제공되는 행위, 성과라고 정의할 수 있다. 일반적으로 마케팅은 특정 형태를 가진 유형의 제품이 대상이었다. 그러나 기업이 소비자의 욕구를 충족시키기 위해 제공할 수 있는 제품에는 무형의 제품도 있는데 이러한 제품을 서비스라 한다. 이를테면, 서비스 마케팅을 호텔, 여행사, 은행 및 법률사무소 등 서비스를 제공하는 사업체의 마케팅이다. 이처럼 무형성은 서비스의 중요한 특성이다. 소비자는 감촉을 느낄 수 없는 어떤 것의 구매에 대해 불안하게 생각할 수 있다. 그러므로 서비스가 무형적인 특성을 갖는다는 것은 마케터가 극복해야 할 과제이다. 이는 서비스의 전달·촉진·가격의 결정 방법에 영향을 끼친다. 서비스에 대한 이러한 정의에도 불구하고 엄격하게 무형과 유형으로 분류될 수 있는 상품은 별로 없다. 사실 상품은 유형성의 정도에 따라 재화와 서비스 간의 연속선상에 위치하는 것으로 볼 수 있다. 상품은 완전히 유형적인 것에서부터 완전히 무형적인 것까지의 연속선상에 위치한다.

서비스는 성과의 실현을 통해 고객에게 만족을 제공한다. 성과만족은 소비자가 서비스의 무형적 활동에 의해 제공된 성과를 경험하면서 얻는 것을 말한다. 그러나 판매가 먼저 이루어진 다음 성과수행과 소비가 동시에 발생하므로 이를 물리적으로 소유할 수는 없다. 서비스는 어디서 제공하느냐에 따라서 세가지로 나누어지는데 설비기준 서비스와 사람기준 서비스 그리고 제품 관련서비스 등 크게 셋으로 나누어진다. 다시 설비기준 서비스는 자동화에 의한 서비스, 비숙련자에 의한 서비스 및 숙련자에 의한 서비스로 나누며, 사람기준 서비스는 숙련된 노동에 의한 서비스, 비숙련된 노동에 의한 서비스 및 전문가에 의한 서비스로 나누어진다.

기업은 일단 고객이 가장 만족스러운 조건으로 구매할 수 있도록 노력해야 하고, 더 나아가서 구매 후에도 계속 자신의 선택에 대해서 만족스러워 할 수 있도록 최선을 다해야 한다. 이 과정에서 고객도 타인에게 기업이나 제품에 대한 끊임없는 정보를 제공하게 되는데, 그것이 불만이든 만족이든 기업에겐 아주 가치있는 정보임에 틀림없을 것이다. 그리고 기업이 충분히 만족할 만한 서비스를 고객에게 제공하였다면, 그 고객은 적극적으로 기업정보를 잠재적 고객에게 제공할 것이다. 또한 기업에겐 최고의 마케팅이라 할 수 있으며, 이것이 바로 기업이 소비자에게 해야 하는 최고의 실천이라고 볼 수 있다.

중요한 것은 서비스의 제공이 제품을 구매한 후부터 시작되는 것이 아니다. 고객이 제품을 구매하는 시점부터 충분히 만족을 느낄 수 있도록 해야 한다. 따라서 제품의 구매가 이루어지기 전부터 서비스는 시작되는 것이라 할 수 있다. 기업의 모든 종사자들은 제품이나 회사에 대한 긍정적인 이미지를 심어주기 위한 노력을 해야 하고, 기존고객에 대한 기업이 소비자에게 할 수 있는 최고의 덕목으로 볼 수가 있다.

5.2 서비스의 특성

서비스는 4가지의 특성을 갖는다. 서비스는 비유형적이고, 표준화가 어려우며, 즉시 소멸되며, 생산과 동시에 이루어지는 차별적 특성을 갖는다.

(1) 비유형성(Intangibility)

소비자는 특정 제품의 맛을 본다거나 향을 맡을 수 있다. 이렇게 유형제품의 경우 소비자는 구매 전에 경쟁제품들을 비교할 수 있으며, 구매 후에 자신이 지불한 대금을 증명할 어떤 것을 소유하게 된다. 그리고 서비스를 구매했음을 보여줄 구체적 대상이 없다. 이런 문제점을 기업들은 서비스를 보다 유형적으로 보이게 하여 무형성을 극복한다. 첫째, 서비스 제공자는 소비자들로 하여금 가치 있는 무엇인가를 제공받고 있다는 느낌을 갖도록 노력한다. 둘째, 유명인을 광고 모델로 활용하여 제공되는 서비스를 유형화한다. 셋째, 무형적인 서비스를 유형화하는 다른 방법은 서비스 제품을 드라마화하는 것이다. 서비스는 유형의 상품과는 달리 구매하기 전에 감각기관에 의해 감지될 수 없는 무형성 때문에 소비자가 제공받기 전까지는 서비스의 질에 대해 불확실하게 느껴진다. 소비자는 서비스기업의 광고보다 구전에 의한 정보를 더욱 신뢰한다.

예를 들어, 유학 학원이 그 학원을 거쳐간 학원생들의 해외진학 실적을 보여주어 신뢰를 더하게 한다든지 은행에서 서비스 카운터를 낮춰 고객이 앉아서 업무를 보게 하거나 업무를 친절하고 신속하게 처리해 주어 고객에게 만족을 주는 일 등이다. 하지만 볼 수도 없고 만질 수도 없기 때문에 고객은 구매 전에 서비스의 효용을 정확히 알 수 없다. 단지 여러 가지 정황으로 미루어 효용을 추측할 수 있을 뿐이다. 이러한 무형성에 의한 문제점은 저장이 불가능하고 특허를 통한 서비스 보호가 불가능하며 진열 및 커뮤니케이션을 할 수 없다. 그리고 가격설정 기준이 모호하며 표본 추출이 곤란한 것 등으로 볼 수 있다.

이런 문제점을 해결하기 위해 서비스가 제공될 때 사용되는 유형적인 단서들을 강조하여 인적 원천을 정보 제공에 사용한다. 그리고 구전 커뮤니케이션의 활성화로 강력한 기업이미지를 창출한다. 또한 종업업원을 고객과 직접 접촉하도록 권장하고 서비스를 사용하므로 제공되는 효익을 강조한다. 그래서 구매 후에도 커뮤니케이션에 관여하는 데 초점을 맞추어야 한다.

표 5-1 서비스 제공 방법

방 법	
서비스가격의 차별화	전화회사나 극장은 수요가 별로 없는 시간에 서비스를 이용하는 고객들에게 보다 낮은 요금을 적용함으로써 피크타임의 초과수요를 비피크타임으로 이전시키고자 하는 방법이다.
비성수기 수요의 개발	스키리조트는 눈이 없는 기간 동안에 인공잔디 슬라이드를 설치하거나 리프트를 이용하여 아름다운 경관을 볼 수 있게 함으로써 수요를 창출한다.

방 법	
보완적 서비스의 제공	많은 은행들이 보통예금이나 저축예금과 같은 기본적인 서비스를 보완하기 위해 다양한 투자성 서비스를 제공한다. 최근 들어 증권회사들이 종합금융기관으로 변화하고 있다. 그동안의 주식중개 중심의 증권사 영업이 다양한 금융상품들의 도입으로 영역이 확대되고 있다. 수수료 자유화로 주식매매를 통해 얻는 수수료 폭이 크게 줄어들게 됨에 따라 증권회사들은 다양한 금융상품들을 개발·취급하고 있다.
예약시스템의 도입	예약판매는 수요의 사전확보에 유용한 방법으로 항공사, 철도, 호텔, 식당 등에서 이용되고 있다.

(2) 비표준화(Variability)

유형제품을 구매하는 소비자는 매번 같은 품질의 제품을 구매할 것으로 기대한다. 하지만 서비스는 사람에 의존하므로, 일관되고 표준화된 서비스가 제공되기 어렵다고 보여진다. 의사의 차이에 따라 의술이 달리질 수 있으며, 미용사 머리 손질이 방문 시마다 달라지듯이 말이다. 형편없는 서비스를 경험한 소비자는 그 서비스를 반복구매하지 않을 것이며 주위 사람에게 부정적 의사를 표출할 것이다.

이런 문제점을 해결하기 위해선 서비스 표준의 설계 및 수행, 고객들이 사전에 알 수 있는 패키지 서비스 제공, 품질관리를 위해 서비스의 기계화 산업화를 강화하고 개별고객에 맞는 서비스의 맞춤화를 시행한다. 보다 신뢰성 있는 서비스를 위해, 서비스 제공자의 선발과 교육에 많은 투자를 하며, 서비스 제공자를 사람에서 기계로 대체함으로써 비일관적인 서비스가 제공될 가능성을 낮추게 된다. 일정하지 않은 서비스의 질에 보완한다는 걸 볼 수 있다.

(3) 소멸성(Perishability)

서비스는 판매될 때까지 저장될 수 없다. 소비자가 서비스가 제공되는 시점에 이를 소비하지 않으면, 그 서비스는 사라져 버린다. 예를 들어, 비행기좌석은 재고로 저장될 수 없으며, 채워지지 않은 좌석은 그대로 사라져 버리고 만다. 항공사는 어제의 비행에서 재고로 남은 빈 좌석을 내일의 초과수요를 채우기 위해 재고로 유지할 수 없는 것이다.

의사들이 예약시간을 지키지 않는 고객들에게도 비용을 부과하는 것은 서비스의 이러한 소멸성 때문이다. 서비스 제공 시점에 환자가 없으면 서비스 가치가 상실되기 때문이다. 이는 수요가 지속적이고 안정적이면 서비스의 소멸성은 크게 문제가 되지 않는다.

그러나 수요의 변동이 심하면, 서비스 제공자는 효율적인 자원 활용을 위한 의사결정을 내리기 어렵게 된다. 그러므로 서비스 마케터는 최적의 자원배분을 위해 수요·공급의 특성을 분석해야 한다. 안정적인 서비스수요의 확보를 위한 방법을 찾아볼 수 있는데 크게 서비스가격의 차별화, 비성수기 수요의 개발, 보완적 수요의 개발, 보완적 서비스의 제공, 예약시스템의 도입을 볼 수 있다.

(4) 생산과 소비의 동시성

서비스는 흔히 생산과 소비가 동시에 이루어진다. 예를 들면, 내과 의사는 환자의 이야기를 듣고, 증상의 원인을 파악한 다음 처방을 내리며(생산), 환자는 증상을 설명하고 의사의 치료를 받는다(소비). 그러므로 유형제품과는 달리 서비스의 경우에는 소비가 발생될 때 서비스 제공자가 그 자리에 존재해야 한다. 이러한 서비스특성은 유통과 관련된 시사점을 제공한다. 유형제품의 경우에는 소비자가 원하는 시간과 장소에 상품을 공급하기 위해서 수송·저장과 같은 유통기능이 중요하다. 그러나 무형적 특성의 서비스는 재고로 유지될 수 없으므로, 시간 및 장소효용을 창출하는 수단인 수송과 저장은 별로 중요하지 않다.

서비스의 유통에서 중요한 것은 고객의 면전에서 서비스 제공자가 직접 제공하는 서비스를 제공하는 서비스의 질이며, 이는 고객의 반복구매에 큰 영향을 미친다. 생산과 소비의 동시성으로 인해 발생되는 문제를 해결하는 방법의 하나는 기계의 도입으로 대인접촉에 의한 서비스 제공을 줄이는 것이다. 그러나 대부분의 서비스가 사람에게 의존해야 하므로, 서비스 제공의 질을 향상시키는 다른 방법들도 강구되어야 한다.

5.3 서비스 마케팅전략의 수립

서비스 관리자는 경쟁우위를 확보할 수 있는 마케팅전략을 수립해야 한다. 서비스의 마케팅계획 수립 과정은 유형제품과 큰 차이가 없다. 즉, 서비스 마케터는 표적세분시장을 선정하고, 표적고객의 욕구를 경쟁사보다 더 잘 충족시킬 수 있는 곳에 서비스를 포지셔닝하고, 이를 달성할 수 있도록 구체적인 마케팅믹스를 개발하는 과정을 거친다. 마케팅믹스에는 제품, 가격, 유통, 촉진 4Ps로 나뉜다.

(1) 제품(Product)과 서비스

서비스 마케터는 서비스의 독특한 특성을 고려한 제품의사결정을 내려야 한다. 소비자는 구매 전에 서비스 제품을 만져보고 눈으로 확인하기 어렵다. 소비자들이 이러한 서비스의 비유형적 특성에 대해 불편해할 수 있으므로, 서비스 제공자는 서비스 제공물을 보다 유형화하는 데 있어 매우 유용한 차별적 수단이다. 이름난 기업은 서비스 마케팅에서 경쟁우위를 확보하는 데 중요한 역할을 한다.

고객은 흔히 서비스 질과 널리 알려진 서비스 제공자의 이름을 함께 연상하는 경향이 있다. 일반적으로 제공되는 서비스의 수준은 서비스 제공자에 따라 혹은 제공 시점에 따라 달라지며, 이러한 서비스 특성은 서비스 기업으로 하여금 일관된 서비스 제품을 공급하는 데 많은 주의를 기울이게 한다. 어떤 서비스 기업들은 서비스 제품을 가능한 한 표준화하려고 노력한다. 모든 고객들에게 표준화된 서비스가 제공되도록 한다. 그러나 서비스의 표준화가 차별화된 서비스를 원하는 고객의 욕구를 충족시키지 못할 수 있다. 그러므로 변호사, 의사, 컨설턴트 등과 같은 서비스 제공자는 개별고객의 욕구에 따라 차별화된 서비스를 제공한다. 고객들이 서비스를 구입하여 얻는 것은 서비스가 주는 편익이므로, 서비스 업체들은 자사의 서비스를 구입함으로써 얻게 되는 구체적인 편익을 고객들에게 강조하게 된다.

서비스는 그 성질상 표준화시키기가 어려우므로, 어떤 특정 집단의 고객들에게 맞는 제품을 차별화시키기가 일반제품의 경우보다 상대적으로 더 쉽다고 할 수 있다. 서비스 산업에서는 상표명이 제품을 차별화시키는 데 무척 중요하다.

(2) 가격(Price)과 서비스

서비스 마케팅에서도 가격은 매우 중요한 구실을 한다. 가격의 일반적인 중요성 외에 이유들이 있기 때문으로 본다. 고객들은 서비스 업체를 고를 때 서비스의 질이 가격에 비례한다고 생각하는 경향이 있기 때문에 일반제품을 고를 때보다 더 가격에 의존하는 경향이 있다. 서비스는 일반제품보다 비교적 가격차별화를 하기 쉽기 때문에 가격차별화를 통해 이익을 올릴 수 있는 가능성이 일반제품보다 크고 서비스 부문에서는 특히 시간에 따라서 가격을 달리하는 정책이 많이 행해진다.

첫째, 시간에 따라서 서비스에 대한 수요는 크게 변하는데 서비스는 지정할 수가 없으므로 수요에 맞게 공급을 조정할 수가 없고, 수요가 많을 때는 값을 비싸게 하여 수요를 줄이고, 수요가 적을 때는 값을 싸게 하여 수요를 늘림으로써 수요와 공급의 균형을 맞추려고 한다. 서비스를 구입하는 시간이 다른 사람들은 또한 가격에 대한 민감도도 서로 다른 경우가 많다. 이런 때는 구입하는 시간에 따라 가격을 달리함으로써 가격에 대한 민감도의 차이를 이용한 가격차별화의 효과를 달성할 수가 있다. 소비자들이 느끼는 이러한 가격과 품질의 관계 및 가격차별화의 가능성 외에 경영자가 서비스의 가격을 정할 때 고려해야 할 요소는 서비스의 원가, 경쟁사의 가격, 수요 등이 있다.

(3) 유통(Place)과 서비스

서비스는 무형적이고 소멸성이 높기 때문에, 대체로 대부분의 서비스는 서비스 제공자로부터 소비자에서 직접 판매되는 유통경로를 갖는다. 그러나 때에 따라 서비스 제공을 이용하기도 한다. 예를 들어, 호텔이나 항공사는 여행사를 중간상으로 이용하여 고객에게 서비스를 판매한다. 서비스 기업은 서비스 이용의 편의성을 높이는 유통전략을 통해 경쟁우위를 확보할 수 있다.

서비스 기업이 선택할 수 있는 유통경로전략은, 고객에게 노출하려는 점포의 수를 기준으로 개방적 유통전략, 선택적 유통전략, 전속적 유통전략으로 나누어진다.

개방적 유통전략은 서비스 기업이 가능한 많은 점포들로 하여금 자신의 서비스를 취급하도록 하는 것으로, 사진현상, 은행서비스 등을 들 수 있다.

선택적 유통전략은 서비스 기업의 명성을 높일 수 있고 판매능력을 갖춘 중간상들만을 선별하여 자사의 서비스를 취급하도록 하는 전략으로서, 생명보험회사가 자사 전속대리점과 자격을 갖춘 독립 보험대리점을 통해 보험상품을 판매하는 경우가 해당된다.

전속적 유통전략은 일정 지역 내의 특정 중간상에서만 자사의 서비스를 독점적으로 판매할 수 있는 권한은 부여하는 것을 말한다.

서비스 마케터는 유형제품에 비해 창고, 수송, 재고관리 등의 물류기능에 대한 관심은 상대적으로 낮다. 이에 반해 서비스 마케터는 서비스 제공의 스케줄에 대해서는 보다 많은 관심을 기울인다. 서비스 기업은 소비자가 구매·소비하기를 원하는 시점에 서비스의 이용이 가능하도록 이를 저장할 수 있다. 그러므로 서비스 제공자는 소비자의 수요에 맞추어 서비스가 공급될 수 있도록 스케줄링을 수립하여야 한다. 또한, 인력을 투입하는 스케줄을 운영하기도 한다. 그리고 서비스의 유통에 있어 중요한 다른 요인은 입지이다. 모텔, 호텔, 병원, 헬스센터 등은 편리한 입지를 사용한다. 예를 들어, 호텔과 모텔은 공항 근처에 밀집되어 있지만, 일부 서비스 분야에서는 자동화 설비를 갖춘 유통경로의 도입으로 인해 입지의 중요성이 낮아지고 있다.

위에 상술한 서비스의 여러 가지 특성들 때문에 많은 경우 서비스는 생산자로부터 직접 소비자들에게 전달되지만, 중간상이 서비스의 유통에 중요한 역할을 하기도 하고, 서비스 산업에서는 중간상이 아주 적극적으로 서비스의 판매를 촉진하는 경우가 있다. 서비스의 유통에서 또 하나의 중요한 문제는 서비스 업체의 위치이고, 이것은 많은 경우 서비스의 접근가능성이 그것의 판매에 큰 영향을 미치기 때문이다.

(4) 촉진(Promotion)과 서비스

서비스 기업은 자사의 서비스 상품을 알리고 구매하도록 하기 위해 광고, 판매촉진, 홍보, 인적판매 등의 촉진수단들을 이용한다. 유형제품 마케팅의 핵심성공 요인의 하나는 광고를 통해 추상적인 브랜드 이미지를 창출하는 것이다. 그러나 눈으로 보거나 손으로 만져 볼 수 없는 서비스 제품의 경우에는 추상적 이미지를 창출하려는 촉진노력은 적절하지 않다. 그러므로 서비스 마케터는 광고 활동을 통해 구체적 이미지와 증거를 제시함으로써 서비스를 보다 유형적으로 보이도록 만들어야 한다.

가령, 서비스 기업이 광고를 통해 사용자에게 제공되는 실제적인 혜택을 제시하는 것은 유형화 노력의 하나이다. 많은 보험회사들의 광고를 통해 보험으로부터 얻게 될 혜택들을 보여주는 것은 판매되는 서비스 활동을 시각화하는데 도움이 된다. 의사, 변호사들이 지역사회 활동에 대한 자원봉사를 통해 자신들의 서비스를 일반대중들에게 알리는 것도 간접적인 광고 활동의 하나이다. 일반대중의 일부는 자원봉사를 통해 명망을 얻은 서비스 제공자의 고객이 될 것이다. 한편 서비스 기업은 신속한 소비자 반응과 구매를 유도하기 위해 판매촉진을 실시하는데 가격할인, 할부, 쿠폰, 프리미엄 경연대회 등이 판매촉진수단의 대표적인 예이다.

대부분의 판촉수단들이 단기적인 매출증대와 경쟁사 고객에 대한 상표전환 유도를 목적으로 하는 데 비해, 단골고객 프로그램은 구매빈도가 높은 현재고객들에 대한 보상을 통해 재구매율의 증가와 상표충성도의 형성을 그 목적으로 한다. 서비스의 독특한 특성 때문에 서비스 업체들은 서비스의 결과를 눈에 보이는 형태로 만들어 보여 주거나 또는 자사의 서비스를 구매함으로써 고객들이 얻게 되는 구체적인 편익을 강조하게 된다. 생산과 소비가 동시에 행해지기 때문에 생산자와 고객이 직접 접촉하게 되는 때가 많고 서비스를 제공하는 사람은 서비스를 생산할 뿐만 아니라 인적판매도 하고 있다고 보아야 한다. 또 고객에게 있어서 서비스를 제공하는 사람은 바로 그 서비스의 일부인 것이다.

서비스 업체는 자사의 종업원들이 서비스의 생산과 인적판매라는 두 가지 역할을 다 잘할 수 있도록 그들을 철저하게 훈련시켜야 한다. 서비스를 구입할 때는 흔히 다른 사람의 추천이 매우 중요한 구실을 하므로 구전효과가 증폭되는 방향으로 커뮤니케이션 전략을 세우는 것이 좋다. 하지만 최근에는 마케팅믹스 4Ps가 7Ps로 변하고 있다.

5.4 변화하는 마케팅믹스

흔히 현대의 소비자들을 '켄타우로스(Kentauros)'라고 부른다. 온라인과 오프라인 시장을 마음대로 누비는 혼성 소비성향을 반인반마(半人半馬) 켄타우로스에 비유하고 있다. 그러나 지금처럼 어느 분야에서나 최고의 서비스를 요구하고 있는 소비자들을 이러한 켄타우로스 고객으로 한정지어서 정의할 수있을까? 고객의 서비스 수준이 점점 더 높아가면서 기업들도 변하고 있다. 즉, 기업들은 기존의 전통적 '브릭앤모타(brick-and-mortar)' 방식에서 인터넷 기반 '클릭앤모뎀(click-and-modem)'의 기업 형태를 거쳐서 감성서비스 기반 '서비스앤이모션(service-and-emotion)' 기업으로 진화하고 있는 것이다.

마케팅믹스 4Ps가 변하고 있는 상황을 조금 더 자세히 살펴보자. 마케팅믹스 4Ps 이외에도 서비스 마케팅에서는 인적자원(people), 프로세스(process), 물리적 환경(physical evidence) 등을 포함하여 7Ps로서 서비스 마케팅의 믹스에 대해서 설명하고 있다.

먼저, 인적자원의 경우에는 고객을 우선시하고 강하게 동기부여가 된 종업원을 선정 및 투입하고 마케팅 목적을 효율적으로 달성할 수 있는 능력과 준비를 갖춘 인력을 확보하는 것이다. 이러한 측면에서 '서비스앤이모션' 기업들은 다른 기업들에 비해서 감정노동자(emotional labor)로서의 직원들을 많이 확보하고 있다는 특징이 있다. 감정노동자는 서비스라는 무형제품을 실어 나르는 그릇과도 같다. 따라서 음식이 아무리 맛있고 푸짐하다고 하더라도 그릇이 불결하거나 깨져 있다면 그 음식을 주문한 사람은 음식 내용에 대해서 만족할 수 없을 것이다.

또한, 프로세스라는 도구는 서비스의 복잡성과 다양성으로 결정할 수 있는데, 멀티플렉스 영화관에 커플 좌석으로 영화를 보러간 고객들은 단순히 최종결과물인 '영화의 관람'에만 관심을 두는 것이 아니라, 영화관에 도착하여 자리에 앉고 넓고 안락한 소파와 같은 의자에 앉아서 음악과 분위기를 즐기며, 간단한 주문을 하고 음료수를 마시고 영화를 관람하는 전 과정(process)과 거기서 얻어지는 경험(experience)이 훨씬 더 중요한 것이다.

표 5-2 마케팅믹스 4Ps의 진화단계

	전통적 기업: 브릭앤모타(brick-and-mortar)	온라인 기업: 클릭앤모뎀(click-and-modem)	서비스 기업: 서비스앤이모션(service-and-emotion)
제품(product)	· 유형제품 · 물리적 제품	· 물리적 제품 · 디지털 제품 위주 · MP3 등	· 서비스 제품 · 감성제품 · 콘텐츠 중시
가격(price)	· 저가격 · 중가격 · 고가격	· 저~고가격 · 무가격 · 인터넷 전화 등	· 점심 값보다 비싼 커피 · 월급보다 많은 입장료 · 브랜드 이미지 팔기
유통 채널(place)	· 시장 · 백화점 · 길고 복잡함	· 단순하고 간결 · 다수의 중간상 생성 · 오픈 마켓 등	· 서비스의 일관성 유지 · 프랜차이즈 기업화 · 스타 양성과 팔기
촉진(promotion)	· 광고 · 인적판매 위주	· 체험 마케팅 · 커뮤니티 & 블로그 · 토론문화	· 감성 공간 만들기 · 우량 파트너와 제휴 · 좋은 관계 만들기

자료: 김승욱,『다문화 콘서트』, 법문사, 2009.

물리적 환경은 서비스케이프(servicescape)라고 표현하기도 하며 인간이 창조한 환경을 의미한다. 실제로 TGI Friday는 식욕을 자극하는 것으로 알려진 포도향을 매장 전체에 은은하게 퍼지게 하고 있으며, 코코스의 경우에도 분홍색과 연녹색을 주조로 하는 단순한 실내 장식으로 밝고 따뜻한 분위기를 창출하고 있다.

이를 구축하는 다른 방법으로서는 기업의 철학이 담긴 로고와 광고를 건물, 실내공간에 설치하거나 특정 색깔, 가구, 불빛, 화초 등을 적절히 배치하여야 한다. 따라서 서비스의 유형과 목적에 따라 인테리어 색깔과 색감, 음악, 벽에 걸린 그림, 실내에 나는 향기, 화초 등에 세심하게 신경 쓰는 것이 중요하다. 이렇듯 마케팅믹스 4Ps(또는 7Ps)의 패러다임이 변화하고 있다. 전통적인 기업에서 인터넷기업 그리고 서비스와 감성을 중요시 여기는 기업으로 진화하고 있는 것이다. 마케팅믹스가 중요한 이유는 다들 알고 있겠지만, 마케팅전략 또는 서비스전략 수립 시 가장 기본이 되는 원재료 중에 하나가 4Ps이기 때문이다. 기본 원재료의 성향이 서비스와 감성이 중요시되는 측면에서 변화하고 진화하고 있기 때문에 이를 기초로 해서 음식을 버무리는 작업을 해야 한다.

5.5 서비스 기업의 CRM 활동전략

서비스 기업은 첫째, 자기가 있는 산업에서 고객이 무엇을 가치 있다고 생각하는지를 파악해야 한다. 미국의 시장점유율 1위를 차지하고 있는 비디오 대여전문점인 블록버스터(Blockbuster)는, 비디오 대여점을 이용하는 고객의 가장 중요한 가치를, '내가 원하는 프로그램을 내가 원하는 시간에 대여해서 보는 것'이라고 조사했다. 그래서 Blockbuster는 각 점포별로 회원들이 어떤 프로를 빌려 갔는가를 기록해서 어떠한 비디오가 나와도 수요예측을 하여 100% 대여하기 위해 노력한다. 이 Blockbuster는 미국에서 대여료가 가장 비싼데도 고객들이 여기에서 대여를 하는 이유는 Blockbuster가 고객이 진정으로 원하는 가치를 잘 파악했기 때문이다. 우리가 고객의 로열티를 가격이나 재정적인 인센티브 등으로 가져올 것이라고 생각하면 안 된다. Blockbuster는 10개를 빌린다고 해서 1개를 공짜로 주는 일은 없다. 하지만 이 대여점이 미국에서 1위를 하는 것은 숨은 노력이 있었기 때문인 것이다.

둘째, 이 가치가 집단별로 다르다는 것이다. 위에서 비디오 대여점을 예를 들었는데, 어느 영화나 상관이 없어서 이게 없으면 다른 것을 봐도 괜찮다고 생각하는 사람도 있을 것이다. 이러한 사람에게는 앞에서 말한 가치가 별 의미가 없다. 세분화를 해보면 집단별로 공동적인 가치도 있겠지만 다른 부분들도 많이 나온다. 독일의 포르쉐(Porsche)라는 회사는 주차와 세차 서비스 프로그램(Park and Wash Program)이라는 서비스를 해준다. 포르쉐를 타는 사람은 대부분 돈이 많고 출장을 자주 가는 사람이 많은 것을 알았다. Sixty seconds라는 영화에서 보면 포르쉐 같이 비싼 차는 도둑의 눈길이 많이 가는 차이다. 그래서 보험사에서도 도난에 대한 보험을 꺼려할 정도이다. 그래서 해외로 출장을 갈 때 출발과 도착하는 장소와 시간을 말해주고 도난 걱정 없이 편안하게 공항까지 포르쉐를 타고 오면 직원이 나가서 픽업을 해서 안전한 차고에 보관했다가 돌아오는 날에 세차를 해서 공항으로 다시 가져다주는 서비스를 해준다. 그래서 고객유지율(retention rate)이 높을 수밖에 없는 것이다. 고객유지율을 높이기 위해서는 공통적인 가치도 있겠지만 각 집단별로 어떤 차이가 있는가를 파악해서 집단별로 맞는 가치를 제공해주어야 한다.

셋째, 이렇게 소비자들이 가치 있다고 생각하는 것을 전달해 주는데 과연 우리에게 긍정적인 영향을 가져올 것인가에 대해 고려해보아야 한다. 많은 매출을 올리고 고객의 로열티를 높일 수 있느냐는 것을 파악해 보아야 한다.

마지막으로 결과를 측정하는 것인데, 즉 투자수익률을 평가하는 것이다. 이러한 평가가 CRM에서는 극히 힘들다. 일단 CRM이라는 것은 소비자가 가지고 있는 태도와 행위를 바꾸는 것인데, 이런 것은 단시간 내에 일어나는 것이 아니기 때문에 처음에 노력을 해도 그 사람이 재구매 시점이 올 때까지는 가시적인 결과가 보이지 않는다. 예를 들어, 자동차를 평균 5년에 한 번 정도 바꾼다고 하면 CRM을 열심히 해도 한 사람의 입장에서 보면 상당한 시간이 걸리게 되는 것이다. 그래서 고객관계관리 프로젝트 컨설팅을 하고 꼭 제시해야하는 것이 측정에 대한 것이다. 기업 차원에서 성과를 어떻게 측정하고 각 부서별로 어떠한 특정 도구를 가지고 측정할지가 다를 것이다.

우리 주위의 로열티 프로그램은 OK캐시백, 주유소 카드, 아시아나 보너스카드 등이 있는데 이러한 로열티 프로그램은 누구나 카피를 해서 사용할 수 있는 것이다. 너무 많은 곳에서 이러한 프로그램을 하기 때문에 조금씩 보너스를 더 줄 수밖에 없게 된다. 이렇게 피해를 보더라도 끝까지 가게 되면 자원이 많은 회사가 결국은 이기게 되어 있다. 이런 장기적인 로열티 프로그램에 참여하지 않은 사람들은 시간이 너무 많이 걸리고 별로 가치 있는 것을 주는 것도 아니고 보상이나 별로 가치가 없을 뿐 아니라 받으려면 귀찮다고 대답을 했다. 그리고 조사대상 중에 35%의 사람들은 이런 프로그램이 생기기 전이나 후에 자신의 구매패턴에 별로 바뀐 것이 없다는 대답을 했다. 이것은 보상을 해주지 않아도 구매를 할 사람에게 별 필요 없는 보상으로 비용을 더 들였다는 것을 의미한다. 그리고 87.5%의 사람들은 프로그램이 없어도 같은 회사나 같은 점포에서 구매하겠다는 대답을 했다.

즉, 이런 프로그램이 별로 소용이 없다는 것을 의미한다. 특히 재정적인 인센티브만을 제공하는 로열티 프로그램은 소용이 없다는 것이다. 가장 중요한 것은 재정적인 인센티브와 감성적인 인센티브를 어떻게 섞어갈 것인가이다. 어떤 사람은 재정적인 인센티브로 만족하는 사람이 있고, 어떤 사람은 감성적인 인센티브만 있어도 만족하는 사람도 있을 것이다.

즉, 서비스의 가치를 올리기 위해서는 기술개발, 원만한 노사관계, 효율적인 홍보전략, 유통망 확보, 관계사와의 신뢰, 철저한 사후 서비스 등 많은 요소들이 필요하다. 하지만 이러한 기업의 모든 행위들은 고객을 염두에 두고 실시되어야 한다. 그것이 바로 고객에 대한 진정한 서비스 정신이고, 이러한 가치야말로 기업의 이윤추구와 성장에 적극 기여할 것이다. 기업은 항상 회사의 잠재적인 발전가치를 올리는 데 노력을 아끼지 않아야 하며, 이런 잠재적 가치증대의 중요한 요소 중 하나가 서비스라는 것을 잊어서는 안 될 것이다.

사례 1

서비스 마케팅의 이해와 2022년 활용 팁

◇ 서비스 마케팅의 특징

서비스 마케팅이란 신뢰를 바탕으로 고객의 핵심서비스의 운영을 가능하게 하거나 가치를 확장시키는 일련의 활동입니다. 최근 코로나 19의 인한 재택근무의 영향으로 세일즈 조직에서 채널과 일하는 방식이 변화했습니다. 그 중 '옴니채널 셀링'은 핵심적인 변화입니다. 디지털 전환으로 고객은 기업과 동일한 수준의 정보를 획득할 수 있으므로 서비스의 성격에 따라 과업 수준을 설정합니다.

B2B 설문 결과에 따르면 83%의 B2B 담당자들은 이전 방식과 비교해 옴니채널 방식이 더 효율적이라고 답했습니다.

따라서 코로나로 인해 서비스 고객의 욕구는 다양화되었습니다. 이에 따라 서비스 마케팅은 기업, 고객, 직원간의 관계로 정의 할 수 있습니다. 내부 마케팅은 고객 서비스를 위해 직업을 교육하고 동기 부여하는 것을 포함합니다. 외부 마케팅은 서비스의 가격 책정, 배포 및 홍보 등 고객과의 약속을 다룹니다. 상호작용적 마케팅은 고객에게 서비스를 제공하는 인적 자원 능력을 말합니다. 또다른 분류방법으로는 아웃바운드와 인바운드 마케팅이 있습니다. 아웃바운드(Push) 마케팅안에는 고객에게 직접적으로 대응하는 프린트/TV/라디오 광고 혹은 오가닉 소셜미디어 활동 등이 포함 됩니다. 인바운드(Pull) 마케팅 안에는 서비스에 대해 교육하고 가이드를 주는 웹사이트 콘텐츠, 블로그 활동 등이 포함됩니다. 인바운드 마케팅 접근을 채택할시 잠재 고객의 여정에서 구매단계까지 이르는 과정 속 고객의 상황에 맞춘 보다 맞춤화된 콘텐츠를 제작함으로써 브랜드 인지도 증대를 할 수 있습니다.

일례로 삼성전자의 경우, 매년 고객사를 대상으로 R&D 조직과 해외 기술 영업팀이 '테크 세미나'를 비대면으로 진행하여 전 세계 주요 도시에서 영상, 음향 분야 전문 매체와 업계 전문가와 다양한 의견을 교류합니다. 세미나 이후에는 이러한 콘텐츠를 교육용 참고자료로 제작해 배포합니다. 이처럼 단순히 영업활동 자체가 아닌 고객이 제품과 서비스에 대해 더 많은 정보를 얻도록 지원해주는 것이 더욱 중요해졌습니다.

기본적 마케팅 믹스 (4P)에서 서비스 마케팅 믹스는 7P로 확장됩니다. 프로세스(process)는 서비스 전달이나 운영 시스템이 수행되는 절차나 메커니즘을 뜻합니다. 사람(people)은 서비스 전달 과정에서 일정한 역할로 고객의 지각에 영향을 주는 인적 자원을 말합니다. 물리적 증거(phyical evidence)는 기업과 고객이 무형의 서비스로 접촉하는 환경에서 유형의 모든 것을 뜻합니다.

◇ 서비스 마케팅 vs 제품 마케팅

서비스 마케팅은 일반적인 제품 마케팅과의 차이가 뚜렷하게 나타납니다. 제품은 설비나 기계에 의존하지만 서비스는 사람에 의존합니다. 서비스 마케팅의 차이를 아래 5가지로 크게 볼 수 있습니다.

◇ 서비스는 무형성입니다.

물리적 제품은 눈에 띄고 명확합니다. 하지만, 서비스를 만지거나 볼 수 없어 고객이 무엇을 얻고자하는지 이해하기 어려움이 있습니다. 예를 들어, 은행은 합리적인 소비와 자기 개발을 위해서 아낌없이 소비하는 MZ세대를 유치하려 합니다. 그러기 위해 편리함과 이점을 강조함으로 판매를 촉진합니다. 이에 따라 메타버스와 게이밍을 결합한 서비스, 한정판 디자인등 혁신적으로 제공합니다.

◇ 서비스는 이질성(또는 변동성) 입니다.

모든 문화가 다르듯 기업의 문화가 다릅니다. 기업이 제공하는 서비스의 품질은 교육과 훈련 등으로 서비스 표준화 도모합니다. 예를 들어, 댄스, 연기, 음악 또는 다른 종류의 서비스는 교육 방법과 콘텐츠 자료가 다르며 트레이너마다 다릅니다. 계절에 따라 서비스 산업의 수요도 바뀝니다. 예를 들어 크리켓 시즌의 서비스 수요와 축구 시즌의 서비스 수요와 가격등 다른 스포츠가 이에 속합니다. 호텔 객실의 가격도 시즌에 따라 서비스 가격 책정에 대한 기준이 변동됩니다.

◇ 서비스는 동시성(비분리성)입니다.

고객은 제품과 달리 서비스를 받는 동시에 사용합니다. 실제 이행과 소비를 분리 할 수 없습니다. 따라서 대상 고객이 특정 서비스를 이용하는 동안 더 나은 라이프 스타일 혹은 미래 효용 가치가 중요합니다.

◇ 서비스는 소멸성입니다.

오래 지속되는 제품과 달리 서비스는 매우 짧은 시간 내에 소멸되기 쉽습니다. 쉽게 타겟 고객을 모으기 위해 서비스의 유효성을 고려합니다. 기업은 특정 기간동안 서비스 계약을 체결하고 만료되면 서비스를 계속 제공받기 위해 갱신합니다. 이 때문에 일반적으로 고객에게 제품을 한 번 판매하는 대신 구독 판매, 추천 및 고객 유지에 중점을 둡니다. 예를 들어 최근 숙박한 호텔 고객에게 무료 숙박권을 제공하여 재방문 장려가 이에 속합니다.

◇ 서비스는 시장 규모에 제한을 받습니다.

서비스 기반 비즈니스의 시장 규모는 제품 기반 비즈니스의 시장 규모보다 작을 수 있습니다. 서비스를 제공하기 위해 특정 지리적 지역에만 서비스를 제공하기 때문입니다. 광고주는 추천과 비즈니스를 갱신하기 위해 고객과의 강력한 관계를 발전시키는 데 더 중점을 둘 수 있습니다.

◇ 서비스 마케팅 SWOT 분석

서비스 마케팅 SWOT 분석에는 내부, 외부, 상호작용 마케팅의 유형으로 고객의 적절한 대응책으로 경쟁 우위를 확보할 수 있습니다. 기업에 비용절감과 수익성 향상을 줄 수 있는 기회적 요인과 불리하게 하는 위협적 요인을 강점과 약점으로 나누어 볼 수 있습니다. SO전략(강점-기회)는 강점을 부각시키는 전략, ST전략(강점-위협) 강점을 이용해 외부로부터 받는 위협적 요인을 최소화하는 전략, WO전략(약점-기회) 기업의 약점을 보완 극복하는 전략, WT 전략(약점-위협) 외부로부터 오는 위협을 피하고 약점을 최소화하는 전략이 있습니다.

◇ 2022년 가장 효과적인 서비스 마케팅 전략을 수립하기 위한 프로세스

고객과의 약속을 본질적으로 충족시키기 위한 프로세스는 아래 몇 가지로 들 수 있습니다.

◇ 잠재 고객 파악

서비스와 관련된 모든 고객의 니즈를 찾습니다. 그에 따라 얻은 인사이트를 활용해 설득력 있는 접근에 대해 검토합니다. 고객 생애 가치(LTV: Life Time Value)는 한 고객으로부터 합당하게 기대할 수 있는 총 수익을 나타내는 지표입니다. LTV는 고객이 비즈니스의 가치를 얼마나 인식하는지 알려주는 매우 중요한 지표입니다. LTV의 성장을 산정하여 장기적인 관점에서 고객의 수익성이 증가하는지 여부를 확인할 수 있습니다. 만약 LTV가 낮아지고 있다면, 한 번 사용하고 이탈해 버리는 고객, 즉 특정 유형 혹은 무형 제품과 잘 맞지 않는 고객을 유치하고 있다는 시그널일 수 있습니다. 따라서, 잠재 고객의 LTV 성장에 따라 수익성도 증가할 수 있는지 확인 할 수 있습니다.

◇ 서비스 가치 정의

서비스 최종 산출물에서 어떻게 정의하고 동의하는 지를 정의합니다. 실제 가치 정의 프로세스 중에 여러 고객의 경험에서 프로젝트의 목표를 새롭게 수립할 수 있습니다. 목표와 기대 범위에서 어떻게 영향을 미칠 수 있는지 논의하기 위해 회의를 갖는 것이 중요합니다.

◇ **잠재 고객 및 기존 고객 관계 구축 및 육성**

현재 고객과 정기적으로 계속 확인하여 고객이 서비스에 만족하는지 확인합니다. 그 후 추가 요구 사항이 있는지 파악하는 것이 중요합니다. 교육을 통해 인바운드 마케팅으로도 고객을 유치할 수 있습니다. 고객 리뷰와 서비스에 대한 신뢰 구축이 중요합니다. 관련성 높은 서비스, 사례 연구들을 공유합니다. 좋은 평판을 구축하는 것은 서비스 마케팅의 큰 자산입니다. 여기서 고객의 인식을 변화시켜 체감대기시간을 줄이는 방법도 있습니다. 예상 대기시간을 알려주고 서비스가 시작되었다는 느낌을 주는 것을 예로 들 수 있습니다.

◇ **검색 엔진 최적화 (SEO) 활용**

많은 경쟁 업체에서 콘텐츠를 사용자에 맞춤화 시키고 있습니다. 이에 발맞춰 검색엔진의 유기적 (organic) 트래픽은 서비스 브랜드의 가장 큰 인수 채널 중 하나입니다. 비즈니스는 고객 인텐트에 최적화된 니즈를 분석하기 위해 SEO를 도입합니다. 일반적으로 서비스를 홍보하기 위해 전문 웹 사이트를 만드는 것 외에도 인기있는 소셜 미디어 플랫폼에서 비즈니스 페이지 및 프로필을 만드는 것을 고려합니다. 이를 통해 올바른잠재 고객이 더 편리하게 연결하고 현재 제공하는 서비스를 알릴 수 있습니다.

◇ **컨퍼런스 혹은 네트워킹 이벤트등 더 넓은 커뮤니티 참여**

이를 통해 서비스 기반 비즈니스로서의 가치를 보여줄 수 있습니다. 또한, 다른 비즈니스와 중요한 파트너십을 형성하는 데 도움이 될 수 있습니다. 더 넓은 청중에게 브랜드 목소리를 전달할 수 있기 때문에 매우 중요합니다.

마치며, 결국 서비스 마케팅의 전략 추구 방향은 얼마나 고객의 인텐트에 맞춤화하고 물리적, 감성적으로 풍요를 제공하는지에 서비스 마케팅의 미래가 달려있습니다. 고객도 대면, 비대면, 디지털 셀프서비스 전환을 통해 B2B 기업 대상 60%가 향후 5년간 디지털 마케팅의 예산 투자가 오를 것으로 전망하고 있기 때문에, 하이브리드로도 대응해야 할 것으로 보입니다.

한리아(2022.10.06.), "서비스 마케팅의 이해와 2022년 활용 팁", 어센트 코리아.

사례 2

"2023년 디지털 마케팅 트렌드는 피지털 · HVOD · 검색광고"… 인크로스

▸ 인크로스, '디지털 마케팅 트렌드 2023' 보고서 발행
▸ 내년 디지털 마케팅 키워드는 '피지털 · HVOD · 인플루언서 광고 · 커뮤니티 서비스 · 검색 알고리즘'

SK그룹의 디지털 광고 전문기업 인크로스는 '디지털 마케팅 트렌드 2023' 보고서를 발행했다고 29일 밝혔다.

인크로스에 따르면 이번 보고서에서는 내년 디지털 마케팅의 핵심 키워드로 피지털 광고, HVOD, 검색 알고리즘, 인플루언서 광고상품, 커뮤니티 서비스를 선정했다.

'피지털 광고'는 물리적 공간을 의미하는 '피지컬(physical)'과 '디지털(digital)'의 합성어로 디지털 기술을 활용해 오프라인 공간에서의 경험을 확대하는 것을 의미한다. 팬데믹에 디지털 플랫폼에 대한 친숙도가 높아진 고객들이 엔데믹을 맞아 오프라인 공간을 찾는 트렌드에 따라 피지털이 대두되고 있다.

인크로스는 온라인을 중심으로 사업을 전개하던 플랫폼사가 브랜딩 차원의 팝업스토어 등 감각적인 오프라인 공간을 기획하거나, 반대로 오프라인 매장이나 교통수단 등에 IT 기술을 접목한 광고가 내년에 더욱 주목받을 것으로 내다봤다.

다음 키워드인 'HVOD(Hybrid VOD)'는 월 구독료 기반의 SVOD(Subscription VOD)와 광고 기반의 무료 서비스인 AVOD(AD-based VOD)가 결합된 저가형

광고 요금제를 의미한다. 지난 11월 넷플릭스가 저가형 광고요금제를 도입하면서 OTT 업계 전반에 HVOD 도입 움직임이 나타나고 있는 분위기다. 수년 간 빠르게 구독자 수를 늘리며 전성기를 누리던 유료 OTT 서비스 사업자들이 최근 유저 이탈을 경험함에 따라 이용자들의 구독료 부담을 덜면서도 수익성을 유지할 수 있는 HVOD에 대한 관심은 2023년을 기점으로 점점 높아질 것으로 예상된다.

구글, 애플 등 글로벌 플랫폼의 서드파티 데이터 활용이 제한됨에 따라 인크로스는 고객이 직접 입력한 키워드를 기반으로 결과를 노출시키는 검색광고 역시 재조명될 것으로 전망했다. 검색 키워드를 통해 고객의 브랜드 선호도 및 구매 의도를 명확하게 파악할 수 있고 전환 효율이 높다는 점에서 광고주들의 검색광고 선호도는 더욱 증가할 것으로 보인다. 향후에는 개인의 데이터와 취향을 바탕으로 상품이나 콘텐츠를 추천해주는 이른바 '써제스트(Seargest, search+suggest)' 기술을 통해 검색광고가 더욱 고도화될 전망이다.

그밖에도 유명인의 SNS 계정 및 프로필에도 광고를 삽입할 수 있는 인플루언서 광고상품, 관심사 기반의 커뮤니티 서비스 및 버티컬 플랫폼(vertical platform)을 활용한 정교한 미디어 플래닝이 마케팅 업계의 화두가 될 것으로 보인다.

인크로스 이재원 대표는 "2023년은 위드 코로나가 본격화되면서 생활 전반에 여러 변화가 있을 것으로 예상되는 한편, 글로벌 플랫폼의 정책 변경으로 인해 국내 동영상 광고 및 디지털 광고시장은 새로운 국면을 맞이하는 해가 될 것"이라며 "내년 마케팅 전략을 준비하고 트렌드를 파악하는 데 인크로스의 디지털 마케팅 트렌드 보고서가 많은 도움이 되기를 바란다"고 말했다.

김보라 기자(2022.11.29.), "2023년 디지털 마케팅 트렌드는 피지털·HVOD·검색광고"… 인크로스, 브랜드 브리프.

6.1 고객확보 전략
6.2 교차판매와 업셀
6.3 고객유지
6.4 채널 최적화
6.5 대량 맞춤화

고객 확보 전략과 고객관계관리

06 고객 확보 전략과 고객관계관리

문득, 어떤 날엔 삼청동 카페 거리를 걷고 싶은 때가 있다. 예쁘고 다양한 형태의 카페들이 들어서 있고, 조금만 더 가면, 옆 동네에 북촌한옥마을이 있어 어린 시절 담벼락에서 뛰어놀던 그 시절이 생각나기도 하기 때문이다. 최근에 유명 드라마 촬영장소로 어떤 카페가 유명해지기도 한 서촌마을은, 경복궁을 중심으로 서쪽에 있다 하여 별명으로 불렸던 이곳은, 성곽 안쪽에 자리한 옥인동, 통인동, 효자동 등 경복궁 역에 이르기까지의 지역으로 새로운 추억의 명소로 자리 잡고 있다.

다행히도 서울의 옛 도심들은 이미 마구잡이식 도심 재개발의 희생양이 될 수도 있었지만, 국내외 관광객들의 입소문을 타면서 서울 도심의 재탄생을 통하여 우리나라 사람들뿐만 아니라 외국 관광객들도 자주 찾아오는 유명한 서울의 명소가 되었다. 이렇듯 모든 상품이나 서비스 그리고 브랜드에는 그것에 알맞은 '가치 부여'가 중요하다. 무조건 옛것들을 마구잡이로 부수고 지우고 새롭게 하기보다는 추억의 옛것들에 대해서 새로운 '가치 부여'를 통한 상품화전략이 필요한 것이다. 이렇게 태어난 곳들이 전국의 올레길, 두레길 등을 포함하여 추억을 자극하는 다양한 관광명소로서 새롭게 재탄생하고 있다.

6.1 고객확보 전략

CRM은 고객 데이터의 세분화를 실시하여 신규고객 획득, 우수고객 유지, 고객가치 증진, 잠재고객 활성화, 평생고객화와 같은 사이클을 통하여 고객을 적극적으로 관리하고 유도하며 고객의 가치를 극대화시킬 수 있는 전략을 통하여 마케팅을 실시한다. 특히 CRM은 관계마케팅이나 데이터베이스 마케팅과 관련이 깊다.

관계마케팅(relationship marketing)은 고객들과 장기적으로 만족스러운 관계를 형성하여, 고객들이 자사의 상품이나 서비스에 대하여 지속적인 애호도를 갖도록 함으로써 특정고객의 생애가치(lifetime value)를 극대화하려는 마케팅 전략이다. 이러한 마케팅 활동이 데이터베이스 마케팅(database marketing)이다. 데이터베이스 마케팅과 관계마케팅의 개념이 혼합되어 수익성있는 고객에 대해 철저한 고객관리가 가능하도록 구축한 시스템이 CRM이다. CRM은 기존 고객들을 유지하는 것이 더 수익력이 높으며, 기존고객의 재구매나 교차판매를 통해 얻게 되는 이익 흐름의 현재가치인 생애가치(lifetime value)가 높은 고객들이 회사 이익의 대부분을 창출하기 때문에 평생가치가 높은 고객들을 획득하고 유지하는 것이 중요하다는 결과를 바탕으로 한다.

CRM을 통해 기업은 시장에서 경쟁우위를 확보할 수 있을 뿐 아니라 특정고객의 구매성향을 파악하고 전체고객 중 생애가치가 가장 높은 고객만을 대상으로 타겟 마케팅을 효율적으로 실시할 수 있어 수익증대의 효과도 기대할 수 있다. 이를 위해서는 마케팅 부서나 정보 부서, 서비스 센터만의 업무가 아니라 전사적으로 실시되어야 한다.

따라서 마케팅은 생산자들과 소비자들 사이에 있어서 아주 중요한 요소이며 과거의 생산과 판매관계에서 발전된 현재의 생산과 판매, 그리고 서비스라는 관계에서는 이러한 마케팅의 중요성이 더욱더 강조되고 있다. 그러면 이러한 마케팅과 고객관계관리에 있어서 여러 가지 방법을 살펴보고 이에 따른 사례를 알아보도록 하자. 특히 이러한 마케팅과 고객관계관리에 있어서 여러 가지 방법들이 존재하는데 이는 크게 교차판매와 업셀, 고객유지, 채널 최적화, 개인 맞춤화 등을 예로 들 수 있다.

6.2 교차판매와 업셀

(1) 교차판매와 업셀 개념

교차판매란 금융회사들이 자체 개발한 상품에만 의존하지 않고 다른 금융회사가 개발한 상품까지 적극적인 판매 방식을 말한다. 즉, 기존고객과의 거래관계를 심화시켜 나가기 위해서는 기존고객이 현재 거래하고 있는 상품, 서비스 이외에도 자사의 여타 상품, 서비스들을 다양하게 이용토록 함으로써 거래량을 늘리고 수익성이 높은 상품, 서비스를 순차적으로 제공함으로써 거래량뿐만 아니라 거래시간도 늘려 가는 이른바 '교차판매(cross sales)' 활동의 전개가 필요한 것이다.[1]

유사한 개념으로 '업셀(up sell)'이 있는데 이는 고객이 현재 찾고 있는 상품의 유사 상위 상품으로 판매를 유도하는 것을 말한다. 즉, 고객이 현재 20인치 컬러TV를 사려고 할 때 판매원이 요즘은 20인치보다는 29인치가 나으며, 돈을 조금 더 쓰더라도 평면을 사면 시력도 보호되고 좋다는 등의 판매 방식을 말한다.

이에 반해서 교차판매는 고객이 찾는 상품의 재고가 없을 경우 유사상품으로의 판매를 유도하는 것을 말한다. 즉, 고객이 상품이 모 제품 컬러TV 20인치일 경우 해당 상품의 재고가 없으면 타 상품은 어떤지를 유도한다거나, 나이키 농구화를 찾을 때 없으면 프로스펙스를 권한다거나 하는 것을 말한다. 특히 교차판매의 예로써, 금융기관들의 대형화·겸업화 추세가 가속화되면서 나타난 현상 가운데 하나로, 자체 개발한 상품에만 의존하던 전통적인 수익모델로는 더 이상 이윤을 창출하기 어렵다는 현실인식에서 등장한 새

1 네이버 백과사전

로운 유형의 수익모델을 말한다.

그동안 은행들은 전통적인 예금과 대출 업무에 주력해 왔으나, 갈수록 적정 규모의 수익성을 확보하기가 어려워지자 투자신탁회사나 보험회사의 상품 등 다른 금융 부문의 판매채널을 이용해 자사상품을 판매하는 마케팅전략까지 구사하는 등 새로운 활로를 모색해 왔다. 이를 방카슈랑스(Bancassurance)라고 하는데, 방카슈랑스 역시 크게는 교차판매의 범위에 포함된다.

그러나 교차판매는 은행과 보험회사 등 부분적인 금융기관 사이의 합작으로 이루어지는 방카슈랑스에 머물지 않고, 은행·증권·투자신탁운용 등 고객이 필요로 하는 각종 금융상품을 한 개의 금융회사 창구에서 모두 제공할 수 있는 원 스톱(one stop) 쇼핑 서비스를 아우르는 보다 적극적이고 거시적인 개념의 마케팅전략이다. 즉, 초대형 슈퍼마켓과 마찬가지로 하나의 금융창구에서 다양한 금융상품을 판매하는 전략으로, 대표적인 예로 금융지주회사를 들 수 있다. 금융지주회사는 산하에 은행·증권·보험·투자신탁 등 각종 금융관련 자회사를 두고 있어 각각의 금융창구에 분야별 자회사 상품의 교차판매가 가능하고, 이를 통해 시너지 효과뿐 아니라, 자회사 간의 수익구조 불균형을 해소할 수 있다.

그 밖에 전문성과 경쟁력을 갖추지 못한 분야는 아웃소싱을 통해 외부에 위탁하거나, 다른 업종의 금융회사들과 제휴해 그 회사 상품을 팔아주고 일정액의 수수료를 받는 마케팅 역시 교차판매전략의 일환이다.

예를 들어, 시티코프, 올드 켄트 파이낸셜 등 미국의 금융 서비스 기관들은 이러한 크로스 세일즈 기법을 효과적으로 활용하고 있는 대표적인 업체들이다. 거래정보를 토대로 만기가 가까워진 고객에게 새로운 상품을 권유하는 판촉물을 보낸다든지 하는 방식을 통해 고객 평생가치(lifetime value)를 최대화해 나가는 것이다.

(2) 교차판매전략

기존고객을 대상으로 다른 제품의 구매를 유도하는 전략으로, 다양한 상품이나 서비스를 갖추고 있는 기업이나 사업부의 경우에는 한 제품을 구매한 고객 데이터베이스를 다른 제품의 판매수단으로 활용하는 것이다. 개별고객에 관한 상세한 정보를 통합적인 고객 데이터베이스로 구축하고 이를 근거로 하여 관련 있는 제품의 구매를 권유하는 형태로 이루어지는데, 넓은 의미에서는 고객활성화전략의 형태라고 볼 수 있다.

즉, 기업 내 다양한 상품구색 전체를 대상으로 하는 마일리지 프로그램(백화점의 구매보상제도나 제너럴 밀스의 경품상환 프로그램)은 결국 관련 제품의 구매를 유도하는 것이라고 할 수 있다. 그러나 개별고객의 취향이나 고객활성화전략이 규모의 경제(economies of scale)를 지향한다면 교차판매전략은 범위의 경제(economies of scale)를 노린다고 할 수 있다.

가. 금융업계

은행과 같은 금융기관에서는 고객에 대한 상세한 구매정보를 확보하고 있기 때문에 교차판매를 실시하기가 용이하다. 미국의 퍼스트 코머스(First Commerce)은행은 개별고객에 관한 거래계좌 전부를 기초목록으로 통합하여 교차고객 데이터베이스를 구축한 후, 당좌예금 계좌가 없는 거래고객을 대상으로 계좌 개설을 권유하는 테스트 캠페인을 실시하였다. 이를 통해 예상과는 달리 가장 비용이 적게 드는 혜택의 반응률이 가장 높음을 발견하였으며, 이러한 결과를 바탕으로 하여 보다 적은 비용으로 본격적인 판촉 캠페인을 전개할 수 있었다.

체이스 맨하탄(Chase Manhattan)은행도 계정별로 작성된 고객파일을 하나의 데이터베이스에 통합함으로써, 기존고객에게 은행의 여러 가지 다른 상품의 구매를 권유하는 개별적인 메일을 발송할 수 있었다. 이 데이터베이스는 고객 개인별이 아니라 가구별로 구축됨으로써 고객의 가치 및 욕구를 정확하게 파악할 수 있는 보다 강력한 수단이 되고 있다.

프리미어(Premier)은행도 가구별로 데이터베이스를 구축하고 한 달에 한 번씩 정기적으로 각 가구의 금융거래 활동을 점검하고 있다. 이를 바탕으로 각 지점의 담당자들에게 그들 고객이 누가 언제 어떤 금융상품을 구입하였는지에 관한 상세한 정보를 제공하고 있다. 따라서 담당자는 이를 바탕으로 구입가능성이 가장 큰 금융상품을 선정하여, 메일 등의 방법을 통해 개별고객에게 적극적으로 권유할 수 있고, 그 반응 여부를 다시 데이터베이스화하고 있다.

이외에도 많은 은행들이 고객 데이터베이스에 의한 교차판매전략을 적용하고 있는데, 내셔널 웨스트민스터(National Westminster)은행도 저축예금계좌를 가지고 있는 고객에게 당좌예금을 권유하는 등 교차판매를 실시하고 있다.

나. 출판사 및 비디오 대여회사

이러한 교차판매전략은 출판사나 비디오 대여회사와 같이 동일한 제품을 반복적으로 팔지 않는 업종에서 더욱 유용한데, 웰덴북(Waldenbook)사는 '프리퍼드 리더스(Preferred Readers)'란 우대독자 프로그램을 운영하고 있다. 연회비 10달러를 지불한 회원은 책 구입 시 10%의 할인을 받을 수 있으며, 구입액의 5%에 해당하는 할인쿠폰도 지급된다. 이를 통해 회원의 구매취향에 관한 다양한 정보를 확보하고 있는데, 신간을 출판하면 저자나 해당 분야에 관심을 가지고 있는 고객을 선별하여 책에 관한 정보나 저자에 대한 소개와 함께 2달러 추가 할인 쿠폰을 발송한다.

미국의 비디오 테이프 대여회사인 블록버스터(Blockbuster)사는 독자적인 '테이크 10 프로그램(Take 10 Program)'을 통해 교차판매를 시도하고 있다. 고객이 찾는 비디오가 진열대에 없을 경우에 '테이크 10' 카드 판독기에 회원카드를 넣으면 그 고객의 취미나 취향에 맞는 분야에 대한 이력분석을 통해 즉석에서 과거에 한 번도 대여한 적이 없는 관련 영화 10편을 제시해 줄 뿐 아니라, 점포재고 비디오의 일람표와 함께 다음 대여나 구입 시 사용할 수 있는 할인 쿠폰도 같이 인쇄된다.

또한 고객의 취향에 맞는 영화 중에서 아직 빌려보지 않은 비디오 목록을 메일로 발송하기도 하며, 어린이 영화를 대여한 적이 있는 가정에게 관련 계열사인 실내 놀이동산 디스커버리 존(Discovery Zone)의 입장 할인권과 가까운 소재지를 안내하는 패키지를 우송하기도 한다.

다. 컴퓨터 업계

인터넷을 통한 직접판매로 유명한 델(Dell) 컴퓨터사는 기존고객정보를 활용한 교차판매전략으로 경쟁이 치열한 서버시장에 성공적으로 진입하였다. 이 회사는 기존의 델 컴퓨터 고객과의 관계정보를 분석하여 네트워크환경을 갖춘 중소기업 중 아직 서버를 구입하지 않은 고객을 타겟으로 선정하여, 이들에게 NASDAQ의 신뢰성 있는 공급자임을 증명하는 자격서와 함께 추가적인 컴퓨터 메모리를 무료로 제공한다는 개별적인 다이렉트 메일을 발송하였는데, 예상보다 300%나 높은 반응률을 달성할 수 있었다. 이와 같이 교차판매전략은 신제품의 시장도입이나 신시장개척에 유리하게 활용될 수 있다.

휴렛 팩커드(Hewlett Packard)사도 통합적인 고객 데이터베이스의 구축을 통해, 시스템을 한 등급 높여야 할 시기를 예측할 수 있고 어떤 관련 상품이 고객에게 어필하는지도 파악할 수 있다. 이러한 분석결과를 활용하여 상품특성 및 고객특성에 맞춰 판촉 우송 패키지를 보냄으로써 보다 개별적이고 효율적인 마케팅을 전개할 수 있다.

라. 그룹사의 교차판매전략

또한 여러 개의 계열 기업을 보유하고 있는 그룹의 차원에서는 교차판매전략이 보다 강렬하게 활용될 수 있는데, 백화점뿐 아니라 카탈로그회사, 은행, 신탁회사, 부동산회사, 보험회사, 신용카드회사 등 각양각색의 회사를 운영하고 있는 시어즈 뢰벅사(Sears, Roebuck & Company)는 이러한 여러 회사의 고객정보를 통합함으로써 6,000만 세대 이상, 개인별로는 1억 명 이상의 정보를 데이터베이스화하였다.

이를 활용하여 계열 부동산회사를 통해 주택을 구매한 고객은 시어즈 백화점에서 25%의 할인 혜택을 받을 수 있으며, 계열 은행을 통해 대출 서비스도 제공받는다. 시어즈 계열의 디스커버(Discover)카드를 소지한 고객에게는 시어즈 백화점이 보내는 자동차 부품이나 서비스에 대한 할인 쿠폰이 우송된다. 이처럼 계열사 모두가 이득을 볼 수 있는 교차판매전략은 무궁무진하게 전개될 수 있다.

특히 정보기술의 발달에 따라 소비자 시장에서의 연결 마케팅의 도입은 보다 효과적으로 수행될 수 있는데 이러한 연결 마케팅의 도입으로 장기적 관계 내에서 모든 고객에 대한 마케팅 및 거래비용이 감소될 수 있으며, 교차판매(cross-sellign) 등으로 고객당 판매량이 증가된다. 또한, 핵심고객의 보유로 낮은 위험과 비용으로 신제품을 테스트하고 도입하는 시장을 확보할 수 있게 하며, 지속적이고 고객과의 접촉이 수반되는 자료수집 및 처리로 인해 시장조사가 보다 효율적으로 수행될 수 있다.

6.3 고객유지

고객유지(customer retention)는 수익성에 중요한 영향을 미치게 된다. 새로운 고객을 취득하는 것은 기존고객을 유지하는 것보다 더 많은 비용이 들어가고 더 많은 문제점을 갖고 있다. 이는 고객획득과 고객유지가 갖는 상대적 중요성을 입증하는 것이며 정보기술의 활용은 기업의 목적에 따라 그 중요성이 달라지게 되는 것이다. 고객획득인가, 아니면 고객유지인가에 따라서 활용될 수 있는 정보기술의 형태가 달라지게 된다.

효과적인 정보기술시스템 활용은 고객을 유지하는 데 도움을 줄 수 있으며, 고객가치를 극대화할 수 있다. 이와 같이 CRM을 위한 의사결정지원시스템의 실질적인 사용, 즉 정보기술의 사용은 기업이 이미 인지하고 있는 현상보다 더 많이, 더 다양하게 활용되고 있다는 것을 보여주고 있다.

이제 고객관리는 중소업체 구분없이 시장에서 생존할 수 있는 중요한 경쟁 수단이 되고 있다. 사업의 규모에 관계없이 수익성이 높은 성실한 고객을 모으고 유지하는 것은 모든 마케팅전략의 핵심이다.

고객관리시스템은 시스템에 저장된 여러 정보를 통합·분석하여 고객만을 증대하고 유지한다. 또한 고객을 더 잘 이해하고 만족시킴으로써 고객별로 더 많은 수익을 올릴 수 있다. 관리정보를 자동화하고 관리하여 분석하는데 기술을 사용하여 고객을 확보하고 만족시키는 비용을 낮춘다. 따라서 시스템구축업체는 확장 가능하고 안정적이며 비용이 효과적인 고객관리시스템을 사용하여 빠른 이익창출과 투자에 대한 높은 수익성을 갖춘 영업특화전략을 구현할 수 있다.

결국 양방향 마케팅 형성으로 고객에게 신뢰감을 주고 원활한 커뮤니케이션으로 업체의 경쟁력을 향상시켜 성장형 안정화를 꾀하게 된다. 따라서 고객관리시스템은 필수적으로 도입을 구축해야 한다.

또한 관계마케팅에 있어서 고객과의 지속적인 관계를 유지하면 일회성 거래의 개념을 탈피하려는 기업의 마케팅 활동을 관계마케팅(relationship marketing)이라고 한다. 기업이 지속적으로 이윤을 추구하려면 고객의 재구매를 유도하여 고정고객을 확보하는 것이 중요한데 이렇게 고객과의 지속적인 관계를 유지하여 장기적인 이익을 실현하려는 것이 관계마케팅이다.

관계마케팅의 목표는 마케팅전략에 의한 제품판매가 아니다. 기존의 마케팅은 제품판매를 위해 마케팅전략을 세우고 실행했지만, 관계마케팅은 고객과의 관계를 구축하는 것이 마케팅의 목표가 된다. 즉, 고객과 관계를 맺으면 그 결과로 판매가 일어나는 것이다. 관계마케팅은 기업과 고객의 관계에서만 성립되는 것은 아니다. 관련 기업, 경쟁업체, 기업조직 등도 관계마케팅의 대상이 된다. 관계마케팅은 소비자의 관여도가 높은 제품에 많이 사용된다. 자동차와 같이 구매위험이 큰 고가의 제품이나 전자제품처럼 구매 전후에 서비스가 필요한 제품의 경우 관계마케팅이 적용된다. 이 밖에도 보험 등과 같이 전문지식이 필요하거나 고객의 욕구가 모두 달라 이에 각각 대응해야 하는 제품의 경우에도 많이 적용된다. 매년 자동차회사, 전자제품회사, 보험회사 등에서 그해 가장 우수한 판매실적을 올린 '판매왕'을 선발해서 포상한다.

이렇게 선발된 판매왕들의 공통적인 영업전략은 관계마케팅이다. 그들은 판매 이전부터 판매 이후까지 제품을 설명하고, 생일이나 기념일에 축하카드를 보내고, 구매한 제품에 문제점은 없는지 살피는 등 고객을 꾸준히 관리하며 고객과의 신뢰를 구축한다. 이러한 관계가 지속적으로 유지될 때 그 고객은 '단골'이 되는 것이다. 고객유지의 사례로서, 도요타 자동차 회사의 경우 호주시장에서 아주 특이한 프로모션을 실시했는데, 자사의 데이터베이스에 수록된 기존고객에 대한 정보의 분석을 통해 렉서스의 고객들이 오페라를 자주 관람한다는 사실을 파악하고 이를 전략적으로 이용하기 위해 시드니 오페라 하우스의 스폰서가 되었다. 스폰서가 되는 대가로 도요타 자동차가 얻은 것은 오페라 하우스의 주차장에서 가장 눈에 잘 띄는 좋은 장소에 렉서스 전용 주차지역을 확보한 것이다. 이를 통해서 렉서스 자동차 소유자의 자부심과 특권의식을 높여주는 한편 이를 갖지 않은 사람에 대해서는 효율적인 선전효과를 거두었다.

Bank of America는 CRM, 데이터웨어하우징, 데이터마이닝을 구축한 세계 최고의 금융기관으로 데이터웨어하우스 구축을 기반으로 하여 CRM 솔루션을 도입하여 기대효과를 보고 있는 기업으로 주목을 끌고 있다. Bank of America는 Nations Bank Corp와의 합병으로 규모가 거의 두 배로 되었으며, 합병 이후 Bank of America는 22개 주에 4천 2백 개 지점을 갖추어, 규모와 거래 가구 수 면에서 최고의 기업으로 자리매김하게 되었다. 그러나 고객들은 은행의 합병으로 인해, 은행에 대한 불신과 불안감이 높아지게 되었으며, 이러한 은행에 대한 불신은 거래은행을 바꿀 수 있는 기회를 제공할 여지를 주었다. 이에 Bank of America는 고객들에게 거래은행에 대한 신뢰감을 제공할 수 있는 기회를 제공함과 동시에 고객들에 대한 재평가 작업을 동시에 실시하였다. 그 결과 고객관리에 대한 기본적인 방향을 세우게 되었으며, 고객세분화 작업을 실시하여 단계적으로 고객유지(customer retention)에 대한 노력을 집중하게 되었다.

6.4 채널 최적화

채널 최적화는 사이트 방문객들이 어디를 통해 사이트에 들어왔는가를 파악해 어떤 검색엔진의 어떤 검색어가 손님을 가장 많이 끌어들이는지 알아내며 이를 통해, 가장 효과적인 마케팅 채널에 집중하고, 결과적으로 투자 대비 수익률을 크게 높일 수 있는 방법이다.

현재 전자상거래 업체의 대다수는 전혀 파악하지 못하고 있으며 사이트 방문객 숫자에만 관심을 기울이다 보니, 방문한 사람들이 과연 자신이 사이트에서 얼마나 많은 물건을 사는지 파악하지 못하는 것이다. 이들 업체들은 대부분 사이트를 방문한 사람들이 어떤 목적으로 왔는지, 웹사이트에서 무엇을 보고 가는지, 무엇을 하고 가는지, 언제 어디로 빠져 나가는지도 알지 못한다. 이러다 보니 검색엔진으로 아무리 많은 방문객들이 들어와도 매출은 항상 부진한 상태에 머물게 되는 것이다.

매출을 올리려면 손님을 많이 받는 것도 중요하지만, 그것만큼 들어온 손님이 어떻게 움직이는지 파악하는 것도 중요하다. 즉, 사이트로 들어오는 트래픽을 해석하고 이 트래픽을 매출로 연결시켜야 한다는 것이다. 웹사이트 트래픽은 단순히 '많다, 적다'는 식의 수치로 해석되는 것이 아니며, 트래픽이 일어난 '원인'과 트래픽의 '종류'를 제대로 파악하지 않으면 늘어난 트래픽으로 아무런 효과도 보지 못할 수 있다. 웹사이트의 구매율도 모르고, 어떤 사람들이 무슨 목적으로 왔는지도 모르고, 언제 어떻게 빠져 나가는지도 모르는 상태에서는 웹사이트의 수익은 기대하기 어렵다.

특히 로그 분석을 통해 웹사이트의 '트래픽 질'을 파악하는 것인데, 이는 방문객이 어느 경로를 통해 사이트를 방문했는지, 처음 도착한 페이지는 어디인지, 사이트를 방문한 뒤에 있는 링크를 클릭했는지, 언제 어디서 사이트를 빠져 나갔는지를 일일이 분석하는 것이다. 이렇게 '트래픽의 질'을 구분함으로써 어떤 고객이 웹사이트에 실제 관심을 갖고 있는지, 어떤 이들이 회사와 거래할 의향이 있는지를 파악할 수 있다. 더 나아가, 사이트의 가장 인기 있는 페이지와 구매를 촉진하는 요인, 구매를 방해하는 요인 등도 추론해 밝혀 낼 수 있다. 이런 식으로 매출 향상 서비스는 검색엔진 방문객이 사이트의 고정고객이 되도록 보장해 준다.

판매 채널의 기본적 역할은 고객이 직접 구매를 할 수 있는 장소라는 점이지만 이를 통해 기업은 고객을 접점에서 만날 수가 있다. 한편 기업의 입장에서는 채널을 운영하는 데 비용이 투입되므로 최소의 투자로 최대의 성과를 거둘 수 있는 채널을 운영하는 것이 원칙이다. 그런 점에서 인터넷이라는 채널을 매우 매력적인 채널임이 분명하다. 인터넷만큼 고객접점 채널로서 상호 커뮤니케이션이 집약화된 형태로 이루어지는 경우는 드물기 때문이다. 다만 실물 이동이 요구되는 제품의 경우 매출액 대비 과다한 주문이행(order fulfillment) 비용 때문에 적자를 면치 못하고 있는 것은 잘 알려진 사실이다.

이처럼 채널을 분화할 때는 채널 및 브랜드 분화에 따른 통합이미지 훼손 여부, 제품 마진율 및 가격차이, 고객별 채널 접근성의 차이 등을 면밀히 살펴보아야 한다.

6.5 대량 맞춤화

과거에는 대량으로 생산된 제품을 대량으로 판매했기 때문에 제품이나 고객을 개별적으로 관리할 필요가 없었고, 따라서 불특정 다수를 상대로 한 이러한 매스 마케팅은 소비자 개개인의 욕구에 부응할 수 없었다. 그러나 현대에 들어와서는 소비자의 욕구(needs)가 점점 다양화되어 가고 있기 때문에 시장을 세분화하고 각각의 유형별로 차별화된 마케팅전략을 세워야 할 필요성이 생겼다. 이러한 개념으로 등장한 것이 대량 맞춤화(mass customization)이다.

대량 맞춤화는 대량생산이 성숙단계에 접어들면서 대량생산이 가지는 한계점을 극복하기 위한 개념으로 지난 10여년간 생산관리 학자들의 많은 관심을 끌었다. 즉, 이러한 대량 맞춤화는 대량생산에 버금가는 낮은 수준의 비용을 신속하게 제공하는 것으로 정의할 수 있다.

역사적으로 거슬러 올라가면 대량생산은 맞춤화가 내포하고 있는 고비용의 단점을 해결하기 위해 산업혁명을 거치면서 등장한 패러다임으로서 생산의 원칙으로서 뿐만 아니라 경영의 전략으로서, 더 나아가서는 사회의 근본원칙으로서 자리를 잡았다. 그러나 대량생산이 완성단계에 이르면서 나타난 물질적 풍요와 경쟁의 심화는 그동안 억제되었던 인간의 근본적인 욕구인 다양한 개성의 표출과 충족이라는 문제가 다시 등장하는 계기를 만들었다.

즉, 매스 마케팅에서 시작하여 시장세분화 마케팅, 틈새시장 마케팅, 개인화 마케팅으로 이어지는 마케팅환경의 변화는 고객의 욕구가 크고 제품이 다양해지면서 생기는 필수적인 현상이다. 더구나 인터넷과 같은 정보통신 분야가 급속도로 발전하면서 개별고객을 위한 개인화 마케팅은 고객만족을 극대화할 수 있는 가장 효과적인 방법으로 등장했다.

인터넷을 통해 개인소비자의 욕구, 기호 등을 신속히 파악하여 커뮤니케이션할 수 있게 되었고 또한 고객에 대한 맞춤 서비스가 용이하고 고객과의 지속적인 관계를 유지할 수 있는 관계마케팅을 효과적으로 수행할 수 있도록 해주었다.

이는 일종의 시장의 변화로 인식되어야 하는데, 즉 시장의 규제완화로 인하여 새로운 시장으로의 진입기회가 늘어남에 따라 동일 업종에서의 경쟁사가 많아지기 시작했다. 시장의 성숙에 의해서든 또는 전반적인 경제침체 때문이든, 시장의 수요가 별로 늘지 않는 상황에서 공급자들이 늘어나고 대체될 만한 상품·서비스가 많아지면 그 시장은 실제 수요자가 중심이 되는 구매자시장(buyer's marker)으로 변화한다. 한정된 시장을 놓고 판매업체 사이에는 경쟁이 심화되고, 시장에서 판매업체 사이에는 경쟁이 심화되기 마련이다. 시장에서 실세를 갖고 있는 고객들은 각자의 선호와 욕구에 맞는 상품과 서비스를 찾기 때문에 기업들은 전과 같이 고객을 동질적 집단으로 간주하고 무차별적으로 공략하는 매스 마케팅 방식에 더 이상 의존할 수 없게 된다.

미국의 TARP(Technical Assistance Research Programs)보고서에 의하면, 일반적으로 신규고객을 얻는 데 드는 비용은 기존고객을 보유하는 데 드는 비용에 비해 5배나 더 소요된다고 한다. 또한 5년 이상 거래관계를 유지하는 경우 신규고객에 비해 수익 공헌도가 5배 이상인 것으로 분석되고 있다. 공격적 마케팅(offensive marketing)인 신규고객 획득이라는 면에서도 기존의 매스 마케팅에서 보았던, 소위 산탄총접근법(shot gun approach)과 같이 무차별적으로 공략하는 것은 이미 한계에 부딪혔다. 고객획득을 위한 무차별적인 공략보다는 우선 우량고객이나 오랫동안 관계가 유지되어 왔던 고객에 대한 데이터를 분석하여 그들만의 특성을 구별함으로써, 우량고객과 우량고객 후보자만을 선별하는 것이 매우 시급한 상황을 맞이했다.

표 6-1 매스 마케팅과 CRM 비교

구분	매스 마케팅	CRM
주된 관심 부분	매스 마켓	고객과의 일대일 관계
시장접근	제품 밀어넣기	혜택의 추출
지표	시장점유율	고객점유율
판매	거래 기반	가치 기반
서비스	반응적	상호적
전달경로	물리적 단일채널	통합된 멀티채널

다음은 매스 마케팅과 CRM의 차이이다. 다양한 고객의 욕구를 충족시키는 개인화 마케팅은 다품종 소량생산이 필수적이다. 결국 개인화 마케팅전략을 구사하려면 소비자의 욕구를 파악해 바로 제품을 생산해 낼 수 있는 유연한 제품생산 체계가 필요하고 또한 고객과의 광범위하고 지속적인 접촉을 통해 얻어진 정보를 데이터베이스화해야 한다. 이 데이터베이스를 토대로 개인화 마케팅전략을 세우고 실천해야 하므로 데이터베이스 마케팅 역시 개인화 마케팅의 발달과 함께 반드시 필요한 마케팅전략이 되었다. 결국 개인화 마케팅의 발달과 기업이 소비자의 욕구, 기호, 취향 등을 세밀하고 정확하게 파악할 수 있는 정보기술이 갈수록 발달하면서 힘을 발휘하게 되었고 그 중요성도 날로 더해가고 있다.

이러한 개인화 마케팅이란 생산업체나 상사회사 등이 거래처인 판매점에 대하여 행하는 관리 활동을 말함으로써, 그 목적은 매출채권(賣出債權)의 확보와 판매촉진에 있다. 따라서 대금회수의 조사나 판매량과 재고량의 대조 등은 물론 업적의 추이, 자산의 내용, 경영자의 자질, 적정규모의 분석, 입지조건의 검토, 경합관계(競合關係)의 동향 등 고객에 관한 중요한 문제에 대해서는 모든 분야에 걸쳐 조사·분석해 놓지 않으면 안 된다. 과거에는 고객관리에 있어 고객대장이나 고객카드 등을 작성하였는데, 컴퓨터의 보급에 따라 그 기억장치와 분석력에 의존하는 일이 많아졌다.

CRM 개념의 정립에 이어 CRM 정립수립단계의 이슈로 볼 수 있는 것은 오퍼와 개인화 중 무엇에 초점을 맞출 것이냐의 문제다.

고객의 특성에 적합한 오퍼는 CRM의 핵심이다. 예를 들어, 배고픈 사람에게 무엇인가를 제공하려고 할 때, 이 사람에게 음식을 줄 것인가, 옷을 줄 것인가, 책을 줄 것인가를 결정하는 것이 오퍼 결정이다.

반면, 개인화는 음식을 준다고 가정할 때 양식, 한식, 일식 중 무엇을 줄 것인가에 대한 논의다. 따라서 배고픈 사람에 대한 오퍼가 옷이나 책으로 잘못 결정된다면 개인화는 아무런 의미가 없어진다. 그럼에도 불구하고 현실에서는 오퍼는 주어진 것으로 가정하고 개인화에만 초점을 맞추는 경우가 종종 있다.

성공적인 인터넷 기업 중에 델(Dell) 컴퓨터사의 경우, 자사의 고객을 몇 개의 등급으로 구분해서 차별적으로 관리하고 있다.

- **일반고객:** 제품정보, 주문 방법, 리드타임, 가격정보, 주주정보, 고용정보, 고객지원
- **등록고객:** 뉴스레터, 이메일 서비스
- **구매고객:** 할인가격 제시, 주문이력
- **특급고객:** 고객 사이트의 웹 호스팅, 제품개발 방향에 대한 온라인 토론참가 등이다.

특히 개인화(personalization), 대량 맞춤화(mass customization), 일대일 마케팅(one-to-one marketing) 등의 용어들은 세밀히 살펴보면 각각의 의미가 약간씩 다르나, 궁극적으로 추구하는 목적 및 방법상의 차이는 거의 없다고 볼 수 있다.

사례 1

유통망없는 중소기업, 네이버가 '고객 데이터' 분석 돕는다

홈페이지나 결제 페이지, 물류 시스템 등 자체 유통망이나 거래분석 툴이 없어 고객 데이터를 확보하기 어려웠던 중소 브랜드를 위해 네이버(NAVER (188,500원 ▲1,500 +0.80%))가 기술 지원에 나섰다.

이윤숙 네이버 포레스트 CIC 대표는 3일 서울 강남구 코엑스에서 열린 '브랜드 파트너스데이'에서 70여 개 브랜드사에 '네이버도착보장' 솔루션을 소개했다.

지금까지 자체 유통망을 가진 소수의 브랜드를 제외하면 대부분 브랜드가 유통과정에서의 사용자 데이터를 확보하기 어려웠다. 이 때문에 많은 브랜드가 보다 전략적인 상품 기획이나 유통 및 마케팅 전략을 수립하는 데 한계를 겪었다. 반면 '네이버도착보장'은 △주문 데이터 △물류사 재고 △택배사 배송 등 다양한 데이터를 분석해 사용자에게는 정확한 도착일을 알려주고, 판매자에게는 판매부터 물류까지 이어지는 전 과정 데이터를 확보할 수 있게 돕는 솔루션이다. 판매사가 AI(인공지능) 개발자, 데이터 분석 전문가, CRM(고객 관계 관리) 툴을 직접 구축하지 않아도 네이버 기술 솔루션으로 고객 데이터를 쉽게 확보할 수 있는 것이 특징이다.

이 대표는 "'네이버도착보장' 솔루션은 그동안 브랜드사들이 갖기 어려웠던 판매 및 물류 데이터를 확보한다는 측면에서 핵심 솔루션이 될 것"이라며 "네이버의 기술 솔루션으로 D2C(Direct to Customer) 전략을 구사할 수 있도록 돕는 것이 브랜드를 향한 네이버의 방향성"이라고 강조했다.

네이버는 파트너들이 '네이버도착보장'과 광고(브랜드패키지)·데이터분석(브랜드 애널리틱스 플러스)·라이브 커머스(쇼핑라이브)·마케팅 및 판매(버티컬 전용관) 등 네이버의 다른 솔루션을 결합해 마케팅 전략을 수립할 수 있다고 내다봤다.

네이버는 물류기업들과 협업해 '네이버도착보장' 솔루션을 구축했다. 네이버를 중심으로 CJ대한통운과 4PL(4자물류, 물류 대행 서비스에 IT 서비스까지 결합한 형태) 스타트업이 온라인 풀필먼트 데이터 플랫폼인 NFA(네이버 풀필먼트 얼라이언스)를 구성해 물류 데이터 플랫폼을 고도화한 결과가 '네이버도착보장' 솔루션이다. 네이버와 CJ대한통운은 2020년 지분 교환으로 혈맹을 맺기도 했다.

장진용 네이버 책임리더는 "글로벌 시장에서 이미 검증된 얼라이언스 기반의 자산 경량화(asset light) 물류 모델이 국내에서 아직 제대로 자리 잡지 못했는데, 네이버와 물류사들이 함께 선보인 솔루션은 국내 물류 모델의 다변화는 물론 브랜드들에 또 다른 유통 및 마케팅 방식을 제안할 계기를 마련했다"고 강조했다.

NFA에 참여한 CJ대한통운 (90,200원 ▲1,800 +2.04%)과 AI 물류 플랫폼 기업 파스토도 이날 '네이버도착보장' 솔루션 구축을 위해 지금까지 들인 노력을 공유했다. 안재호 CJ대한통운 이커머스 본부장은 "네이버와 지난 2년간 얼라이언스 형태의 물류 모델 구축을 위해 풀필먼트 인프라 확충에 집중했고, 내일도착 등 빠른 배송 서비스를 중심으로 테스트하며 배송 경쟁력을 높였다"며 "풀필먼트 역량과 배송 경쟁력을 결합한 융합형 e-풀필먼트 활용을 극대화해 전국에 빠른 배송이 가능하도록 역량을 높였다"고 설명했다. CJ대한통운은 현재 곤지암·용인·군포 등 9개의 네이버 중심 풀필먼트 센터를 운영하거나 운영할 예정이다.

홍종욱 파스토 대표도 "파스토는 SME(중소상공인) 중심의 풀필먼트 서비스를 제공하고 있으며, 3000개 이상의 누적 고객사 중 80% 이상이 SME로 네이버도착보장 솔루션의 다양성 확대에 중요한 역할을 할 것"이라며 "물동량이 적거나 상품 단가가 낮은 SME도 네이버도착보장을 통해 풀필먼트 경쟁력을 높일 수 있도록 적극 협업할 것"이라고 전했다.

네이버는 풀필먼트 등 물류 파트너와 협업을 강화해 2025년까지 FMCG(Fast-Moving Consumer Goods) 카테고리의 50%를 네이버도착보장 솔루션으로 소화할 수 있도록 성장시킬 계획이다.

배한님 기자(2022.11.03.), "유통망없는 중소기업, 네이버가 '고객 데이터' 분석 돕는다", 머니투데이

사례 2

비즈니스에서 메타버스를 활용하는 방향

농심은 메타버스 플랫폼인 제페토에 신라면(synramyun) 카페테리아를 구축하여 참가자들이 9단계 방법으로 라면을 끓이는 게임을 제공하고 있다. 풀무원은 두부팩토리를, 베스킨라빈슨은 배라 스노우 캠핑공간, 배라 팩토리를 구축해 비즈니스 가치의 확장과 미래 고객을 확보하려는 노력을 하고 있다.

제페토에는 34개의 제주도 월드 가상공간이 구축되어 있다. 제페토 월드에서 경주를 검색하면 52개의 월드가 검색이 된다. 은행을 검색하면 NH저축은행, 광주은행, 하나은행, BNK 부산은행. IBK월드 등이 검색이 된다. 군산시는 새만금 2023세계스카우트 잼버리라는 공간을 제페토에 구축해 로컬비즈니스 콘텐츠를 홍보하고 있다. 기타 스포츠를 검색하면 80개 이상의 월드가 검색이 된다 여기서 중요한 것은 이들 중 상당수는 개인 크리에이터가 자신만의 아이디어로 경주, 제주도의 다양한 콘텐츠를 가상공간으로 옮겨 놓은 것이다.

최근 (2022.11.30) 신한은행은 자체 플랫폼인 "신한메타버스 시나몬"을 구축해 등록 이벤트를 실시하고 있다.

메타버스는 비즈니스 가치를 확장해 시장과 고객을 확보할 수 있는 기회를 제공해 준다. 웹1.0에서 출발한 인터넷이 웹2.0을 지나 웹3.0 시대를 시작하면서 메타버스라는 지구의 디지털 테라포밍을 가능하게 해 현실세계의 모든 활동이 디지털 공간에서 가능해 지고 있다. 필자는 현재의 메타버스는 완벽한 메타버스의 구현과 비교하면 10%

의 수준에 있다고 본다. 앞으로 메타버스는 디지털 기술인 AR, VR, XR, 홀로그램, 네트워 속도, AI 등의 혁신이 가속화 되고, 콘텐츠를 기반으로 기술들이 융합된다면 메타버스는 진짜 디지털 테라포밍이 가능해 질 것이다.

현재 기업이 메타버스를 활용하는 방법은 첫째, 제페토와 같은 플랫폼에 비즈니스 콘텐츠를 구축하는 것으로 이는 B2B방식으로 이용이 가능하다. 둘째는 오픈 플랫폼을 이용하는 것이다. 여기에는 젭(ZEP), 게더타운 등이 대표적 플랫픔이다. 여기에서는 비즈니스 콘텐츠를 가상공간에 직접 구축하는 것이다. 물론 필요에 따라 B2B방식으로 가상공간을 구축할 수 있다. 셋째는 신한은행과 같이 자체 플랫폼을 구축하는 것이다.

메타버스를 비즈니스에 활용하기 위해서는 다음의 내용을 고려해야 한다. 우선은 누구를 위해 메타버스를 활용할 것인가이다. 즉 비즈니스 고객을 먼저 고려해야 한다. 메타버스가 처음 다가왔을 때는 MZ세대들의 전유물로 여겨졌으나 지금은 기성세대를 역시 MZ세대만큼 메타버스에 관심이 있다. 이는 메타버스를 이용하는 고객에 세대구분은 없다는 것을 의미한다. 물론 콘텐츠에 따라 집중할 세대는 다를 수 있다. 누구를 메타버스 비즈니스의 고객으로 선택하는가에 따라 콘텐츠와 가상공간 내의 움직임, 디자인 등을 다르게 해야 하기 때문이다.

다음으로는 무엇을 메타버스 가상공간에 구현할 것인가를 고민해애 한다. 즉 브랜드의 가치를 확장해야 한다. 메타버스 가상공간은 브랜드 가치의 확장으로 그 내용은 경험/체험 중심이다. 여기서 기업이 고려할 것은 브랜드 가치를 기업이 일방적으로 제공하는 것보다, 참가자들이 브랜드 가치를 개발하고 공유하도록 해야 한다.

그 다음으로 메타버스 비즈니스 공간에서 브랜드 가치를 창출한 참가자들에게는 가치의 수준과 평가에 따라 적절한 보상이 제공되어야 한다. 보상은 플랫폼에서 필요한 아이템을 구매할 수 있는 코인을 제공하거나, 실제 매장에서 사용가능한 할인쿠폰을 제공하는 것에서 선택된 브랜드 가치를 이미지, 동영상 등으로 변환하여 NFT를 발행해 주는 것이다. 이 NFT를 활성화 하기 위해서는 NFT거래가 가능하도록

해 주어야 한다. 즉 메타버스 비즈니스 공간에서의 활동이 단순한 콘텐츠의 사용 또는 소비에 머물지 않고 경제적 이익까지 제공할 수 있어야 더 많은 참가자를 유인하고 이를 통해 비즈니스의 목적을 달성할 수 있다. 또한 브랜드 가치를 기반으로 크리에이터들이 자신들만의 브랜드 관련 콘텐츠를 메타버스 공간에 구축하도록 허용하는 것도 필요하다. 이러한 크리에이터들을 동기부여하는 전략도 필요하다.

마지막으로 기업의 비즈니스 특성과 브랜드의 가치를 기반으로 적절한 메타버스 플랫폼 활용전략을 선택해야 한다. 메타버스는 기업의 비즈니스 전략의 수단이다. 기업은 메타버스를 활용해 부가가치를 창출할 수 있어야 한다. 이 부가가치는 당장 실현될 수도 있고, 미래에 실현될 수도 있다. 비즈니스 실행전략으로 메타버스를 활용할 때는 비즈니스 콘텐츠 소통에 집중해야 한다. 소통의 방향은 웹3.0에 맞게 시장과 소비자가 기업으로, 소비자간 소통이 중심이 되어야 한다. 그리고 이 소통의 결과물로 기업이 활용가능한 아이디어에 대해서는 적절한 기준으로 보상이 제공되어야 한다.

기타 메타버스는 영업마케팅 공간(전시회, 상품전시장, 가상매장 등)과 직원들의 업무영역(원격/가상오피스, 회의, 상담, 교육 등)으로 활용하는 것도 비즈니스 전략의 하나가 될 수도 있다.

네덜란드에는 "태풍이 불어오면 누군가는 담을 쌓고, 누군가는 풍차를 단다"는 속담이 있다. 메타버스, 웹3.0이라는 태풍이 불어오고 있다. 이미 불어 왔다고 볼 수 있다. 담을 쌓을지, 풍차를 달지는 선택이 영역이다. 하지만 메타버스 태풍은 일시적인 유행이 아니다. 어떤 방식으로든 우리의 삶과 비즈니스에 들어오고, 엄청난 변화를 가져올 것이다. 기술혁신에 투자한 기업들이 이 기술을 사장시키지 않을 것이고, 이러한 기술들의 융합으로 더 나은 가치를 창출하는 혁신가들이 끊임없이 나타날 것이기 때문이다.

노진경 메타버스 강사(2022.12.01.), "비즈니스에서 메타버스를 활용하는 방향", 조세일보.

레트로(Retro) 경영과 고객관계관리

07 레트로(Retro) 경영과 고객관계관리

레트로 경영이란, 소비자들의 기억에 남아 있는 향수를 자극해 제품이나 서비스를 되살려 활용하는 마케팅 또는 경영기법을 일컫는다. '복고마케팅', '향수마케팅', '리메이크 마케팅'이라고도 한다. 레트로(Retro)는 과거를 회고한다는 뜻을 지닌 'Retrospective'의 약어로, '과거의 것을 현대적으로 재수정한 것'이라는 의미로 쓰인다. 일반적으로 레트로 마케팅은 추억과 향수라는 인간의 보편적 정서에 근간을 두고 있기에 설득력과 파급효과가 큰 것으로 알려져 있다.

7.1 레트로 경영의 정의 및 개념

IMF 시절 레트로 마케팅이 크게 유행한 게 시사하듯 레트로 마케팅은 특히 불황기에 자주 등장하는데, 이는 기업과 소비자의 이해관계가 맞아떨어지면서 발생하는 현상이다. 기업은 상대적으로 비용을 덜 들이면서도 광고효과를 높일 수 있고, 소비자들은 과거를 회상하며 심리적 위안을 얻을 수 있기 때문이다. 그래서일까? 〈주간한국〉 2015년 1월 20일자는 "복고마케팅은 사라진 브랜드에 새 생명을 불어넣는 '기사회생'의 마케팅이다"라며 "향수를 되새김질하고자 하는 소비자 마음을 헤아리는 따뜻한 마케팅이기도 하다"고 했다.

레트로 마케팅을 추억팔이 마케팅으로 보는 견해도 있는데, 현대적으로 재해석하거나 녹여내지 않는 레트로 마케팅은 성공할 수 없기에 레트로 마케팅을 단순한 추억팔이 마케팅으로 보기 어렵다는 시각도 있다. 예컨대 김병희는"레트로 마케팅은 현재를 팔기 위해 과거를 활용하는 기법이다. 성공적인 마케팅은 단지 향수(nostalgia)를 파는 것 이상이며, 오래된 스타일의 제품을 새롭게 추종한다"며 이렇게 말한다.

"레트로 마케팅에서는 '희미한 옛사랑의 그림자'가 엿보이지만 그렇다고 해서 맹목적으로 과거를 추억하지만은 않는다. 예를 들어, 자동차 회사에서는 제품에 복고 이미지를 도입하지만 현대적 참신함을 가미한다. 대중문화 차원에서는 왕년의 그룹들이 다시 스타로 떠오르는가 하면, 스포츠 분야에서도 레전드 슈퍼 게임이 인기를 얻고 있다. 이는 분명 아날로그적 감성을 일깨우는 전략이지만 거기에 그치지 않고 스마트한 소비자들의 선택을 숨기고 있는 셈이다."[1]

■ 레트로 마케팅이 주목 받고 있는 이유

① 단기간에 브랜드 인지도를 높일 수 있다. 무엇보다 짧은 시간 내에 적은 투자로 브랜드 인지도와 광고효과를 높일 수 있다는 점이다. 하나의 브랜드를 고객에게 인지시키는 데 드는 광고와 마케팅비용은 약 200억 원이라 한다. 그러니 소비자들의 추억과 향수를 자극해 마케팅비용과 광고비를 절감할 수 있다. 또한 외환위기로 안타깝게 사라진 복고 제품의 경우 소비자들의 신뢰를 일찌감치 검증받은 경우가 많기 때문에 신뢰감을 자연스레 획득할 수 있다.

② 기성세대와 신세대의 중간 매개체가 된다. 흘러간 제품을 등장시킴으로써 구세대에게는 향수를, 신세대들에게는 신제품을 선사한다. 기성세대 사이에서 인기를 얻는 복고제품이라면 신세대들의 호기심을 유발하여 함께 공감하고 즐길 중간 매개체로써의 역할을 해주니 일석이조의 효과를 거두게 된다.

1 Daum 백과사전, 2015.

7.2 레트로 경영과 CRM에서의 활용 방안

(1) 추억을 공유하는 평생고객화전략

최근 들어 전국 곳곳에 '새마을식당'이라는 간판을 내건 식당들이 성업 중에 있다. 처음 사업이 시작될 때에는 "연탄일번지"라는 브랜드로 시작해서 "열탄일번지"라는 이름으로 바뀌고 현재에는 "새마을식당"으로 재탄생된 프랜차이즈 기업이 있다. 새마을식당에 들어서면 새마을 노래가 흘러나와 중·장년층들에게는 1970년대의 향수를 자극한다. 양은냄비에서 부글부글 끓는 김치찌개의 맛, 고기류도 비교적 싼값에 먹을 수 있다 보니 저녁 시간에는 빈자리를 찾을 수 없을 만큼 인기가 있다. 새마을식당의 탄생 스토리를 들여다보면, 사람들이 부담 없이 소주를 마시면서 안주로 값싼 돼지갈비를 구워먹게 하면 어떨까 하는 생각에서 시작해서 1960, 70년대의 분위기가 나는 허름하고 만만해 보이는 인테리어를 하고 연탄불을 쓰면서 향수 가득한 어린 시절로 돌아가 고기를 구워 먹는 기분을 제공하는 추억경영에서 시작되었다고 할 수 있겠다.

최근에 유명 드라마 촬영장소로 어떤 카페가 유명해지기도 한 서촌마을은 경복궁을 중심으로 서쪽에 있다 하여 별명으로 불렸던 이곳은 성곽 안쪽에 자리한 옥인동, 통인동, 효자동 등 경복궁 역에 이르기까지의 지역으로 새로운 추억의 명소로 자리 잡고 있다. 다행히도 서울의 옛 도심들은 이미 마구잡이식 도심 재개발의 희생양이 될 수도 있었지만, 국내외 관광객들의 입소문을 타면서 서울 도심의 재탄생을 통하여 우리나라 사람들뿐만 아니라 외국 관광객들도 자주 찾아오는 유명한 서울의 명소가 되었다. 이렇듯 모든 상품이나 서비스 그리고 브랜드에는 그것에 알맞은 가치를 부여하여야 한다. 무조건 옛것들을 마구잡이로 부수고 지우기보다는 추억의 옛것들에 대해서 새로운 가치 부여를 통한 추억상품의 신상품화전략이 필요한 것이다.

(2) 좋은 추억을 공유하라!

1997년 제1권 '해리포터와 마법사의 돌'이 출간된 것을 시작으로 주인공 해리가 한 학년씩 올라가면서 겪는 일들을 10년 동안 이야기 해오고 있다. 1998년에는 2권인 '해리포터와 비밀의 방', 1999년에는 3권 '해리포터와 아즈카반의 죄수', 2000년에는 4권 '해리포터와 불의 잔', 2003년에는 5권 '해리포터와 불사조 기사단', 2005년에는 6권 '해리포터와 혼혈왕자'를 거쳐 2007년을 마지막으로 '해리포터와 죽음의 성도들'까지 출간되었다. 주인공역을 맡은 대니얼 래드클리프가 청년으로 성장했지만 영화 팬들에 대한 대니얼 래드클리프에 대한 충성도와 주인공과 조연들이 영화의 스토리 전개에 따라 성장한다는 설정 때문에 배우들을 교체하지 않았다. 출생부터 죽을 때까지 한 브랜드와 유대관계를 형성해 나이가 들수록 더 많은 고객을 끌어들일 수 있다는 전략이다. 고객들은 새로운 시리즈가 계속 출판되고 개봉될 때마다 열정과 관심은 더욱 커졌다. 동시에 새로운 고객들이 만들어졌으며 기존고객층은 더욱 넓고 두터워졌다.

해리포터 마케팅은 늘 새로운 고객을 창출해야 한다는 딱딱한 생각에서 벗어나 매니아 층의 고객과 영원히 함께 한다는 경영전략을 채택했다. 대부분의 브랜드는 기존고객이 성장하면 새로운 제품을 찾기 때문에 기존고객을 포기하고 새로운 고객을 창출해야 하는 어려움을 갖고 있다. 또 일부 고객들에게 오랜 사랑을 받았던 브랜드들도 지루하고 나이든 이미지에서 벗어나기 위해 과감한 변화와 혁신을 함으로써 젊은 브랜드로 변신을 시도한다. 하지만 이러한 과정에서 기존고객을 잃어버리고 신규고객을 확보하는 것 역시 실패하는 기업 경영의 오류를 범할 수 있다. 하지만 해리포터 마케팅은 특정 시기에 태어난 고객을 타깃으로 그들과 함께 성장하는 전략을 사용하고 있다. 이와 같이 해리포터 시리즈가 10년이라는 긴 시간 동안 고객들의 사랑을 받을 수 있었던 것은, 일반적 브랜드처럼 특정 연령을 타깃으로 하는 것이 아니라 고객들이 해리포터와 함께 성장하면서 고객의 친구로 자리 잡는데 있다. 소비자들을 감동시킬 새로움을 잃지 않으면서도 고객과 끈끈한 유대감을 형성함으로써 브랜드 충성도를 확고히 하며 고객과 함께 추억을 공유하며 흔들

리지 않는 마니아를 형성하는 것이다. 즉, 시대적인 유행과 고객의 성향을 반영하지만 근본적 상품의 이미지는 계속적으로 지켜나가면서 고객들과 오랜 기간 끈끈한 공감대를 형성할 수 있는 현명한 경영 마인드를 지켜나갔던 것이다.

(3) 추억경영, 장기고객화를 통한 수익성 향상에 기여

기업경영의 비용관리 측면에서 보면, 신규 고객유치를 위한 비용이 기존 고객을 유지하는 데에 소요되는 비용에 비해서 약 5배 정도의 비용이 더 소요된다고 한다. 최근에도 각 휴대폰 통신사마다 신규고객을 확보하기 위해서 상담 금액의 휴대폰 보조금 등을 지급하면서 통신사 신규고객 확보에 밤낮이 없다. 하지만 한 번 고객이 된 회원에게는 통신사 회원카드 할인 등을 통하여 문화 및 외식 부문에서 약간의 할인 혜택만을 줄 뿐 특별한 비용혜택이 없다. 기존 고객을 유지하는 데에는 빈약한 비용투자를 실행하고 신규고객 확보에 막대한 비용을 사용하면서 막상 신규고객은 통신사와 맺은 약정기간만 지나면 고객은 미련 없이 기존의 회사와는 이별을 통보하는 것이 현재 우리 이동통신 시장의 단면이다.

그렇다면 기업은 신규고객을 장기고객화하기 위하여 기존고객 유지에 적절한 전략을 수립하여야 하는데 이는 통계적으로 볼 때 장기고객들은 기업 수익성 향상에 많은 기여를 하고 있다고 밝혀지고 있다. 따라서 기업의 지속가능한 성장을 위해서는 무엇보다도 고객의 장기적인 유지가 필요한데, 이를 위해서는 고객의 마음을 이해하고 고객의 기업에 대한 정확한 요구 사항들을 획득하기 위해서, 기존의 일상적인 비즈니스 관계에서는 거의 남남이던 거래적인 관계에서 발전하여 '우리'라는 관계의 단계에 이르러야 하는데, 이때 필요한 경영기법이 추억경영이 될 수 있다. 추억은 개인이 가지고 있는 과거 기억의 집합체인데 개인은 자신의 뇌를 보호하기 위하여 과거의 아픈 기억은 가능하면 잊어버리려는 본능적인 방어 기질이 있어 가능하면 좋은 과거의 기억만을 추억하려고 한다.

이때 기업은 소비자의 과거 좋은 기억들을 터치 하여 추억들을 현재에도 맛볼 수 있는 경험을 상품이나 서비스와 함께 제공할 때에 소비자들은 자신의 마음의 문을 열고 기꺼이 지갑을 열어서 상품이나 서비스를 구매하게 되는 것이다. 소비자는 항상 어떤 기업의 상품이나 서비스를 구매하는 데에 까다롭고 쉽게 마음을 바꾸지만 어떤 기업이 자신을 어떠한 형태로 대우하느냐에 따라서 그 기업을 신뢰하게 되고 충성심 높은 소비자로 남아 있게 되는 것이다. 이때 기업은 소비자에게 당신의 추억은 소중하며 가치 있는 삶이었다고 긍정적인 메시지를 보내게 되면 소비자의 마음은 어느새 그 기업의 지지자 또는 마니아층으로 변신하게 된다.

7.3 레트로 경영의 활용 사례

(1) 응답하라 1988, 1994, 1997

최근 GS25편의점에서는 군대 관련 음식이나 군용품을 판매 중이다. 이것은 진짜사나이의 인기에서 비롯된 제품인데 진짜사나이는 군대를 갔다 온 남자들에게는 힘들었지만 동료들과 함께여서 즐거웠던 추억을 떠올리게 하고, 다른 시청자들은 지금까지 닫혀있던 군대를 볼 수 있는 기회를 제공하며, 군은 딱딱하게만 느껴졌던 군에 대한 이미지를 개선시키는 데 성공한 추억마케팅이라고 할 수 있다.

이와 함께, '진짜사나이'의 초기 시청률은 13.3%(닐슨코리아 제공)로 '1박 2일', '런닝맨'을 제치고 동시간대 1위를 거머쥐었다. '진짜사나이'의 성공은 어찌 보면 예견되었다고 볼 수 있다. '진짜사나이'는 대한민국 성인 남성이라면 극소수를 제외하고는 누구나 갔다 온 군대를 가장 짠한 향수를 불러오는 추억으로서 활용함은 물론이며, 또 입대를 앞둔 남성과 말로만 듣던 여성들의 호기심을 충족해주는 수단으로서 활용했다. 바로 그것이 '진짜사나이'를 일요일 예능의 강자로 올려놓은 것이다.

한편, '응답하라 1997'은 HOT와 젝스키스로 대변된 1990년대를 배경으로, 오빠들에 미쳐있던 여고생과 다섯 친구들의 감성복고 드라마로 많은 인기와 매니아층을 이룬 드라마이다. 이들은 1997년 당시 고등학생들의 사랑과 일상을 드라마로 재표현하면서 많은 사람들의 공감과 사랑을 받았다. '응답하라 1997'은 최고시청률 9.7%로를 기록했으며, 남녀 10~50대 연령층에게 모두 동시간대 1위 시청률을 자랑하였다. 이 드라마의 제작진들은 추억인기에 힘입어 다음 작품 '응답하라 1994'를 제작하였다. 1994년을 배경으로, 지방 사람들의 눈물겨운 상경기와 농구대잔치, 서태지와 아이들 등의 사회적 이슈를 담은 드라마로서, '응답하라 1994' 또한 시청자들에게 많은 사랑을 받았다. 이 드라마는 평균 시청률 8.1%, 순간시청률 9.8% 자체 최고 시청률을 넘어 섰으며, 동시간대 1위 시청률을 자랑하였다.

(2) 유행은 돌고 돈다

추억경영은 식품산업뿐만 아니라 패션산업에서도 큰 영향을 끼치고 있다. 그래서 패션업계에서는 "패션(유행)은 돌고 돈다."라는 말까지 나오고 있다. 떡볶이코트는 2000년도 초반에 고교생들의 전유물로 남아있었지만 요즘 많은 추억경영으로 다시 유행이 되어 최근에 많은 사람들이 입고 다녔다. 많은 의류회사가 서로 앞 다투어 떡볶이코트를 2013년도 신상품으로 출시하였다.

문화미디어산업에 있어서도 '추억경영'이 존재한다. 롯데시네마는 한석규, 심은하 주연의 '8월의 크리스마스'(1998), 소피 마르소 주연의 '라붐'(1980)과 '유 콜 잇 러브'(1988), 뤽 베송 감독의 '레옹'(1994), 장국영 주연의 '해피투게더'(1997), 이와이 순지 감독의 '러브레터'(1995) 등은 몇 년 전에 상영하였다. 재개봉 되는 영화를 보면 3040들이 20대를 보냈던 1990년대의 작품들인 것을 알 수 있다. 지금 소비의 주체가 된 3040들을 타겟 고객으로 하여 경영전략을 펼친 것으로 생각된다. 또한 영화를 이용한 '추억경영'은 적은 마케팅비용으로 소비자들의 지갑을 열게 할 뿐만 아니라 부가판권 시장도 활성화 시킬 수 있는 일석이조의 효과를 볼 수 있다.

3040세대들에겐 추억의 향수를 불러일으킬 수 있고 7080세대들에게는 명작 영화들을 큰 스크린 화면으로 다시 접할 수 있는 좋은 기회이다. 최근에 재개봉한 타이타닉은 다른 사람들의 추억이었던 타이타닉이 중장년층에게도 추억으로 남을 수 있다는 점이 '추억경영'의 가장 큰 메리트가 아닐까 싶다. 또한 1020세대가, 소비주체가 되는 10년 뒤엔 이들이 가진 추억이 '추억경영'의 요소가 될 수 있다.

(3) 누구에게나 추억은 소중하고 아름답다!

얼마전 케이블에서 방영한 '응답하라 1994'로 인하여 복고열풍이 불고 있다. 기업들도 이에 발맞추어 고객들의 추억을 자극할 수 있는 경영을 하고 있다. 한 제과제품회사는 1990년대에 인기를 끌었던 제과제품들을 그 시대의 디자인 그대로 출시하기도 하였다. 또한 최신영화가 아닌 옛영화들도 재개봉하는 추세이다. 맥도날드는 1955년 첫개장을 기념한 1955버거와 1988년 처음 우리나라에 입점한 것을 기념하기 위해 1988버거를 출시하는 등 그 시대를 추억할 수 있는 맛을 재현하여 인기를 끌고 있다. 이처럼 추억이라는 것은 소비자와의 공감대를 공유하고 이로 인하여 신뢰를 쌓아 결국 장기적이고 지속적인 관계를 유지할 수 있도록 하는 좋은 매개체가 되는 것 같다.

사례 1

돌아온 X세대, 지금은 '레트로 마케팅 시대'

과거 유행했던 포켓몬 빵이 20년 만에 다시 귀환하여 품귀현상을 일으키고 있다. 용돈을 모아 포켓몬 빵을 샀던 어린이는 어느새 어엿한 직장을 가진 '어른이(어른과 어린이를 합친 신조어)'로 성장했고, 이들은 과거 향수에 사로잡혀 포켓몬 빵을 박스째 사들이고 있다. 이처럼 과거 추억을 회상할 수 있는 상품을 소비자들이 다시 찾도록 하는 마케팅 기법을 '레트로(Retro) 마케팅'이라고 하는데, 바로 이 레트로마케팅이 포켓몬 빵 인기의 비결이다. 그런 의미에서 최근 포켓몬 빵의 화려한 귀환은 이러한 '추억 소환' 마케팅이 놀라운 힘을 발휘한 결과이다.

◇ 큰 인기를 끌고 있는 포켓몬 빵

레트로 마케팅은 과거의 제품이나 서비스를 현재 소비자들의 기호에 맞게 재해석하여 마케팅에 활용하는 것을 말한다. 복고는 오래된 것이라는 느낌을 주기도 하지만 당시를 경험한 세대들에게는 향수를 불러일으키며 반가움과 위로를 주고 젊은 세대들에게는 새로운 문화를 접하는 듯한 신선함을 줄 수 있다.

이를 이용한 복고 마케팅은 단순히 과거에 유행했던 것을 그대로 다시 파는 방식이 아니라, 현대적 감각을 가미하여 새로운 트렌드로 소비자를 유혹하는 것을 의미한다. '유행은 돌고 돈다.'라는 말이 있다. 그 범위는 패션을 비롯하여 식품, 디자인, 음악 등 다양한 분야에 적용된다. 최근 SPC삼립이 재출시한 포켓몬 빵이 일주일 만에 150만 개 판매를 돌파한 것이 복고 마케팅의 대표적인 예이다.

1998년 처음 모습을 드러낸 포켓몬 빵은 판매 당시 빵에 동봉된 '띠부띠부씰'(떼었다 붙였다 하는 스티커)을 수집하는 열풍을 불러일으키며 월평균 500만 개가 판매되기도 했다. 2006년을 기점으로 판매를 종료했지만, SPC삼립은 소비자들의 지속적인 요청에 '그때 그 추억 소환'을 콘셉트로 포켓몬 빵을 재출시했고, 그 인기는 예상을 뛰어넘어 출시 일주일 만에 150만 개의 판매고를 올렸다. 이는 SPC삼립 베이커리 신제품의 동일 기간 평균 판매량보다 6배 이상 높은 수치다.

예상을 뛰어넘는 포켓몬 빵 주문에 물량이 부족해져 편의점 업계에서는 전국 매장에 유통되는 포켓몬 빵 4종의 발주 수량을 각각 1개씩으로 제한하기도 했다. 그 때문에 이른 아침 동네 편의점을 방문해도 가판대에 포켓몬 빵 가격표만 붙어 있고 정작 빵은 없는 진풍경이 연출되기도 했다. 포켓몬 빵 실물을 직접 보기 위해 다른 동네 편의점, 슈퍼로 원정을 떠나는 소비자들도 등장했다. 이에 띠부띠부씰이 중고거래 앱인 당근마켓과 번개장터 등에서 포켓몬 빵 소비자가격(1500원)보다 비싸게 판매되는 현상이 발생하기도 했다. 지난 3월 7일(월)을 기준으로 당근마켓에서는 띠부띠부씰 1개에 6만 원까지 판매된 것으로 기록됐다. 일부 편의점에서는 소비자들이 포켓몬 빵을 배송하는 차량을 기다리는 등 '오픈런' 현상까지 빚기도 했다.

포켓몬 빵은 어린 시절 추억을 그리워하는 30대 고객은 물론 새로운 제품에 관심을 보이는 10대, 20대 고객에게도 호평을 얻고 있다. 출시 당시 선풍적 인기를 이끌었던 '띠부띠부씰'을 새 단장해 동봉했는데, 그 전략이 2022년에도 주효했다는 평가다. 그룹 BTS의 멤버 RM도 SNS를 통해 포켓몬 빵 띠부띠부씰을 공개하면서 포켓몬 빵에 심취한 모습을 보였다.

유튜버 '허팝'도 오픈런을 시도하며 포켓몬 빵을 사는 모습을 영상에 담았다. 이처럼 SNS상에 포켓몬 빵을 수집하는 게시물이 올라오면서 포켓몬 빵 열풍이 점점 더 커지고 있다. 박소은(국제통상·19) 씨는 "띠부띠부씰을 모으기 위해 포켓몬 빵을 샀다. 어릴 때 추억은 아니지만 사람들이 원하고 찾다보니 더 가치있게 느껴지고 유행에 동참한다는 느낌을 받는다."라고 밝혔다. 또한 이러한 레트로 마케팅이 유행하는 이유에 대해서는 "3040세대 사람들에겐 실제 어릴 적 추억이고 이제는 구매력까지도 갖췄기 때문에 좋은 타겟이 된 것 같다. 더불어 인터넷이나 SNS에서 화제가 많이 되다 보니 유행을 따르고 싶은 1020세대 학생들까지 끌어들이고 있다"라고 전했다.

◇ 다시 떠오른 복고 열풍

MZ세대를 겨냥한 최근 식품업계의 추억 마케팅은 '경험해 본 이'와 '경험해보지 못한 이' 모두를 공략한다는 점이 특징이다. MZ세대의 한 축인 30대 고객은 과거의 향수에 젖어 상품을 찾고, 다른 한 축인 10대, 20대는 새로운 것에 대한 갈증으로 소비에 나선다는 것이다. 과거 초등학생들의 길거리 간식이었던 달고나는 2020년 유튜브를 통해 400번 이상을 저어야 하는 달고나 커피가 화제가 되면서 다시 한 번 주목을 받았으며, 넷플릭스에서 '오징어 게임'이 방영된 이후에는 트렌드로 자리 잡아 밀레니얼과 Z세대 소비층을 강타했다.

커피빈과 탐앤탐스는 '달고나 라떼'를 출시했으며 CU는 지난해 마카롱, 롤빵, 캔디 등 달고나 디저트 시리즈를 출시했다. 월 평균 5만 개 이상 팔리는 신세계푸드의 '올반 옛날통닭' 역시 이 같은 유행에 따라 과거의 누런 치킨 봉투를 연상시키는 포장지와 레트로 폰트를 사용한 디자인을 통해 레트로 감성을 잘 담아냄으로써 누군가에겐 퇴근길 아버지의 손에 들려 있던 통닭을 떠올리게 하는가 하면, 누군가에겐 기존 치킨과는 다른 이색적인 경험을 선사하는 상반된 매력을 어필했다. 이러한 마케팅 전략이 유효하여 2020년 11월 출시한 올반 옛날통닭은 올해 1월까지 80만 개가 팔렸다.

한편 빙그레는 이러한 추세에 맞춰 2016년 단종된 '링키바'를 이달 중 재출시할 예정이다. 1990년대 초 출시된 '링키바'는 알록달록한 색감과 함께 골라 먹는 재미로 인기를 끌었으며, 이번 재출시는 소비자들의 지속적인 요청에 따른 것이다. 또한 빙그레는 2003년 라면 사업에서 철수하며 생산을 중단한 '매운콩라면'의 재출시 일정도 검토하고 있다.

CJ프레시웨이도 추억의 과자를 내놨다. 40년 전통을 자랑하는 '뻥이요'를 1982년 출시 당시의 감성을 듬뿍 담아 새로운 콘셉트로 단장해 출시한 것이다. '진로이즈백'을 출시한 하이트진로는 코로나19로 주점 운영 제한, 소비 심리 위축이 일어났음에도 실적은 오히려 개선됐다. 이러한 흥행의 요인으로는 진로이즈백의 레트로 마케팅으로 인한 브랜드 인지도 상승 및 판매량 증가가 언급되고 있다. 진로이즈백은 70년대에 생산된 소주와 비슷하게 파란 라벨과 전통적 느낌의 한자를 사용하여 소주에 레트로 느낌을 더했으며 두꺼비 캐릭터로 친근한 이미지를 만들어냈다.

식품뿐만 아니라 제품에서도 레트로 마케팅이 각광받고 있다. LP 음반은 국내에서 카세트테이프와 함께 음반 업계에 자리매김했으나 1980년대부터 찾아보기 힘들어졌다. 높은 비용과 까다로운 관리를 이유로 CD가 보편화되면서 쇠퇴했던 것이다. 하지만 레트로 마케팅의 흥행에 힘입어 현재 LP음반을 소품으로 이용하는 카페나 음식점이 늘어나는 추세이다.

예스24에 따르면 LP상품 구매자 중 2030비율은 2019년 27%에서 2021년 40.8%로 대폭 늘었다. 이러한 트렌드에 맞춰 가요계에도 'LP앨범 출시'를 홍보 마케팅으로 이용하기도 했다. 이준서(응용화학·22) 씨는 "레트로 제품이 손이 많이 가고 더 섬세한 느낌이다. 관리가 어렵지만 이게 단점이자 장점이다. 특유의 LP 소리는 감성적이고 수집하는 즐거움도 있다"라고 전했다. 또 김용희(소프트웨어·18) 씨는 "취미로 LP판 모으기를 시작할 땐 별로 인기가 없었는데, 레트로 열풍을 타는 것을 보고 선구자가 된 느낌이 들어 내심 흐뭇했다. 사실 아날로그다 보니 디지털 음원보다 한참 뒤쳐지지만 그 감성의 맛에 끊지 못하고 있다"라고 전했다.

◇ 레트로 마케팅이 각광받는 이유

그렇다면 이러한 레트로 마케팅이 각광받는 이유는 무엇일까? 김낙현(중앙대학교 다빈치교양대학) 교수와 한승우(중앙대학교 다빈치교양대학) 교수의 논문인 '레트로 및 뉴트로 현상에 관한 연구동향과 인터넷 신문기사의 의미 분석'에 따르면 사람들이 레트로를 통해 과거로 회귀하려 하는 이유는 불안함 때문이라고 설명한다.

한편 김나경(광고홍보) 교수는 "레트로 마케팅은 소비자에게 감성을 판매하는 것과 마찬가지이므로 이색적인 경험을 담은 기획 상품을 한정판매 함으로써, 가치 소비자들의 지갑을 공략하기 위한 방안으로 최근 많이 활용되고 있다"라고 설명했고, 레트로 마케팅의 인기 이유에 대해 "기존 제품을 통한 마케팅으로 투자에 대한 리스크를 줄일 수 있기 때문이다. 코로나로 인한 경기 불황으로 어려운 상황에서 신제품 개발에 투자하는 것은 기업에게 부담이 되지만, 레트로 마케팅을 통한 제품 리뉴얼은 신제품 대비 개발 비용과 시간 등 마케팅 비용에 대한 부담이 적다. 둘째, 오래전 제품이 출시되어 일정한 고객층이 확보돼 있고, 소비자들의 꾸준한 요청에 따른 리뉴얼이 많아서 큰 수익보다 안정적인 매출 확보에 용이하기 때문이다"라고 밝혔다. 소비자 입장에서는 "밀레니얼 세대(1980~2000년대 초 출생)에게는 과거 어릴 적 추억이 되살아나게 하고, Z세대에게는 윗세대를 통해 경험한 상품들을 새롭게 접해보는 즐거움과 신선함을 전달할 수 있기 때문이다"라고 설명했다.

이전부터 포켓몬 고, 응답하라 시리즈 등으로 인기 있던 레트로 마케팅이지만 포켓몬 빵 열풍과 더불어 다시 한번 대세로서 인기와 위력을 증명하고 있다. 김나경 교수는 한동안 레트로 마케팅 인기가 이어질 것으로 전망했다. 그렇게 생각한 이유에 대해 "유년시절 먹었던 간식이나 제품을 다시 활용하고자 하는 소비자의 니즈가 늘고 있기 때문에, 단종된 제품이 다시 새단장을 통해 시중에 등장하는 사례가 증가할 것으로 예상되고 있다"라고 설명했다. 덧붙여 "레트로 마케팅은 예전 것을 현대적으로 재해석하는 것이기 때문에 인지도 확보 측면에서 장점이 있고 매니아층도 존재하므로 마케팅에 유리하다. 그러나 이미 경험한 상품이기 때문에, 새로움에 대한 기대감이 떨어질 수 있어서 소비자들의 기대를 충족시키지 못한다면 실패로 이어질 수 있기에 주의가 필요하다"라고 우려했다.

'그때 그 시절'을 떠오르게 만드는 '추억 마케팅'은 현재 가장 효과적인 마케팅 방법으로 각광받고 있다. 과거에 출시됐던 상품을 그대로 판매하는 것이 아닌, 현대에 맞게 재해석하여 현대인들의 기호에 충족시키는 상품은 앞으로도 큰 인기를 끌 것이다. '옛것은 진부하다'라는 젊은 층의 편견을 깨고, 그 시절을 보낸 기성세대에겐 추억과 향수를 선물한다는 점이 레트로 마케팅의 가장 큰 특징이다. 하지만 무분별한 회고는 소중했던 그 시절의 기억을 훼손할 수 있고, 젊은 층에 오히려 거부감을 안겨줄 수도 있다. 따라서 '옛것'을 즐기는 것도 좋지만 지금의 레트로 마케팅 열풍을 해석하고 이해함에 있어 신중한 접근이 필요하다.

김미현 기자(2022. 04. 04), "돌아온 X세대, 지금은 '레트로 마케팅 시대'", 국민대신문사.

사례 2

돌아온 싸이월드, 다시 뜨는 세기말 패션 … 복고 마케팅 불 붙었다

▲메타버스 · NFT 기술과 결합 … 올드감성 자극하며 인기몰이

"ㄷr시 만나서 반ㄱr워!" 요즘 싸이월드 홈페이지에서 만날 수 있는 한글자음과 영어알파벳을 차용한 문구다.

새로워진 '싸이월드'가 부활했다. 대한민국의 시계는 2000년 전후로 되돌려졌고, 동시에 '복고 마케팅'을 찾는 수요도 뜨겁게 달아오르고 있다.

코로나19 확산으로 불황이 장기화되면서 행복했던 옛 시절을 그리워하는 소비심리를 자극하는 유통업계의 마케팅 전략이 IT 산업은 물론 드라마와 패션 그리고 먹거리 부문까지 파고들고 있다. 이는 재택근무 · 혼술 · 혼밥 · 온라인 교육 · 개취(개인적 취미) 확산과도 무관치 않다.

1990년대 감성을 자극하는 대중가요의 역주행 열풍부터 이른바 '달고나·뽑기'를 연출한 드라마는 물론 '세기말 패션'이나 'Y2K룩'과 같은 뉴트로(새로운 'New'와 복고를 뜻하는 'Retro' 합성어)까지 거리두기 완화 시기와 맞물려 새로운 문화로 자리잡고 있다.

불황의 그림자가 드리웠던 2014~2016께 단순 추억팔이에 그친 마케팅 전략은 2022년 메타버스 · NFT(대체불가능토큰) 신기술이라는 옷을 새로 입었고, 패션 시장 역시 코로나19 상황에 맞춰 MZ세대와 4050세대를 아우를 수 있는 골프와 등산은 물론 '원 마일 웨어(1.6㎞ 반경 내에서 입을 수 있는 옷)' 등이 인기를 끌고 있다.

한형용기자(2022.04.14), "돌아온 싸이월드, 다시 뜨는 세기말 패션 … 복고 마케팅 불 붙었다", 대한경제신문.

제2부 참고문헌

1. 김성근·양경훈. 『e-Business 환경의 경영정보관리』. 문영사, 2001.
2. 김효석·홍일유. 『디지털 경제시대의 경영정보시스템』. 법문사, 2000.
3. 노규성·김민철·정상철. 『e-비즈니스 전략 개론』. 제주대학교 출판부, 2001.
4. 네이버 백과사전
5. 네이버 지식IN
6. 이재규·권순범. 『경영정보시스템원론』. 법영사, 2002.
7. Berry, M.J.A., G.S. Linoff, Data Mining Techniques. John Wiley & Sons, 1997.
8. Laudon, K.C., J.P. Laudon, Management Information System. Prentice-Hall, 7th Edition, 2002.
9. O'Brien, J.A., Management Information Systems. McGraw-Hil, 2002.
10. Turban, E., J.E. Aroson, Decision Support Systems and Intelligent Systems. Prentice-Hall, 6th Edition, 2001.
11. http://220.73.231.35/pl_deu/crm_b.hwp.
12. http://cba.soongsil.ac.kr/project992/abmarketing
13. http://www.crmpark.com/portfolio2132.htm
14. http://www.wkforum.org.

제3부

빅데이터와 고객관계관리

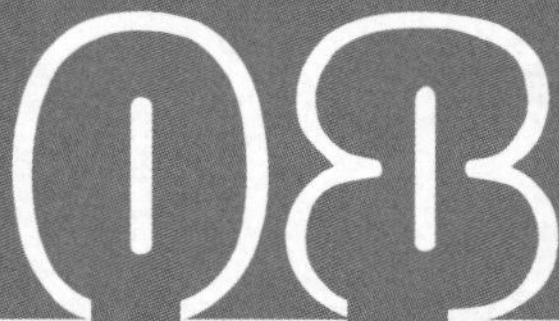

빅데이터 분석과 활용

08 빅데이터 분석과 활용

8.1 빅데이터의 정의와 등장 배경

디지털 경제의 확산으로 우리 주변에는 규모를 가늠할 수 없을 정도로 많은 정보와 데이터가 생산되는 '빅데이터(Big Data)' 환경이 도래하고 있다. 빅데이터란 과거 아날로그 환경에서 생성되던 데이터에 비하면 그 규모가 방대하고, 생성 주기도 짧고, 형태도 수치 데이터뿐 아니라 문자와 영상 데이터를 포함하는 대규모 데이터를 말한다.

PC와 인터넷, 모바일 기기 이용이 생활화되면서 사람들이 도처에 남긴 발자국은 기하급수적으로 증가하고 있다. 쇼핑을 예로 들자면 데이터의 관점에서 보면 과거에는 상점에서 물건을 살 때만 데이터가 기록되었다. 반면 인터넷쇼핑몰의 경우에는 구매를 하지 않더라도 방문자가 돌아다닌 기록이 자동적으로 데이터로 저장된다. 어떤 상품에 관심이 있는지, 얼마 동안 쇼핑몰에 머물렀는지를 알 수 있다. 우리들은 쇼핑뿐 아니라 은행, 증권과 같은 금융거래, 교육과 학습, 여가 활동, 자료검색과 이메일 등 하루 중 많은 시간을 PC와 인터넷에 할애한다. 사람과 기계, 기계와 기계가 서로 정보를 주고받는 사물지능통신(M2M: Machine to Machine)의 확산도 디지털 정보가 폭발적으로 증가하게 되는 이유다. 이것이 빅데이터가 등장하게 된 배경이다.

표 8-1 빅데이터 환경의 특징

구 분	기 존	빅데이터 환경
데이터	· 정형화된 수치자료 중심	· 비정형의 다양한 데이터 · 문자 데이터(SMS, 검색어) · 영상 데이터(CCTV, 동영상) · 위치 데이터
하드웨어	· 고가의 저장장치 · 데이터베이스 · 데이터웨어하우스	· 클라우드 컴퓨팅 등 비용효율적인 장비 활용 가능
소프트웨어/분석 방법	· 관계형 데이터베이스(RDBMS) · 통계패키지(SAS, SPSS) · 데이터마이닝 · Machine learning, knowledge discovery	· 오픈소스 형태의 무료 소프트웨어 · Hadoop, NoSQL · 오픈소스 통계솔루션(R) · 텍스트마이닝 · 온라인 버즈 분석 · 감성분석

자료: KISID(2012), 빅데이터 혁명과 미디어 정책 이슈, KISDI PREMIUM REPORT.

8.2 빅데이터의 3대 요소

(1) 크기(Volume)

비즈니스 특성에 따라서 다를 수 있지만, 일반적으로 수십 테라 혹은 수 페타 바이트 이상이 빅데이터의 범위에 해당한다. 이러한 빅데이터는 기존 파일 시스템에 저장하기 어려울 뿐만 아니라, 데이터 분석을 위해서 사용하는 BI/DW 같은 솔루션에서 소화하기 어려울 정도로 급격하게 데이터 양이 증가하고 있다. 이러한 문제를 극복하기 위해서는 확장 가능한 방식으로 데이터를 저장하고, 분석하는 분산 컴퓨팅 기법으로 접근해야 한다. 현재 분산 컴퓨팅 솔루션에는 구글의 GFS, 아파치의 하둡, 대용량 병렬 처리 데이터베이스로는 EMC의 GreenPlum, HP의 Vertica, IBM의 Netezza, 테라데이터의 Kickfire 등이 있다.

(2) 속도(Velocity)

빅데이터의 속도적인 특징은 크게 실시간 처리와 장기적인 접근으로 나눌 수가 있다. 우리는 매일 매 순간 데이터를 생산하고 있다. 교통카드로 지하철과 버스를 이용할 때도 교통비와 탑승위치를 남기고, 금융거래를 할 때도 금융기관의 데이터베이스에 데이터를 만들게 된다. 인터넷 검색을 할 때도 모든 검색어가 저장이 되고, 쇼핑몰이나 포털 사이트 같은 곳을 이용할 때도 우리가 클릭한 이력이 모두 저장된다. 스마트폰에서 SNS나 지도 같은 앱을 이용할 때도 우리의 위치정보를 남기게 된다. 이와 같이 오늘날 디지털 데이터는 매우 빠른 속도로 생성이 되기 때문에 데이터의 생산, 저장, 유통, 수집, 분석이 실시간으로 처리되어야 한다. 예를 들어, 게임의 채팅창에서 누군가 불건전한 내용을 입력할 경우, 시스템에서 이러한 문구를 바로 분석해서 다른 사용자에게 피해가 없도록 조치를 해야 한다. 또한 온라인 쇼핑몰에서 고객이 책을 주문할 경우, 주문한 책과 유사한 장르나 비슷한 성향의 고객이 구입한 책을 추천한다면 매출을 늘리는 데 도움이 될 것이다. 물론 모든 데이터가 실시간 처리만을 요구한 것은 아니다. 수집된 대량의 데이터를 다양한 분석 기법과 표현 기술로 분석을 해야 하는데, 이는 장기적이고 전략적인 차원에서 접근할 필요가 있다. 통계학과 전산학에서 사용되던 데이터마이닝, 기계학습, 자연어 처리, 패턴 인식 등이 분석 기법에 해당한다.

(3) 다양성(Variety)

다양한 종류의 데이터들이 빅데이터를 구성하고 있다. 데이터의 정형화의 종류에 따라서 정형, 반정형, 비정형으로 나눌 수 있다. 정형 데이터는 문자 그대로 정형화된 데이터로, 고정된 필드에 저장되는 데이터를 의미한다. 예를 들어, 우리가 온라인 쇼핑몰에서 제품을 주문할 때 이름, 주소, 연락처, 배송주소, 결제정보 등을 입력한 후 주문을 하면 데이터베이스에 미리 생성되어 있는 테이블에 저장된다. 이때 테이블은 고정된 필드들로 구성이 되는데, 이렇게 일정한 형식을 갖추고 저장되는 데이터를 정형 데이터라고 한다. 정형 데이터는 기존의 솔루션을 이용하여 비교적 쉽게 보관, 분석, 처리 작업을 진행할 수 있다. 반정형 데이터는 고정된 필드로 저장되어 있지는 않지만, XML이나 HTML 같이 메타 데이터나 스키마 등을 포함하는 데이터를 의미한다. 비정형 데이터란 고정된 필드에 저장되어 있지 않은 데이터를 의미한다. 유투브에서 업로드하는 동영상 데이터, SNS나 블로그에서 저장하는 사진과 오디오 데이터, 메신저로 주고받은 대화 내용, 스마트폰에서 기록되는 위치정보, 유무선 전화기에서 발생하는 통화 내용 등 다양한 비정형 데이터가 존재한다. 빅데이터는 이러한 비정형 데이터도 처리할 수 있는 능력을 갖추어야 한다.

8.3 하둡에 대해

빅데이터에 대한 신문 기사와 기술 보고서를 보면, 하둡이 꼭 함께 소개된다. 또한 IT에 몸담고 있는 사람들은 대부분 빅데이터하면 하둡을 떠오를 정도로 자리 잡게 되었다. 하둡은 대규모 데이터의 분산처리를 위한 오픈 소스 프레임워크이다. 하둡은 오픈 소스 검색 엔진인 루씬의 창시자인 더그 커팅이 개발한 오프 소스 프로젝트이며, 구글이 논문을 통해 발표한 GFS와 MapReduce를 기반으로 진행되었다. 하둡의 핵심은 데이터 저장과 처리이다. 하둡은 여러 개의 서버를 마치 하나의 서버처럼 묶어서 데이터를 저장하고, 처리할 수 있게 해준다. HDFS를 통해 분산 저장하고, MapReduce(맵리듀스)를 통해 분산저장된 데이터를 분산처리하게 된다.

그렇다면 왜 하둡이 빅데이터에서 가장 주목 받게 된 것일까? 앞서 빅데이터를 소개할 때 말했듯이, 현대는 엄청나게 많은 다양한 종류의 데이터가 쏟아져 나오고 있다. 정형 데이터의 경우 기존 RDBMS에 저장할 수 있지만, 웹 로그 같은 비정형 데이터를 RDBMS에 저장하기에는 데이터 사이즈가 너무 크다. 상용 RDBMS가 설치되는 장비는 대부분 고가의 장비를 사용하게 되는데, 데이터를 감당하기 위해 언제까지 스토리지를 늘릴 수도 없기 때문이다. 또한 어렵게 데이터를 저장한다 하더라도, 기존 BI 솔루션으로는 비정형 데이터를 분석해 내기가 어렵다. 하둡은 우선 오픈 소스이기에 소프트웨어 라이센 비용에 대한 부담도 없다. 또한 값비싼 유닉스 장비를 사용하지 않고, x86 CPU에 리눅스 서버면 얼마든지 설치하고 운영할 수 있다. 데이터 저장 용량이 부족할 경우, 필요한 만큼 리눅스 서버만 추가해주면 된다. 또한 하둡은 데이터의 복제본을 저장하기 때문에 데이터의 유실이나 장애도 방지할 수가 있다. 하둡의 저렴한 구축비용과 비용 대비 빠른 데이터 처리, 그리고 장애를 대비한 특성은 많은 기업들의 구미를 당기게 했다. 하둡은 초기에 야후에서만 주도적으로 사용됐지만, 현재는 아마존, 이베이, 페이스북, 마이스페이스 등 글로벌 서비스 업체들에서 주로 이용하고 있으며, 국내에서는 NHN, DAUM과 같은 포털 기업과 KT, SKT 같은 기관통신사업체에서 사용되고 있다. 참고로 현재 야후에서는 약 5만 대, 페이스북에서는 1만 대 이상의 하둡 클러스터를 이용하고 있다.

8.4 빅데이터 국내외 활용 사례

가. 빅데이터 해외 사례

■ **웹사이트 검색통계, 소셜미디어 분석 데이터를 시장 상황 예측에 활용**

- 미국의 소비지출 예측 시 소비자태도지수 설문조사 결과보다 구글의 '구글 트렌드(Google Trends)'를 활용한 결과가 더 정확한 것으로 나타났다.
- 런던의 투자기관 '더웬트 캐피털 마켓츠'는 트위터 데이터를 분석하여 파악한 시장 투자심리를 헤지펀드 운용에 활용, 매일 1억 개의 '트윗'을 분석하여 시장 분위기를 측정한 뒤 이를 포트폴리오에 반영하는 '트위터 펀드'를 개발·운용하였다.

■ 공공 데이터 또는 외부 데이터를 내부 데이터와 결합하여 경영상 기회에 대응

• 미국의 '클라이밋 코퍼레이션'은 공공 기후 데이터를 이용해 이상 기후 발생 시 해당 농가에 보험금을 지급하는 기후보험을 개발 및 판매하였다.

표 8-2 **주요국의 빅데이터 활용 분야**

국 가	활용 분야	내 용
미국	국토보안	· 9·11 이후 미국은 국토안보부를 중심으로 테러 · 범죄 방지를 위한 범정부적 빅데이터 수집, 분석 및 예측체계를 도입 – 부시행정부의 국토안보부 장관인 Michael Chertoff는 국토보안을 위한 빅데이터 추진현황 언급 – 국내외 금융시스템의 개인, 기관의 금융거래 감시로 자금 세탁 및 테러 자금조달 색출 강화
	치안	· FBI의 종합 DNA 색인 시스템(CODIS) – DNA포렌직, 클라우드 DNA 분석 등 "빅DNA데이터"의 활용을 통해 2007년 45,400건의 범인 DNA Hit rate 달성 – 1시간 안에 범인 DNA 분석을 위한 주정부 데이터연계 및 빅데이터 실시간 분석 솔루션 확보
	의료	· 오바마 Health.20 – 필박스 프로젝트(Pillbox) – 국립보건원(National Library of Medicine)의 사이트로 약 검색을 서비스 – Pillbox를 통해 수집된 빅데이터를 통해 후천성면역결핍증(HIV) 등 관리대상 주요 질병의 분포, 연도별 증가 등에 대한 통계치 확보 가능
영국	정보공개	· 영국은 정부사이트(data.gov.uk)를 통해 공공 부문의 정보 공유 및 활용을 위한 데이터 원스톱 서비스 제공 – 정부의 투명성 제고, 국민의 권리 향상, 데이터의 공개를 통한 경제적 · 사회적 가치 증대, 차세대 웹(web of data)에서 주도권 획득 목표 – 일반인들이 참여를 장려하고 아이디어 수렴, 앱 개발, 데이터 공개 등의 주제에 대한 커뮤니티 제공
싱가포르	국가위험 관리	· 싱가포르 정부는 빈번히 발생하는 테러 및 전염병으로 인한 불확실한 미래 대비를 위하여 2004년부터 빅데이터 기반 위험관리 계획을 추진 – RAHS(Risk Assessment & Horizon Scanning) 시스템을 통해 질병, 금융위기 등 모든 국가적 위험을 수집 및 분석하여 위험을 선제적으로 관리 – 수집된 위험정보는 시뮬레이션, 시나리오 기법 등을 통해 분석되어 사전에 위험을 예측하고 대응 방안을 모색함

국 가	활용 분야	내 용
호주	정보 공개	· 호주 정보관리청은 정부 2.0을 통한 정보 개방 – 방대한 양의 정보를 검색하고 분석 및 재사용할 수 있도록 자동화된 툴을 활용하여 시간과 자원을 절감 – AGIMO 산하 정부 2.0 전략/서비스 팀에서는 정부 데이터에 대한 리포지터리 및 검색 툴을 서비스하는 data.gov.au 웹사이트 운영

출처: 국가정보화전략위원회(2011), '빅데이터를 활용한 스마트 정부 구현'

- 일본 '도쿄해상화재보험'은 통신사 'NTT 도코노'와 제휴해 GPS 위치정보를 실시간으로 분석하여 고객이 스키장이나 골프장에 도착 시 맞춤형 보험상품을 안내하였다.

■ 소비자행동 패턴 분석을 이용한 소비자의 숨은 니즈 발견 및 행동 변화 예측을 통한 마케팅전략 수립

- 미국 자동차업체인 '포드'는 차량에 설치된 센서로 고객의 운전습관 등의 데이터를 분석해 신차의 소비자 니즈를 파악하였다.
- 미국 호텔 체인인 '하라스(Harrah's) 그룹'은 카지노 고객의 행동 패턴을 분석하여 핵심고객이 지역 주민임을 인지하고, 주민 맞춤 마케팅으로 만족도 1위를 달성했다. 카지노 주 고객층이 관광객일 것이라는 통념을 깨고 숨은 고객층에 대한 맞춤식 마케팅전략의 성공이었다.
- 미국의 'T-Mobile'은 자사가 보유한 빅데이터를 분석해 고객의 통신사 이동위험을 감지하는 시스템을 운영했다. T-Mobile에서는 3,000만 명이 넘는 가입자로부터 매일 170억 건 이상의 통화 및 송수신 내역을 담은 빅데이터가 발생했다. 빅데이터 분석으로 다른 통신사로 회선을 옮긴 고객이 사전에 보였던 특유의 이용 패턴을 발견하고, 이를 실시간으로 포착하는 시스템을 구축하였다. 고객 간 소셜네트워크를 분석하여 영향력이 큰 고객을 따라 지인들이 동반 이탈하는 현상을 발견하고, 이탈 징후를 보이는 고객에게 맞춤형 추가 혜택을 제공하여 이탈을 방지했다.
- '월마트'는 소셜미디어에서 수집한 빅데이터를 분석해 캘리포니아 마운틴뷰 지역에 자전거에 관심을 갖는 거주자가 많다는 사실을 파악하고 해당 점포의 상품 라인업을 조정하였다.

- '이베이'는 명절이나 기념일처럼 선물 구입이 증가하는 시점에 맞춰 고객의 소셜미디어 활동 내역과 과거 구매이력을 분석하여 고객이 선물할만한 지인의 프로파일을 추정하고 적합한 선물을 추천하였다.

■ 소비자 불만 감소 및 리스크 관리

- 자동차 렌탈업체 '허츠'는 세계 8,000여 지점의 이메일, 콜 센터 및 온라인 VOC에서 고객불만 키워드를 자동으로 추출하고, '지점-서비스-고객불만' 연관성을 파악하여 전사적 서비스 개선에 활용하였다.
- 미국 국세청은 납세정보 DB와 소셜미디어에서 납세정보, 탈세이력, 범죄자의 인적관계를 추출하고 사기 패턴 및 범죄그룹을 파악하여 이상 징후를 감시했다. 이로 인해 불필요한 세금 환급 및 탈세 건수가 감소하였다.
- 유럽연합 의료정보시스템인 '메디시스'는 웹데이터에서 공중보건에 영향을 미치는 사건을 탐지하여 위험을 경고했다. 의학전문 사이트, 뉴스포털 등에서 수집한 뉴스를 수백 개 그룹으로 분류하여 지속 추적했다. 주기적인 사건 등 정보가치가 낮은 데이터를 필터링하여 중요한 이벤트만 추출하였다.

■ 해외 금융회사들은 리스크 관리, 마케팅 등 다양한 분야에 빅데이터를 활용

- 미국 금융지주사인 'BB&T'는 빅데이터를 자금세탁 추적에 활용하여 세탁 추적 작업 시간을 단축하였다. 기존 데이터를 분석하여 약 25개의 시나리오를 만들어 분산거래, 송금, 현금거래 등 다양한 거래 내역을 실시간으로 추적하였다. 수개월씩 걸리던 자금세탁 추적 작업을 하루 단위 작업으로 단축하였다.
- 미국의 특수보험사인 '어슈어런트솔루션'은 빅데이터 분석 정보를 고객관리에 활용하여 고객 해약 및 직원 이직을 방지했다. 고객 개인정보와 상담이력정보를 토대로 고객과 콜 센터 직원 개개인의 친화성 정도를 분석하여 고객 상담 전화가 왔을 경우 적합한 직원을 실시간으로 배정하는 시스템을 개발하였다. 시스템 도입 후 6년간 매출 190% 증가, 고객 해약 방지

율 117% 증가, 직원 이직률 25% 감소하였다.

- '아멕스'는 위치 기반 소셜네트워크 정보를 활용하여 고객별 맞춤형 마케팅을 실시하였다. 위치 기반 소셜네트워킹 웹사이트인 포스퀘어(Foursquare)와 제휴를 맺고 고객의 거래정보 및 위치정보, 소셜미디어 활동정보를 토대로 타겟 마케팅을 실시하였다. 고객이 선호하거나 자주 가는 인근 레스토랑, 카페의 할인쿠폰을 실시간으로 전송하였다.
- 미국의 '제스트파이낸스'는 비정형 데이터를 분석하여 고객 신용평가 모델을 개발하여 활용하였다. 대출 신청자의 통화 습관, 소셜미디어 메시지 등 수천 개의 변수를 반영한 신용평가 모델을 개발하여 단기대출 연체율을 20%까지 감소하고 20%의 수익을 향상시켰다.

나. 빅데이터 국내 사례

■ 국내 은행은 개인정보보호에 대한 우려로 주로 시장분석, 명성분석에 빅데이터를 활용하였으나 점차 활용 영역을 확대 중이다.

- 'IBK기업은행'은 인터넷과 소셜미디어상에서 은행 이미지, 활동 등에 대한 긍정, 부정 등 고객감성 분석을 실시하여 마케팅 및 은행 평판관리에 활용하였다.
- 'SC은행'은 개별 고객 소셜미디어 타겟 마케팅 및 맞춤형 RM(개인 뱅킹 파이낸스 전문가) 세일즈 정보를 제공했다. 기존 CRM이나 MIS에서 다룰 수 없었던 데이터 요건을 정의하여 분석한 고객정보(계좌 개설, 계좌 이동, 상품 만기, 신용카드 변경 등)를 영업점 RM에게 제공, 영업성공률 증가 및 고객 이탈을 방지하였다.
- '국민은행'은 지도 데이터와 고객의 데이터를 결합해 지도 위에서 고객의 거래 내용을 실시간으로 볼 수 있는 시스템을 개발하여 마케팅에 활용하였다. 고객의 특이한 행동 패턴을 분석해 상품을 적시에 공급하는 EBM을 시행하기 위해 TF 구성, 시범 테스트 준비 중이다. 고객 데이터를 활용해 신상품개발이나 신규여신 매출 기회 발굴, 또는 기존여신 고객의 이탈 조기 경보 등에 활용하는 방법도 검토 중이다.

■ **국내 보험업의 경우에는 빅데이터를 보험사기 분석이나 신규고객 발굴에 활용**

- '현대해상화재보험'은 청구된 보험 건에 대해 경험과 빅데이터를 기반으로 분석하는 '보험사기방지시스템'을 국내 최초로 구축하여 보험사기를 적발 및 예방하였다. 보험사기 위험도를 알려주는 시스템으로, 사고접수 시 자동으로 사건의 사기위험도를 보상 담당자에게 전달하여 보험사기 여부 판단 및 처리를 지원하였다.
- '삼성화재'는 빅데이터 분석 솔루션으로 보험사기 고위험군을 분석했다. 보험계약이나 보험 관련 정보 등을 활용해 도덕적 해이 사고 및 고위험군 사고를 분석하는 '보험사고위험예측 시스템'을 개발하였다. 기존 빅데이터를 토대로 사고의 위험도를 스코어링한 후, 일정 점수 이상의 건에 대해서는 보험사기 의심 건으로 추정하여 즉시 조사하였다.
- '알리안츠생명'은 기존 CRM시스템을 보다 구체화하고 정교화한 빅데이터 기반의 'DW&분석CRM시스템'으로 변경하여 활용하였다. 기존에 축적된 고객정보를 보다 정교하게 분석할 수 있는 빅데이터 기반의 'DW&CRM 시스템'을 도입하여 추가가입, 신규가입, 기존고객 계약 이탈방지 등 3가지 예측 모델로 고객 유형을 세분화하고 타겟별 영업 활동을 수행하였다. 이로 인해 보험 모집인은 이 시스템을 활용해 고객별로 필요한 보험 종류를 파악하고 판촉 실시, 시스템 도입 후 추가 가입률이 상승했다.

8.5 미래 빅데이터 시장 전망

■ **비주얼 데이터 분석 도구들은 비즈니스 인텔리전스의 다른 시장들보다 2.5배 빠른 속도로 성장**

- 최종 사용자 셀프 서비스에 대한 조력자 역할 측면에 대한 투자는 모든 기업에게 새로운 요구 사항으로 등장하게 될 전망

■ **클라우드 기반의 빅데이터 및 분석(BDA) 솔루션에 대한 향후 5년간의 투자는 엔터프라이즈 솔루션의 다른 부분들보다 세 배 빠른 속도로 진행**

- 하이브리드/온오프 개발 배치가 새로운 요구 사항으로 대두될 전망

■ **숙련된 기술인력 부족 현상 지속**

- 미국에서만 2018년을 기준하여 18,100명의 인력들이 부족하게 되어, 데이터 관리와 해석에 있어서 관련 직종보다 5배가 넘는 인력 수요가 확대될 전망

■ **통합 데이터 플랫폼 아키텍처가 BDA 전략의 기반이 될 전망**

- 정보관리, 분석, 검색 기술 전역에 걸쳐서 일반화된 형태로 제시

■ **고도화되고 예측 가능한 분석 기능들이 머신러닝과 통합되어 애플리케이션에 대한 새로운 성장세를 가져 올 것으로 전망**

- 애플리케이션들은 예측적인 기능이 존재하지 않는 앱보다 65% 이상 빠른 속도로 성장 예상

■ **대기업들 중 70% 이상이 이미 외부에서 데이터를 구입하고 있으며, 2019년이 되면 모든 기업들이 데이터 구매에 동참**

- 이와 병행하여, 더욱 더 다양한 기업조직들이 자신들이 가지고 있는 데이터에 가치를 수반하고 콘텐츠화하여 제3자에게 판매하고 이를 통한 수익을 얻는 새로운 수익구조 탄생

■ **다양한 이벤트 스트림에 대한 분석을 진행하는 여러 가지 기술채택은 여전히 가속**

- 사물 인터넷 분석과의 연계 및 연평균 30% 이상의 빠른 성장이 예상

■ 의사결정 플랫폼이 더욱 확대되고 2019년까지 의사결정과 의사결정 프로세스 지식 보유와 결합하여 새로운 가치 제공 가능

■ 비디오, 오디오, 이미지를 포괄하는 리치 미디어 분석이 2015년에는 3배 이상 성장하고, BDA 기술투자에 있어서 새로운 중심축을 형성

■ 2018년경, 전체 소비자 중 절반 이상이 인지 컴퓨팅에 기반을 둔 서비스와 상호작용할 수 있을 것으로 기대

사례 1

빅데이터 모아 사회문제 해결 … 국민 삶의질 높인다
[데이터기반 행정 앞장선 행안부]

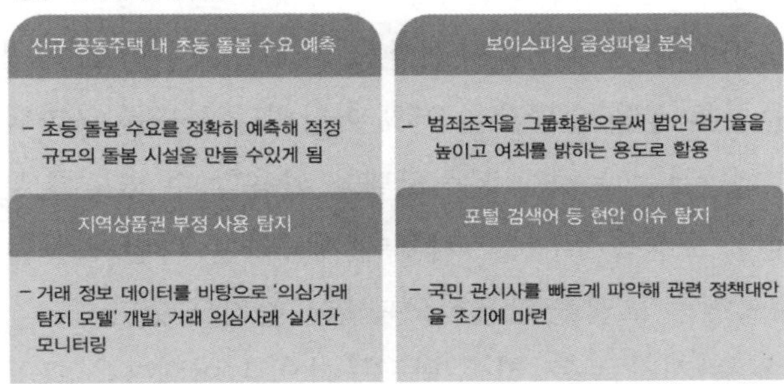

정부가 데이터 분석을 활용해 사회문제를 해결하고 업무 프로세스를 개선하는 사례가 늘고 있다. 윤석열 정부의 핵심 아젠다 중 하나인 '디지털 플랫폼 정부' 구현의 성과가 하나둘씩 나타나고 있는 것이다. 행정안전부는 공공데이터 관리와 분석을 총괄하며 데이터기반 행정을 확장하고 있다. 행안부는 지난해 설치한 통합데이터분석센터를 중심으로 데이터 분석을 진행해 각종 사회문제와 업무프로세스를 개선하는데 활용하고 있다고 11월 30일 밝혔다. 특히 아파트의 전용면적 등을 분석해 초등학생의 돌봄수요를 미리 파악하고, 돌봄센터를 설치하도록 한 것은 데이터 분석을 효과적으로 활용한 대표 사례 중 하나다.

앞서 국토부는 지난해 1월 신규 아파트단지의 주민공동시설에 온종일 돌봄 시설인 '다함께 돌봄센터' 설치를 의무화했다. 하지만 아파트 단지가 들어서기 이전 단계에서 돌봄이 필요한 초등학생수를 정확히 예측해 그에 맞는 적정 규모의 돌봄 시설을 만들기는 쉬운 일이 아니었다.

이에 행안부는 아파트와 주변정보, 인구현황을 종합적으로 고려해 신규 주택 단지내 초등돌봄 수요를 예측할 수 있는 모델을 개발했다. 해당 아파트가 위치한 지역의 특성을 활용하고 관련 데이터를 알고리즘으로 분석, 돌봄이 필요한 초등학생 수를 예측한 것이다.

◇ 디지털 분석 통해 돌봄수요 예측 …"시설 활용도 높여"

수요 예측에는 아파트 건폐율, 주차대수, 통계청 가계동향조사 데이터 등 290종의 변수가 활용됐다. 그 결과, 초등학교 학생수와 아파트 단지 준공후 실제 수요값은 95% 이상의 유사도를 나타냈다.

이후 행안부는 누구나 분석모델을 활용할 수 있도록 분석코드 등을 공개했다. 보건복지부는 지자체에 제공하는 '다함께 돌봄 사업안내' 지침에 수요예측 모델을 활용하도록 명시하기도 했다.

행안부 관계자는 "자칫 주먹구구식으로 이뤄졌을 공공시설 설치에 빅 데이터 분석 기법이 활용된 사례"라며 "합리적인 기준이 마련되면서 현장에서의 시설 활용도를 크게 높일 수 있게 됐다"고 말했다.

정부의 데이터분석은 지자체가 발행하는 지역사랑상품권의 부정사용을 막는데도 활용된다. 지난해 기준으로 지역사랑상품권의 발행규모가 23조원에 이르는 만큼 부정 사용을 억제하는 것은 작지 않은 과제로 거론돼왔다.

이에 행안부 통합데이터분석센터와 한국조폐공사는 총 4000만건의 지역사랑상품권 거래정보 데이터를 바탕으로 '의심거래 탐지모델'을 개발했다. 의심거래 탐지모델은 지난 7월부터 지자체 현장에서 활용되고 있다.

기존에 각 지자체에서는 지역사랑상품권의 부정유통이 의심되는 사례에 대해서만 직접 조폐공사에 데이터 추출을 요청해 점검을 진행했다. 하지만 의심거래 탐지모델이 개발되면서 실시간 점검과 모니터링을 할 수 있게 됐다.

탐지모델을 개발하는 과정에선 △가맹점·이용자 정보 △구매·선물·환전·결제 내역 △계좌변경 이력 △부정거래 적발사례 등 총 20여종, 4000만건의 데이터가 활용됐다. 분석 결과를 토대로 부정유통 의

심거래에 대한 16개 시나리오가 정립됐고, 정상거래와 이상거래를 자동으로 분류할 수 있는 기능이 개발됐다.

의심거래 탐지모델의 대표적인 의심 시나리오는 비정상거래금액이 결제되는 경우, 환전 시 상품권 구매 일련번호가 연속되는 경우 등이며 모바일형과 지류형으로 나뉘어 적용됐다.

행안부 관계자는 "의심거래 탐지모델이 현장에 활용되면서 지역사랑상품권 거래 의심사례를 실시간으로 모니터링하고 부정유통에 신속한 대응이 가능해졌다"며 "부정사용에 대한 경각심을 높여 사전 예방효과도 클 것"이라고 기대감을 전했다.

이외에도 행안부 데이터 분석은 보이스피싱범을 검거하거나 포털 검색어 이슈를 탐지하는데 활용되는 등 다양한 분야에서 성과를 내고 있다.

◇ 데이터 활용 역량 측정, 분석시스템 확대

디지털기반 행정에서는 각 개인과 기관이 데이터를 활용할 수 있는 역량이 어느 정도인지를 정확하게 파악하는 것이 중요하다. 이에 행안부는 공공부문의 데이터기반 행정역량을 정확하게 진단할 수 있는 지표를 새롭게 개발하고 있다. 이 지표는 내년 1분기 중 중앙부처와 지자체, 전 공공기관에서 활용토록 할 계획이다.

그동안 공공부문의 데이터역량 진단을 위한 진단지표는 행안부 주도로 개발되어 사용돼 왔다. 그러나 지표의 내용이 개인 역량 부문에만 한정되어 있고, 세분화된 업무 특성이 고려되지 않아 실효성이 부족하다는 지적이 있었다.

새롭게 개발된 진단지표는 조직역량과 개인역량으로 구분되며, 일반직원과 데이터 분석업무 담당자 등 맡은 업무에 따라 역량 수준을 진단하게 된다.

조직부문은 데이터 비전·리더십, 데이터 거버넌스, 데이터 활용 성과관리 등 3개 역량분야로 나뉜다. 이를 통해 기관에서 데이터를 체계적으로 관리하는지를 평가한다.

개인부문은 정책·분석기획, 데이터수집, 데이터분석, 분석결과 활용 4개 역량분야로 구성된다. 이에 따라 구성원이 데이터를 수집·저장·가공·분석·표현 등의 방법으로 활용할 수 있는지를 측정한다.

데이터 활용 역량지표는 현재 중앙부처, 지자체, 공공기관으로 구성된 10개 시범 기관을 대상으로 시행되고 있다. 행안부는 진단결과를 분석해 지표에 대한 타당성을 높이고 내년부터 현장에 적용해 나갈 방침이다.

행안부 관계자는 "내년 3월부터 운영하는 '범정부 데이터분석시스템' 온라인 진단도구를 탑재해 진단 결과를 자동으로 취합·분석할 것"이라며 "이를 토대로 진단기관이 맞춤형 교육·컨설팅이 가능하도록 추진할 계획"이라고 강조했다.

행안부는 내년 3월 기관별 맞춤형 분석에 활용할 수 있는 범정부 데이터 분석시스템을 선보일 예정이다. 이 시스템은 기존 시스템을 클라우드 환경으로 전환하고, 행정 업무망 중심의 서비스를 인터넷망까지 넓힌다. 서비스 범위를 공공기관까지 확대해 각 기관에게 다양한 분석 서비스를 제공하도록 하는 것이다.

특히 공공 부문 데이터의 검색·수집·분석·공유 등을 통합 수행할 수 있도록 해 데이터에 기반한 과학적 정책 수립을 지원할 수 있도록 설계됐다.

아울러 각 기관이 데이터 분석시스템을 개별 구축하지 않아도 고성능의 분석자원을 할당받아 분석할 수 있는 서비스를 제공하면서, 데이터 활용역량 격차를 해소하는 효과가 있을 것으로 기대된다.

행안부는 맞춤형 분석환경·모델 확대 제공, 이미지·영상·음성 데이터를 활용한 AI 기반 서비스 제공 등 분석자원 제공 지원을 내년 말까지 확대해 나갈 방침이다.

윤홍집 기자(2022.11.30.) "빅데이터 모아 사회문제 해결… 국민 삶의 질 높인다 [데이터기반 행정 앞장선 행안부]", 파이낸셜 뉴스.

사례 2

교육분야 빅데이터 활용, 미래교육 가야할 길

미국 빅데이터 및 AI교육 전문가들이 경남교육청의 미래교육 플랫폼 '아이톡톡'에 대해 높은 평가를 내렸다. 특히 교과뿐만 아니라 사회정서, 감성교육이 탑재된 것에 대해 "세계 유일한 기능"이라며 관심을 보였다.

8일 오전 경남교육청은 본청 중회의실에서 백재희 샌프란시스코 주립대 교수와 이고르 히멜파브 링컨대 교수를 초청한 가운데 '빅데이터와 인공지능을 기반으로 한 미래교육'을 주제로 기자 간담회를 개최했다.

두 교수는 전날 서울대에서 미래교육AI포럼에 참석해 미래학교 방향에 대해 강연했다. 이들은 미국의 데이터 분석 및 학생 인지·정서 발달 부문 전문가다. 이날은 경남교육청이 만든 빅데이터·AI플랫폼인 '아이톡톡' 교육 현장을 참관하기 위해 들렀다가 간담회를 열게 됐다.

이들은 교과와 사회정서 교육까지 하나의 플랫폼에 담고 있는 아이톡톡에 대해 높이 평가했다.

백재희 교수는 "미국 교수진들도 '아이톡톡'에 대해 놀라워하고 있다"며 "(빅데이터 교육은) 미국이 앞서가는 부분도 있지만 그렇지 못한 것도 있다. 경남교육청과 서로 보완해간다면 완성도 있는 교육플랫폼이 만들어질 수 있을 것이다"고 말했다.

이고르 교수는 "해외 국가 교육 프로그램은 과목마다 프로그램이 따로 있어 어려운 점이 있다"며 "아이톡톡은 하나에 모두 담고 있어 이 점이 장점이다"고 말했다. 이어 "특히 코로나 펜데믹 이후 사회정서 교육같은 것에 대해 중요하게 떠오르고 있는데 아직 해외에는 이와 관련된 프로그램이 없다. 하지만 아이톡톡은 사회정서, 감정교육 등이 담겨 있어 이점이 놀랍다"고 밝혔다.

두 교수는 "미국 역시 빅데이터를 활용한 미래교육에 대해 아직도 인식 개선이 되지 않았다"며 "꾸준히 데이터를 축적하고 교사를 비롯한 관계자들이 이를 잘 활용한다면 현재보다 더 나은 교육을 할 수 있을 것"이라고 내다봤다.

박종훈 교육감은 "아이톡톡을 통해 종합적인 전학년, 전과목 데이터를 축적하는 것은 전무후무한 일이다"며 "(미래교육에 대한)확신을 가지고 아이톡톡을 추진해 나가겠다"고 말했다.

◇ 다음은 두 교수와 기자들 간의 일문일답.

- 경남교육청이 최초로 선보인 아이톡톡의 경우 긍정적인 면도 있지만 전통적인 학습 방법에 익숙한 교사와 학생에게 시행착오와 어려움이 있을 거라고 본다.

▸ 미국에서도 플랫폼이 처음 나왔을 때 학생과 학부모의 많은 저항이 있었다. 교사와 학생, 학부모와 많은 대화를 해야 하고 아이톡톡의 효과를 연구를 통해서 보여줘야 한다.(백재희 교수)

▸ 교육에 빅데이터를 적용한 것을 분석했을 때 모든 기술을 효과적으로 사용하는 데 교사가 중심 역할을 해야 한다는 점이다. 처음에는 힘들겠지만 주체로서 책임감을 느끼고 이끌어 가는 오너십(ownership)과 맨파워(인재)를 바탕으로 협력이 필요하다.(이고르 교수)

-아이톡톡만의 강점은 무엇인가.

▸교사가 참여해서 열심히 만든 영상 콘텐츠가 인상적이었는데 이와 같은 콘텐츠는 미국에서 보기 드물다. 또 미국은 수학, 과학 등 교과목마다 플랫폼이 있는데 아이톡톡에는 모든 교과목이 담겼고 초등학생부터 고등학생까지 지속적으로 사용할 수 있다.(백재희 교수)

▸미국은 시험(테스팅) 프로그램, 공부에 관한 프로그램 등이 따로 있다. 아이톡톡은 두 개를 조합한 좋은 학습활동 프로그램이다. 아이톡톡은 교과를 학습하고 테스팅을 할 수 있다. 또 전 세계적

으로 감염병이 크게 유행하는 상황 속에서 사회, 정서, 감정 교육의 필요성이 중요해졌는데 아이톡톡에는 사회, 정서적 기능을 하는 프로그램이 담겼다.(이고르 히멜파브 교수)

-학생 맞춤형 교육 서비스를 제공하는 아이톡톡이 사교육을 대체할 수 있을 것이라고 보나.

▸ 빅데이터·인공지능 플랫폼을 통해 25% 학생들이 다른 학생들과 비교해 학습 진도가 늦거나 빠르다는 것을 발견하고 예측했다. 예측할 수 있다는 것은 그런 상황이 벌어지기 전에 해당 학생에게 도움을 줄 수 있고 진도가 늦어지는 상황을 예방할 수 있다는 이야기다. 그런 부분에서 큰 힘이 될 수 있다.(이고르 히멜파브 교수)

-학생 맞춤형 교육이 어느 정도 실효성이 있는지.

▸학생 맞춤형 교육은 선택 사항이 아니라 미래 학생들을 위해 꼭 필요하다. 학생의 장점을 키우고 단점은 채울 수 있도록 북돋아 줘야 하는 것이 교육의 힘이다. 교사와 학생이 함께 플랫폼에서 배우고 보완하고 학부모에게는 플랫폼, 맞춤형 교육이 왜 중요한지를 미디어나 발표회를 통해서 인식시켜줘야 한다.(백재희 교수)

▸ 인공지능 시스템은 인간보다 더 빠르고 정확히 할 수 있는 부분이 많고 그 기계를 통제할 수 있는 것이 인간이다. 우리 학생들의 미래와 발전을 생각한다면 기계학습(머신러닝)과 함께 창조하는 힘, 여러 나라의 사람들과 관계를 맺고 함께 할 수 있는 힘이 필요하고 아이톡톡은 사회, 정서적 기능을 뒷받침할 수 있는 좋은 플랫폼이 될 것이다.(이고르 히멜파브 교수)

강진성 기자(2022.11.08), "교육분야 빅데이터 활용, 미래교육 가야할 길", 경남일보.

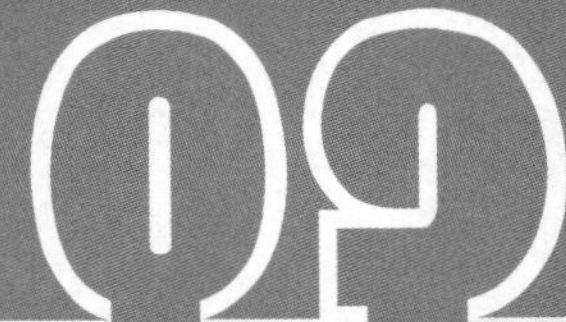

빅데이터 분석과 고객관계관리

09 빅데이터 분석과 고객관계관리

빅데이터와 고객관계관리에 대한 사례는 교통, 쇼핑, 의약 등 여러 분야에서 찾아볼 수 있다.

9.1 교통 분야

서울시 심야버스(올빼미버스) 제도는 국내에서 빅데이터를 활용한 아주 좋은 사례이다.

서울시 심야버스는 자정부터 5시까지 운영하는 버스이다. 늦은 시간 퇴근 후 택시의 승차거부로 방황하는 사람들이나, 밤늦게 귀가하는 여성들을 위해, 시민들의 교통비로 인한 가계 부담을 줄이고, 안전한 귀가 서비스와 편익을 위하여 만들어진 제도이다. 하지만 이렇게 좋은 제도도 실제 시민들의 이동을 파악하지 못해 활용도가 낮다면 무용지물이 되는 것이다. 그럼 유동인구가 많은 구간을 어떻게 정할 것인가? 전형적인 방법으로 접근한다면 버스 노선을 담당하는 전문가들의 직관이나 예전 버스 운행 데이터를 기반으로 할 가능성이 높지만, 서울시는 여기서 빅데이터를 활용하는 지혜를 보였다.

가. 신용카드 결제 데이터

자정 이후부터 시간에 어느 부분에서 신용카드가 많이 쓰였는지를 확인하여 유동인구가 많은 곳을 확인하였다.

나. 택시 결제 데이터

버스가 없어서 사람들은 어쩔 수 없이 택시를 활용하였는데, 어느 곳에서 승차하는 사람이 많고 어느 곳에서 하차하는 사람이 많은지 택시 결제 데이터를 통해 파악하였다.

다. KT 고객의 통화량 빅데이터

이동통신사 KT의 통화량 데이터 약 30억 건을 바탕으로 애초 계획된 6개 노선에서 일부 구간을 조정해 도심과 강남을 중심으로 시내를 가로지르는 7개 노선을 확정지었고, 공간정보시스템 회사인 '한국에스리'의 분석시스템 구축이 큰 도움을 주었다. 심야버스 노선수립 지원 시스템은 KT 빅데이터인 유동인구 데이터를 서울특별시 대중교통 데이터와 결합하였고, 1차 버스 노선에 대한 변경안을 도출하였다.

결국 서울시 심야버스 제도는 KT의 빅데이터인 유동인구 데이터와 서울특별시 대중교통 데이터, 그리고 통화량 데이터를 통해 적정성을 수치적으로 정확하게 파악하여 버스 노선 계획을 확정한 것이다. 과학적인 데이터들, 효용성이 높은 기존 데이터들을 활용함으로써 보다 효과적인 방안을 선택할 수 있었고, 적자 걱정과 달리 하루 평균 6,000여 명의 승객들이 이용할 정도로 성공적인 결과를 가져왔다. 통화량, 대중교통 데이터 등 일상에서 지나치기 쉬웠던 데이터들이 버스노선의 길잡이 역할을 해내고, 효율적인 노선을 찾는데 기여했다는데서 결국 빅데이터가 우리 삶에 긍정적인 영향을 미치는 가치 있는 역할을 하고 있다는 것을 알 수 있다.

9.2 쇼핑 분야

가. 월마트의 @Walmartlabs(@월마트랩스: 월랩)

월마트는 소비자 수요에 기반한 재고 관련 문제 해결에 대한 필요성을 인식해왔다. 따라서 현재 어떤 품목의 재고가 언제, 얼마나 필요한지 정확히 예측할 수 있는 방법을 마련하기 위한 빅데이터 분석 등의 다양한 IT 기술 도입을 고려했다. 미국 유통 솔루션 업체인 마켓식스에 따르면 미국 슈퍼마켓 매장의 평균 재고량은 약 8% 정도이며 물량확보의 경쟁률이 심할 경우 최대 약 13.5%의 재고가 발생한다는 결과를 도출했다. 이 재고량에 따라 점포당 20만 달러의 손실이 발생되고 불필요한 재고를 줄인다면 최소 2천만 달러의 추가 이익을 얻을 수 있다고 조사되었다.

미국 유통업계에선, 최대 규모를 자랑하는 월마트가 재고를 줄이기 위해 빅데이터 시장에 본격적으로 뛰어들었다. 지점별로 모바일과 소셜 쇼핑의 특징을 파악하는 '@월마트랩(Walmartlabs)'을 개발해 소비자 성향을 정밀하게 파악하고 있다. 개발한 후 불필요한 재고를 줄이기 위해 월마트랩을 이용하여 소비자 소비 패턴 조사를 통해 점포 운영에 반영했고, 또한 웹 사이트에서 발생하는 거래 빅데이터를 이용한 재고 예측 조사 시스템을 마련하였고,

고객 선호도 및 수요 빅데이터 분석, 고객의 다양한 빅데이터 분석을 통해 더 나은 비즈니스 환경을 구축했다.

@월마트랩의 연구테마는 Social Genome이다. Social Genome이란 소셜미디어를 통해 대규모 빅데이터를 수집하여 리얼타임으로 해석되어 추출된 정보를 이용하여 상품판매를 촉진하는 기법이다. 소셜미디어를 통해 고객소비 패턴 빅데이터를 분석함으로써 유통 효율성을 재고하였고, 불필요한 재고 낭비를 방지하였다.

나. 신세계몰의 CSI(Customer Service Insight) 프로젝트

최근 몇 년간 연평균 40% 성장을 달성하면서 고객 데이터 및 거래 데이터가 증가하여 영업부서가 원하는 데이터 분석에 많은 시일이 소요되고, 소비자의 요구를 제대로 반영하지 못한 채 감에 의존해 캠페인 계획과 마케팅 프로모션이 진행되어 개인 맞춤 서비스 트렌드에 부합하는 빅데이터 시스템 구축의 필요성이 제기되었다. 또한 M&A와 대형 백화점의 온라인 쇼핑몰 운영과 더불어 온라인 쇼핑 시장의 경쟁이 과열되었고, 빠른 성장세에도 불구하고 다양해져가는 소비자의 욕구를 충족시키기 위해 지속적인 발전이 필요했다. 그로 인해 신세계몰 사이트의 개편이 추진되었다.

신세계는 신세계몰의 향후 성장성을 고려해 대용량 데이터를 빠르게 처리할 수 있는 최적의 하드웨어 소프트웨어 일체형 솔루션이며 사용자가 원하는 관점으로 실시간 분석이 가능한 시스템인 IBM사의 네티자 DW(데이터웨어하우스)를 도입하였다. 이 DW의 도입으로 인해 정형 및 비정형 데이터의 분석이 가능해졌을 뿐만 아니라, 신속성까지 갖추게 되었다.

이 DW를 도입함에 따라 업무의 효율성과 성과 달성치를 실시간으로 모니터 할 수 있게 되었고 그로 인해 IT 부서의 데이터 분석에 대한 시간과 노력이 절감 되었다. 또한 고객 니즈의 실시간 분석이 가능해 짐에 따라, 빅데이터 활용을 통한 고객의 재구매율을 높이고, 새로운 고객을 창출할 수 있게 되었다.

9.3 금융 분야

국민의 신용카드 사용이 상용화됨에 따라 카드업계 경쟁률이 과열되었다. 신한카드는 전체 카드 이용액이 96조 8,000억 원으로 업계에서 1위지만, 같은 기간 체크카드 이용액은 11조 3,000억 원으로 국민은행보다 약 3조 정도 뒤쳐졌다. 카드사들은 새로운 서비스를 제공하는 신 카드 출시를 통해 시장점유율 향상에 총력을 기울이고, 마케팅전략의 핵심인 매출액 증대를 위해 다각적인 노력을 기울이고 있다. 이런 마케팅에서 신한은행은 빅데이터를 이용한 소비패턴 분석에 주력을 두었다.

신한카드는 기존에 다수를 대상으로 하던 매스마케팅에서 벗어나 개별적인 특성을 강조한 마케팅에 관심을 기울이고 빅데이터 센터를 새로운 성장동력으로 추진하였다. 2,200만 고객의 정보를 새로운 가치로 재창출하여 다수가 아닌 고객 맞춤형 마케팅에 주력했다. 이를 위해 빅데이터 센터를 영업부문이 아닌 경영기획 부문에 배치해 상품개발, 영업, 상담 등 전사적 관점에서 활용하는 빅데이터 경영을 추진하고 빅데이터를 활용하여 소비 패턴을 분석하여 카드 회원들의 소비성향을 분석한 결과를 바탕으로 선호도가 가장 높은 품목에 대해 할인 혜택을 집중 제공하는 콤보 서비스를 시행했다.

신한카드의 이런 마케팅전략은 개개인의 카드소비 성향 패턴을 분석하여 고객만족도를 높이고 카드사의 매출액 증대에 기여했다.

9.4 의학 분야

가. 유유제약 – 빅데이터 분석을 통한 베노플러스겔 마케팅

과거에는 연고를 선택 시 약사나 의사에게 의존했으나 이제는 소비자가 직접 정보 검색을 하면서 정보를 요구하는 방식으로 접근하기 때문에, 타회사보다 인지보다 낮은 유유제약은 제품의 인지도 개선이 필요했다.

제품의 인지도 수치가 15,749인 반면에 '베노플러스'의 인지도 수치는 겨우 4밖에 되지 않는다. 유유제약은 인지도를 높이기 위해 빅데이터를 활용하여 '베노플러스겔' 효능 관련 단어인 '멍', '붓기'가 소비자에게 무엇을 중심으로 인식되어있는지 분석하였다. '멍'이라는 단어는 연고와 강한 연관관계를 가지고 있지 않고 민간요법(계란, 찜질 등)과 밀접하게 연관되어 있었다. '붓기'라는 단어는 미용 관련으로 병원, 마사지와 밀접하게 연관되어 있었다. 이 결과를 통해 기존의 민간요법의 강한 인식을 멍 = 베노플러스라는 생각을 갖도록 전환시키는 데 중점을 두고 SNS업체와 협력하여 '계란을 돌리는 것은 팔이 아프다', '계란은 드세요. 멍은 베노플러스가 뺄게요'라는 광고 메시지를 통해 마케팅을 추진했다.

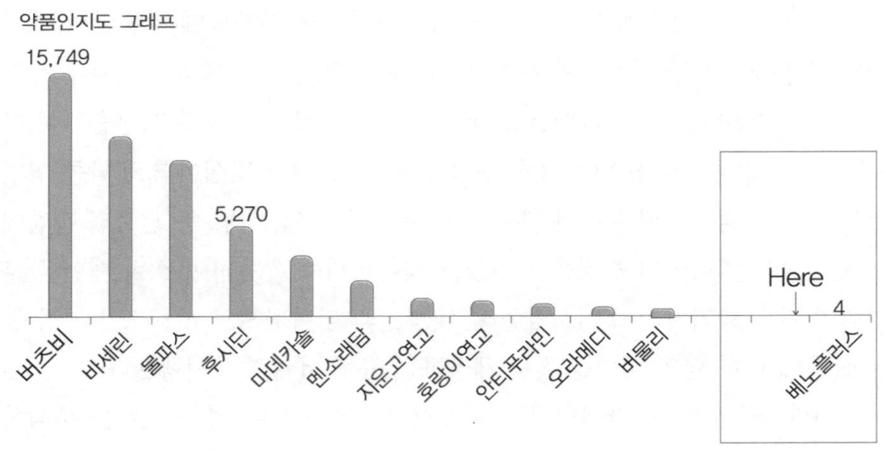

• 키워드 변환에 따른 매출 성장 그래프

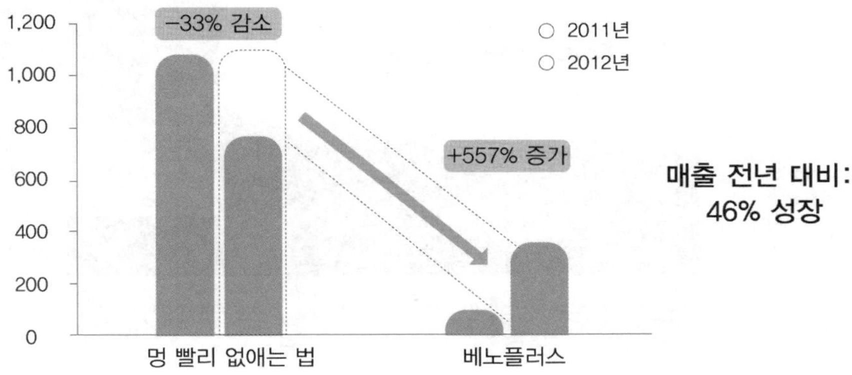

이러한 빅데이터를 사용함으로써 위의 그래프와 같이 베노플러스에 대한 검색 비율이 557%나 증가하였고, 유유제약의 매출이 전년 대비 46%나 성장하는 큰 결과를 가져 왔다. 빅데이터를 활용하여 제약 마케팅에 기여할 수 있다는 성과를 보여주고 민간요법과 관련한 잘못된 소비자 인식을 개선할 수 있다는 점을 인식시켜 주는 좋은 사례가 되었다.

9.5 여행 분야

기존의 여행산업 업무시스템은 각 부문의 연계가 부족하여 업무의 효율성이 떨어졌으며, 정산시스템의 연계부족으로 일괄적 업무처리가 어려웠다. 또한, 업무와 관련된 정보의 부족으로 인해 고객정보가 오류 나거나 누락되는 등 고객관리에 어려움이 있었다. 또한 빠르게 변하는 고객 요구와 시장 변화에 대처하지 못하는 단점이 있었다.

이에 롯데관광은 빅데이터를 통한 고객관계관리를 실현하였다. 표준화된 시스템을 구현하고 고객통합 데이터베이스를 운영함으로써 고객정보를 수집하였고 이를 표준정보로 축적하여 고객별 맞춤 영업 전략을 구현하여 신규고객 창출 및 기존고객의 재구매율을 향상시키고, 가격, 할인, 항공사, 숙박, 주말 이용 등으로 구분하여 최적의 상품을 제시할 수 있는 환경을 구축하였다. 이를 통해 고객에 대한 심도 있는 분석을 할 수 있게 되었다.

빅데이터 분석을 통해 롯데관광은 그동안 알 수 없었던 고객들에 대한 특성을 확인할 수 있었다. 해외경험이 많은 고객일수록 일본, 유럽을 선호하는 경향이 높았고, 결혼기념일 선물로 부부동반 여행을 많이 가는 경향이 있다는 점도 알게 되었다. 또한 어떤 상품을 제시했을 때 고객들의 반응이 높은지 고객층별로 구분할 수 있게 되었다.

이러한 빅데이터 분석으로 롯데관광은 고객중심으로 업무환경을 구축하고 시장 변화에 즉각적으로 반응할 수 있게 되었고, 매출도 상승하였다.

9.6 자동차 분야

빅데이터 분석을 통한 마케팅의 긍정적 효과가 검증되면서 자동차 시장에서의 빅데이터 분석 사업 도입으로 인해 시장 경쟁이 한층 강화될 것으로 예측됨에 따라 현대자동차에서는 자동차고객관계관리 데이터 프로젝트를 추진했다.

현대자동차의 프로젝트는 자동차고객관계관리 데이터 프로젝트로 차량에서 생산되는 각종 대량 데이터를 체계적으로 관리하고 실시간으로 쌓이는 다양한 정보를 빅데이터 기술로 분석하여 제조 프로세스 개선을 통한 생산성을 제고하고 소비자 서비스 역량을 강화하고 새로운 비즈니스 창출을 제고하였다. 또한, 제조나 폐기단계에서 뽑은 데이터로 생산효율, 재활용률 등을 제고할 수 있게 되었다.

■ **현대자동차 자동차고객관계관리 데이터 프로젝트의 활용 예시**

- 특정 지역에서 준 중형차 검색 비중 증가 시 해당 지역에서 준 중형차의 마케팅을 강화
- 특정 제품 구입 고객이 많이 검색한 검색어를 분석, 소비자들에게 적용할 마케팅 기법개발
- SUV를 구입하는 고객의 경우 레저를 고려하는 경우가 많다는 것을 기반으로 SUV와 레저용품을 묶어 마케팅전략 수립
- 특정 모델의 자동차와 아기용품을 묶어 마케팅
- 센서 데이터 분석으로 판매 차량이 문제없이 운행되는지, 부품에 이상이 없는지 등을 파악
- 특정 지역에서 운행되는 차량이 공통적으로 어떤 부품을 자주 교체하는지 등을 파악해 서비스 역량을 제고

이 프로젝트를 통해 고객이 제조사에 대한 문제점을 제기하기 전에 제조사가 문제점을 파악하여 고객에게 다가갈 수 있게 되었고, 실제 어떤 운전자들이 어떤 고민들을 가지고 있는지 파악하여 선제적 대응이 가능하게 되었다.

사례 1

AWS "기업의 데이터 전략 구축을 위한 3요소"

"창의성에 대한 신경 과학을 기업 조직에 적용하는 것은 쉽지 않다. 새로운 아이디어를 데이터에서 뽑아내려면 동적 데이터 전략을 구축해야 하고, 이것이 새로운 고객 경험으로 이어져야 한다. 조직에서 새로운 아이디어가 형성되고 번창할 수 있는 적합한 구조와 기술이 필요하다. 이런 데이터 전략 수립은 벅찬 작업이다."

아마존웹서비스(AWS)의 데이터 및 머신러닝 담당 부사장인 스와미 시바수브라마니안 부사장이 30일(현지시간) 미국 라스베이거스에서 열린 'AWS 리인벤트 2022' 셋째 날 기조연설에서 한 말이다.

그는 기조연설에서 기업의 데이터 전략 수립을 위한 세가지 축을 제시하고, 각 기둥을 어떻게 구축할 수 있는지 설명했다. 세 기둥은 '미래를 보장하는 데이터 기반 구축', '결합된 조직을 엮는 솔루션', '데이터 민주화' 등이다.

그에 따르면, 기업이 활용해야 하는 데이터는 곳곳에서 생성된다. 흩어져 있는 데이터 생성 지점에서 조직 내 중앙화된 데이터 저장소까지, 그리고 데이터 저장소에서 실제 분석 도구와 인공지능(AI) 애플리케이션까지 일련의 파이프라인이 구축돼야 한다.

생성 장소에서 저장소에 이르는 길은 여러 갈래일 수 있고, 각 경로에서 움직이는 데이터는 형식이 다를 수 있기에 표준화해야 한다. 데이터 흐름이 끊겨도 안 된다. 저장소에 정리된 데이터라도 아무나 접근하면 안된다. 권한없는 사용자의 데이터 접근은 보안 위협 요소가 된다. 분석가, 데이터과학자, 인공지능 연구자 등이 데이터를 활용하고자 할 때 쉽고 안전한 도구를 제공할 수 있어야 한다.

이처럼 데이터를 정리하고 접근 가능한 위치에 저장하는 작업에 상당한 시간과 노력이 필요하다.

스와미 시바수브라마니안 부사장은 "복잡한 파이프라인을 구축해 데이터가 바른 위치로 이동하도록 하고, 자격있는 개인이 비즈니스 전반에서 데이터에 안전하게 접근할 수 있는 매케니즘을 설정해야 한다"며 "마지막으로 데이터를 분석하거나 활용하기 쉬운 상태로 만들어야 한다"고 설명했다.

그는 "이런 모든 요소가 조화를 이뤄 결합돼야 아이디어의 불꽃이 일어날 수 있다'며 "신경과학 이론을 기업의 데이터 과학에 적용하고, 그 데이터의 가치를 극대화하는 데 필요한 프로세스를 제공하기 위한 긴 길이 있다"고 덧붙였다.

◇ 미래를 보장하는 데이터 기반 구축

첫째로 미래를 보장하는 데이터 기반 구축이란 향후 변화를 수용할 수 있도록, 기술 부채를 발생시키지 않는 기반을 구축하는 것이다.

시바수브라마니안 부사장은 "구축된 데이터 전략이 없으면 조직은 경쟁 우위를 확보하는 데 필요한 결정을 내릴 수가 없다"며 "미래에 대한 데이터 기반에는 네 가지 핵심 요소가 있어야 한다"고 말했다.

데이터 기반의 4요소는 '모든 워크로드에 적합한 도구', '대규모 성능', '데이터 관리의 수작업 제거', '데이터 저장소의 가용성과 보안' 등이다.

'모든 워크로드에 적합한 도구'란 비즈니스 성장과 변화에 따라 데이터 유형도 변화하고 사용 사례도 바뀌는데, 이에 적응할 수 있는 적정 도구가 필요하다. AWS는 비정형 데이터를 위한 다이나모DB와 도큐먼트DB, 정형 데이터를 위한 아마존 오로라, 빅데이터 플랫폼인 '아마존 EMR', SQL 쿼리 조회 엔진 '아마존 아테나', 클라우드 데이터웨어하우스(DW) '아마존 레드시프트', 머신러닝 및 딥러닝 모델을 생성하는 도구 '아마존 세이지메이커' 등 다양한 데이터 관련 도구를 제공한다. 데이터 접근 권한을 관리하는 'AWS 레이크포메이션', 데이터 거버넌스 도구 '아마존 데이터존' 등으로 조직 내 활용을 원활히 할 수 있다.

이중 데이터 조회와 분석을 위한 환경으로 아파치 스파크 사용 사례가 많다. AWS는 아파치 스파크를 자사 데이터 서비스에서 더 빠르고 쉽게 사용할 수 있는 방법 두가지를 올해 행사에서 소개했다. 이날 AWS는 아마존 아테나로 아파치 스파크로 쿼리를 던질 수 있는 '아마존 아테나용 아파치 스파크'를 공개했다.

시바수브라마니안 부사장은 "새 기능을 통해 아파치 스파크에서 대화형 분석 실행을 1초 만에 바로 할 수 있다"며 '아파치 스파크용 아마존 아테나를 사용하면 다른 서버리스 스파크 제품보다 최대 75배 빠르게 스파크 워크로드를 가동할 수 있고, 아테나 콘솔이나 아테나 API를 통해 간소화된 노트북 환경으로 스파크 애플리케이션을 구축할 수도 있다"고 설명했다.

전날 공개된 'AWS 레드시프트-아파치 스파크 제로ETL 통합'은 아파치 스파크에서 DW 데이터를 기존 커넥터 사용 대비 10배 빠른 실행 속도를 제공한다.

대규모 고성능 서비스에 대해선 DB, DW, 데이터레이크 등에 대한 내용을 말했다. 그는 "데이터 저장소의 불가피한 급증을 처리하고, 데이터를 빠르게 분석하고 시각화하려면 업계 최고의 성능이 필요하다"며 "용량 요구 사항에 영향을 미치지 않으면서 비용을 관리할 수도 있어야 한다"고 말했다.

마이SQL, 포스트그레SQL 등 오픈소스 관계형 데이터베이스(RDBMS) 서비스인 아마존 오로라는 상용 DB 대비 10분의 1 비용으로 대규모로 확장 가능한 고성능 DB를 제공한다. NoSQL인 다이나모DB, 도큐먼트DB 등도 많이 쓰인다.

그러나 도큐먼트DB 이용자들은 성능에 영향을 미치지 않는 대규모 확장에 대한 방안을 원했다. 이에 올해 행사에서 '아마존 도큐먼트DB 엘라스틱 클러스터'를 정식 출시했다. 아마존 도큐먼트DB 엘라스틱 클러스터는 가동 중지나 성능 저하 없이 수 분 내로 페타바이트급 스토리지로 자동 확장가능하다.

적절한 도구를 도입했다면 반복적인 수작업을 덜어냄으로써 데이터 기반을 더 효율화할 수 있다. 머신러닝 기반 자동화가 그 해법이다.

머신러닝으로 데이터 활용을 자동화하려면 기계학습 용도로 잘 정리된 데이터가 필요하다. 그러나 기업에서 확보하는 데이터 80%가 이미지나 손글씨 같은 비정형 데이터기에 이를 구조화된 데이터로 바꾸는 작업이 필요하다. 데이터 프렙, 데이터 라벨링 등의 작업이 여기 해당된다.

AWS는 세이지메이커의 데이터 준비와 라벨링 작업을 자동화할 수 있는 방안을 올해 선보였다. 또한 세이지메이커에서 지리공간 데이터를 바로 활용할 수 있는 '세이지메이커 지오스페이셜ML 지원'이 발표됐다. 시바수브라마니안 부사장은 "지리 공간 데이터는 아주 방대하고 구조화돼 있지 않아 예측을 시작하기 전 데이터 준비에만 엄청난 시간이 필요하다"며 "데이터 분석과 시각화 도구도 제한적이어서 데이터 간의 관계성을 파악하기 힘들다"고 설명했다.

그는 "세이지메이커 지오스페이셜ML 지원 기능을 통해 클릭 몇번으로 여러 데이터 소스에서 세이저메이커로 지리 공간 데이터를 가져올 수 있다"며 "데이터를 준비하기 위해서 특별히 구축된 작업을 통해 대규모 데이터 세트를 효율적으로 처리하고 보강할 수 있으며, 내장된 시각화 도구를 통해 대화형 앱으로 데이터를 분석하고 모델 예측을 탐색할 수 있다"고 밝혔다.

미래를 보장하는 데이터 기반의 마지막 요소인 가용성과 보안에 대해선, 적절한 보호 장치를 마련해야 한다는 점을 강조했다. 기본적으로 AWS의 스토리지 서비스와 데이터 제품군은 99.999999999%의 가용성을 보장하며, AWS 레이크포메이션으로 데이터 접근 권한을 관리할 수 있다.

기존에 DW는 일부 사용자만 활용하고, 특정 시간에만 사용했기 때문에 민감한 시스템이 아니었다. 그러나 이제 다양한 사용자가 수시로 접근하고, 항상 최신 상태에서 데이터를 활용하는 '실시간성'이 더해져 DW도 미션크리티컬 시스템으로 격상됐다. 이에 AWS는 레드시프트의 고가용성을 보장하는 '아마존 레드시프트 멀티AZ'를 선보였다. 레드시프트 멀티AZ는 여러 가용성존에서 액티브-액티브 형태의 DW 분석 환경을 구성하게 해준다.

데이터 관련 보안의 헛점 중 하나인 '포스트그레SQL 확장'에 대한 보안 강화 방안도 선보였다. 포스트그레SQL의 장점으로 꼽히는 다양한 '익스텐션'은 기존 파일시스템에 대한 최상위 권한 접근을 제공하기 때문에 자칫 보안취약점으로 변모할 여지도 갖는다. AWS는 포스트그레SQL에 인증된 익스텐션을 사용하게 하는 오픈소스 프로젝트 '트러스티드 랭귀지 익스텐션 포 포스트그레SQL'를 이날 공개했다.

시바수브라마니안 부사장은 "개발자는 RDS나 오로라에서 포스트그레SQL 익스텐션을 안전하게 활용할 수 있게 된다"며 "익스텐션을 AWS 인증을 기다리지 않고 사용 사례에 필요한 데이터베이스에 기능을 추가할 수 있다"고 설명했다. 이어 "또한 다양한 개발언어를 지원하며, 핵심 DB에 대한 의도치 않은 보안 영향을 걱정하지 않고 신속하게 혁신을 시작할 수 있게 된다"고 강조했다.

AWS 클라우드 내 고객 데이터에 대한 악의적 접근으로부터 보호하기 위한 방안도 소개됐다. AWS는 고객의 서비스 계층에 대한 계정의 비정상적 활동을 AI로 탐지해 방어하는 'AWS 가드듀티'를 제공하고 있는데, 이와 같은 위협 탐지 서비스의 범위를 DB 영역으로 확장했다. '아마존 가드듀티 RDS 프로텍션'은 머신러닝을 활용해 아마존 오로라에 저장된 데이터에 대한 엑세스 공격 등의 잠재적인 위협을 식별한다.

◇ '결합된 조직을 엮는 솔루션' 데이터 연결

데이터를 저장하고 활용하게 하기 좋은 환경으로 기반을 닦는 것만큼이나 데이터의 연결, 흐름의 품질을 관리하는 것도 중요한 일이다.

시바수브라마니안 부사장은 "데이터 경로부터 데이터 거버넌스 도구에 이르기까지 조직 전체의 결합된 조직을 엮는 데 도움을 주는 일련의 솔루션이 필요하다"며 "시간이 지남에 따라 성장을 가능하게 하는 품질 도구가 있어야 하고, 통제된 협력 시스템에서 활용돼야 한다"고 설명했다.

데이터레이크는 다양한 데이터 생성소에서 데이터를 가져오는데, AWS 글루는 이같은 목적을 수행하는 데이터 통합 서비스다. 데이터를 정해진 규칙에 맞춰 가져와야 활용할 수 있는데, 품질 관리를 위한 모니터링은 잦은 오류 때문에 매우 힘든 일로 여겨진다. AWS는 데이터 품질을 간단하고 자동으로 관리할 수 있는 방안으로 'AWS 글루 데이터 퀄리티' 기능을 공개했다.

AWS 글루 데이터 퀄리티 기능은 데이터레이크로 가는 데이터의 품질을 자동으로 검증하고, 수준 이하의 데이터를 걸러낸다. 엔지니어는 몇 시간 내에 측정 데이터 세트에 대한 자동 규칙을 생성해 데이터의 최신성과 정확성을 높일 수 있다. 이는 통상 수일씩 걸리던 일이다.

조직 내 구성원의 데이터 접근을 원활히 지원하려면 데이터 거버넌스 시스템을 구축해야 한다. 시바수브라마니안 부사장은 "데이터 거버넌스는 과거에 데이터를 사일로에 가두는 방어 수단이었지만, 현재는 올바른 거버넌스 전략을 통해 적절한 사람이 필요할 때 언제 어디서나 데이터에 접근하고 잘 정의된 보호책을 통해 더 빠르게 움직이고 혁신하는 데 도움을 주는 것으로 여겨진다"고 말했다.

데이터 거버넌스 수립은 매우 복잡한 일이다. 거대한 조직에서 다양한 역할을 가진 사람이 각자 필요에 따라 데이터를 원하게 되므로, 그 규칙과 권한을 설정하는 데 오랜 시간이 필요하다. AWS 레이크포메이션은 이런 데이터레이크의 거버넌스 구축을 단순화하는 서비스다. 여기에 더해 올해 행사에서 '레드시프트 데이터 공유용 중앙화된 접근 제어' 기능이 소개됐다. 이 기능을 사용하면 중앙 관리자가 조직 전체의 레드시프트 데이터 접근을 통제할 수 있다.

또한, 머신러닝 환경의 데이터 거버넌스 관리를 위해 '아마존 세이지메이커 ML 거버넌스'도 나왔다. 세이지메이커에 롤매니저, 모델카드, 모델대시보드 등의 거버넌스 관리 기능을 추가함으로써 수 분 안에 특정 사용자의 데이터 접근권한을 설정하고(롤매니저), 머신러닝 모델의 수명주기 전반에 걸쳐 신뢰할 수 있는 정보와 문서를 유지하며(모델 카드), 모델의 성능을 모니터링(모델 대시보드)할 수 있다.

또한, 전날 발표된 'AWS 데이터존'은 데이터레이크뿐 아니라 전체 데이터 환경에 대한 거버넌스를 구축하게 한다. AI 모델을 통해 적절한 사용자에게 적절한 데이터 카탈로그를 쉽게 제공하게 한다.

이어 시바수브라마니안 부사장은 전날 공개된 '제로 ETL' 비전 투자를 다시한번 강조했다.

그는 "보통 사일로 간의 데이터를 연결하려면 아주 복잡한 ETL 파이프라인이 필요하고, 데이터에 대해 다른 질문을 하거나 다른 머신러닝 모델을 구축할 때마다 또 다른 파이프라인을 만들어야만 한다"며 "데이터 통합은 더 원활해야하고, 이를 더 쉽게 만들기 위해 AWS는 데이터 파이프라인을 다시는 수동으로 구축할 필요가 없는 제로 ETL 미래에 투자하고 있다"고 강조했다.

전날 아마존 레드시프트와 아마존 아테나 간 ETL 없는 통합이 출시됐고, 레드시프트와 아파치 스파크 간 ETL 없는 통합이 출시됐다. 여기에 더해 레드시프트가 S3의 데이터를 자동으로 복사하는 '아마존 레드시프트 S3 자동복사' 기능이 출시됐다.

시바수브라마니안 부사장은 "이 업데이트를 통해서 고객은 지속적인 수집을 위해 간단한 데이터 파이프라인을 쉽게 만들고 유지 관리할 수 있다"며 "사용자 지정 솔루션에 의존하거나 타사 서비스를 관리하지 않고 S3에 새 파일이 형성되면 수집 규칙이 자동으로 트리거돼 레드시프트로 데이터를 복사해 가져온다"고 설명했다.

AWS는 이에 더해 다양한 써드파티의 데이터 원천에서 데이터를 가져올 수 있는 커넥터 도구인 '아마존 앱플로'에서 50개 이상의 커넥터를 제공한다. 페이스북 애드, 구글애널리틱스, 인스타그램애드, 구글애드, 링크드인애드 등의 데이터 커넥터를 사용할 수 있고, 스노우플레이크, 서비스나우, SAP, 세일즈포스, 슬랙 등 SaaS 애플리케이션 데이터를 가져오는 커넥터도 이용가능하다. 아마존 세이지메이커의 데이터랭글러도 40개 이상의 데이터 소스에 접근할 수 있다.

◇ '사람을 키우고, 누구나 쉽게 쓰도록' 데이터 민주화

데이터를 다양하게 활용할 수 있도록 기반과 품질을 갖췄다 해도 그를 쓰는 사람이 없다면 무용지물이다. 전문적인 데이터 분석가나 데이터 과학자의 인력 규모는 정해져 있고 쉽게 늘어나기 힘든데, 일반

현업 담당자와 주요 경영진도 적극적으로 데이터를 활용할 수 있게 하는 교육 프로그램이 데이터 민주화와 연결된다.

시바수브라마니안 부사장은 "더 많은 직원이 데이터를 이해하고 또 통찰력을 얻을 수 있도록 지원할 때만 데이터를 통한 혁신이 가능하다"며 "점점 늘어나는 데이터와 머신러닝 역할을 채울 수 있는 인재가 필요하므로, 현재 직원에게 더 많은 전문성 개발 프로그램을 제공하고 비 기술 직원이 데이터로 더 많은 작업을 할 수 있도록 지원해야 한다"고 강조했다.

그는 "미국에서 매년 5만4천명의 데이터 사이언스 전공 졸업생을 배출하지만, 2029년까지 데이터 사이언스 관련 일자리는 100만명으로 늘어날 것"이라며 "그 빈 틈을 메우려면 개발자를 양성하는 교육자를 훈련해야 한다"고 말했다.

AWS는 머신러닝 유니버시티를 운영하고 있다. 이 머신러닝 유니버시티에 '교육자 훈련' 과정이 제공되게 됐다. 미국 내 22개 지역 대학교에서 이 과정을 활용해 데이터과학 교육자 25명을 처음으로 배출했고, 미국 전역에서 350명의 교육자를 양성할 계획이다. AWS는 한편으로 저소득층의 데이터과학 전공자에게 학비를 지원하는 장학금을 제공하고 있다.

한편으로 비 기술직 근로자가 데이터를 활용하게 하는 노코드 및 로우코드 기술도 데이터 민주화의 방안으로 거론된다. AWS의 비즈니스인텔리전스(BI) 서비스인 '퀵사이트'는 로우코드 플랫폼으로 발전하고 있는데, 올해 행사에서 자연어로 데이터를 조회하고 요약된 분석 파일을 받아볼 수 있는 '퀵사이트 큐'가 공개됐다. 코드 없이 다양한 머신러닝 모델을 구축하는 세이지메이커 캔버스도 강조됐다.

김우영 기자(2022.12.01.), AWS "기업의 데이터 전략 구축을 위한 3요소",
지디넷코리아.

사례 2

바둑·체스 이어 보드게임도 정복…인공지능, 새로운 지평 열다

▸구글 딥마인드, 사이언스에 연구결과 발표

바둑이나 체스보다 복잡하고 교묘한 전략이 필요한 것으로 여겨지는 보드게임에서 인공지능(AI)이 인간 전문가보다 뛰어난 성과를 거둘 정도로 발전했다는 연구 결과가 나왔다.

구글 딥마인드는 보드게임 스트라테고 AI인 딥내시(DeepNash)가 새로운 AI 접근방식으로 인간 플레이어 못지 않은 수준의 실력을 갖췄다는 내용을 국제학술지 '사이언스' 12월 1일자에 발표했다.

보드게임은 AI 분야의 진보 정도를 측정할 수 있는 대표적인 수단이다. 통제된 환경에서 AI가 전략을 짜고 실행해 볼 수 있기 때문이다. 그중에서도 말을 움직이며 상대의 숨겨진 깃발을 찾는 보드게임인 스트라테고는 바둑이나 체스보다 복잡하다고 평가받는다.

스트라테고에서 게이머는 40개의 말을 움직이며 자신의 깃발 위치를 상대방에게 숨겨야 한다. 동시에 자신이 가진 불완전한 정보를 바탕으로 상대방의 깃발을 찾아내야 한다. 정보수집과 전술에 때로는 '허세'까지 동반하는 미묘한 전략 싸움이 핵심이다.

딥마인드는 완벽하게 정보를 습득한 상태에서 작동하는 기존의 AI는 이 게임을 잘 해낼 수 없다는 사실을 인지하고 모델프리 AI를 개발해 딥내시에 적용했다. 모델프리 AI는 게임 중 상대방의 게임 상태를 모델링하려고 시도하지 않는 AI다.

또한, 상대방이 AI의 행동패턴을 발견하지 못하도록 무작위 행동을 하도록 설정했다. 상대방 패턴에 고정관념을 갖지 않으면서도 자신의 행동을 속여 상대를 혼란시킬 수 있는, 정말 인간 같은 AI를 만들어낸 셈이다.

그 결과 딥내시는 스트라테고 월드 챔피언십 우승자 다수를 포함한 경기에서 97% 넘는 확률로 승리했다. 온라인 게임 플랫폼 그래본

(Gravon)에서 인간 플레이어들과 경쟁해 전체 승률 84%, 전체 순위 3위를 기록했다.

연구팀은 딥내시의 높은 승률의 비결로 '허세'를 꼽았다. 예를 들어 딥내시는 자신이 불리할 때도 유리한 척 행동하며 상대의 말을 공격할 수 있다. 전 스트라테고 세계 챔피언이자 논문에 참여한 빈센트 드 보어는 "인간 플레이어와의 시합에서 승리할 정도로 높은 딥내시의 플레이 수준에 놀랐다"며 "인간 월드 챔피언십에 출전해도 좋은 결과를 낼 것"이라고 평가했다.

이영애 기자(2022.12.02), "바둑·체스 이어 보드게임도 정복 …인공지능, 새로운 지평 열다", 동아사이언스

10 빅데이터 활용과 고객분석기법

10 빅데이터 활용과 고객분석기법

중국 최대의 검색포털 사이트 바이두(百度)의 '빅데이터'와 유력 온라인 뉴스 포털 신랑망(新浪網·시나닷컴)의 '웨이보'.

전 세계 IT 업계가 급변하는 '모바일 혁명'을 맞이한 가운데 중국 최대 인터넷 기업인 바이두와 신랑망은 생존과 성장을 위한 각자의 무기를 버리는데 여념이 없었다. 중국 외교부의 초청으로 5일 방문한 바이두와 신랑망은 중국을 대표하는 인터넷 기업이란 점은 같으면서도 '미래 전략'에서는 확연한 차이를 보였다.

바이두가 검색을 특화하고 이를 기반으로 새로운 먹거리를 찾아나서는 반면, 신랑망은 바이두와 사회관계망서비스(SNS)나 뉴스에 더욱 집중하고 있는 것이다. 하지만 이용자의 삶을 향상시킬 수 있는 유용한 정보를 제공하고자 노력한다는 점에서는 두 기업은 궁극적으로 같은 곳을 지향하기도 했다.

■ '바이두의 힘' 누적된 빅데이터

중국 인터넷 검색 사용자의 96.7%가 이용하는 검색 1위 매체인 바이두. 베이징 본사의 홍보관에 들어서자 가장 먼저 눈에 들어오는 것은 이용자들의 검색 경향을 분석해 보여주는 색색의 전자 패널이었다. 성별이나 연령대에 따라 어떤 단어를 주로 검색하는지, 어느 장소를 많이 방문하는지, 특정 지역이 얼마나 붐비는지, 해당 키워드가 언제 어떤 이유로 검색됐는지 등을 한눈에 살펴볼 수 있었다.

또한, 검색 데이터를 바탕으로 베이징 시내 특정 지역의 유동인구량 예측도 가능했다. 이는 6억 명 이상의 이용자에 하루 평균 60억 건의 검색어 처리라는 막대한 기초 자료를 보유하고 있기에 가능한 일이었다. 바이두의 국제교류 및 대정부 업무 부서의 차장급인 닝레이(寧磊)는 "바이두는 모든 사람들이 평등하고 간단하게 모든 데이터를 접할 수 있도록 노력하고 있다"며 "그래서 이 모든 데이터를 대중에게 무료로 공개한다"고 설명했다.

하지만 이 같은 빅데이터는 동시에 바이두의 수익창출을 위한 중요한 '먹거리'이기도 했다. 그는 "기업이 더욱 상세한 데이터를 얻으려면 돈을 주고 해당 데이터를 사야 한다"며 "작년에 화장품 회사가 바이두의 빅데이터를 활용해 기업전략을 수정하고 새로운 제품을 출시해 큰 인기를 끌기도 했다"고 자랑했다.

바이두 역시 '모바일 혁명'의 직접적인 영향을 받고 있었다. 그는 "휴대전화 이용자 증가로 모바일 검색 엔진이 점점 중요해지는 상황"이라며 "그동안 10여개 스마트폰 애플리케이션을 출시했고 이용자가 수억명에 달한다"고 강조했다. 여기에 바이두는 중국의 '구글'로 불리는 기업답게 미래형 기기 분야에서도 거침없는 도전을 거듭하고 있었다. 닝레이는 "바이두도 현재 지능형 로봇과 무인자동차 개발을 진행하고 있다"고 소개했다. 다만 그는 이런 기기들의 구체적인 개발단계에 대해서는 말을 아꼈다.

■ 신랑망 뉴스의 공론장 '웨이보'

바이두의 무기가 빅데이터와 미래형 기기라면, '중국의 네이버'로 불리는 신랑망은 '웨이보'와 '뉴스'에 집중하는 길을 택했다. 신랑망이 운영하는 '중국판 트위터'인 웨이보는 현재 등록 유저가 6억 명에 달하는 중국 최대의 SNS 서비스다. 이제는 중국 정부 기관이나 언론 매체 등도 정보를 빠르게 확산시키는 데 웨이보를 적극 활용하고 있다.

신랑망의 뉴미디어 부문 에디터 양옌신은 브리핑에서 현재를 '소셜화의 시대'이자 '모바일의 시대'로 규정했다. 그는 "향후 웨이보에 특히 많은 인적·물적자원을 투자할 계획"이라며 "또 과거에는 PC를 중시했으나 이제는 모바일 기기나 '구글 글래스'와 같은 첨단기술 분야를 우선시하고 있다"고 설명했다.

또한, 뉴미디어 시대에 걸맞은 창의적인 뉴스 서비스를 위한 연구 부서도 운영하고 있다고 소개했다. 양옌신은 특히 웨이보를 통해 신랑망이 제공하는 각종 뉴스에 대한 누리꾼들의 정보 교환이나 토론이 활발하게 이뤄지고 있다는 점에 큰 의미를 부여했다. 그는 “웨이보는 사회의 진보를 촉진하는 플랫폼이기도 하다”면서 “결국 뉴미디어 분야에서 성공하려면 사람에 대해 관심을 가져야 한다고 생각한다”고 덧붙였다.

두 기업은 한국의 다양한 기업, 기관과 직간접적 교류를 갖고 있다.

바이두는 SM 엔터테인먼트나 서울시와 협력관계이고, 김수현이나 이민호, 전지현과 같은 한류 스타의 웨이보 계정은 언론과 팬에게 초미의 관심사가 된다. 닝레이는 “바이두는 한국 기업과의 협력을 아주 중요시한다”며 “가장 중요한 협력 파트너의 하나”라고 설명했다. 한국 예능 프로그램 ‘런닝맨’의 열렬한 팬이라는 양옌신은 “한국 연예인들이 웨이보를 통해 중국에 많은 영향력을 끼치고 있다. 웨이보를 통한 양국 문화 교류가 만족스럽다”고 평가했다.

중국 외교부 관계자는 “중국과 한국이 인터넷 분야에서 다양한 협력을 이루길 기대한다”며 “양국이 발전하는 새로운 미디어 플랫폼을 통해 교류를 증진시킬 수 있을 것”이라는 바람을 밝혔다.[1]

성공적인 고객관계관리를 위해서는 각 고객이 필요로 하는 마케팅정보를 적절한 시기에 적절한 방법으로 제공하는 것이 무엇보다 중요하다. 이것은 특히 개인화(personalization)에 있어서는 더 유용한 정보가 될 수 있다. 고객이 필요로 하는 마케팅정보는 각 고객의 구매성향에 따라 상이하므로 고객마다 필요로 할 만한 마케팅정보를 미리 파악해야 적절한 시기에 이를 고객에게 제공할 수 있다.

본 장에서는 고객관계관리의 세 가지 측면 중 분석적 고객관계관리의 관점에서 고객이 필요로 할 마케팅정보를 제공하기 위해 요구되는 고객의 구매성향을 고객 데이터베이스로부터 확보할 수 있는 방안에 대해 살펴본다. 먼저 고객관계관리에 필요한 분석의 여러 측면들을 파악하고 다음으로 각 단계에서 활용할 수 있는 데이터마이닝 기술들을 살펴보기로 한다.

---

1 이상현 기자, ‘빅데이터’vs‘웨이보’…中 인터넷기업 바이두·신랑망 가보니, 연합뉴스, 2015. 12. 05.

10.1 고객관계관리를 위한 분석

고객관계관리의 한 측면인 분석적 고객관계관리는 고객과의 관계관리를 통하여 다시 여러 가지 측면에서의 분석 과정이 필요하다.

(1) 고객획득

고객획득(customer acquisition)이란 잠재고객의 확인과 잠재고객의 전환을 통한 신규고객의 창출 과정으로 정의할 수 있다. 즉, 현재 우리 기업의 고객이 아니지만 향후에 우리 기업의 고객이 될 수 있는 잠재고객을 파악하고 이들에게 적절한 마케팅활동을 제공함으로써 잠재고객이 우리 기업의 신규고객으로 전환될 수 있도록 하는 과정을 의미한다.

고객획득은 현재 우리 기업의 고객이 아닌 잠재고객에 대한 자료를 얼마나 충분히 확보할 수 있느냐에 따라 분석결과의 정확성 정도가 결정된다고 할 수 있다. 잠재고객을 파악하기 위한 고객자료가 충분히 확보되면 이 자료들 중에서 우리 기업의 잠재고객이 될 가능성이 있는 자료들을 추출해야 하며 이를 위해서는 현재 우리 기업의 고객들의 일반적인 특성을 미리 파악하여야 한다. 따라서 고객획득의 과정은 결국, 잠재고객이 될 만한 대상에 대한 충분한자료의 확보와 이 자료로부터 잠재고객을 파악할 수 있도록 현재 우리 기업의 고객들에 대한 일반적인 특성을 파악하는 과정으로 이루어진다고 할 수 있다.

그림 10-1 분석적 고객관기의 여러 측면

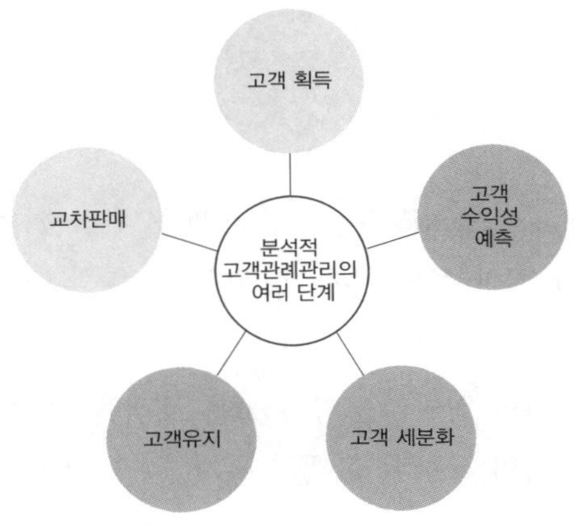

(2) 고객수익성 예측(Customer Value Estimation)

이미 고객이 어느 정도 확보된 기업의 경우에는 해당 기업의 고객들 중에서 수익성이 양호한 고객들과 그렇지 못한 고객들을 구별하여 차별화된 마케팅 전략을 구사할 수 있다.

이를 위해서는 기본적으로 기존고객에 대한 충분한 자료를 확보하고 이를 분석하여 각 고객의 생애가치(life-time value)나 구매성향(propensity to purchase) 등을 추정하여야 한다. 여기서 생애가치란 고객이 우리 기업에서 평생동안 구매해 줄 구매액에 시간가치를 고려하여 현재가치로 평가한 이익의 합한 값이라고 할 수 있다. 새로운 고객은 기존고객의 자료분석결과를 바탕으로 생애가치나 구매성향 등을 추정할 수 있으며 이를 통해 신규고객의 수익성을 예측할 수 있다.

(3) 교차판매

교차판매(cross-selling)란 하나의 상품판매에 편승하여 다른 상품을 같이 팔기 위한 마케팅활동이라 할 수 있다. 교차판매를 위해서는 한 고객이 동시 또는 시차를 두고 같이 구매할 가능성이 높은 상품의 집합을 추출해 내는 것이 중요한데 이를 위해서는 상품 간의 동시구매 가능성을 측정할 수 있는 방법이 필요하다.

(4) 고객유지

고객유지(customer retention)는 기존고객을 우리 기업의 고객으로 계속 남을 수 있도록 하기 위한 여러 가지 마케팅활동을 포괄한다. 경쟁기업의 지속적인 마케팅활동을 통해 이미 확보된 기존고객들도 경쟁기업의 고객으로 전환될 수 있는데 이러한 전환가능성이 높은 고객을 이탈가능고객이라 하며, 고객 유지의 핵심은 이미 확보된 고객의 유지, 즉 이탈고객의 방지라고 할 수 있다.

한편 우량고객에 대한 강화 방안도 필요한데 이는 우량고객을 미리 파악하여 지속적으로 우량고객으로 유지될 수 있도록 한다.

(5) 고객세분화

고객세분화(customer segmentation)는 성향이 다른 여러 고객군에게 차별화된 마케팅전략을 구사하기 위해 공통된 속성을 가진 고객군을 묶어 내는 방법이라고 할 수 있다. 고객세분화에서 세분화된 고객군들의 수가 너무 작거나 너무 많은 경우에는 차별화된 마케팅전략을 구사하기가 용이하지 않다. 따라서 적절한 수의 고객군을 추출할 수 있어야 하며, 각 고객군들의 속성이 가능한 차별화가 되어야 하며, 하나의 고객군에 속한 고객들끼리는 가능한 많은 공통적인 속성을 가질 수 있도록 고객군은 도출해 내는 것이 중요하다.

이상에서 살펴본 것과 같이 고객분석단계에서는 공통적으로 기존에 확보된 고객의 자료를 잘 분석하여 숨어 있는 고객의 구매성향이나 공통적인 속성을 정확히 파악하는 것이 가장 중요하다고 할 수 있다. 그러나 각 고객분석단계에서 단계별로 필요한 정보나 분석 방법은 각 단계의 목적에 따라 상이하므로 각 단계별로 적합한 분석 방법을 선택해야 한다. 이와 관련하여 일반적으로 자료 내에 숨어 있는 지식을 손쉽게 발견할 수 있는 방법을 총칭하여 데이터마이닝(data mining)이라 한다.

다음 절에서는 데이터마이닝의 여러 가지 방법론들을 살펴보고 어떤 방법이 고객관계관리의 각 단계에서 필요한 데이터마이닝 방법인지 살펴보도록 한다.

10.2 고객관계관리를 위한 데이터마이닝 기술

(1) 데이터마이닝의 의미

데이터마이닝이란 용어는 '자료'(data)와 '발굴하다'(mining)란 용어의 합성어로서 말 그대로 '자료를 발굴한다'라는 의미를 가지고 있다. 즉, 파묻혀 있는 고객정보를 의사결정에 유용한 정보나 지식을 찾아내는 것이라 할 수 있다. 보다 일반적인 데이터마이닝의 의의는 대용량의 데이터로부터 유의한 패턴을 찾아내는 과정을 의미한다. 컴퓨터 기술의 발전과 저장장치의 저렴화에 따라 기업에서 관리하는 데이터의 양은 기하급수적으로 증가하고 있다. 기업의 데이터 저장 방식은 기하급수적으로 증가하는 데이터를 보다 효과적으로 관리하기 위해 데이터베이스로부터 데이터웨어하우스로 변환되고 있다. 데이터웨어하우스의 구축을 위해서는 데이터를 분석하고 이를 유의한 형태로 정리하는 OLAP(Online Analytic Processing)의 개념이 발전하게 되었는데 이러한 OLAP의 기반기술로 이용되고 있는 것 중의 하나가 바로 데이터마이닝 기술이다. 데이터마이닝은 지능형 정보기술과 통계학적인 방법론 등을 이용하게 된다.

(2) 고객관계관리를 위한 데이터마이닝 기술의 활용

위에서 진술한 바와 같이 성공적인 고객관계관리의 전제조건 중 하나는 각 고객이 필요로 하는 마케팅정보가 어떤 것인지를 미리 알 수 있도록 유사한 구매성향을 가진 고객들의 특성을 파악하는 것이라고 할 수 있다. 고객의 구매성향을 예측하기 위해서는 고객 데이터베이스로부터 기존고객의 구매성향을 미리 파악하고 이를 활용하여 새로운 고객에 대한 구매성향을 판단하여야 한다. 즉, 기존고객의 데이터를 확보하고 이 데이터들로부터 일정한 규칙을 추출하여 새로운 고객의 구매성향 파악에 활용하여야 한다. 이를 위해서는 데이터 베이스로부터 정보나 지식을 추출할 수 있는 데이터마이닝 기술의 활용이 필요하다.

고객관계관리의 각 단계에서 데이터마이닝을 활용함으로써 여러 가지 이점을 얻을 수 있는데, 아래에서는 고객관계관리의 각 단계에서 활용할 수 있는 데이터마이닝의 대표적인 방법론들을 살펴보기로 한다.

가. 인공신경망

인공신경망(artificial neural networks)은 이름 그대로 생물학적 뇌의 작동원리를 토대로 모방하여 새로운 형태의 알고리즘을 만들고자 하는 노력에서 개발되었다. 이는 연산능력에서 탁월한 성과를 나타내는 컴퓨터의 특성과 기억장치로부터의 추론능력이 뛰어난 생물의 두뇌를 결합하고자 한 시도였다.

그림 10-2 신경망의 구조

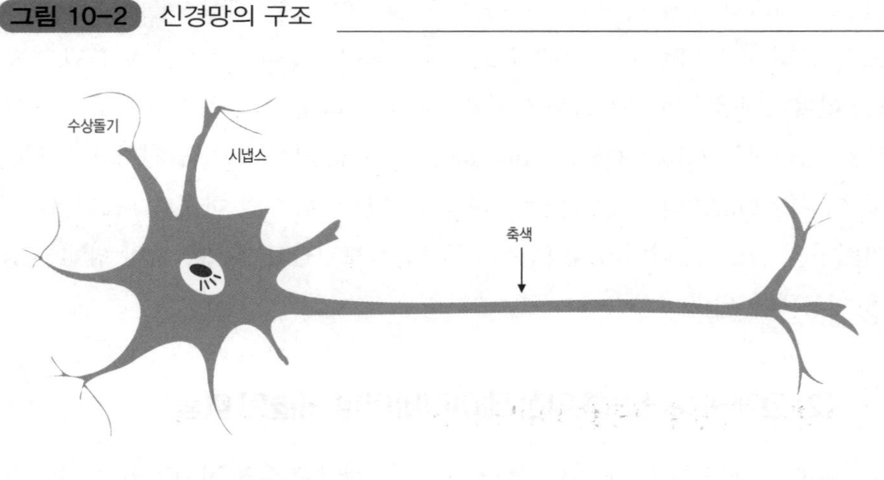

인간의 두뇌는 〈그림 10-2〉와 같은 뉴런(neuron)들이 서로 연결된 신경망으로 구성되어 있다. 하나의 뉴런은 다른 뉴런과 수천 개의 시냅스(synapse)에 의해 연결된다. 뉴런의 기능은 정보의 수용, 연산처리, 출력 등이다. 세포체로부터 나온 돌기를 축색(axon)이라 하고, 한 개의 가느다란 섬유와 수상돌기(dendrites)라 불리는 다수의 돌기로 구성되어 있다. 축색은 전기적으로 활성화되며 뉴런에 의해 발생되는 펄스(pulse)를 다른 뉴런에게 전달한다. 수상돌기는 다른 뉴런과 연결되어 입력신호를 받아 필요한 처리를 수행한 후 이를 세포체에 전달하며, 세포체는 이 신호를 펄스신호로 변환시킨다. 뉴런 간의 정보교환은 모두 시냅스라 불리는 축색돌기의 끝 부분에 의해 수행된다.

인공신경망은 이상과 같이 동물의 뇌에서 일어나는 과정을 컴퓨터에 모방한 것이다. 인공신경망은 특수한 컴퓨터를 사용하여 구현될 수도 있으나 대부분 일반 컴퓨터에서 응용소프트웨어에 의해 구현된다. 〈그림 10-3〉은 일반적인 인공신경망의 구조를 나타낸 것이다.

그림 10-3 인공신경망의 구조

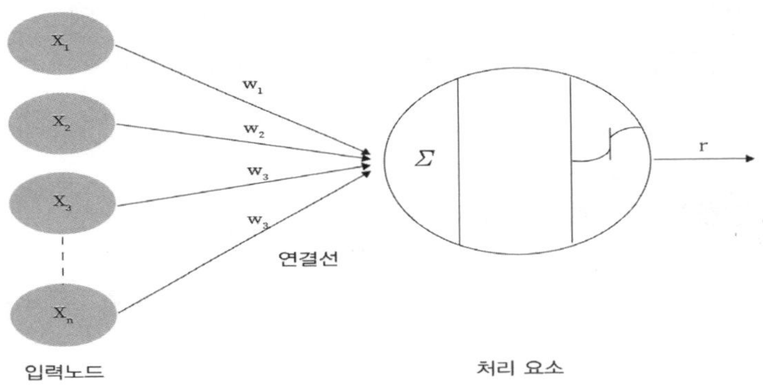

〈그림 10-3〉에서 보는 바와 같이 인공신경망은 입력모드를 통해 여러 가지 정보를 입력받게 된다. 입력된 정보는 처리 요소와 연결된 연결선을 따라 처리 요소(processing element)에 입력된다. 여기서 각각의 연결선은 각 입력정보의 중요도에 따라 가중치를 갖고 있으며, 각각의 입력정보는 합산함수에 의해 처리 요소에 의해 출력신호로 변환되어 다음 단계의 처리 요소로 전달된다. 이러한 과정은 수상돌기에 의해 입력정보를 수용하고 처리하여 세포

체에서 펄스로 변환시킨 후 축색돌기를 통해 다른 뉴런으로 정보를 전달하는 동물의 두뇌 활동을 모사한 것이다. 각 처리 요소에 들어온 입력정보는 합산함수에 의해 변환되어 입력되는데, 이때 일반적으로 많이 이용되는 합산함수는 각각의 처리 요소에 들어온 모든 입력 요소의 가중치 합계로 계산된다. 이는 일반적인 가중합계를 의미하는 것으로, 연결선에 배경된 가중치에 의해 각각의 연결선에서 들어온 값이 가중합계되어 처리 요소에 입력된다. 계산된 입력신호는 변환함수에 의해 변환되어 출력되는데, 가장 일반적인 변환함수는 시그모이드 함수(sigmoid function)라고 불리는 함수이다. 시그모이드 함수는 인공신경망의 장점 중의 하나인 비선형적인 분포를 가능하게 한다. 시그모이드 함수는 다음 식과 같이 표현된다.

$$\text{Sigmoid(x)} = \frac{1}{1+e^{-x}}$$

인공신경망의 각 처리 요소에서 계산되는 입력신호와 출력신호의 관계를 이해하기 위해 간단한 예를 보도록 한다. 〈그림 10-4〉에는 세 개의 연결선이 연결되어 있는 인공신경망 내의 하나의 처리 요소이다.

그림 10-4 처리 요소의 작동원리

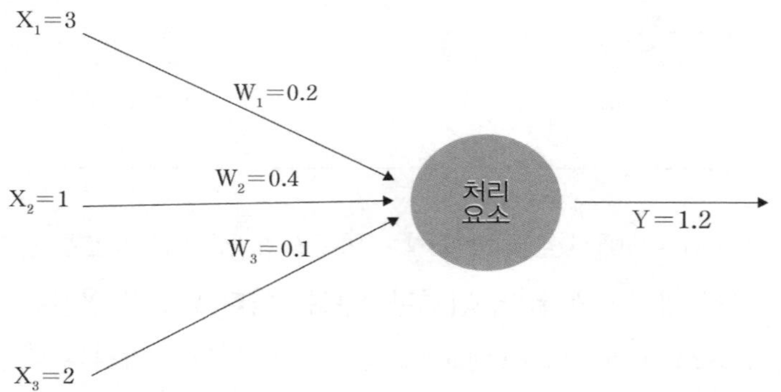

〈그림 9-4〉에 입력되는 값은 X_1, X_2, X_3에서 들어오는 값이다. 합산함수는 일반적으로 가중합계를 많이 이용하므로 이에 따라 처리 요소에 들어온 입력값을 입력신호로 변환하면 다음과 같이 1.2라는 값을 얻을 수 있다.

$$Y = 3(0.2) + 1(0.4) + 2(0.1) = 1.2$$

입력신호는 다시 변환함수에 의해 변환되어 출력신호가 되므로 1.2의 입력신호 값은 일반적으로 변환함수로 많이 사용되는 시그모이드 함수에 의해 다음 식과 같이 0.77이라는 값으로 변환되게 된다.

$$f(Y) = \frac{1}{1 = e^{-1.2}} = 0.77$$

출력신호로 변환된 값은 다음 처리 요소의 입력 값으로 들어가게 되며 역시 같은 절차를 거쳐서 최종적인 출력신호가 나올 때까지 이 과정을 반복하게 된다.

인공신경망을 경영학에 응용하고자 하는 연구는 재무, 회계, 마케팅, 생산 등의 분야에서 다양하게 진행되어 왔다. 인공신경망을 경영학 분야에 응용하기 위해서는 전술한 인공신경망의 작동원리에 따라 진행되는데, 예를 들어 고객관계관리에서 고객수익성을 예측하기 위한 인공신경망 모형을 구축하기 위해서는 기본적으로 고객수익성 예측을 위한 기초 입력자료가 제공되어야 한다.

그림 10-5 고객수익성 예측을 위한 인공신경망 모형의 예

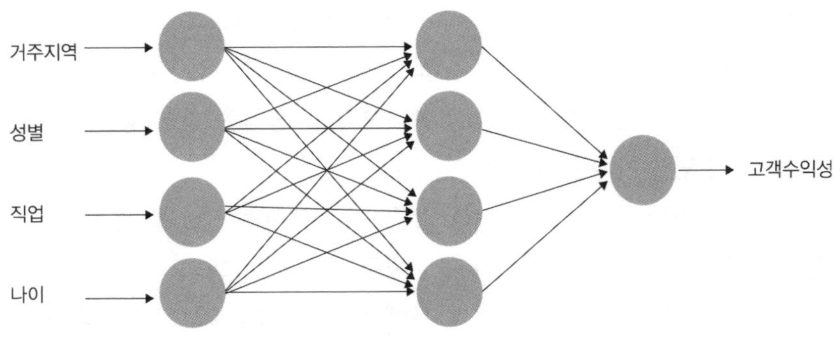

〈그림 10-5〉에서 제시된 것과 같이 인공신경망은 고객의 기초자료를 입력 받아 처리 요소에서 처리를 하고 이를 이용하여 연결선의 가중치를 결정하게 된다. 가중치가 결정되면 이를 이용하여 새로운 고객이 수익성을 예측하는 데에 이용할 수 있다.

전술한 예시와 같이 인공신경망은 분석적 고객관계관리에서 고객수익성 예측에 유용하게 활용할 수 있다. 이 밖에도 고객수익성에 기반한 고객획득, 고객유지 등에도 활용할 수 있는데, 고객획득에서는 우량고객이 될 고객의 예측에, 고객유지에서는 이탈가능고객의 예측에 인공신경망을 활용할 수 있다.

나. 사례기반추론

사례기반추론(case-based reasoning)은 과거에 발생한 유사 사례를 이용하여 새로운 문제를 해결하고자 하는 방법이다. 사례기반추론의 문제해결 방법은 인간의 문제해결 방법과 가장 유사하고 간단하여 많은 연구자들에 의해 연구되어지고 있다. 사례기반추론을 이용하기 위해서는 일반적으로 과거의 사례와 새로운 사례들 사이의 유사 정도를 측정하기 위한 유사도 척도가 준비되어야 한다.

과거 사례는 현재 사용자가 해결하고자 하는 문제와 관련 있는 과거에 발생한 사례들로 구성된다. 사례기반추론은 과거의 사례를 기반으로 추론을 하므로 현재 해결하고자 하는 문제와 얼마나 유사한 사례를 확보하느냐가 중요한 점이다. 또한 과거 사례들을 모두 이용하여 추론하는 것이 아니라 과거 사례들 중에서 현재 해결하고자 하는 문제와 유사한 몇 개의 사례를 선택하여 이들을 이용하여 추론을 하게 되므로 해결하고자 하는 문제와 과거 사례들 사이의 유사도를 측정하는 척도가 필요하다. 유사도 측정도구는 여러 가지 방법이 제안되고 있지만 일반적으로 근접이웃 방법(nearest-neighbor method)이 가장 많이 이용되고 있다.

근접이웃 방법은 먼저 각 속성 값들 간의 유사성 정도를 측정할 수 있는 속성 유사성함수를 정의하여야 하고, 이를 이용하여 과거 사례의 속성 값들과 해결하고자 하는 문제의 속성 값들에 대한 유사성 정도를 측정하고 이를 속성의 중요도에 따라 가중합계하여 사례들 사이의 유사도를 측정하게 된다.

근접이웃 방법에서 사례들 사이의 속성 유사성함수는 여러 가지 대안이 있을 수 있지만 일반적으로 좌표축 상의 두 점의 거리를 측정하는 척도인 유클리드 거리(Euclidean Distance)라는 개념을 많이 사용한다. 유클리드 거리는 두 사례들 간의 기하학적 거리를 나타낸다. 유사도 척도를 이용하여 해결하고자 하는 문제와 유사한 과거 사례가 선정되면 그 중에서 유사한 정도에 따라 한 개 또는 그 이상의 과거 사례를 이용하여 현재 문제의 해답을 추론하게 된다. 〈그림10-6〉은 사례기반추론의 일반적인 과정을 나타낸 것이다.

그림 10-6 고객수익성 예측을 위한 인공신경망 모형의 예

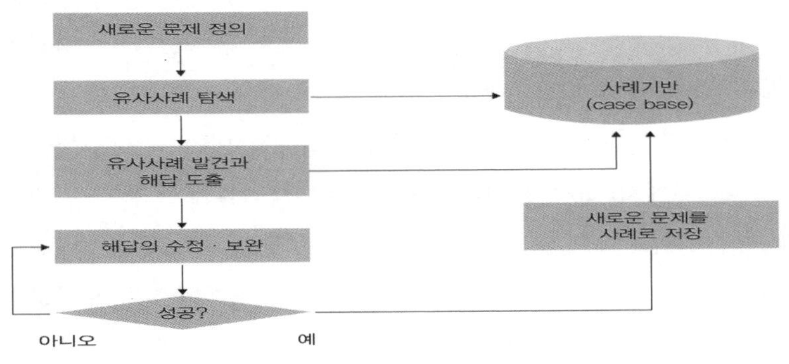

사용자가 문제에 대한 기술을 하면 모형은 과거 사례를 보관하고 있는 사례 기반(case base)으로부터 유사한 사례를 찾게 되며 이에 따라 추론을 수행한다. 추론이 끝난 후 성공적인 사례에 대해서는 사례기반에 이를 추가하거나 수정함으로써 사례기반을 계속 보완해 나가게 된다.

전술한 바와 같이 사례기반추론은 그 방법론이 간단하고 인간의 문제 해결방식과 유사하므로 많이 응용되고 있는데 경영학 분야에서는 기업신용평가, 채권등급평가, 콜 센터에서의 자동응답시스템, 고객수익성 예측 등에 사용되고 있다.

다. 장바구니분석

장바구니분석(market basket analysis)은 말 그대로 시장에서 상품을 사가지고 가는 주부의 장바구니에 들어 있는 상품들 간의 구매 연관관계를 파악하고자 하는 방법이다. 즉, 여러 사람의 장바구니에 A라는 상품과 B라는 상품이 들어 있었다면 A와 B 두 상품은 함께 구매되는 경우가 많은 것이라고 판단하는 것이다.

장바구니분석은 방법이 간단하고 많은 양의 데이터에 대해서도 쉽게 적용할 수 있으므로 데이터마이닝에 유용하게 이용될 수 있다. 장바구니분석에서는 상품들 간의 연관관계를 찾게 되므로 흔히 의사결정규칙의 형태로 결과를 얻게 된다. 데이터마이닝에서 대용량의 데이터에 대한 분석을 하게 되면 수많은 의사결정규칙이 도출될 수 있고 이 중에서 규칙들 간에 결과가 상충하는 규칙도 나타나게 된다.

따라서 수많은 의사결정규칙 중에서 분석에 유의한 규칙을 찾아내고 상충하는 규칙 중에서 의사결정보다 영향력이 있는 규칙을 선택해 내는 것이 중요한 과제이다.

장바구니분석에서는 이를 위하여 여러 가지 선택기준을 제시하고 있는데 그 중 하나는 "Support"라는 기준이다. Support는 전체 거래 중에서 상품 A와 상품 B를 포함하는 거래량이 어느 정도인가를 파악하는 측정의 기준으로 아래와 같이 표현할 수 있다.

$$\text{Support} = \frac{n(A \cap B)}{N}$$

이때, N은 전체 거래의 횟수이고, $n(A \cap B)$는 상품 A와 상품 B가 함께 구매되는 빈도수를 나타낸다. 또, 다른 기준으로는 "Confidence"라는 것이 있으며 이는 상품 A를 구매한 거래 중에서 상품 B가 포함된 거래의 정도를 측정하는 기준이다. 이는 연관성의 강도를 나타낼 수 있으며 다음과 같은 조건부 확률에 의해 계산된다.

$$\text{Confidence} = P(B|A)$$

마지막으로 장바구니분석에서 많이 사용되는 기준 중 하나는 "Improvement"라는 개념으로, 이는 임의로 상품 B를 구매하는 경우에 비해, 상품 A와의 관계를 고려하여 구매되는 경우의 비율을 측정하는 기준으로 다음과 같은 식으로 나타낼 수 있다.

$$\text{Improvement} = \frac{P(A \cap B)}{P(A)P(B)}$$

이때, P(A)는 전체 거래 중에서 A라는 상품이 포함된 거래가 일어날 확률을 의미한다. Improvement의 값이 1에 가깝다는 것은 상품 A와 상품 B의 구매거래가 통계적으로 서로 독립이라는 의미이며, 1보다 크면 양의 연관관계를, 1보다 작으면 음의 연관관계를 갖는다는 것을 의미한다. 장바구니분석에서는 이상에서 제시된 세 가지의 기준을 복합적으로 고려하여 유의한 의사결정규칙을 선택하게 된다.

라. 협업 필터링

협업 필터링(collaborative filtering)은 앞에서 살펴본 사례기반추론의 개념과 유사한 방법으로, 특정 고객과 유사한 속성을 지닌 다른 고객이 어떤 상품을 선호하는지를 파악하여 그 상품을 추천해 주는 방식이라고 할 수 있다. 따라서 협업 필터링은 한 고객과 다른 고객 사이의 연관관계를 토대로 추천하는 방식이라고 할 수 있다.

협업 필터링은 먼저 상품추천이 필요한 대상고객의 개인 선호성향을 파악하는 것이 첫번째 분석이고, 다음으로는 대상고객과 유사한 선호성향을 지닌 고객군을 찾아낸 후 그 고객군이 선호한 상품들을 중심으로 대상고객에게 상품을 추천하는 절차를 밟게 된다. 따라서 필터링에서는 대상고객의 개인 선호성향을 잘 파악하고 유사한 고객군을 찾는 것이 가장 중요하다고 할 수 있다.

협업 필터링을 이용하게 되면 추천을 필요로 하는 대상고객이 기존에 구매하지 않았던 상품도 추천을 할 수 있으며, 분석에 필요한 자료가 충분한 경우에 다른 데이터마이닝 방법에 비해 보다 용이하게 또한 정확하게 분석을 할 수 있는 장점이 있다.

한편, 단순히 구매이력 및 상품별 선호도를 기반으로 분석을 하게 되므로 고객의 구체적인 프로필 정보를 충분히 활용하지 못하고 분석대상 고객의 자료량이 많은 경우에는 많은 연산시간이 소요되는 단점이 있다.

그러나 협업 필터링은 그 알고리즘을 이해하기가 매우 용이하며 비교적 분석결과의 정확도도 높아서 현재 많은 고객관계관리 시스템에서 활용되고 있으며, 특히 교차판매를 위한 상품추천 등에 활용될 수 있다.

마. K-Means 알고리즘

통계학적 군집화 방법은 경영학, 공학 등의 분야에서 효과적으로 적용되어 왔다. 여기서 군집(cluster)이란 유사한 속성을 가진 자료의 집합을 의미한다. 일반적으로 군집화는 한 군집 내의 패턴들이 동질적이면서 군집 간에는 가능한 이질적으로 구성되게 집단화하는 방법이라고 할 수 있다.

K-Means 알고리즘은 비계층적 군집화 방법 중 가장 많이 이용되고 있는 방법으로 계층적 군집화 방법에 의해 얻어진 최초의 군집결과를 이용하여 군집의 수(K)와 중심점을 결정한다. 이후에는 K개의 시작점을 중심으로 유사성에 근거하여 군집화를 수행하는 방법이다. K-Means 방법에서는 한 번 군집이 만들어질 때마다 각 군집별로 그 군집의 평균 값을 구하여 군집 내 대상들 간의 유클리드 거리의 합을 구하게 되며 이 값이 더 이상 작아지지 않을 때까지 군집화를 수행하게 된다.

K-Means 알고리즘은 각 고객의 프로필 정보와 같이 이미 확보된 자료만으로 분석을 할 수 있으며, 이를 기반으로 하여 유사성을 평가하고 유사한 고객군들을 같은 군집으로 묶어주므로 고객세분화에 이를 활용할 수 있다.

바. 자기조직화 지도

자기조직화 지도(self-organizing map)는 인공신경망 모형의 일종으로 군집화에 활용할 수 있는 모형이다. 즉, 일반적인 인공신경망은 모형 내의 연결

가중치를 결정하기 위해 독립변수와 종속변수의 값이 이미 결정된 자료가 필요하지만 자기조직화 지도는 자료의 독립변수 값만으로 유사성을 평가하여 자료를 군집화할 수 있다.

자기조직화 지도는 일반적으로 입력층과 출력층, 두 개의 층으로 구성되어있으며, 입력층 뉴런은 각 출력층 뉴런에 입력 패턴을 배열시키는 데 유사한 패턴을 가진 입력층 뉴런은 동일한 출력층 뉴런으로 배열된다. 자율학습이란 과정을 통해 입력 패턴과 가장 유사한 연결강도를 갖는 출력층 뉴런이 승자(winner)뉴런이 되며, 이 승자뉴런을 중심으로 반경(radius)을 설정하면, 이 범위 내의 모든 뉴런들은 출력층에서 유사한 연결강도를 갖는 입력 패턴의 하위집합이 되고, 이 집합이 입력 공간의 지도를 형성하게 된다.

이때 유사도 측정에도 주로 유클리드 거리의 제곱을 사용하며 규정된 반복 횟수만큼 학습이 진행되면 반경과 학습률을 감소시킨 후 다음 학습 과정을 반복하게 된다. 자기조직화 지도는 인공신경망의 정교한 연산능력을 이용한 군집화를 가능하게 하므로 고객세분화에 적합한 방법으로 제안되고 있다.

데이터마이닝은 이상에서 설명한 장바구니분석, 인공신경망, 사례기반 추론, 통계적 방법론 등을 이용하여 대용량의 데이터로부터 유의한 패턴을 찾는 방법이다. 데이터마이닝의 응용 분야는 다양하며 대용량의 데이터베이스가 구축된 분야이면 거의 전 분야에서 이용되고 있다고 할 수 있다. 구체적으로는 의료, 법률 등의 전문 분야와 금융 분야에서의 부정적발, 위험관리 등에서 이용되고 있으며 e-비즈니스 환경하의 고객관계관리와 관련한 고객확보, 고객유지, 시장세분화, 타겟 마케팅, 다이렉트 메일링 등의 분야에서 광범위하게 응용되고 있다. 최근에는 e-비즈니스 환경에서 발생하는 많은 웹 상의 데이터를 분석하기 위한 웹마이닝에 관한 관심이 매우 높으며 아래에서는 이에 대해 간략히 살펴보도록 한다.

사. 웹마이닝

웹마이닝(Web mining)은 웹 상에서 발생되는 데이터를 분석하기 위한 데이터마이닝 방법론을 의미한다. 웹마이닝은 크게 웹 구조 마이닝, 웹 내용 마이닝, 웹 사용 마이닝 등으로 분류할 수 있다.

웹 구조 마이닝은 웹 페이지들의 연결을 어떻게 해야 최적의 접속경로를 사용자에게 제공할 것인지에 관련된 것으로, 이는 최적화 알고리즘을 이용하여 사용자의 접속경로에서 일정한 패턴을 찾는 과정을 통해 수행할 수 있다. 웹 내용 마이닝은 웹페이지에 있는 내용에 대한 검색과 관련된 것으로 일반적인 웹 정보검색과 관련된 것이라고 할 수 있다. 웹 사용 마이닝은 사용자의 사용 흔적을 분석함으로써 사용자의 행태에 대한 일정한 패턴을 찾는 분석 방법이라고 정리할 수 있다. 즉, 웹 사용 마이닝은 웹서버에 접속하는 사용자의 접속 패턴을 분석하여 웹 사용자의 행동분석을 하는 데 이용될 수 있다. 웹 사용 마이닝의 대표적인 방법론은 웹 로그파일 분석이다.

웹 로그파일은 웹서버에 남아 있는 웹 사용자의 접속 흔적을 모아둔 파일로 이는 사용자의 접속과 관련된 여러 유용한 정보를 포함하고 있다. 웹 로그파일은 크게 표준로그 형식과 확장로그 형식의 두 가지 형태가 있으며, 표준로그 형식은 〈그림 10-7〉과 같은 네 가지 형태의 구분으로 구성되어 있다.

그림 10-7 웹마이닝의 구조

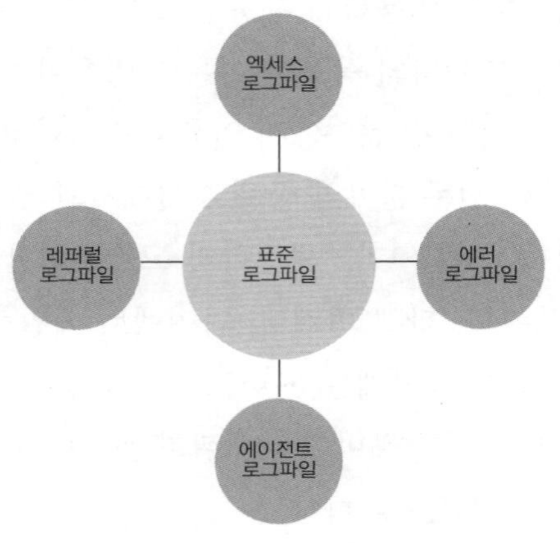

엑세스 로그파일(access log file)은 사이트 방문기록을 수록하고 있으며, 웹 사이트 방문시간, 방문경로에 대한 정보를 얻을 수 있다. 또한 인증된 사용자라면 사용자의 아이디에 관한 정보를 얻을 수 있으며, 웹사이트에서 수행한 작업에 대한 내용도 확인할 수 있다.

에러 로그파일(error log file)은 웹서버에서 발생하는 에러와 접속 실패의 시간과 내용을 기록하고 있다. 에러 로그가 과도하면 사이트의 신뢰도에 치명적일 수 있으므로 이를 참조하여 주기적인 보수를 하여야 한다.

레퍼럴 로그파일(reFerrer log file)은 현재 웹페이지를 찾는데 사용된 검색엔진과 키워드, 이전 웹페이지 등에 대한 정보를 포함하고 있다. 따라서 레퍼럴 로그파일에 수록된 정보를 이용하여 인터넷 광고매체 선정 등에 이용할 수 있다.

에이전트 로그파일(agent log file)은 사이트를 방문하는 사용자의 웹 브라우저의 종류 및 버전, 운영체제의 종류 등에 관한 정보를 제공하며 이를 이용하여 최적화된 웹 페이지 구성에 이용할 수 있다.

이 밖에 표준로그 형식 외에 확장로그 형식이 있는데, 확장로그 형식에서는 표준로그에서 제공하지 않는 추가적인 정보를 더 제공받을 수 있다.

웹 사용 마이닝을 수행하기 위해서는 웹서버에 있는 웹 로그파일을 구하여전 처리를 수행한 후 데이터마이닝 기술을 이용하여 분석을 하게 된다. 특히 웹 사용 마이닝에서 사용되는 웹 로그파일은 사용자의 방문 흔적을 모두 기록하고 있어서 분석에 불필요한 정보도 많이 포함한 경우가 많다. 따라서 사용자 파악과 동일 사용자의 방문횟수 산정을 위한 세션 파악, 로그파일에 기록되지 않은 사용자의 방문경로의 완성 등의 전처리 과정이 일반적인 데이터마이닝과 달리 매우 중요한 부분이라고 할 수 있다.

웹 사용 마이닝의 결과는 군집화분석 등을 통해 얻어진 시장세분화의 결과에 따라 사용자에게 개인화된 웹페이지의 제공과 네트워크관리, 서버부하균등화 등의 시스템 개선, 고객관계관리 등에 이용될 수 있다.

사례 1

AI 동력 '빅데이터' 총집합?…"데이터플랫폼, DX시대 선도"

▸6일 '2022 데이터플랫폼 미래전략 컨퍼런스' 개최
▸산업 현장 특성 맞는 고품질 데이터 제공 목적

최근 국가·기업 전략이 디지털 트랜스포메이션(DX)으로 전환되고 있다. 4차산업 전환이 빠르게 진행되며 인공지능(AI) 활용 분야가 기하급수적으로 증가하고, AI 발전에 따라 우려되는 문제점도 많아지고 있다. 가장 크게 논의되는 이슈는 AI의 신뢰성·정확도다. 문제 해결을 위한 방안으로 '빅데이터'가 주목받고 있다. 이런 가운데 빅데이터 플랫폼 미래전략을 논의하는 장이 열렸다.

한국산업기술시험원(원장 김세종, 이하 KTL)과 한국지능정보사회진흥원(원장 황종성, 이하 NIA)은 과학기술정보통신부 빅데이터플랫폼 구축사업의 일환으로 16일 수원 컨벤션센터에서 '2022 데이터플랫폼 미래전략 컨퍼런스'를 개최했다.

이날 컨퍼런스는 AI를 활용한 디지털 전환의 산업별 활용 방안을 공유하는 시간으로 마련됐다. 데이터 플랫폼 미래전략 청사진을 그리며 '데이터 댐 사업'의 발전 방향에 대한 전문가들의 논의도 이어졌다.

권종원 KTL 센터장은 '빅데이터 플랫폼 구축사업' 추진 경과를 공유했다. '데이터 댐 사업'의 일환으로 수행되는 빅데이터 플랫폼 구축사업은 산업 현장 곳곳에서 쏟아지는 수많은 데이터를 축적·가공·결합해 활용도 높은 데이터로 재탄생시켜 필요 현장에 공급하는 방식이다. 현재 총 21개 빅데이터 플랫폼이 구축돼있으며 산업혁신·의료·제조·교통 등의 다양한 분야로 구성된다.

권 센터장은 "다양한 기업 활동 전반에서 활용 가능한 고품질의 데이터를 산업 현장 각각의 특성에 부합하게 제공하는 것이 목적"이라며 사업 핵심 취지를 밝혔다. 이어 '데이터 표준화'에 대해 설명했다.

그는 "표준화라는 것은 굉장히 어려우며 누군가 내려주는 것이 아닌 합의를 통해 정해진다"라며 "현재는 편리한 표준화를 위해 'DX 용어 사전'을 플랫폼에 구축한 상태"라고 덧붙였다.

권 센터장에 따르면 데이터는 그 자체만으로는 높은 가치를 창출하지 못한다. 모든 데이터들을 모으기에 급급하게 되면 양적으로는 풍족해져도 실제로는 활용도가 떨어지는 데이터들이 대다수이기 때문이다. 그는 "이러한 문제를 해결하기 위해 품질 만족 기준을 설정해 데이터를 수집할 것"이라며 "이를 통해 데이터 생태계 질을 높일 예정"이라고 말했다.

권 센터장은 데이터 플랫폼 이용자 그래프를 통해 활용분야 분포를 설명했다. 현재 데이터 이용기업 중 44%는 중소기업, 42%는 비영리(대학) 및 기타 기관이다. 이와 관련해 그는 "많은 기업과 대학이 데이터를 통한 혁신전략을 세우고 있다"라며 "시대의 흐름에 맞는 고품질의 빅데이터 제공을 위해 더욱 노력하겠다"고 언급했다.

이어 그는 "올해 7월 시행된 산업디지털전환촉진법의 정책 목표 달성을 위해 디지털 산업혁신 빅데이터 플랫폼을 대표 산업데이터 거래 플랫폼으로 발전시키고 전 세계 누구든지 산업데이터에 쉽게 접근·활용해 디지털 전환 촉진에 기여할 것"이라며 "플랫폼을 중심으로 기업·인재·기술 간의 공유·협업·연결을 통해 새로운 가치 창출에 노력할 것"이라고 강조했다.

또한 이날 기조강연을 맡은 정길도 전북대 교수는 'Genomic(지노믹) 데이터를 활용한 AI의 응용과 전망'을 주제로 발표했다. 지노믹 데이터는 헬스케어 산업의 대표적인 데이터다. 이 데이터를 만드는 주된 툴(tool)이 바로 빅데이터 기반의 AI이다.

정길도 교수는 노령 인구가 급격히 증가하는 실정을 지적하며 "미국에는 평생 번 돈을 마지막에 병원에서 다 쓰고 죽는다는 말이 있다. 노령인구의 증가에 따른 의료시스템 발전이 굉장히 중요한 시대"라며 "지노믹 데이터를 통한 맞춤형 메디컬은 난치병들의 치료와 신약개발에 용이하다"고 설명했다.

이어 그는 "과거에는 한 사람의 DNA 유전자배열 검사 비용이 총 4조원이 들었다. 하지만 현재는 약 100만원 정도면 가능한 수준"이라며 "AI와 유전체학 분야는 피할 수 없는 메가트렌드이며 이를 활용한 산업의 발전 가능성은 무궁무진하다"라고 강조했다.

이준섭 기자(2022.11.17.), "AI 동력 '빅데이터' 총집합?…"데이터플랫폼, DX시대 선도", 헬로디디신문

사례 2

혁신 서비스 이끄는 빅데이터 플랫폼…디지털 전환 '엔진' 역할

- **16개 빅데이터 플랫폼 구축 양질의 데이터로 신사업 촉진**
- **뉴틴, 월 주차 공유서비스 운영 아이쿱, 의사·환자 소통 지원 하이퍼리서치, 데이터 분석 진행**

디지털전환(DX)이 가속화하면서 빅데이터를 다루고 주고받을 수 있는 플랫폼의 필요성이 커지고 있다. 빅데이터를 확보하는 것은 개인이나 개별 기업이 하기는 쉽지 않은 측면이 있다. 정보를 대량으로 수집하고 가공할 수 있는 공공과 민간기업 간 협업이 꼭 필요한 이유다.

과학기술정보통신부와 한국지능정보사회진흥원은 빅데이터 플랫폼 및 센터 구축사업을 하고 있다. 디지털전환의 '엔진'이 되겠다는 목표다. 지금까지 16개 빅데이터 플랫폼이 구축됐고, 이를 통해 양질의 데이터를 생산하고 축적할 수 있다. 빅데이터가 유통 및 거래될 수 있는 기반이 돼준다. 이 데이터는 '통합 데이터지도'에 연계돼 공공과 민간의 데이터를 한 곳에서 검색하고 활용할 수 있는 것도 장점이다.

이런 빅데이터 플랫폼의 데이터를 활용해 혁신적인 서비스를 내놓고 있는 기업이 많다. 부산지역 월 주차 공유서비스를 운영 중인 뉴틴이 이 중 하나다. 뉴틴은 주차장 소유자가 주차 공간을 공유할 수 있

게 하는 서비스를 제공한다. 공급자와 수요자가 상생할 수 있는 경제 모델이다. 지난해 시범 서비스를 거쳐 올해 11월부터 '주차도시'라는 이름으로 상용화 서비스를 할 예정이다.

월 단위의 안정적인 주차 공간을 제공하고 공공과 민간의 데이터를 융합·분석해 지역과 상권에 따른 최적의 이용 금액을 책정함으로써 이용자 만족도를 높일 예정이다. 최신 뉴틴 대표는 "주차장 공유 서비스의 핵심은 주차장을 공유하려는 공급자를 찾는 일"이라며 "금융 빅데이터 플랫폼에 참여 중인 기웅정보통신과 부산시의 전국 주차장 정보, 아파트 주차 정보, 상권 지역별 업종별 데이터, 가구별·성별 인구 등 11종의 데이터를 활용해 서비스를 고도화할 수 있었다"고 말했다.

헬스케어 전문기업 아이쿱은 데이터를 활용해 의사와 환자의 커뮤니케이션을 원활하게 도와주는 '닥터바이스' 서비스를 선보여 눈길을 끌고 있다. 닥터(doctor)와 어드바이스(advise)의 합성어로 의사와 환자가 함께 사용하는 헬스케어 플랫폼이다. 의사 맞춤형 만성질환 관리 앱인 '닥터바이스 클리닉'과 개인이 자신의 건강 기록을 작성하고 원하는 의사에게 공유할 수 있는 환자 맞춤형 건강관리 앱 '닥터바이스 베이직'으로 구성돼 있다.

이 서비스를 개발한 조재형 아이쿱 대표는 서울성모병원 내분비내과 전문의로 평소 환자와 커뮤니케이션하기 어려웠던 본인의 경험을 녹였다. 그는 "의사는 진료 결과를 전자의무기록 시스템에 남기지만 그 내용을 환자에게 전달해주지 않는다"며 "의사와 환자 사이의 커뮤니케이션에 도움이 되는 서비스를 개발하고자 했다"고 설명했다.

일러스트, 동영상, 음성 등으로 구성된 3000여 개의 콘텐츠를 갖춘 이 앱을 사용하면, 의사가 진료에 필요한 콘텐츠를 불러와 환자들에게 구체적인 설명을 해줄 수 있고 전용 앱이나 메신저를 통해 환자와 의사가 정보를 쉽게 공유할 수 있는 장점이 있다. 이 회사의 서비스를 고도화하는 과정에서 라이프로그 데이터가 중요한 역할을 했다. 국내 최대 만성질환자 및 중증환자의 질환별 라이프로그 데이터를 활용해 맞춤형 건강관리 및 진료 가이드의 정확도와 신뢰도를 향상시켰다.

설문조사와 빅데이터를 결합해 데이터 분석과 솔루션 개발을 하는 사례도 있다. 데이터컨설팅 기업인 하이퍼리서치는 독자 개발한 '다차원 정보수집 시스템'에서 나온 설문조사 결과에 다양한 정량적 정보를 결합해 분석한다. 예컨대 소상공인 대상 설문조사 결과와 지역경제 플랫폼의 한국신용데이터가 제공하는 '소상공인 평균 매장 면적당 매출' 데이터를 융합함으로써 정확하고 수준 높은 분석을 하는 식이다.

강만수 하이퍼리서치 대표는 "면적당 매출과 같은 데이터를 수집하는 것은 굉장히 어렵다"며 "빅데이터 플랫폼을 이용함으로써 정보수집에 할애되는 시간과 비용을 획기적으로 낮췄다"고 밝혔다. 하이퍼리서치는 인공지능(AI) 기술을 활용하려 하는데, 이를 위해서도 양질의 풍부한 데이터는 필수다.

강 대표는 "빅데이터는 단순히 데이터의 양이 많은 것을 의미하는 것이 아니라 지속성을 갖고 그 안에서 어떤 인사이트를 얻을 수 있는지가 중요하다"며 "빅데이터 플랫폼을 통해 다양한 인사이트를 도출하고 사업 성장을 이룰 것"이라고 강조했다.

이상은 기자(2022.11.21),"혁신 서비스 이끄는 빅데이터 플랫폼…디지털 전환 '엔진' 역할", 한경산업

제3부 참고문헌

1. 농협경제연구소, www.nheri.re.kr
2. 롯데관광 빅데이터:
   http://www.dt.co.kr/contents.html?article_no=2013110602011060718003
3. 빅데이터 국가전략 포럼, www.bigdataforum.or.kr
4. 빅데이터 세상을 바꾸다, KBS
5. 서울시 심야버스: http://blog.naver.com/haeyun010/220147381795
6. 신세계몰 C.S.I, 신한카드 빅데이터: http://blog.gookbi.com/208569876
7. 월마트의 Walmartlabs: http://blog.naver.com/ryuhyekyung/220254959267
8. 유유제약 베노플러스: http://www.yuyu.co.kr/ko
9. 정용찬(2012), 빅데이터, 빅 브라더, KISDI 전문가컬럼, 정보통신정책연구원, 2021
10. 한국정보화진흥원, www.nia.or.kr/
11. 현대자동차 자동차고객관계관리 프로젝트: http://blog.gookbi.com/209449944
12. http://blog.naver.com/textom/220029273734

제4부

메타버스 서비스의 이해

11

메타버스 서비스의 개념과 특징

11 메타버스 서비스의 개념과 특징

11.1 메타버스의 개념과 특징

메타버스의 개념적 정의는 아직 학계에서 뚜렷하게 정립되지 않은 상태이다. 다만, '초월'을 뜻하는 'meta'와 우주를 뜻하는 'universe'의 합성어로서 인터넷 공간과 물리적 공간이 공존하는 '집합적 가상공존세계(virtual shared space)'를 의미한다고 볼 수 있다. 특히, 코로나19가 초래한 비대면 패러다임으로의 전환 과정에서, 메타버스는 현실세계에서 불가능한 다양한 사회·경제·문화적 활동을 실현하는 공간으로 변모하는 중이다.

일반적으로 메타버스의 유형은 크게 '증강현실(augmented reality)', '라이프로깅(life-logging)', '거울세계(mirror worlds)', '가상세계(virtual worlds)'의 네 가지 유형이다. 이들 네 가지 유형 중 상대적으로 빠른 성장을 보이면서 새로운 혁신 동력을 창출하고 있는 영역이 바로 VR·XR 기반의 메타버스 가상세계라 할 수 있다. 현실과 유사하거나 혹은 완전히 다른 대안적 세계를 디지털로 구축한 공간으로서 특징을 가지기 때문이며 확장된 세계를 구현하는 동시에 현실을 대체할 수 있는 광범위한 사회 경제적 활동들을 지원해나가는 메타버스 가상세계에서 사용자들은 실제의 자신을 상징하는 아바타를 통해 현실 세계의 경제적, 사회적인 활동과 유사한 활동을 영위하게 된다.

메타버스는 구현되는 공간이 현실 중심인지, 가상 중심인지와 구현되는 정보가 외부 환경정보 중심인지, 개인·개체 중심인지에 따라 네 가지 유형으로 구분할 수있다.

표 11-1 **네 가지 유형의 메타버스 세계의 특징 비교**

	증강현실 (Augmented Reality)	라이프로깅 (Life-logging)	거울세계 (Mirror Worlds)	가상세계 (Virtual Worlds)
정의	현실공간에 가상의 2D 또는 3D 물체가 겹쳐져 상호작용하는 환경	사물과 사람에 대한 일상적인 경험과 정보를 캡쳐, 저장, 전송하는 기술	실제 세계를 그대로 투영한 정보가 확장된 가상세계	디지털 데이터로 구축한 가상세계
구현가치 (니즈)	현실세계와 판타지, 편의성을 결합한 몰입 콘텐츠 제공	방대한 현실세계의 경험과 정보를 언제든지 확인가능하며 타자와 공유 가능	외부정보를 가상공간에 통합, 확장함으로써 활용성 극대화	다양한 개인들의 활동이 가능한 현실에 없는 새로운 가상공간을 제공
핵심기술	- 비정형 데이터 가공 - 3D 프린팅 - 5G 네트워크	- 온라인 플랫폼 - 유비쿼터스센서 - 5G 네트워크	- 블록체인 기술 - GIS 시스템 - 데이터 저장, 3D 기술	-그래픽기술, 5G 네트워크, 인공지능, 블록체인 기술
서비스 사례	- 포켓몬 Go - 운전석 앞의 HUD - SNOW 앱 - 코카콜라 프로젝트 - 방탈출 게임 - 3D아바타를 통한 SNS 활동 - 에어버스, BMW의 증강현실 스마트 팩토리	- S-health, Apple - 나이키+러닝 - 차량 블랙박스 - SNS(인스타그램, 유튜브, 페북 등) 매체의 블로그, Vlog, 피드 등	- 구글 Earth, 네이버, 카카오 지도 - 에어비앤비 - 미네로바스쿨 - Zoom 회의실 - 폴드잇 디지털 실험실 - 배달의 민족 - 직방, 다방 등	- 포트나이트 - 마인크래프트 로블록스 - 동물의 숲 - 제페토 - 버버리 B서프 - 시뮬레이션 플랫폼
주요 대표기업	- 나이앤틱 - 잉그레스 - 마이크로소프트 - 아마존 - 페이스북	- 나이키 - 삼성, 애플 - 페이스북, 트위터 - 마이크로소프트 - 아마존	- 구글, 네이버, 카카오 - 에어비앤비 - 마이크로소프트 - 아마존 - 페이스북	- Epic games - X-box game studio - 네이버Z - 닌텐도 - 엔씨소프트 - 마이크로소프트 - 페이스북

	증강현실 (Augmented Reality)	라이프로깅 (Life-logging)	거울세계 (Mirror Worlds)	가상세계 (Virtual Worlds)
부작용 (도전 요소)	- 현실이 중첩된 증강현실 공간 속의 혼란 - 증강현실 속 캐릭터 등에 대한 소유권	- 초상권 및 재산권 침해 - 내부기밀 유출 및 겸업금지위반 등	- 정보조작의 문제 - 거대플랫폼 라인효과로 불공정거래	- 현실세계의 회피 - 도덕적, 윤리적 문제를 일으킬 무질서 우려

출처: 이승환, 로그인(Log In) 메타버스 : 인간×공간×시간의 혁명, 소프트웨어정책연구소, SPRi 이슈리포트 IS-115.

■ Augmented Reality
- 현실에 외부 환경정보를 증강하여 제공하는 형태

■ Life logging
- 개인·개체들의 현실 생활에서 이루어지는 정보를 통합 제공

■ Mirror Worlds
- 가상공간에서 외부 환경정보를 통합하여 제공

■ Virtual Worlds
- 가상공간에서 다양한 개인·개체들의 활동하는 기반을 제공

메타버스의 4가지 유형은 독립적으로 발전하다, 최근 상호작용하면서 융·복합 형태로 진화 중이다. 최근 4개의 메타버스 유형은 경계를 허물면서 새로운 형태의 서비스로 진화하였다.

■ AR + Life logging
- Ghost pacer 서비스는 AR Glass를 활용하여 현실에 가상의 runner를 형성하고 이를 life log 데이터와 연결, AR Glass에 보이는 아바타의 경로와 속도를 설정하고 실시간 경주가 가능하며 STR AVA 운동 앱, 애플워치와 연결된다.

■ (Life logging + Virtual Worlds)
- 英 Hopin, Teooh 등의 기업이 제공하는 가상 Conference/Events에서는 가상 속에서 진행되는 회의와 네트워킹 등 모든 활동이 life logging으로 연계되어 사후 성과 측정이 가능하다.

■ 기타

- Virtual Worlds와 Mirror Worlds가 결합 된 Google Earth VR, AR와 Mirror Worlds가 결합 된 Google Map + AR 등 다양한 융합이 진행 중이며, 향후 상호작용이 가속화되면서 미래 메타버스를 형성 전망된다.

민간부문에 있어서 메타버스는 이제 게임과 엔터테인먼트를 넘어 융합의 영역으로 확장되고 있다. BTS의 다이너마이트도, 블랙핑크의 팬 사인회도 메타버스 플랫폼에서 개최되었으며, 호두랩스는 여행과 어학교육을 융합한 메타버스를 선보이고 있다. SK와 롯데홈쇼핑은 채용설명회를 메타버스 플랫폼으로 진행했다. 하루가 멀다 하고 쏟아져 나오는 수많은 사례가 메타버스의 무한한 융합의 잠재력을 보여주고 있다.

최근 엘지(LG)디스플레이는 올해 상반기에 수시채용으로 입사한 200여명의 신입사원을 대상으로 2021년 최근 아르피지(RPG·롤플레잉게임) 형식의 메타버스 플랫폼을 활용한 교육을 실시했다고 밝혔다. 엘지디스플레이가 이번에 도입한 메타버스 교육장은 이 회사의 전국 4개 사업장(파주·구미·트윈타워·마곡) 등을 가상공간에 구현했으며 신입사원들은 자신의 집에서 프로그램에 접속해 화상으로 소통하는 동시에 이 공간에서 본인의 아바타를 통해 릴레이 미션이나 게임 등의 프로그램에 참여하며 입사 동기들과 팀워크를 다질 수 있다. 회사 쪽은 하반기에 새로 채용할 700여명의 신입사원은 물론, 기존 임직원에게도 메타버스 교육을 확대 적용한다는 계획이다.

공공기관 및 지자체에서도 시민 대상 공공 서비스를 메타버스를 통하여 공공부문에서 메타버스의 이용은 민간부문과 비교해서 다소간의 차이점을 발견할 수 있다. 공공부문에서의 메타버스 이용은 민간부문이 가지고 있는 재미, 자유, 편안함 그리고 경제활동 등의 요소 이외의 다른 행정 서비스로의 공공성을 제공할 수 있는 장점이 있어야 한다는 점이다.

한편, 공공부문의 메타버스의 활용에 대한 수요자의 입장에서는 지방행정 서비스들 중에서 주민들이 직접 행정기관을 방문하여 처리하기 번거롭고 현장 방문을 하기 싫은 업무들 즉, 주민들 입장에서 보면 직접 현장방문에 따른 시간적·공간적 번거로움을 해결할 수 있는 지방행정 서비스들을 메타버스 서비스를 이용하여 제공할 때에 강점을 가질 수 있다고 판단된다.

또한, 지방행정 서비스를 제공하고 있는 공급자인 지방자치단체의 입장에서 메타버스의 효과는 단순·반복적인 행정 업무, 민원인과의 의사소통 과정에서 표준화된 서비스 제공이 가능한 업무 그리고 행정 서비스 제공시에 매우 많은 감정노동이 필요한 행정 서비스 부분에 메타버스 이용을 시작한다면 민간부문이 가지고 있지 않은 지방행정 서비스만이 가질 수 있는 효과적인 메타버스 서비스가 제공될 것으로 예상된다.

따라서, 가상현실(VR)과 증강현실(AR), 사물인터넷(IoT) 등 ICT 기술과 결합해 현실감을 극대화한 실감미디어(XR) 기술과 5G 기술 발전으로 언택트 환경이 지속될 경우 실질적인 대민 서비스의 대안으로 자리 잡을 가능성이 매우 높다고 할 수 있다. 가상세계에서는 특히 사용자가 몰입할 수 있는 아바타 구현 기술이 중요한데 기존의 웹과 달리 아바타를 통해서 가상세계에서의 공간 체험을 다른 유저와 실시간으로 공유하고, 이를 넘어서서 사용자 생성 콘텐츠를 실시간으로 생성 및 유통하는 것까지 가능하게 한다.

특히, 해외에서 간편하게 많이 쓰이고 있는 게더타운은 줌(Zoom)이나 팀즈(Teams)와 같은 화상미팅 솔루션의 일종이지만, 가상공간과 아바타를 적극적으로 도입한 것이 특징이다. 예를 들어 “사무실(office)”라는 가상공간을 만들고, 각 참여자들은 고유한 아바타와 가상공간 내 “자리”를 부여받는다. 아바타는 이동 가능하며, 다른 아바타에 접근함으로써 그 사람과 화상 미팅을 할 수 있도록 하는 방식이다. 또한, 어떤 이슈에 대한 토론이나 대화를 실시간으로 나눌 수도 있으며 특정 부스에 입장하거나 특정 테이블 등 특정 장소에 입장하게 되면 상대방의 얼굴이 나타나게 되고 음성 대화 및 다양한 자료들도 공유하면서 회의를 진행할 수 있다.

11.2 왜 메타버스 혁명인가?

메타버스가 포스트 인터넷 혁명인지에 대해 3가지 관점에서 분석해 보았다.

(1) 편의성, 상호작용, 확장성 측면

편의성, 상호작용 방식, 화면·공간 확장성 측면에서 기존 PC, 모바일 기반의 인터넷 시대와 메타버스 시대는 차이가 존재한다. AR Glass 등 기존 휴대에서 착용(Wearable)의 시대로 전환되면서 편의성이 증대됐다. 상호작용 측면에서는 인터넷 시대에는 키보드, 터치 방식을 활용하였으나, 메타버스 시대에는 음성, 동작, 시선 등 오감(五感)으로 진화하였다. 그리고 2D Web 화면에서 화면의 제약이 사라진 3D 공간(Spatial) Web으로 진화하였다. PC, 스마트폰은 3차원 현실 세계의 정보를 2D 화면으로 제공하나, AR은 화면제약을 넘어 현실이 화면이 되고 VR은 3D 공간에서 정보를 구현하였다.

메타버스를 이용한 홍보, 경진대회 및 전시회로도 활용이 가능하다. 홍보 및 경진대회 개최 시에 발표 및 경연이 끝난 후 시상식 행사에서도 온라인으로 시행이 가능하다. 모든 게스트와 수여자 그리고 시상자들이 본인의 아바타로 시상식장에 모여서 본인의 이름이 불리는 순간 앞에 있는 시상식장의 단상 위로 올라가고 컴퓨터의 화살표를 이용하여 이동하게 되며 특정 벤치나 쇼파에 함께 앉으면 화면상에 상대방의 얼굴이 나타나게 되어 인사를 나눌 수도 있다. 어떤 이슈에 대한 토론이나 대화를 실시간으로 나눌 수도 있으며 특정 부스와 특정 쇼파, 그리고 특정 장소에 입장하게 되면 상대방의 얼굴이 나타나게 되어 함께 이야기 할 수 있는 기회의 장이 마련되기 시작한다. 물론, 본인의 선택에 따라서 화면을 오프(off)하거나 마이크를 오프(off)할 수도 있다. 나만의 3D 아바타를 만들어 나이, 성별, 인종 등을 넘어 전 세계 이용자들과 소통하고, 다양한 가상현실 경험을 할 수 있는 서비스를 제공한다.

(2) 기술적 측면: 메타버스와 범용기술

범용기술(General Purpose Technology)은 경제 전반에 적용되어 생산성 향상을 유발하고 다른 기술과의 상호 보완작용을 통해 기술적 조력자로서 산업혁신에 기여하였다. 범용기술은 역사적으로 영향력이 큰 소수의 파괴적 기술을 의미하는 용어로 여러 산업에 공통으로 활용되어 혁신을 촉진하고 기술진화가 빠른 기술을 의미한다. 그리고 과거부터 범용기술은 산업과 사회에 혁명을 견인해 왔으며, 18세기 말 증기기관, 20세기 초 전기, 20세기 말 인터넷이 범용기술의 역할을 수행한다.

메타버스를 구현하는 핵심기술은 범용기술(General Purpose Technology)의 복합체, XR(eXtended Reality)+D(Data), N(Network), A(Artificial Intelligence)가 있다. 메타버스는 다양한 범용기술이 복합 적용되어 구현되며 이를 통해 현실과 가상의 경계가 소멸하였다. XR(eXtended Reality), Data, 5G 등 네트워크, AI 각각의 기술은 전 산업에 다양한 용도로 영향을 미치며 혁신을 유도하는 범용기술이다.

아바타 이용과 인공지능 채팅로봇의 활용도 가능하다. 가상세계에서는 특히 사용자가 몰입할 수 있는 아바타 구현 기술이 중요하다. 기존의 웹과 달리 아바타를 통해서 가상세계에서의 공간 체험을 다른 아바타와 실시간으로 공유하고, 이를 넘어서서 사용자 생성 콘텐츠를 실시간으로 생성 및 유통하는 것까지 가능하다.

기존에는 2차원 이미지 단위였던 아바타가 향후 '디지털 쌍둥이(digital twin)'를 구현할 수 있을 만큼 사용자의 욕망을 충분히 표현할 수 있을 것으로 전망된다. 향후에는 사람의 표정과 행동까지 모방한 정교한 아바타로 가상세계에서도 감정적 연결에 기반한 섬세한 의사소통 및 상호작용이 가능한 나의 정체성이 반영된 아바타로 현실과 동일하게 움직이는 가상의 일상을 경험할 수 있는 세상이 구현될 것으로 보인다.

또한 메타버스의 각 홍보 또는 민원상담 부스에 인공지능 채팅로봇을 설치하여 민원인들이 각자의 아바타를 이용하여 만남의 장소를 제공하고 지방행정에서 예상할 수 있는 민원인들의 반복적이고 유사한 음성 및 서면 질문에 대해서 인공지능화된 채팅로봇이 사람을 대신하여 정확하고 적절한 답변을 진행하여 다양한 민원을 처리할 수 있다.

(3) 경제적 측면: 메타버스와 가상융합경제

메타버스 시대의 경제 패러다임으로 가상융합경제에 주목하게 된다. 메타버스는 기술 진화의 개념을 넘어, 사회경제 전반의 혁신적 변화를 초래하였다. 그리고 메타버스 시대의 경제 전략으로 '실감경제(Immersive Economy)', '가상융합경제'의 개념이 제시되어 미국에서는 범용기술 XR의 가치에 주목하고 이를 활성화하기 위한 국가전략 'Immersive Economy'를 발표[1]하게 되었다. 한국에서는 메타버스 시대의 대응전략으로 '가상융합경제 발전전략'을 발표[2]했다.

가상융합경제는 경험경제(Experience Economy)가 고도화된 개념이다. 경제가치는 제조 서비스 경험으로 진화하였는데, 산업혁명 이전의 경제 구조에서는 미 가공 재료를 추출하여 사용하였고, 대량생산 체제가 갖추어지면서 제품 중심의 경제로 변모하였으며, 이후 서비스 경제로 발전하였다.

서비스 경제 이후, 새로운 경제가치의 핵심개념으로 경험이 등장하였고, 소비자들은 기억에 남을 만한 개인화된 경험에 대한 지불의사가 높아 이에 맞는 제품과 서비스를 제공하는 것이 경험경제의 핵심이 되었다.

---

1 Immersive Economy: XR 등 Immersive 기술을 활용해 기존 디지털 정보와 상호작용하는 방식을 바꾸고 현실 세계를 가상으로 확장하여 경제, 사회, 문화가치를 창출한다.

2 가상융합경제: XR을 활용해 경제활동(일 · 여가 · 소통) 공간이 현실에서 가상융합공간까지 확장되어 새로운 경험과 경제적 가치를 창출한다.

11.3 메타버스로 변화할 미래의 전망

메타버스와 관련하여 거창한 미래의 다가올 거대담론보다는 실제적으로 우리 생활에서 직접적으로 영향을 받을만한 내용들에 이야기하고자 한다.

먼저, 민간부문에서 살펴보면, 가상현실(VR)과 증강현실(AR), 사물인터넷(IoT) 등 ICT 기술과 결합해 현실감을 극대화한 실감미디어(XR) 기술과 5G 기술 발전으로 언택트 환경이 지속될 경우 실질적인 주민서비스의 대안으로 자리 잡을 가능성이 매우 높다고 할 수 있다. 가상세계에서는 특히 사용자가 몰입할 수 있는 아바타 구현 기술이 중요하다. 기존의 웹과 달리 아바타를 통해서 가상세계에서의 공간 체험을 다른 유저와 실시간으로 공유하고, 이를 넘어서서 사용자 생성 콘텐츠를 실시간으로 생성 및 유통하는 것까지 가능하다. 최초에 텍스트 단위였던 아바타가 향후 '디지털 쌍둥이(digital twin)'를 구현할 수 있을 만큼, 사용자의 욕망을 충분히 표현할 수 있을 것으로 전망된다.

또한, 디지털 트윈 기술을 이용한 도시의 다양한 실내외의 공간정보를 활용하기 위해서는 기본적으로 도시에 존재하는 공간정보들을 정밀하게 복제하여야 한다. 그런데 이 복제된 거울 세계에는 새로운 도시의 미래에 대한 무한한 가능성도 함께 담겨있다. 도시의 현실 세계와 똑같은 공간 데이터를 가지고 시뮬레이션을 통해 새로운 관점으로 도시의 문제를 사전에 막을 수 있으며 효율적으로 해결하고, 다양하면서도 혁신적인 모빌리티 서비스로 편리를 제공하고, 더 나아가 자율주행과 자동화된 교통시스템으로 안전하면서도 많은 사람들이 함께 살고 싶어 하고 재난 사고도 적은 안전한 미래 도시를 만들어갈 수 있을 것이다.

코로나 장기화로 기업성장을 위한 비대면 방식 지원은 필수적이며 스타트업 성장을 위한 판로확대, 글로벌 진출을 위해 다양한 뉴미디어 활용을 강화하고, 현실세계를 넘어 메타버스라는 한발 앞선 마케팅 플랫폼 활용을 통해 창업 생태계를 알릴 수 있다.

서울시가 국내 최초로 가상과 현실의 경계를 허문 3D 가상공간 '메타버스'로 서울의 유망 스타트업을 알린다. 서울시는 27일 전 세계 2억 명이 이용하는 글로벌 메타버스 플랫폼 '제페토(ZEPETO)' 내에 '서울창업허브 월드'를 오는 28일 오픈한다고 밝혔다. 나만의 3D 아바타를 만들어 나이, 성별, 인종 등을 넘어 전 세계 이용자들과 소통하고, 다양한 가상현실 경험을 할 수 있는 서비스를 제공한다.

서울창업허브 월드 내부에는 서울의 우수 스타트업 64개와 서울시의 창업지원시설을 한 눈에 볼 수 있는 홍보 전시관이 들어선다. 1인 미디어 방송을 할 수 있는 스튜디오, 투자유치 등 다양한 비즈니스 행사가 열리는 컨퍼런스홀, 스타트업 오피스 같이 시가 운영하는 다양한 창업지원시설도 실제처럼 구현된다. 제페토 이용자 누구나 자신의 아바타로 '서울창업허브 월드' 내부를 둘러보고, 시설을 찾은 다른 이용자들과 소통할 수 있다. 서울시 관계자는 "최근 산업 전반으로 확산 중인 메타버스를 통해 스타트업 글로벌 홍보 효과를 극대화하겠다"면서 "메타버스 플랫폼과 같이 급변하는 IT·비즈니스 환경 속에서 우리 기업이 지속적으로 성장할 수 있는 새로운 기회를 찾을 수 있도록 다양한 지원을 하겠다"고 밝혔다. 이와 같이 앞서 설명한 게더 타운의 서비스를 이용하여 고용 및 취업관련 행사를 주최하는 데에도 메타버스를 이용하는 것이 현재와 같은 언택트 환경에서는 매우 유용할 것으로 판단된다.

울산정보산업진흥원은 메타버스에서 가상 오피스 '유이파타운'을 구축했다. 울산정보산업진흥원은 2021년 6월 말까지 유이파타운에 구축된 가상 사무실을 시범운영한데 이어 7월부터는 본격적인 운영에 들어간다고 1일 밝혔다. 유이파타운은 실제 사무실처럼 개인 책상, 회의실, 휴게공간 등이 마련되어 있다. 가상공간은 경영기획실, AI신산업본부, 디지털제조혁신본부, 원장실, 대회의실, 대강당 등 모두 동일한 구조로 가상공간을 구축했다. 모든 직원들은 각각 아바타를 성별, 복장, 헤어스타일, 피부색 등 개성에 맞게 만들어 실제 사무실에 들어가듯 가상공간에 입장하게 된다. 가상공간에 입장시켜 자기 책상으로 이동해 근무하거나 팀원들과 직접 대화하듯 화상회의를 하고, 휴게실에서 게임과 대화 등 휴식을 취할 수 있는 방법도 제공하고 있다.

특히 코로나19 확산방지를 위해 가상공간인 대강당에서 전 직원이 모여 월례회의를 라이브로 진행했다. 가장 큰 장점은 100% 원격근무도 가능할 수도 있고 시간과 노력 등 사회적 비용을 아끼고 효율성이 높아 실제 회의뿐만 아니라 워크숍, 문서파일을 동료와 공유하고 컴퓨터 화면도 서로 보여주고 프로젝트 협업, 리뷰, 프레젠테이션 등 툴도 활용하여 가상오피스로 활용을 극대화할 예정이다.

향후 메타버스 서비스는 공공행정 부문에서 기존 2D기반의 '전자정부'를 3기반 '가상정부'로 진화하여 누구나 쉽게 가상에서도 실제와 같은 행정 서비스를 받을 수 있도록 하고, 단순 반복 업무는 가상 아바타를 활용하는 등 혁신 행정 아이디어를 모색할 것으로 예상하고 있다.

사례 1

"AR·VR 기기 없어도 가능"…어떤 메타버스 펼쳐질까

지난 1일(현지시각) 미 샌프란시스코 유니티 본사에서 만난 존 리키텔로 유니티 CEO(최고경영자)는 "AR·VR(증강·가상현실) 기기가 없어도 메타버스는 가능하다. 아바타도 꼭 필요한 건 아니다"라고 말했다. 현재 많은 사람들이 메타버스라고 하면, 사람들이 VR 기기를 쓰고 가상현실에 들어가 자신의 아바타로 다른 사람과 의사소통하는 것을 생각하지만 그게 전부가 아니라는 것이다.

유니티는 2004년 덴마크 코펜하겐에서 설립된 글로벌 게임 엔진 개발사다. 현재 본사는 샌프란시스코에 있다. 게임 엔진은 개발자들이 게임을 만들 때 쓰는 제작 툴로, 쉽게 말하면 게임 개발의 기초 설계를 해주는 도구다. 게임 엔진을 사용하면 개발자들이 맨땅부터 개발할 필요없이 게임 엔진이 제공하는 툴을 통해 게임 제작, 운영, 과금 체계 설계까지 쉽게 할 수 있다. 전 세계 모바일·PC·콘솔 게임의 50% 이상이 유니티의 게임엔진을 기반으로 만들어진다. 모바일 게임 톱 1000개 게임 중엔 72%가 유니티 엔진을 쓴다.

최근 유니티는 본업인 게임보다 메타버스 구축 툴로 주목을 받고 있다. 게임 엔진을 통해 3D 게임 뿐만 아니라 메타버스용 가상세계를 만들 수 있기 때문이다. 실제로 현재 전 세계에 출시된 VR 게임의 70%가 유니티 엔진을 사용한다. 메타의 메타버스인 '호라이즌 월드'도 유니티 엔진을 기반으로 만들어졌다. AR 기술을 적용한 모바일 게임 포켓몬 GO도 유니티 엔진 기반이다.

리키텔로 CEO는 메타버스의 개념을 현재 업계에서 생각하는 것과는 조금 다르게 해석했다. 그는 "많은 사람들이 메타버스의 개념과 용어를 혼동한다"며 "메타버스는 실시간을 기반으로 한 다음 버전의 인터넷"이라고 했다. 실시간으로 증강·가상현실을 통해 경험할 수 있는 모든 것이 메타버스라는 것이다. 예컨대 부엌을 인테리어할 때 가상의 공간에 실제와 똑같은 구조를 미리 만들고 인테리어를 해보는 것이나 공항과 똑같은 가상공간인 디지털 트윈(디지털 쌍둥이)을 만들어 탑승객들의 유동현황을 확인하는 것도 모두 메타버스의 활용이라고 했다. 기존 메타가 제시한 '사람들이 가상의 공간에 들어가 활동하는' 메타버스보다 확장된 개념이다.

리키텔로 CEO는 "메타버스가 마치 먼 기술처럼 느껴지지만 사실은 그렇지 않다. 오늘 당장이라도 보여줄 수 있다"며 한 동영상을 틀었다. 영상에서는 사용자가 태블릿을 통해 실제 이종격투기 시합을 보면서, 버튼을 눌러 다양한 각도에서의 모습을 볼 수 있는 '유니티 메타캐스트' 기능이 소개됐다.

그는 "3~4년 안에 모든 사물이 연동돼, 스마트글래스를 끼면 찻장을 열어보지 않아도 안에 무엇이 들어있는지, 지금 쳐다보는 건물에는 어떤 식당이 입점해 있고 어떤 메뉴를 파는지 등을 바로 알 수 있는 세상이 올 것"이라고 했다.

그는 또 메타버스를 위해 아바타가 꼭 필요한 것은 아니라고 했다. 리키텔로 CEO는 "가상의 공간에서 쇼핑하며 옷을 입어볼 때는 아바타가 필요하지만, 가상공간에서 연구 시뮬레이션을 할 때는 아바타가 필요 없다"며 "가족끼리 영상통화를 할 때 실제 얼굴을 보면서 이야기를 하고 싶지, 각자의 아바타를 보며 이야기하고 싶은 사람은 없을 것"이라고 했다. 그는 "메타의 호라이즌이 유니티 엔진으로 만들어졌기에 좋아하지만, 유니티로 구현된 것이 모두 다 성공할 수는 없다"고 했다.

유니티는 지난 1일 열린 연례 이벤트인 '유나이트 2022'에서 사용자들이 쉽게 디지털 휴먼을 만들 수 있는 서비스를 공개했다. 사실적인 피부와 머리카락 등이 특징이다. 메타버스 사업을 본격적으로 확장하려는 취지다.

한국 기업과의 협업도 확대하고 있다. 현대차는 싱가포르에 메타버스 기반 디지털 가상공장을 구축하기 위해 유니티와 손을 잡았다. 실제 공장을 그대로 가상현실로 옮겨 공장 운영을 고도화하고 제조 혁신을 가속화한다는 목표다. 리키텔로 CEO는 "한국은 메타버스, 게임 등 기술적 부분에서 다른 곳보다 2~3년 앞선 나라"라고 했다.

유니티의 목표는 개발자들이 더 나은 게임을 만들도록 돕고, 더 현실과 같은 가상세계를 구축하도록 지원하는 데 있다. 리키텔로 CEO는 "우리는 개발자들이 실시간 프로젝트에서 더 나은 현실성을 구축할 수 있도록 끊임없이 경계를 확장할 것"이라고 했다.

김성민 기자(2022.11.07),"AR·VR 기기 없어도 가능"…
어떤 메타버스 펼쳐질까", 조선일보

사례 2

창의적 메타버스 콘텐츠 개발을 위해 주목해야 할 이용자 특징은 무엇이 있을까?

▸메타버스 콘텐츠 중(重)이용자의 개인 혁신성, 프레즌스, 지각된 품질에 주목해야

팬데믹의 장기화로 언택트(Untact)가 사회 전반에 확대되면서 온라인 소통이 가능한 플랫폼, '메타버스'(Metaverse)가 주목받고 있다. 지금도 수많은 콘텐츠가 쏟아지고 있는 메타버스는 최근 게임과 소통(Communication) 서비스뿐만 아니라 업무(Work)에도 적용되면서 산업 전반과 다양한 사회 분야로 확산되고 있다.

이렇듯 향후 메타버스 시장은 성장이 본격화될 전망이며, 창의적인 콘텐츠를 통한 차별화된 서비스에 주목해야 할 시점이다. 이를 고안하기 위해 현재 메타버스 이용자의 특징을 살펴보고자 한다.

◇ 메타버스 기술 활용 동향

메타버스는 가상·초월을 의미하는 메타(Meta)와 현실 세계를 의미하는 유니버스(Universe)의 합성어로, 가상과 현실이 융합 및 상호작용하는 3차원 초현실 세계를 의미한다. 메타버스를 구현하는 핵심 기술은 XR(Xtended Reality) + D(Data)와 N(Network), A(Artificial Intelligence)로, 특히 최근 XR, Data, 5G 등 신기술은 산업 전반에 다양한 용도로 활용되고 있어 향후 귀추가 주목된다.

메타버스를 활용한 기술의 대표적인 예는 '디지털 트윈'과 '디지털 휴먼'이다. 디지털 트윈은 현실의 도시와 공장지대 등을 가상 세계에 그대로 재연하는 기술이다. 데이터를 활용해 물리적 세계와 디지털 세계의 오차를 감소시켜 현실과 동일한 세계를 구현한다. 디지털 휴먼은 실제 인간과 흡사한 가상의 디지털 인간을 만들어내는 기술이다. 가수나 배우가 필요한 엔터테인먼트 콘텐츠를 생산하거나 현실의 아티스트와 협업이 가능한 형태가 기대된다. 또한, 향후 메타버스 안에서는 쌍방향 의사소통이 가능한 NPC(Non-Player Character) 역할을 수행할 것으로 전망된다.

현재 우리에게 가장 친숙한 메타버스 플랫폼은 마인크래프트, 제페토 등이 있다. 특히 메타버스 게임 플랫폼으로 유명한 마인크래프트는 아바타를 만들어서 네모난 블록을 활용해 건물을 짓거나 물건을 생산하는 게임으로, 다른 사용자와 교류하면서 현실 세계와 흡사한 가상의 세계를 구축한다. 미국 UC 버클리 학생들은 코로나19로 졸업식을 열지 못하게 되자 마인크래프트 게임 안에 캠퍼스를 만들어 블록과 버클리를 합한 브로클리라는 공간에서 가상 졸업식을 개최하고, 인터넷 방송 플랫폼인 트위치로 중계하기도 했다.

이렇듯 메타버스는 코로나19로 단절된 관계망을 복구하고 확장하면서 새로운 패러다임을 만들어내고 있다. 글로벌 컨설팅 기업 프라이스워터하우스쿠퍼(PwC)는 메타버스의 시장 규모를 오는 2030년 1조 5,429억 달러(약 1,820조 원)으로 예측했으며, 대기업부터 스타트업까지 메타버스 플랫폼 개발에 뛰어들고 있다.

따라서 향후 시장에서 경쟁력을 갖추려면 다양한 차원에서 연구가 이뤄져야 할 것으로 보인다. 특히, 메타버스가 상호작용이 핵심인 '뉴미디어'인 것으로 고려하여 사용자와 수용자에 대한 다양한 연구가 필요하다. 저자는 메타버스 미디어 및 콘텐츠를 상대적으로 많이 소비한 중(重)이용자 집단의 지속적 이용 의도에 미치는 영향 요인을 알아보고, 경(經)이용자 집단과의 변수 차이를 검증해 특성을 파악했다.

◇ 중(重)이용자의 특징과 주목해야 할 측면

중이용자는 상품이나 서비스에 충성도가 높은 집단을 의미하며, 영미권에서는 헤비 유저(Heavy User)라고 부른다. 중이용자에 대비되는 개념은 경이용자이며, 라이트 유저(Light User)라고 부르기도 한다.

중이용자와 경이용자는 서비스 이용은 물론 소비 규모에서도 차이를 보이는데, 상대적인 차원에서 일컫는 용어이며 고정된 기준이나 수치로 분류되는 건 아니다. 실제로 신문이나 잡지 등의 매체에서 광고커뮤니케이션 전략을 구성하는 단계에서 미디어 이용량이 높은 중이용자에 맞춰 광고를 기획한다. 따라서 중이용자는 미디어 콘텐츠 산업의 핵심 고객층이라고 할 수 있다.

메타버스 이용자의 이용의도에 미치는 영향 요인을 개인 혁신성, 프레즌스, 지각된 품질로 구분해보았고, 각 요인의 특징은 다음과 같다.

- 개인 혁신성: 이용자가 메타버스 기술을 상대적으로 빠르게 수용하는 정도
- 프레즌스: 메타버스 콘텐츠 이용 시 가상환경이 실재하는 것처럼 느끼며, 콘텐츠에 몰두하여 상호작용하는 심리적 경험
- 지각된 품질: 이용자가 메타버스를 신속하고 편리하게 사용할 수 있는 정도

이러한 연구 결과를 종합하면 중이용자 집단은 경이용자에 비해 개인 혁신성, 프레즌스, 지속적 이용의도 정도가 높은 경향을 보였다. 또한, 주요 요인(개인 혁신성, 프레즌스, 지각된 품질)은 중이용자의 지속적 이용의도에 유의미한 영향을 미쳤다. 따라서 본 연구는 중이용자를 구분할 수 있는 지표에 비용과 시간뿐만 아니라 개인혁신성, 프레즌

스, 지각된 품질도 포함될 수 있다는 점을 밝혀냈으며, 메타버스 산업이 주목해야 할 이용자의 특징이 무엇인지 실증적으로 분석했다는 점에서 의미가 있다. 또한, 연구 결과를 토대로 스타트업의 메타버스 콘텐츠 개발 및 서비스 개선에 의미 있는 자료로 활용되기를 기대한다.

나지영 박사(2022.11.04.), "창의적 메타버스 콘텐츠 개발을 위해 주목해야 할 이용자 특징은 무엇이 있을까?", 스타트업투데이.

사례 3

[메타버스ESG]
굳이 '아바타' 없어도… 온라인 활동은 ESG 실천하는 셈

국내외 기업들이 메타버스와 ESG 개념을 다르게 또는 어렵게 보는 가운데도 일부 기업은 메타버스와 ESG의 다양한 융합 사례를 만들어 활용하고 있어 관심을 높인다.

◇ 각종 온라인 활동은 메타버스에서 ESG를 실천한 셈

20일 글로벌 신용평가사 S&P에 따르면 기업이 코로나 대유행 시기와 같이 재택근무나 화상회의를 시행하면 출퇴근 및 출장 등에 따른 이동이 감소해 세계 원유 사용량이 일일 100만~150만배럴 감소할 것이라고 전망했다. 비대면 상황만으로도 ESG의 주요 항목 중 환경과 사회 요소를 해결하는 셈이다.

전문가들은 이 같은 활동이 메타버스에서 ESG를 실천한 것이라고 입을 모은다. SNS와 지도 앱 등 온라인을 기반으로 하는 모든 서비스는 메타버스로 분류되기 때문이다.

현대원 서강대학교 메타버스대학원 원장은 "메타버스를 꼭 '아바타로 접속하는 플랫폼' 같이 거창한 것으로 해석하지 않아도 된다"며 "재택근무로 출퇴근에 드는 자원을 절감하는 것은 환경(E), 출퇴근 시간을 여가 등에 활용하는 것은 여가 친화 경영인 사회(S)다"라고 설명했다.

이를 확대하면 알서포트와 같이 화상회의 솔루션이나 업무 협업툴을 제공하는 기업의 솔루션과 서비스를 이용하는 기업 역시 메타버스ESG를 실천하는 것으로 볼 수 있다. 삼성전자와 LG전자, NTT도코모, 화웨이, 레노버, 도시바 등 글로벌 기업은 원격근무를 위해 알서포트의 솔루션을 사용하고 있다. 여기에 알서포트는 현재 메타버스 가상오피스 개발을 진행하고 있다.

보다 직관적으로 메타버스ESG를 실천하는 사례도 많다. 두나무가 대표적이다. 두나무는 자사의 메타버스 플랫폼 '세컨블록(2ndblock)'을 통해 산림청과 올해 5월 경북 산불 피해지역에 1만260그루의 나무를 심는 활동을 펼쳤다. 메타버스 플랫폼 이용자가 세컨블록에서 가상나무 한 그루를 심으면 피해지역에 실제 나무 두 그루를 식수하는 것이다. 이는 정부가 내놓은 K-ESG 가이드라인의 사회(S) 영역 중 지역사회 범주에 해당한다. 또한 환경 영역(E)의 기후변화 대응에도 포함된다.

SK텔레콤이 메타버스 플랫폼 '이프랜드'에서 펼치는 활동도 비슷하다. SK텔레콤은 올해 3월 이프랜드에 뮤지컬·댄스·밴드공연·힙합 등 콘텐츠를 감상할 수 있게 하는 '컬처 프로젝트'를 출시했다. 4월에는 국립극장이 이프랜드에 개관했다. 메타버스를 통해 코로나19로 현장 방문이 줄어든 문화예술업계에 관객을 만날 수 있는 무대를 제공했고 이는 사회공헌(S)이다.

온라인에서 미래세대를 교육하는 활동도 메타버스ESG 융합사례로 꼽힌다. 두나무가 세컨블록에 구현한 청소년 탄소중립 교육 프로그램 '두나무 그린리더'를 예로 들면 탄소중립이나 기후변화 체감은 환경(E), 미래세대 성장 및 교육에 기여한 점은 사회(S)다.

한국 코카콜라가 2021년 메타버스 플랫폼 '게더타운'에서 오픈한 '코카-콜라 원더플 아일랜드'도 환경(E)을 위한 미래세대 교육(S)이다. 코카콜라는 메타버스에서 투명 음료 페트병의 재활용 과정을 소개했다. OX퀴즈로 분리배출법을 알아볼 수 있는 서비스도 제공했다.

◇ 메타버스 특성 활용한 ESG 융합도 가능

메타버스 특성을 ESG의 각 요소에 결합한 융합 사례도 많다.

먼저 메타버스의 '가상'에 초점을 맞춘 ESG 융합 사례는 CJ ENM의 버추얼 프로덕션(VP) 스튜디오다. CJ ENM은 VP 스튜디오를 활용하면 현지 촬영을 위해 이동하면서 발생하는 이산화탄소를 절감할 수 있다고 강조한다. VP 스튜디오는 허공에 연기해야 하는 크로마키 촬영보다 현장감 있는 연기를 가능케 하는 동시에 환경(E)에도 도움이 된다는 것이다.

현실 세계를 가상공간에 이식하는 디지털 트윈도 메타버스ESG의 융합이다. 현대차는 싱가포르에 건립하는 HMGICS를 메타버스로 구현했다. 현대차는 'HMGICS 메타팩토리'로 실제 공장을 가동하지 않아도 공장 가동률을 최적화할 수 있을 것으로 전망했다. 시뮬레이션을 통해 실제 공장 가동에 드는 자원을 절감(E)할 수 있다.

국내 주요 건설사도 디지털 트윈을 적극 활용하고 있다. 삼성물산은 2021년 5월 가상현실(VR)을 활용한 훈련 프로그램 '스마티'를 도입했다. 스마티는 가상공간을 통해 실제 현장에서 발생할 수 있는 다양한 사고 시나리오를 체험하는 프로그램이다. 대우건설, 현대건설 등도 디지털 트윈을 도입해 강풍·파도 등 재해를 방지하기 위한 외부 환경 시뮬레이션을 진행한다.

거버넌스(G)에도 메타버스는 활용된다. 온라인 주주총회와 전자투표제 도입은 소수 주주의 의결권을 보장하는 역할이다. 온라인 주주총회는 SK텔레콤이 2020년 처음 도입했다. 삼성전자, SK하이닉스, 현대차, 네이버 등 국내 주요 기업들도 온라인 주주총회를 열고 있다. 삼성전자는 별도 웹사이트를 구축해 온라인으로 사전 질의를 받는 등 현장에 없는 주주들의 질문권도 보장했다.

동부건설은 실시간 의사결정 플랫폼 '메타동부'를 경영에 도입했다. 메타동부로 의사결정을 간소화해 업무를 효율화하고 MZ세대 구성원과의 소통으로 기업문화를 쇄신한다는 구상이다. 또한 동부건설은 메타동부에 실제 사옥과 유사하게 구성된 가상 업무공간, 현장과 신속한 소통을 위한 현장 가상 오피스도 마련했다. 인공지능(AI) 전문기업 업스테이지나 가상 오피스 기업 오비스 사무실 없이 100% 원격근무를 하는 기업은 온라인 정보 공유로 투명경영(G)을 실현한다. 업스테이지는 모든 정보와 의사결정을 투명하게 공개하는 것을 원칙으로 삼았다. 오비스는 임직원 외에도 누구나 접속할 수 있는 가상공간에서 근무하며 수평적 조직문화를 강조한다.

◇ESG를 메타버스에 접목하기도

메타버스를 ESG에 활용하는 것과 반대로 ESG를 메타버스에서 이행할 수도 있다. 메타버스 플랫폼 '더 샌드박스'가 그 예다. 더 샌드박스는 대체불가능토큰(NFT)으로 발생하는 탄소를 줄이기 위해 친환경 NFT 레이어 솔루션 '폴리곤'으로 네트워크를 이전했다. 이를 통해 이더리움 네트워크에서 운영할 때보다 최대 100배 적은 에너지로도 운영이 가능해졌다. 더 샌드박스는 2021년 NFT로 발생하는 탄소배출을 상쇄하기 위한 탄소배출권도 획득했다.

메타버스의 원자재 역할인 데이터에도 친환경을 접목할 수 있다. 많은 데이터가 오가는 인터넷데이터센터(IDC)에 접목하면 친환경 원부자재 사용(E)으로 볼 수 있다. 개별 기업이 서버를 각각 운영하는 것보다 IDC를 통하면 탄소배출·에너지 절감이 가능하다. IDC에서도 ESG 실천을 위해 친환경 설비를 도입하기도 한다. '그린 IDC' 혹은 '그린 데이터센터'로 불린다.

네이버·카카오 등 주요 IT 기업도 그린 IDC에 활발하게 투자 중이다. 네이버는 2013년 IDC '각'을 친환경으로 설계했다. '각'은 2019년에만 이산화탄소 97톤을 절감했다. 카카오도 안산에 그린 IDC를 건립 중이다. 카카오는 또한 서울대와 올해 4월 서울대 시흥캠퍼스에 친환경 데이터센터 설립을 위한 양해각서(MOU)를 체결했다.

KT클라우드도 서울 금천구 가산동에 10만대 이상의 서버를 수용할 수 있는 초거대 데이터센터 '가산 IDC'를 설립 중이다. KT클라우드는 가산 IDC에 에너지 절감 기술과 신재생 에너지 도입 등으로 ESG를 이행한다는 계획이다.

변인호 기자(2022.09.21.), "[메타버스ESG] 굳이 '아바타' 없어도…
온라인 활동은 ESG 실천하는 셈", IT조선

12.1 메타버스 4가지 핵심요소 기술동향
12.2 교육, 전시 등 MICE 산업분야

12

메타버스 서비스의 산업 동향 및 활용

12 메타버스 메타버스 서비스의 산업 동향 및 활용

12.1 메타버스 4가지 핵심요소 기술동향

■ 메타버스 유형 4가지 구성요소

메타버스의 뜻이 무엇인지 묻는 질문에 우리는 이제 '3차원 가상세계'라고 말할 수 있는 정도의 지식은 쌓이게 되었다. 그럼 과연 메타버스를 구성하고 있는 요소에는 어떠한 것들이 있는지 이야기해보겠다. 메타버스 구성요소는 크게 아바타, 가상세계, 가상화폐, 크리에이터, 세계관으로 구성되어있다.

- 메타버스에서 가장 중요한 요소는 바로 아바타이며, 아바타는 가상공간에서 나를 나타내는 지표이다. 메타버스를 통해 놀이뿐만 아니라 사회적, 문화적 경험을 접할 수 있는 가상공간을 가상세계라고 한다.
- 생산된 콘텐츠와 각종 서비스를 이용하는데 기준이 되는 재화를 가상화폐 또는 디지털 화폐라고 한다.
- 메타버스라는 공간에서 사용되는 각종 의상이나 아이템을 생산하는 창작자를 크리에이터라고 한다.

■ 메타버스 유형 4가지 분류 방법

- 메타버스 유형은 앞서 말씀드린 바와 같이 증강과 시뮬레이션, 내적인 요소와 외적인 요소를 통해 네 가지 유형으로 분류하고 있다.
- 증강과 시뮬레이션을 통해 좌측에는 증강현실과 거울 세계가 우측에는 라이프로깅과 가상세계가 있다.

• 내부적 요인과 외부적 요인을 기준으로 위에는 증강현실과 라이프로깅이, 아래로는 거울 세계와 가상세계가 위치하고 있다.

(1) 메타버스 유형 : 증강현실

증강현실은 현실 공간에 2D 또는 3D로 표현한 가상의 겹쳐 보이는 물체를 통해 상호작용하는 환경을 의미한다. 사람들에게서 가상세계에 거부감을 줄이고, 몰입감을 높이는 특징을 지닌다. 사용자가 단말기 카메라로 현재는 유적만 남은 흔적을 촬영하면 디지털로 구축된 과거의 건물이 사용자 단말기에 중첩해 보이는 장면이 증강현실 일례이다[1].

증강현실 실례로 최근에 유행했던 '포켓몬 GO'를 생각하면 이해하기 쉽다. 현실 공간에 앱과 카메라를 통한 가상의 3D 공간을 겹쳐 보이게 함으로써 다양한 효과를 구현할 수 있다. 또 다른 예로 드래곤볼에서 상대방의 전투력을 확인하는 '스카우터'를 생각하면 쉽게 이해할 수 있다. '스카우터'를 착용하고 상대방을 보면 눈앞에 상대방의 전투력 등 정보가 표출되는 것이 바로 증강현실이다.

(2) 메타버스 유형 : 라이프로깅

일상 기록 또는 라이프로깅(Lifelogging)은 사물과 사람에 대한 일상적인 경험과 정보를 캡처하고 저장하고 묘사하는 기술이다. 사용자는 일상생활에서 일어나는 모든 순간을 텍스트, 영상, 사운드 등으로 캡처하고 그 내용을 서버에 저장하여 이를 정리하고, 다른 사용자들과 공유가 가능하다. 센서가 부착된 스포츠 웨어를 네트워크 연결이 가능한 MP3 플레이어와 연동하여 사용해서 달린 거리, 소비 칼로리, 선곡 음악 등의 정보를 저장하고 공유하는 등의 행위가 일상 기록 예시이다[2].

메타버스 라이프로깅을 한마디로 정의하면 내 삶의 기록이라고 볼 수 있다. 나의 개인 일상에서 겪는 다양한 경험들을 기록하고 저장하여 공유하는 모든

---

1 위키백과 메타버스

2 위키백과 메타버스

행동 등을 라이프로깅이라고 하며 우리가 일상에서 흔히 하는 음식, 여행, 풍경 등의 사진을 찍어 SNS에 공유하는 것도 라이프로깅의 일정이다. 라이프로깅의 있는 그대로의 나의 모습에서 보여주고 싶지 않은 나를 빼고, 보여주고 싶은 이상적인 모습만을 보여준다는 특징을 갖고 있다. 메타버스 세계에서 라이프로깅이란 메타버스 안에서 겪게 되는 모든 순간순간을 문자나 영상, 이미지 등으로 저장하여 서버에 보관하고, 이를 다른 사용자들에게 공유하는 행위를 말한다. 영화 '레디 플레이어 원'에서 보면 주인공이 사건의 실마리를 얻기 위해 게임 제작자의 과거를 담은 동영상을 몇 번이고 다시 되돌려 보며 감상하는 장면이 나온다. 실제 생활에서 겪었던 일들을 동영상으로 저장하여 서버에 보관하고, 이를 원하거나 필요한 다른 사람들에게 공유하는 바로 그것이 라이프로깅이다.

(3) 메타버스 유형 : 거울 세계

거울 세계는 실제 세계를 가능한 한 사실적으로, 있는 그대로 반영하되 "정보적으로 확장된" 가상세계를 말한다. 대표적인 예로 구글 어스(Google Earth)를 들 수 있다. 구글 어스는 세계 전역의 위성사진을 모조리 수집하여 일정 주기로 사진을 업데이트하면서 시시각각 변화하는 현실세계의 모습을 그대로 반영하고 있다. 기술의 발전이 계속될수록 현실이 반영된 거울 세계는 점점 현실세계에 근접해갈 것이며, 이는 향후 가상현실의 커다란 몰입적 요소가 된다. 이 같은 거울 세계 사용자는 가상세계를 열람함으로써 현실세계에 대한 정보를 얻게 된다[3].

메타버스 거울 세계란 현실 세계의 모습과 사실, 구조 등을 그대로 메타버스 내에서도 구현하는 것을 말한다. 현실 세계에 효율성과 확장성을 가미하여 구축한 것이 메타버스 거울 세계라고 볼 수 있다. 거울 세계의 사례로는 구글어스와 네이버 맵 등이 있다. 두 가지 시스템 모두 현실세계에 있는 도로와 건물, 자연 등을 지도 위에 현실에 모습을 그대로 옮겨놓았다. 이러한 점이 바로 거울 세계라고 볼 수 있다.

---

3 위키백과 메타버스

우리가 자주 애용하는 배달앱의 경우를 보면 이 또한 하나의 식당 정보 메타버스라고 볼 수 있다. 현실에 있는 식당의 메뉴와 가격, 위치 등을 배달앱을 통해 제공을 하는 것은 현실세계에 있는 식당 정보 중 우리가 필요로 하는 정보만을 제공함으로써 효율성을 높이는 효과가 있다. 여기에서 그치지 않고, 원하는 메뉴를 골라 선택을 하면 배달 요청 정보가 해당 식당으로 전해지게 되는 확장성을 갖춘 구조가 되는 것이다.

이처럼 메타버스 거울 세계는 단순히 현실세계를 있는 그대로 옮겨놓는 것이 아닌, 보다 더 필요성 있는 정보를 특화시켜 제공하고, 다양한 형태로 확장시키는 것을 의미한다.

(4) 메타버스 유형 : 가상세계

가상세계(Virtual World)는 현실과 유사하거나 혹은 완전히 다른 대안적 세계를 디지털 데이터로 구축한 것이다. 가상 세계에서 사용자들은 아바타를 통해 현실세계의 경제적, 사회적인 활동과 유사한 활동을 한다는 특징이 있다.

가상세계는 우리에게 가장 친숙한 형태의 메타버스로서, 리니지와 같은 온라인 롤플레잉 게임에서부터 린든 랩에서 개발된세컨드 라이프와 같은 생활형 가상세계에 이르기까지 3차원 컴퓨터 그래픽 환경에서 구현되는 커뮤니티를 총칭하는 개념이다[4].

가상세계는 메타버스 그 자체라고 생각하면 된다. 메타버스는 현실과 유사하지만 가상의 생활공간 또는 환경이라고 볼 수 있으며 다른 한편으로 생각하면 현실과 유사하지만 전혀 새로운 디지털 공간으로 볼 수도 있다. 쉽게 생각해서 온라인 게임 속 세상이 가상세계라고 할 수 있다. 예를 들어 리니지, 디아블로, 세컨드 라이프, 다다 월즈 등이 대표적인 가상세계라고 볼 수 있다.

메타버스 네 가지 유형에 대해 정리해보았다. 메타버스 유형은 증강현실, 라이프로깅, 거울 세계, 가상세계로 분류된다. 메타버스를 구성하고 있는 네 가지 유형에 대해 이해하는 것이 메타버스를 이해하는 첫걸음이다.

---

4 위키백과 메타버스

12.2 교육, 전시 등 MICE 산업분야

국내외에서 메타버스의 목적으로 출시된 국내외 기업의 다양한 도구들 가운데초창기에 비교적 이용자들에게 먼저 알려진 게더 타운(Gather Town)을 위주로 메타버스의 활용사례들을 살펴보고자 한다.

게더타운은 해외의 주요 대학, MIT, 펜실베니아 대학교 및 버클리를 포함한 많은 대학들이 메타버스를 사용하여 직접 모이고 만나서 연구를 진행하기 보다는 언택트 환경을 극복하기 위한 방안으로서 전공별 연구 프로젝트를 관람하고 평가하는 가상 엑스포및 네트워킹 행사를 개최하고 있다.

게더 타운은 줌(Zoom)이나 팀즈(Teams)와 같은 화상미팅 솔루션의 일종이지만, 가상공간과 아바타를 적극적으로 도입한 것이 특징이다. 예를 들어 "사무실(office)"라는 가상공간을 만들고, 각 참여자들은 고유한 아바타와 가상공간 내 "자리"를 부여받는다. 아바타는 이동 가능하며, 다른 아바타에 접근함으로써 그 사람과 화상 미팅을 할 수 있도록 하는 방식이다

국내외 유명 메타버스 플랫폼들은 화상미팅 자체는 지연이 없는 것을 특징으로 하는 영상 스트리밍 기술이고 차별화 포인트는 화질이다. 하지만 줌이나 팀즈는 간편 접속 방식에 상당한 노력을 기울여 왔고, 특히 팀즈 같은경우는 시각적 피로도를 낮추기 위한 투게더 모드(together mode)를 추가하기도 했다. 게더 타운의경우는 간편 접속을 넘어서 현실 세계와 유사한 방법으로 "접속"이라는 개념을 해석함으로써사용자 경험을 크게 향상시키고 있다. 게더타운에서는 임의의 가상공간을 편집할 수도 있지만, 기본적으로 제공하는 서비스 범주는 대학(university), 사무실(office), 회의(conference) 등이다.

예를 들어 대학(university) 가상공간에서는 캠퍼스, 강의실, 교수 방이 별도로 있어서 각 지점에 방문하는 것으로 화상미팅을 시작할 수 있게 된다. 그 밖에도 회의(conference) 모드에서는 기존 온라인 컨퍼런스가 단방향 세미나 형태에 가까웠던 것을 구두 발표장, 포스터 발표장, 소셜이벤트 룸으로 나누어 표현하고 있는 등 활용도가 매우 높다.

또한, 게더타운은 줌이나 팀즈와 같은 화상 회의 솔루션의 일종이지만,

가상공간과 아바타를 적극적으로 도입한 것이 특징이다. 예를 들어, 오피스라는 가상공간을 만들고, 각 참여자는 고유한아바타를 가지고 가상공간을 공유를 받은 후 다른 아바타에 접근함으로써 그 사람과 화상 회의를할 수 있다.

이처럼 새로운 방식으로 일대일 화상 회의는 물론 다대다 화상 회의도 가능하다. 다양한 가상공간의 유저인터페이스(UI)를 사용자가 직접 만들 수 있고, 자신만의 캐릭터들도 꾸밀 수 있으며 게더 타운에서의 다양한 기능을 활용한다면 다양한 장소에서 콘퍼런스를 진행할수 있기에 가치가 높게 평가되고 있다.

메타버스를 홍보, 경진대회 및 전시회 등은 가장 강력한 메타버스의 효과가 있을 수 있는 수단이라고 할 수 있다. 예를 들어 경진대회 개최 시에 발표 및 경연이 끝난 후 시상식 자체도 온라인으로 시행이 가능하다.

모든 게스트와 수여자 그리고 시상자들이 본인의 아바타로 시상식장에 모여서 본인의 이름이 불리는 순간 앞에 있는 시상식장의 단상 위로 올라가고 컴퓨터의 화살표를 이용하여 이동하게 되며 특정 벤치나 쇼파에함께 앉게 되면 화면상에 상대방의 얼굴이 나타나게 되어 인사를 나눌 수도 있다.

어떤 이슈에 대한 토론이나 대화를 실시간으로 나눌 수도 있으며 특정 부스와 특정 쇼파, 그리고 특정 장소에입장하게 되면 상대방의 얼굴이 나타나게 되어 함께 이야기 할 수 있는 기회의 장이 마련되기 시작한다. 물론, 본인의 선택에 따라서 화면이나 마이크를 오프(off)할 수도 있다.

그동안 환대산업에서 반드시 대면 서비스가 필요하다고 여긴 관광, 숙박, 외식, 항공, 엔터테인먼트 산업 분야에서 미터 버스를 접목한 다양한 기술을 수용해야 할 시대가 초래되었다.

가.호텔

- 홍보(호텔 내 사전 체크인 및 호텔 둘러보기)
- 아바타를 통한 커뮤니케이션 제공
- 호텔 이미지 제공하는 서포터즈 소통의 장
- 아바타를 통한 서비스 실무 교육 제공
- 적용방안: 증강현실을 통한 현장감

나.외식

- 가상 휴먼(가상 캐릭터, 비추얼 아이돌) 서비스 사전 제공
- 외식 경험을 체험하고, 타인과 공유·소통하는 콘텐츠 제공
- 아바타를 활용한 스테리텔링 방식으로 한 외식 정보 제공
- 신상품 홍보 및 가상 체험 서비스 제공
- 사이버 점포 개설 운영
- 적용방안: 증강 가상을 통한 몰입감

다.관광

- 더욱 쉽게, 오래, 재미있게 여행객을 모집할 수 있는 상품 제공
- 가상 환경을 통한 시뮬레이션 제공
- 해외 관광객 유치 이벤트
- 적용방안: 가상현실

라. 항공

- 확장 현실과 몰입 가상세계를 통한 콘텐츠 제공
- 부가캐릭터(아바타)를 통한 출발·도착지 관광 안내 제공
- 인기 관광지 모사 공간 개설
- 적용방안: 가상현실

(3) 공공부문 및 지방행정 분야

인천광역시는 올해 6월 9일 지방정부 최초로 확장현실(XR) 메타버스 전문기업과 함께 'XR 메타버스 인천이음 프로젝트'를 본격적으로 추진하기 위해 업무협약을 체결했다고 밝혔다. 이번 프로젝트를 위해 전문기술기업으로 네이버랩스, 에스피테크놀로지, 플레이스비, 인시그널, 페네시아가 참여하며, 수요기관으로는 인천국제공항공사, 인천관광공사, 인천교통공사가 참여했다. 또한, 인천테크노파크가 지역산업 육성을 지원한다.

인천시는 'XR 메타버스 인천이음 프로젝트'의 목표를 한국으로 들어오

는 첫경험을 특별하게 이음, 소외 없이 따뜻한 일상의 경험을 스마트하게 이음, 공간의 이동과 일상의 스마트한 경험을 손쉽게 이음으로 정했다.

프로젝트의 목적 및 배경XR 메타버스는 현실세계와 동일한 크기와 디지털 가상공간을 구축하고 가상공간에 축적된 정보를 XR 기술, 그 중에서도 라이다(LIDAR: Light Detection And Ranging) 기술을 활용해 현실세계 사용자에게 제공함으로써 관광 및 쇼핑 그리고 편의 등 다양한 서비스를 지원하는 온-오프라인 결합 확장 현실 플랫폼이다. 그동안 인천시는 도시데이터의 축적과 도시 정보를 근간으로 2D, 3D 형태의 데이터를 구축하고 활용하는 데에 매우 적극적인 관리와 연구를 수행해왔으며 최근에 활발하게 논의되고 있는 디지털 트윈(digital twins)을 기반으로 XR메타버스 인천이음 프로젝트를 민간 컨소시엄의 형태로 착수하게 되었다.

XR 메타버스 인천이음 프로젝트의 특징물리 환경을 디지털 환경으로 구현하는 디지털트윈 기술이 스마트시티, 자율주행, 서비스 로봇, 메타버스 등에 다양하게 활용되면서 다양한 투자와 연구가 활발히 진행되고 있다. XR 메타버스 인천이음 프로젝트에 함께 참여하고 있는 네이버랩스는 항공사진과 인공지능(AI)을 활용해 도시 3D모델, 도로 레이아웃, 고정밀지도(HD맵) 등의 핵심 데이터를 함께 제작할 수 있는 점을 강점으로 들 수 있다.

가.로컬 데이터 활용 부분

로컬 데이터(local data)가 중심본 사업은 갑자기 추진된 사업이 아니라 그동안 도시블럭 단위의 정보들에 대한 2차원 지도 및 3차원 지도 그리고 디지털 트윈 등에 프로젝트를 추진하기 위한 기본적으로 현장정보를 기본으로 해서 XR 메타버스 인천이음 프로젝트가 추진되었다.

또한, 그동안 꾸준히 진행해온 지리정보시스템(GIS) 등을 이용하여 위치정보뿐만 아니라 인천광역시의 블록단위의 도시정보에 대한 다양한 데이터 정보를 기반으로 시공간 정보 등을 결합한 인천광역시 지역만의 로컬데이터(local data)를 활용하는 확장형 메타버스인 것이 다른 관련 프로젝트들과의 차별점 및 특징이라고 할 수 있다. 한마디로 지역만이 가지고 있는 로컬 데이터를 축적하고 잘 관리하고 이를 활용하는 것이 본 프로젝트의 핵심이라고 할 수 있다.

나.Lidar 활용 부분

Lidar를 이용한 도시 공간정보 활용예를 들면, 자율주행자동차의 경우에도 카메라와 GPS(Global Positioning System)만 있다고 해서 자동차가 자율적으로 운행되는 것이 아니다. 자동차가 자율적으로 운행하기 위해서 건물정보, 3차원 도시 정보 그리고 정밀 라이다(Lidar) 정보 등이 잘 결합되어야만 가능하다. 외부 공간정보는 GPS 등을 통하여 다양한 정보가 그동안 구글 등을 통해 축적되어왔고 위치정보가 필요한 다양한 사용자들이 이미 익숙하게 사용하고 있다. 하지만 실내 공간정보의 관련된 데이터가 아직까지는 기본적인 데이터만 생성되고 관리될 뿐 매우 구체적인 정보는 아직 많지 않다. 즉 정밀 Lidar 정보가 필요한데, 라이다 레이저 펄스를 쏘고 반사되어 돌아오는 시간을 측정하여 반사체의 위치좌표를 측정하는 레이다 시스템이다. 항공 또는 위성에 탑재되어 지형측량에 사용되며 스피드 건, 자율이동로봇, 자율주행자동차 등에도 활용되어 이 시스템이 각광받고 있다.

이렇듯 메타버스는 다양한 디지털 기술들을 주민들이 편하게 접속하고 이용하고 함께 참여하여 생활 속에서 자연스러운 참여와 공유가실현되는 하나의 가상과 현실을 이어주는 플랫폼으로 만들어야 하는 것이다.

또한, 메타버스가 공공부문 및 행정부문에서 도움이 되기 위해서는 단순한 민원처리 행정서비스 뿐만 아니라복잡하고 전문적인 이해를 필요로 하는 고도화된 행정서비스 분야에 접목되어 서비스가 제공된다면 매우 효율적이 될 것으로 판단된다.

사례 1

신한은행, 메타버스 플랫폼 '시나몬' 오픈 이벤트 시행

신한은행은 금융권 최초 자체구축 메타버스 플랫폼 '시나몬(Shinamon)' 출시 기념 오픈 이벤트를 시행한다고 지난달 30일 밝혔다.

'시나몬(Shinamon)'은 금융과 비금융 영역을 확장·연결해 만든 가상 공간으로 고객에게 새롭고 재미있는 경험과 직관적인 서비스를 제공하는 메타버스 플랫폼으로 금융Zone, 건강Zone, 아트Zone, 스포츠Zone, 스토어 등으로 구성됐다.

신한은행은 시나몬 웹페이지에 접속하는 고객을 대상으로 3가지 이벤트를 내년 2월 10일까지 진행한다.

- ▸ 랭킹이벤트는 다양한 퀘스트 및 게임이벤트에 참여해 경험치를 획득하고 레벨에 따라 1등부터 1000등까지 다양한 경품을 제공하고 쿠폰 교환이벤트는 고객이 획득한 츄러스(플랫폼 재화)를 카드 교환소에서 시나몬 카드(S, H, I, N, A, M, O, N) 총 8종으로 교환 후 신한은행과 제휴사(GS25, 서울옥션블루, 종근당건강, KT 소닉붐)가 함께 준비한 쿠폰으로 교환이 가능한 이벤트다.
- ▸ 쿠폰북 완성 이벤트는 신한은행과 제휴사가 제공한 쿠폰으로 쿠폰북을 완성한 고객을 대상으로 추첨을 통해 아이패드 Pro(5명), 에어팟 Max(5명), 다이슨 헤어드라이기(10명), 스타벅스 디저트 세트(980명) 등 총 1000명에게 경품을 제공한다.

신한은행 관계자는 "시나몬의 혁신성을 인정받아 내년 1월 세계 최대 규모 디지털 박람회인 'CES 2023'으로부터 핀테크 부문 전시에 국내은행 최초로 단독부스를 배정받아 참여할 계획이다"며 "앞으로도 금융과 비금융의 경계를 넘어 현실로 연결되는 시나몬 콘텐츠를 통해 고객들이 쉽고, 재미있게 참여할 수 있도록 다양한 서비스를 제공하겠다" 고 말했다.

◇ 주택담보대출 이자유예 프로그램 신설

신한은행은 "최근 급격한 금리 상승기 주택담보대출 보유 고객의 이자부담을 완화하는 주택담보대출 이자유예 프로그램을 1일부터 시행한다"고 밝혔다.

금번 이자유예 프로그램 대상은 잔액 1억원 이상 원금분할상환 주택담보대출 중 대출 기준금리가 21년 12월말 대비 0.5%p 이상 상승한 계좌 보유 고객이다.

신청 고객은 이자유예 신청 시점의 대출 기준금리와 21년 12월말 기준금리 차이만큼 최대 2.0%p까지 12개월간 대출 이자를 유예 받고, 유예 이자를 제외한 원금과 이자만 납부하면 된다.

특히 유예기간인 12개월 종료 후 유예한 이자는 36개월간 분할 납부하면 되며, 이때 유예 이자에 대해 추가로 부담할 별도 이자는 없다.

예를 들어 22년 12월 이자 유예를 신청하는 시점에, 총 대출 금리가 6.0%(기준금리 코픽스 신규 3.98% + 가산금리 2.02%)인 계좌가 21년 12월말 코픽스 신규 금리가 1.55%였다면, 기준금리 차이는 2.43%p(3.98% - 1.55%)다.

이 경우 이자 유예를 신청하면 기준금리 차이 2.43%에서 최대 2.0%p 이자를 유예해 12개월간 총 대출 금리 4.0%로 이자를 납부하고(기준금리 또는 거래실적 변동 있을 시 총 대출 금리는 변동 가능), 유예된 이자(2.0%p)는 12개월 이후 36개월 분할 납부하면 된다.

이자유예 프로그램은 전국 신한은행 영업점에서 신청 가능하며, 비대면(New SOL) 신청도 12월 중 시행 예정이다.

신한은행 관계자는 "급격한 금리 상승으로 대출 보유 고객의 이자 납입 부담이 점차 커지는 상황에서 고객 부담을 조금이라도 덜어드려 함께 상생하고자 이번 이자유예 프로그램을 준비했다"며 "기존 취약계층 금융지원부터 이번 이자 유예 프로그램까지, 고객의 주거 안정과 금융 부담 완화를 위한 선제적 조치를 계속 이어나가겠다"고 말했다.

◇ 하나은행, 제22회 대한민국디지털경영혁신대상 '대통령상' 수상

하나은행은 과학기술정보통신부가 주최하는 '제22회 대한민국 디지털경영혁신대상' 시상식에서 종합대상인 '대통령상'을 수상했다고 밝혔다.

이는 손님 중심의 디지털 채널 편의성 향상과 프로세스 개선을 통해 디지털 금융 혁신을 선도한 점을 대외적으로 인정받아 이뤄낸 쾌거로, 특히 하나은행은 디지털 기술을 통한 경영 혁신 및 경쟁력 창출, 디지털 프로세스 혁신 성과 등에서 높은 평가를 받았다.

하나은행은 그룹의 비전인 '하나로 연결된 모두의 금융'을 위한 핵심 실천 전략으로 손님 경험 향상 영업 현장 지원 미래 역량 강화를 목표로 한 디지털 금융 혁신을 추진하고 있다.

이러한 목표는 손님 만족 극대화를 위한 옴니 채널 서비스 확대, 업무 효율성 증대를 위한 로봇 자동화 프로그램(RPA) 강화, 디지털 인재 양성과 인프라 조성에 기반한 디지털 경쟁력 확보를 통해 구체화하고 있다.

하나은행은 '손님 경험 향상'을 위해 대표 모바일 앱인 '하나원큐'를 개선했다. 이를 통해 비대면으로 본인 정보를 쉽고 편리하게 확인하고, 영업점 방문 없이도 손쉽게 신용·전세대출 한도 조회 및 실행까지 가능케 했다. 또한, 손님 맞춤형 디지털 지점인 '마이 브랜치(My Branch)'를 통해 별도의 앱 설치 없이도 어디서든 편하게 금융 거래가 가능하도록 프로세스를 혁신했다.

프로세스 혁신과 데이터에 기반한 의사결정은 '영업 현장 지원' 및 업무 효율성을 증대했다. RPA를 활용한 업무 자동화를 통해 연간 약 150만 시간의 직원 업무를 경감시켰고, 영업점 업무 포화도 분석을 통한 채널 전략 수립 및 인력 운용, AI를 통한 VIP손님 이탈 예측·방지, 손님의 라이프 스타일에 맞는 차별화된 맞춤형 금융 서비스도 제공하고 있다.

이와 함께 '미래 역량 강화'를 위한 '디지털·데이터 인재' 육성에도 박차를 가하고 있다. 그룹 차원에서 금융 지식과 디지털 기술을 겸

비한 융합형 디지털 인재를 양성하기 위해 'DT University'를 운영하고 있으며, 2025년까지 2500명의 데이터 인재를 육성하는 '2500 by 2025' 프로젝트도 추진하고 있다.

또한, 행내 사이버 연수원인 '하나 디지털 캠퍼스'를 통해 365일 24시간 언제, 어디서나 접속해 자발적 학습이 가능하도록 디지털 환경도 구축했다.

하나은행 디지털그룹 관계자는 "디지털과 휴먼 터치가 조화된 금융 혁신을 통해 손님들께 더욱 쉽고 편리한 금융 서비스를 제공한 점을 인정받아 기쁘다"며 '하나로 연결된 모두의 금융'이라는 그룹의 비전에 발맞춰 디지털과 데이터에 대한 아낌없는 투자를 통해 손님 중심의 디지털 금융 혁신을 지속해 나갈 것"이라고 밝혔다.

◇ 2022년 수출입 아카데미

개최하나은행은 수출입 기업 임직원을 대상으로 '2022년 수출입 아카데미'를 개최했다고 밝혔다.

지난 2007년 시작된 '하나은행 수출입 아카데미'는 수출입 업무 이론과 환리스크 관리 등 최신 사례를 접목한 현장 중심의 연수 프로그램으로, 수출입 업무를 담당하는 기업 실무자들에게 큰 호응을 얻고 있다.

이를 통해 하나은행은 대한민국의 무역 활성화를 이끌고 있는 수출입 기업과 함께하며 외국환 전문은행으로서 입지를 더욱 공고히 하고 있다.

이번 수출입 아카데미는 사전 신청한 170여 개 기업의 실무자 480명을 대상으로 유튜브 라이브를 통해 진행됐으며, 주요 질의사항에 대한 전문가 답변과 실시간 퀴즈 이벤트도 포함되어 참석자들의 집중을 이끌었다.

특히 하나은행 소속 수출입 전문 강사는 물론 외부 초빙 관세사가 주요 연사로 참여하여 수출입 결제와 신용장 업무, 수출입 관련 외환거래, 통관 실무, 외환시장과 환리스크 관리 등 실제 업무 적용에 초점을 맞춘 강의가 진행됐으며, 기업별 특성과 사례에 따른 금융 솔루션도 소개됐다.

하나은행 관계자는 "오랜 기간 지속된 하나은행의 수출입 아카데미는 우수한 강사진과 수준 높은 콘텐츠로 수출입 기업의 경쟁력 강화와 실무자들의 업무 능력 향상에 큰 기여를 해왔다"며 "향후에도 참석자들의 접근성을 높이고, 더 많은 수출입 기업이 혜택을 누릴 수 있도록 다양한 지원 프로그램을 마련하겠다"고 밝혔다.

◇ 전 세계 32개국 청소년 초청 '글로벌 금융 체험' 실시

하나은행은 미래세대 주역인 해외 청소년들이 핵심인재로 성장할 수 있도록 지원하기 위해 전 세계 32개국 100여 명의 청소년을 초청해 글로벌 금융 체험의 기회를 제공했다고 밝혔다.

이번 초청행사는 11월 28일부터 12월 2일까지 교육부가 주최하고 국제한국어교육재단이 주관하는 '2022 해외 청소년 한국어 교육 연수'에 참여한 해외 중·고등학생들을 대상으로 진행됐다. 하나은행은 '2022 해외 청소년 한국어교육 연수'의 공식 후원사로 참여해 한국어를 제2외국어로 채택하고 있는 청소년들이 한국을 방문해 한국의 언어와 문화를 직접 체험하고 소통할 수 있는 기회의 장을 마련했다.

초청된 해외 청소년들은 4박 5일간의 연수기간 동안 인천 청라 소재 하나금융그룹 연수원 '하나글로벌캠퍼스'에서 머물게 된다. 지난달 30일에는 국내 최대 규모의 외환거래가 일어나고 있는 하나은행 딜링룸을 방문해 치열한 외환시장에서 외환딜러들의 업무를 체험해보며 글로벌 금융 거래의 실제 현장을 생생히 느낄 수 있는 시간을 가졌다.

또한, 하나금융그룹 명동 사옥 내 화폐박물관과 위변조대응센터를 방문해 전 세계 다양한 화폐 실물을 직접 눈으로 확인하고, 하나은행의 위폐감별사에게 세계 각국의 화폐를 감별할 수 있는 방법을 체험했다.

이어서 하나은행의 VIP클럽 영업점에서 가진 'PB와의 만남' 시간을 통해 하나은행만의 전문 PB 자산관리서비스를 경험하는 등 글로벌

경쟁력을 갖춘 하나은행의 차별화된 선진금융을 체험하고 금융 지식과 글로벌 역량을 기를 수 있는 뜻깊은 시간을 보냈다.

하나은행 ESG 기획부 관계자는 "이번 체험활동을 통해 미래를 이끌어 갈 각국의 청소년들이 다양하고 폭넓은 관점에서 글로벌 역량을 키워나가는 데 실질적인 도움이 되었기를 바란다"며 "하나은행이 글로벌 금융비즈니스 확장을 활발히 추진하고 있는 만큼 장차 한국과 모국 간의 가교 역할을 수행할 미래 인재 양성을 위한 다양한 활동을 펼쳐 나가겠다"고 밝혔다.

◇ IBK기업은행, TV광고 '이 세상에 작은 기업은 없다' 방영

IBK기업은행은 TV광고 '이 세상에 작은 기업은 없다' 캠페인을 1일부터 선보인다고 밝혔다.

이번 광고 캠페인은 중소기업 대표자 및 직원을 주인공으로 제작됐으며 '사장님 편', '직원 편', '인생 편' 총 3편으로 구성됐다.

'이 세상에 작은 기업은 없다'라는 메인 카피를 통해 기업을 존중하며, 기업의 가능성을 발견하고 지원하는 기업은행의 철학을 담았다.

영상은 배우 이제훈의 진정성 있는 나레이션과 함께 밝고 희망적인 분위기로 연출했으며, TV채널과 유튜브 등 SNS에 동시에 공개될 예정이다.

기업은행 관계자는 "기업을 운영하는 사장님과 재직하는 직원을 포함해 기업과 함께하는 모든 사람들의 꿈과 가능성을 응원하는 마음을 전하고자 이번 광고를 제작했다"며 "앞으로도 IBK기업은행이 중소기업과 늘 함께하며 기업의 성장을 지원할 수 있도록 노력할 것"이라고 말했다.

◇ 급여고객을 위한 비대면 프리미엄 혜택관 'IBK급여라운지' 오픈

IBK기업은행은 i-ONE Bank(개인) 內 급여고객에게 각종 혜택을 제공하는 'IBK급여라운지' 서비스를 오픈한다고 지난달 30일 밝혔다.

'IBK급여라운지'는 매월 IBK계좌로 50만원 이상 급여를 받는 고객에게 스탬프를 제공하고, 고객은 적립된 스탬프를 사용해 각종 이벤트에 응모할 수 있는 비대면 혜택관이다. 또 급여실적 현황, 제휴 할인쿠폰, 재테

크 정보, 맞춤 상품 추천 등 급여 관리에 도움이 되는 서비스도 제공한다.

서비스 오픈 기념 이벤트로 'IBK급여라운지' 첫 입장고객에게 웰컴 기프트(GS25 2000원권) 및 스탬프 1개를 제공하며, 친구초대 시 추가 스탬프를 적립해준다. 이외에도 적립된 스탬프를 사용해 스타벅스 아메리카노, BHC 치킨 모바일 쿠폰 등 매월 제공되는 이벤트에 응모할 수 있다.

기업은행 관계자는 "IBK계좌로 급여를 받는 누구나 'IBK급여라운지' 서비스를 이용할 수 있다"며 "앞으로도 고객의 급여 관리에 도움이 되는 서비스를 지속적으로 제공할 예정"이라고 말했다.

◇ KB국민은행, KB모바일인증서 연말정산 이벤트 실시

KB국민은행은 오는 1월 31일까지 KB모바일인증서 연말정산 이벤트를 실시한다고 1일 밝혔다.

KB모바일인증서는 본인 명의 휴대폰과 신분증만 있으면 영업점 방문 없이 발급할 수 있는 금융권 대표 인증서다. 지난달 11월 가입자 수 1200만명을 돌파한 KB모바일인증서는 국세청 홈택스를 비롯해 정부24, 국민건강보험공단 등 120여개 기관에서 이용할 수 있다.

이번 이벤트는 KB모바일인증서를 이용해 연말정산하는 고객에게 추첨을 통해 경품을 제공한다. 참여방법은 KB모바일인증서로 국세청 홈택스에 로그인한 고객이 KB스타뱅킹앱 내 이벤트에 응모하면 된다. 경품은 골드바 10돈(1명) LG 스탠바이미(3명), LG 디오스 오브제컬렉션 와인셀러(5명), 신세계 이마트 상품권(1000명)을 제공한다.

KB국민은행 관계자는 "직장인의 연말정산 시기에 맞춰 KB모바일인증서로 편리하게 국세청 홈택스를 이용하실 수 있도록 이번 이벤트를 준비했다"며 "빠르고 안전한 KB모바일인증서로 연말정산도 하고 푸짐한 경품도 받을 수 있는 좋은 기회가 되길 바란다"고 밝혔다.

한편, KB국민은행은 오는 8일 KB모바일인증서 서비스 명칭을 'KB국민인증서'로 변경할 예정이다. 앞으로 더욱 많은 사용처와의 제휴를 통해 금융을 넘어 고객의 일상을 책임지는 국민 인증서로 성장시킨다는 계획이다.

◇ 우리은행, 장기미거래 신탁 찾아주기 캠페인 실시

우리은행은 1일부터 한 달간 '장기 미거래 신탁 찾아주기' 캠페인을 실시한다고 밝혔다.

대상은 신탁 계약 만기일 또는 최종 거래일로부터 5년 이상 경과한 신탁 계좌이며, '개인연금신탁'과 '연금저축신탁'의 경우 적립 만기일이 경과하고 잔액이 120만원 미만인 계좌이다.

우리은행은 잔액 3만원 이상 계좌를 보유한 대상 고객에게 우편으로 안내문을 발송하고, 추가로 이메일이나 유선으로 관련 내용을 안내할 예정이다.

장기 미거래 신탁 보유 여부는 우리은행 영업점과 인터넷뱅킹, 모바일뱅킹 또는 계좌정보통합관리서비스(payinfo.or.kr) 등을 통해 확인할 수 있으며 신분증을 지참해 가까운 우리은행 영업점을 방문하거나, 비대면 채널(인터넷뱅킹, 모바일뱅킹, 계좌정보통합관리서비스)을 통해 신탁금을 수령할 수 있다.

우리은행 관계자는 "매년 장기 미거래 신탁 찾아주기 캠페인을 실시하고 있다"며 "우리은행 고객들의 권익과 소중한 금융자산 보호를 위해 더욱 노력할 것"이라고 말했다.

◇ 새마을금고 고객지원센터 서비스부문 'KS인증' 획득

새마을금고는 2022년 10월 12일, 한국표준협회(KSA)에서 인증하는 '고객 컨택트센터 서비스 KS인증'을 획득하고, 지난 11월 30일 서울 강남구 삼성동 새마을금고중앙회관에서 KS인증서 및 현판 수여식을 진행했다.

이는 2001년 대고객상담을 진행하는 고객지원센터 운영 이래 지속했던 고객지원센터의 질적 향상을 위한 노력이 결실을 맺은 것이다.

서비스 KS인증제도는 한국표준협회가 주관하며, 국가가 제정한 한국산업표준(KS규격) 이상으로 서비스 능력을 보유한 사업장에 대해 심사를 통해 국가가 그 품질을 보증해 주는 국가인증제도이다.

새마을금고에 대한 KS인증 심사는 지난 9월 22일부터 26일에 걸

쳐 3일 동안 진행됐으며, 22일과 23일 양일간의 사업장 심사에서부터 26일 서비스 심사에 이르기까지 다각도의 평가가 이루어졌다. 새마을금고 관계자에 따르면 서비스 운영체계 등 사업장의 환경 및 대고객 서비스의 수준을 평가하는 인증 심사에서, 콜 응대 관련은 물론 그 외 서비스 KS에서 요망하는 수준과 기준 이상을 심사 수검 전 이미 시행 중이었던 점에서 복수의 인증 심사위원으로부터 우수한 평가를 받았다고 설명했다.

박차훈 새마을금고중앙회장은 "고객지원센터 운영 이래 20여년 이상 늘 고객과 함께 했던 고객지원센터가 금번 서비스 KS인증 획득으로 그 역량을 인정받게 되었음에 자부심을 느끼며, 이를 발판으로 더욱 체계화된 고객 중심의 금융·공제(보험) 관련 상담서비스를 제공할 것"임을 강조하고 "서비스 운영 프로세스의 체계화, 콜 인프라 투자의 확대, 상담업무환경 개선 및 감정노동자 보호 등을 위해 지속적인 노력을 기울일 것"이라고 밝혔다.

한편, 새마을금고 고객지원센터는 전국 새마을금고의 고객(회원)을 대상으로 인터넷뱅킹 등 전자금융 업무 상담, 자동화기기 안내, 분실·사고 접수 및 보이스피싱 신고 등을 비롯한 일반업무상담과 공제(보험)상담을 제공하고 있다.

◇ 우간다 새마을금고 지도자 역량 강화 현지 연수

새마을금고중앙회는 행정안전부와 함께 14일부터 24일까지 우간다 농업지도자연수원에서 건전하고 지속가능한 금융시스템 구축을 위한 '우간다 새마을금고 현지연수'를 성공적으로 마쳤다고 밝혔다.

1차 및 2차로 나뉘어 총 2주간에 걸쳐 진행된 연수에는 우간다에 설립, 운영 중인 총 18개 새마을금고 임직원 90명이 참석했다. 최근 우간다 새마을금고는 회원 및 자산 규모 측면에서 괄목할 만한 성장이 이루어졌고, 이에 대한 새마을금고 지도자들의 전문역량 강화를 위해 교육이 마련됐다.

특히, 우간다 새마을금고 디지털 전환이 급속히 이루어짐에 따라 새마을금고 지도자들이 전산화된 금융시스템 활용 역량을 갖추도록 프로그램이 구성됐다.

우간다 새마을금고는 디지털 금융시스템을 통해 혁신적 금융포용을 선도하고 있다. 이미 새마을금고 회원들은 모바일 뱅킹을 통해 저축 및 대출 서비스도 이용 가능 하며, 약 9200명의 회원들이 이용 중이다.

박차훈 새마을금고중앙회장은 “새마을금고를 통해 우간다 농촌 지역 주민들의 금융 접근성은 더욱 개선될 것이고 지역 금융기관으로서 새마을금고의 신뢰성 또한 굳건해질 것”이라고 전했다.

◇ 신협, 네 번째 어부바 캐릭터 광고 ON-AIR

신협중앙회(이하 신협)의 네 번째 어부바 캐릭터 광고가 1일(목) 온에어 된다.

신협의 마스코트 어부바 캐릭터는 지난 2018년 ‘평생 어부바’라는 슬로건과 함께 탄생했다. 현재까지 조합 홍보, 사회공헌활동 등 다양한 곳에 사용되며 연령을 불문한 전 고객들에게 사랑받고 있다.

새로운 캐릭터 광고는 올 상반기부터 배우 조보아와 함께 진행하고 있는 신규 캠페인 광고 ‘행복 내비게이션 신협’의 메시지에 집중했다. 사람들에게 행복을 찾아주는 길이 신협으로 펼쳐지는 모습을 귀여운 어부바 캐릭터가 안내한다.

특히, 어부바 캐릭터 광고는 인형의 움직임을 미세하게 조정해 움직임을 자연스럽고 사실적으로 보이도록 하는 초당 24프레임 스톱 모션 애니메이션 기법을 적용하고 있다. 촬영에 필요한 소품과 배경 등 세트 제작 기간에만 3주 이상이 소요되고, 30초 분량의 영상을 기준으로 촬영에만 일주일 이상이 걸린다.

이렇게 많은 시간과 노력이 필요한 스톱 모션은 어부바 캐릭터 광고에서 중요한 촬영기법으로 자리 잡았다. 아날로그적인 기법이지만 컴퓨터 그래픽으로 표현하기 어려운 캐릭터의 질감을 잘 살릴 수 있고, 캐릭터의 친근함과 따뜻한 온기를 느낄 수 있다. 신협의 어부바 캐릭터 광고 캠페인은 4년간 스톱 모션 촬영을 캠페인으로 이끌고 간 희소 사례이다.

하현욱 신협중앙회 홍보본부장은 “신협의 어부바 캐릭터 광고 캠페인이 이토록 오랜 기간 모두에게 사랑받는 이유가 단지 캐릭터의 외향에만 있지는 않을 것”이라며 “기업 차원에서 어부바 캐릭터에 지원을 아끼지 않고 큰 애정을 품고 있기에 지금까지도 모두에게 사랑받는 캠페인이 될 수 있었다”고 전했다.

◇ H농협은행, 스마트팜 금융지원 역량강화 ‘스마트팜 로드쇼’ 개최

NH농협은행은 지난 29일 경북 상주와 전북 익산 등지에서 스마트팜 금융지원 활성화를 위한 임직원 역량강화 현장교육인 ‘스마트팜 로드쇼’를 개최했다고 밝혔다.

이번에 새롭게 마련된 ‘스마트팜 로드쇼’는 지난 달 5일 정부가 발표한 ‘스마트농업 확산을 통한 농업혁신방안’에 맞춰 스마트팜이 무엇이고, 어떻게 금융지원을 해야 하는 지에 대한 현장교육 프로그램이다.

스마트팜의 개념, 대출상담과 심사기법 등 2일 동안 이론교육을 실시하 였으며, 수료자를 대상으로 스마트 영농설비의 실제 구동 견학, 농업인의 성공·실패사례와 스마트팜 도입효과 등을 청취하는 현장교육을 실시하였다.

이와 함께 농협은행에서는 스마트팜 금융지원 활성화를 위하여 스마트팜 대출상담과 심사관련 업무자료집인 ‘스마트팜 종합안내서’를 제작하여 전국 농협은행 영업점에 배포하였다.

이날 ‘스마트팜 로드쇼’에 참석한 농협은행 상주시지부 신태출 팀장은 “지금 상담진행 중인 스마트팜 대출이 있는데, 이론 및 현장교육이 큰 도움이 되었다”며 “직원들의 역량강화를 위한 실무중심의 교육이 지속적으로 이어졌으면 좋겠다”고 말했다.

서준호 농업금융부장은 “이번 ‘스마트팜 로드쇼’에 적극적으로 참여해준 직원들에게 진심으로 감사드린다”며 “농가소득 증대를 위해 스마트팜 확산은 필수적이며, 이에 대한 금융지원 활성화를 위해 스마트

팜 관련 현장교육을 지속적으로 확대할 계획이다"고 말했다.

김승준 기자(2022.12.01), "신한은행, 메타버스 플랫폼 '시나몬' 오픈 이벤트 시행", 우먼컨슈머.

사례 2

[메타버스ESG]
물질 대신 전파 쓰는 메타버스, 핵심은 '친환경'

기업의 비재무적 활동을 수치화한 ESG 지표가 소비자, 투자자, 정부 등 선택이 아닌 필수사항이 됐다. ESG 항목 중에서도 친환경(E) 분야는 빨라진 디지털 전환으로 메타버스와 융합이 활발하다.

ESG에서 환경(E)은 기업 경영 활동에서 발생하는 환경 영향 전반을 포괄하는 요소를 말한다. 지구온난화 등 최근 기후변화와 관련한 탄소중립, 재생에너지 사용 등을 예로 들 수 있다. 특히 세계는 온실가스 배출량을 감축하고 탄소중립 기술을 개발하는 데에 힘을 쏟고 있다.

우리나라를 포함해 미국, 일본, EU 등 127개국은 2050년까지 탄소중립을 실천한다는 목표다. 탄소중립은 온실가스 배출을 줄여 '0'으로 만든 상태를 의미한다. 탄소중립을 위한 탄소배출권은 국가 단위로 관리할 만큼 중요성이 커졌다.

◇ 메타버스 가상공간 활용해 자원 절감…행안부, 온북으로 약 4조원 효과

메타버스는 실체가 없는 온라인 세계라는 점에서 탄소중립에 활용할 수 있는 요소가 많다. 메타버스에 접속하는 것만으로도 이동에 들어가는 자원을 절감할 수 있다. 재택·원격근무가 대표적이다. 이는 효율적인 E의 실천 수단으로 꼽힌다. 행정안전부의 경우 업무용 노트북 '온북'을 도입하면서 5년간 약 4조6000억원의 예산 절감 및 탄소

배출 감소 효과를 기대했다. 온북은 공무원·공공기관 임직원이 시간·장소에 구애받지 않고 사무실처럼 일할 수 있는 수단이다. 행정기관 공무원 62만3000명이 기존 업무용 컴퓨터 대신 온북으로 전환할 경우 기회비용, 전기세, 용지·인쇄비 절감 등을 계산한 결과다. 출퇴근 교통비와 시간을 기회비용으로 환산한 금액만 3조9092억원에 달한다.

또한 '디지털 트윈'으로 실제 상황이 발생하기 전 대비도 가능하다. 디지털 트윈은 메타버스 가상공간에 현실 세계를 이식해 다양한 상황을 시뮬레이션할 수 있게 하는 기술이다. 메타버스를 환경 보호에 간접적으로 활용하는 곳도 많다.

디지털 트윈은 재택·원격근무처럼 가시적인 비용 절감 성과를 보긴 어렵다. 자연재해 등의 사건사고 예방에 초점을 맞춘 기술이기 때문이다. 활용 가능한 분야는 많다.

현대차는 실제 공장을 메타버스에 이식한 '메타팩토리'로 공장 가동률 최적화에 나섰다. 메타팩토리를 통해 실제로 공장을 가동하는 데 드는 자원을 사용하지 않아도 최적화가 가능해졌다.

건설업계도 강풍·파도 등 외부 상황 대응에 디지털 트윈을 활용 중이다. 대우건설 '메타갤러리'처럼 가상 견본주택은 실제로 만들 때 소모되는 원부자재를 아끼고 폐기물을 줄일 수 있다. 예기치 못한 사고를 미리 대비해 사고 수습에 사용될 자원을 줄이는 셈이다.

정부가 추진하는 '디지털 기반 노후·위험시설 안전관리시스템 구축사업'도 마찬가지다.

◇ **메타버스로 환경 정책 홍보**

메타버스는 환경 보호를 위한 홍보 수단으로도 사용된다. 간접적으로 친환경에 기여하는 것이다. 두나무가 산림청과 협약을 맺고 올해 초 메타버스 플랫폼 '세컨블록'에서 가상의 나무 한 그루를 심으면 경북 산불 피해지역에 실제 나무 두 그루를 심은 캠페인도 친환경(E) 실천이다. 두나무는 해당 캠페인으로 산불 피해지역에 나무 1만260그루를 심었다.

서울시는 메타버스 플랫폼 '젭(ZEP)'에서 '지구의 날'을 진행했다. 지구의 날은 190개국 10억명쯤이 참여하는 세계적인 환경기념일로 매년 4월22일이다. 서울시는 젭에서 지구의 날 기념행사를 진행하고, 탄소중립 생활 실천을 위한 캠페인을 전개했다.

한국 코카콜라는 2021년 메타버스 플랫폼 '게더타운'에 '코카-콜라 원더플 아일랜드'를 만들었다. 당시 코카콜라는 '원더플 아일랜드'에서 투명 음료 페트병이 순환되는 과정을 소개했다. 메타버스로 음료 페트병의 올바른 분리배출과 자원순환을 경험해 동참을 이끌겠다는 취지였다.

메타버스를 인식 개선에 활용하기도 한다. 케냐 게임사 '인터넷 오브 엘리펀츠(Internet of Elephants)'의 증강현실(AR) 기반 게임 '와일드버스'가 그 예다. 와일드버스는 과학자가 된 이용자가 임무를 수행하면서 오랑우탄·침팬지·고릴라 등 유인원을 추적하는 게임이다. 게임을 플레이하면서 멸종위기종 보호에 관심을 갖게 하고, 보호에 무엇이 필요한지 이해를 돕게 한다는 구상이다.

변인호 기자(2022.09.23.), "[메타버스ESG] 물질 대신 전파 쓰는 메타버스", 핵심은 '친환경',IT조선

13.1 메타버스 플랫폼 동향
13.2 국내외 메타버스 플랫폼 종류
13.3 국내외 메타버스 플랫폼 특징
13.4 국내외 메타버스 활용 사례

메타버스 플랫폼의 종류 및 특징

13 메타버스 플랫폼의 종류 및 특징

13.1 메타버스 플랫폼 동향

코로나 19의 영향으로 비대면 서비스의 수요가 높아지고 있다. 줌(Zoom), MS팀스(MS Teams) 등의 원격 회의 플랫폼이 활성화되고, 오프라인 공간이 필수였던 콘서트와 공연 등이 온라인에서 열리고 있다. 어느새 우리는 온라인 공간에서의 만남에 익숙해졌다. 코로나19가 앞당긴 '디지털 대전환 시대'의 중심에는 메타버스가 있다.

메타버스에 이목이 집중되는 요인은 여러 가지가 있겠지만, 코로나19로 인한 사회적 배경이 주된 요인 중 하나인 것은 분명하다. '사회적 거리두기'를 위해 실내에 머무는 시간이 증가했고, 오프라인 만남이 온라인으로 옮겨갔다. 메타버스는 온라인에서 사람들이 모이고, 활동할 수 있는 좋은 플랫폼을 제공해주고 있다.

메타버스의 인기에는 '부캐(부(副) 이하 부캐, 캐릭터의 줄임말)'의 유행도 한몫이 있다. 최근 방송 미디어계에서는 부캐가 인기있는 콘텐츠 소재로 자리잡기 시작했다. 부가 캐릭터는 실제 본인이 아닌 다른 인격의 캐릭터를 생성하고 페르소나를 부여하여 해당 캐릭터에 본인을 투영시키는 개념이다. 이러한 부가 캐릭터의 개념은 디지털 기반 서비스에서도 쉽게 확인할 수 있다.

최근 주목받고 있는 메타버스 서비스의 핵심 요소 중 하나인 아바타도 가상세계에 존재하는 부캐와 같은 개념이다. 사용자들은 본인의 아바타를 생성하고 아이디를 부여하여 메타버스 세계관 내에서 다른 이용자들과 소통하고 활동한다. 사람들의 이목이 메타버스에 쏠리게 되면서 메타버스 내에서 일어날 수 있는 경제 활동, 그리고 메타버스 역할 자체에서 오는 사업적 가치가 화두에 오르고 있다. 본 강의에서는 국내외 기업에서 메타버스를 어떻게 활용하고 있는지 살펴보고 있다. 특히 메타버스를 기반으로 제작된 미디어 콘텐츠의 특성과 향후 방향성에 대해 조사하고 그 가능성을 알아보도록 한다.

국내 메타버스의 대표적 플랫폼으로는 네이버Z의 제페토가 있다. 이용자는 자신만의 3차원 제페토 아바타를 생성하고, 아바타를 기반으로 다양한 가상 활동을 할 수 있다. 네이버에 따르면, 2018년 8월 출시된 10대 등 젊은 층을 중심으로 인기를 끌고 있으며, 2억 명 이상의 이용자를 보유하고 있다. 제페토 내에서는 기본적으로 아바타를 꾸밀 수 있는 아이템과 3차원 공간을 구성하는 오브젝트를 사전에 구현해 두어 사용자가 해당 프리셋(Preset)을 사용할 수 있도록 한다. 이에 더해서 제페토는 사용자에게 크리에이터라는 아이덴티티를 추가로 부여하는데, 3차원 오브젝트 메쉬를 형성할 수만 있다면 누구든 제페토의 크리에이터가 되어 제페토 월드를 구현할 수 있도록 플랫폼의 세계관을 구축하였다. 이와 같이 3차원 가상 공간에서 사용자의 상호작용을 구현한 해외의 대표적 메타버스 플랫폼으로 로블록스(Roblox)를 예로 들 수 있다. 2006년에 출시된 로블록스는 사용자가 게임을 직접 프로그래밍하여 이를 다른 사용자도 즐길 수 있도록한 온라인 게임 플랫폼이다. 로블록스는 1억 6,000만 명 이상의 활성 사용자를 보유하고 있으며 미국 MZ 세대에서 선풍적인 인기를 누리고 있다.

로블록스의 성장은 코로나로 인해 더 두드러지게 되었다. 사용자가 직접 게임을 만들 수 있다는 조건은 게임씬 내에서 모든 시나리오가 가능하다는 뜻으로 해석될 수 있는데, 비대면 수요가 증가함에 따라 로블록스 내에서 가상 회의 및 모임 등의 게임이 만들어지고 만남이 이뤄지기 시작한 것이다. 이와 같이 3차원 메쉬와 같은 디지털 오브젝트를 활용하여 메타버스를 생성하고 이용자가 메타버스 구현에 직접 참여하도록 하는데 집중한 플랫폼이 있는 반면, 현실 세계의 데이터를 반영함으로써 가상공간에서 오프라인 활동을 대체할 수 있는 온라인 서비스를 개발하고 제공하는데 주력하는 플랫폼들도 있다. 일례로 게더타운(Gather.town)은 이용자들이 가상의 공간에서 만나 대화와 업무를 할 수 있는 온라인 플랫폼이다.

이용자들은 게더타운에서 제공하는 가상공간 내에서 아바타를 만들어 소통할 수 있고 일정 거리 내에서 다른 이용자들이 마주한다면 본인 컴퓨터의 카메라와 마이크를 이용해 실제 본인들의 모습으로 소통할 수 있다. 단순히 가상의 차원에서 그래픽으로 구현된 메타버스와 달리 현실의 데이터(모습)를 가상공간에 투영시켜 메타버스가 수용 가능한 차원의 도메인을 현실까지 넓힌 사례로 볼 수 있다

앞서 소개한 로블록스 또한 '로벅스(Robux)'라는 단위의 가상 화폐를 활용하여 마찬가지로 게임 상에서의 아이템을 구매할 수 있도록 하였으며 사용자 간 프리미엄 아이템으로도 사용자 간 거래가 이루어지기도 한다. 로블록스는 아이템 거래뿐 아니라 사용자가 직접 개발한 게임 거래와 게임 내 친구그룹(이하 길드) 형성에서도 로벅스를 활용해 경제 활동이 이뤄질 수 있도록 하였다. 사용자들은 다른 사용자가 개발한 게임에 로벅스를 지불하고 참여하기도 하며 100 로벅스를 지불하여 길드를 생성하고 추가 로벅스를 지부하여 길드 내 등급을 나누기도 한다.

메타버스 플랫폼의 대표적 콘텐츠 비즈니스 모델은 크게 1) 아이템 판매를 통한 수익창출과 2) 광고와 마케팅 채널로 볼 수 있다. 먼저 '아이템 판매를 통한 수익 창출' 모델을 살펴보자.

메타버스 플랫폼에는 가상 통화를 활용하여 아이템 구매와 판매 등 이용자들이 상거래 할 수 있는 자본 생태계가 구축되어 있다. 가상 공간에서 수익화한 자체 재화는 가상 통화의 역할만 하는 것이 아니다. 추후 실제 통화로도 환금이 가능하다. 제페토에는 가상 화폐 '젬(Zem)'이 있다. 이용자들은 가상 화폐인 '젬'을 통해 자신의 아바타를 꾸미고, 아바타를 꾸밀 수 있는 옷을 만들어 '젬'을 벌기도 한다. 아이템을 판매한 수익금이 5,000젬 이상이 되면 5,000젬 당 약 $106 USD('21. 6월 환율기준)으로 실제 현금으로도 환금이 가능하다.

두 번째로 '광고 마케팅 채널'로서의 비즈니스 모델이다. 메타버스 플랫폼과 각종 브랜드들의 협업 사례가 늘어나고 있다. BGF 리테일의 CU 편의점은 제페토 내에 매장을 구축하여 실제 매장과 연동되는 서비스를 선보였고, 명품 패션 브랜드 구찌(GUCCI)는 제페토 플랫폼 내 광고와 브랜드를 건 오브

젝트를 생성하여 수익 창출의 발판을 마련했다.

엔터테인먼트 시장에서도 광고와 마케팅의 채널로 메타버스 플랫폼을 활용하며 소속 아티스트를 가상 세계에 투영시키는 서비스를 제공하기 시작했다. 새로운 광고 마케팅 채널이자 아이템 판매를 통한 수익 창출 모델과도 유연하게 연결시킬 수 있다. MZ세대가 많이 이용하는 메타버스 특성상, 좋아하는 '연예인 아바타의 오브젝트 장착해보기' 심리를 활용하여 부가 수익을 쉽게 창출할 수 있기 때문이다. 메타버스 플랫폼뿐 아니라, 엔터테인먼트 영역에서도 메타버스 플랫폼을 광고 채널로 활용 효과는 크다. 메타버스 안에서 팬과 연예인, 팬과 팬 등이 소통하면서, 코로나19로 단절될 수밖에 없던 연결 고리가 메타버스 덕분에 지속될 수 있기 때문이다.

블랙핑크, 트와이스, 선미 등 K-POP 아티스트를 필두로 메타버스 플랫폼 상에서 아바타를 만들어 가상 팬미팅을 진행하거나 공연을 하기도 한다. 미국 에픽게임즈(Epic Games)의 포트나이트(Fortnite)는 온라인 게임 속에서 이용자들이 함께 콘서트나 영화를 관람할 수 있는 '파티로얄' 모드를 제공하며 메타버스 플랫폼으로 영역을 확장하고 있다.

13.2 국내외 메타버스 플랫폼 종류

(1) 이프랜드(ifland) 플랫폼

가. 일방향 의사소통에 최적화

이프랜드에는 현재 마이크 On/Off 기능이 구현되어 있고 오브젝트와의 상호작용, PDF 또는 영상 등의 공유도 구현이 되어 있기에 이를 통한 사용자 간의 의사소통이 원활하게 이루어질 것 같지만 실제로는 그렇지 않다. 사용자 간의 직접적인 의사소통 방법은 채팅 또는 음성 채팅 뿐이며, 캐릭터의 움직임 구현은 정해진 동작밖에 없으므로 실제로는 상당히 의사소통이 제한적이라는 느낌을 준다.

오브젝트와의 상호작용 역시 정해진 몇 가지 동작만 수행할 수 있고 움직임이 굉장히 부자연스러운데 원활한 상호작용을 위해서인지 캐릭터가 오브젝트 근처에 가면 달라붙는 현상이 발생한다. 때문에 오브젝트 사이를 지나가는 동작 연결이 부자연스러우며 이로 인해 책상, 의자, 컴퓨터 등 많은 오브젝트를 필요로 하는 건물 내부를 구현하는 것에 많은 제약이 따를 것으로 예상된다. 또한, 사용자의 동선상에 오브젝트를 위치시킬 경우, 오브젝트에 캐릭터가 걸리기 때문에 사용자로부터 불편을 유발한다.

마지막으로 다양한 자료 공유의 경우 사용자의 디바이스 화면에 바로 뜨는 것이 아닌 별도로 설치된 전광판에서 공유되는 방식으로 진행된다. 이때, 플랫폼 자체에 거리감과 시야각이 구현되어 있어 위치에 따라 다르게 보이므로 이를 통해 내가 실제로 자료를 보고 있는 듯한 몰입감을 준다.

이러한 점들을 고려했을 때, 사용자에게 많은 동작을 요구하지 않으며 내가 직접 체험하는 것이 아니라 관찰자 입장에서 그것을 시청하는 것에 더 적합하다. 또한, 맵을 구현할 때는 오브젝트 숫자를 최대한 줄여서 간결하게 구현하는 것이 좋으므로 실제 환경을 그대로 복사하는 디지털 트윈에도 부적합하다.

이에 일괄적인 서비스를 제공하는 NPC (Non-Player Character: 플레이어가 직접 조종할 수 없는 캐릭터) 기능을 만들기 위해서는 제작되는 맵 자체에 배치해야 하지만 현재 배치 가능한 NPC는 복잡한 상호작용을 하기 힘들다. 따라서 사용자의 질문에 답변하거나 안내를 하는 등의 기능을 추가하려면 NPC가 아닌 사람이 직접 해당 기능을 수행해야 한다, 사용 예상 인원을 수용할 수 있는 방을 만들어야 하고 방 개수 만큼의 인원이 별도로 투입이 되어야 한다.

(2) 제페토(Zepeto) 플랫폼

가. 재화 유통 활용 가능

제페토는 다른 플랫폼과 다르게 재화의 유통 활용이 강조되어 있다. 운영자인 '네이버'는 게임 내 아이템 판매를 통해 수입을 올릴 수 있다는 점을 강조하고 있으며 캐릭터 최초 생성 이후 캐릭터를 꾸미는데 게임 속 재화를 이용할 수 있다.

플랫폼을 사용하는 데 게임 속 재화가 필수적인 만큼, 재화를 마케팅으로도 활용할 수 있다. 메타버스 플랫폼 콘텐츠는 사용자가 직접 접근해 방을 만들어야 하는데 오브젝트를 활용한 숨은 그림 찾기 이벤트와 오브젝트에 힌트를 숨겨 놓는 이벤트를 시행하고 보상으로 재화를 지급한다면 높은 관심을 유도할 수 있을 것으로 보인다.

나. 부드러운 상호작용

이프랜드의 경우 오브젝트의 경계선이 명확하지 않고, 근처에 가면 캐릭터가 달라붙는 현상 때문에 캐릭터가 움직일 수 있는 동선상에 오브젝트가 있을 경우 캐릭터를 움직이는 것에 제약이 발생한다.

반면 제페토의 경우 오브젝트의 경계선이 눈에 보이는 외곽과 거의 일치하는 듯 보이며 오브젝트에 달라붙는 현상이 현저히 적어 오브젝트 사이로 캐릭터를 움직이는 것에 제약이 적다. 그렇기 때문에 한 공간에 많은 오브젝트를 배치할 수 있어 보다 현실감 있는 공간 구현이 가능하다.

다. 기 상용화된 다양한 콘텐츠

현재 제페토 내에서는 영화 예고편, 룩북 챌린지, 공모전 등 다양한 콘텐츠들이 이미 상용화 되어 플랫폼 내에 서비스되고 있다. 즉, 이미 마케팅의 수단으로서 플랫폼이 활용되고 있기에 사용자들이 마케팅 또한 하나의 콘텐츠로 받아들이는 상황이다. 따라서 다른 플랫폼에 비해 거부감을 덜 가지며, 좋은 평을 받을 수 있을 것으로 예상된다.

다만, 위에서 서술한 바와 같이 자료 공유가 불가능하기에 서류를 작성해야 하는 행정 서비스를 전면으로 도입하기에는 무리가 있다. 그러나 디테일한 오브젝트 구현이 가능하기에 이 기능을 바탕으로 하는 디지털 트윈이 가능할 것으로 보인다. 이를 바탕으로 하여 지진 대피 훈련, 화재 안전 훈련과 같은 각종 안전 훈련에도 활용할 수 있다.

그러나 이러한 서비스를 운영하려고 할 때 방마다 서비스를 주도적으로 제공하는 인력이 필요하며, NPC-유저 간으로 구현할 경우에는 복잡한 상호작용을 필요로 하는 서비스를 도입할 수 없다는 단점이 있다.

(3) 게더타운 메타버스 플랫폼

국내외에서 메타버스의 목적으로 출시된 국내외 기업의 다양한 도구들 가운데 초창기에 비교적 이용자들에게 먼저 알려진 게더 타운(Gather Town)이 있다. 게더타운은 해외의 주요 대학, MIT, 펜실베니아 대학교 및 버클리 포함한 많은 대학들이 메타버스를 사용하여 직접 모이고 만나서 연구를 진행하기 보다는 언택트 환경을 극복하기 위한 방안으로서 전공별 연구 프로젝트를 관람하고 평가하는 가상 엑스포 및 네트워킹 행사를 개최하고 있다.

13.3 국내외 메타버스 플랫폼 특징

일부의 글로벌 기업들은 자사의 독립적 메타버스 플랫폼을 개발하여 다양한 메타버스 서비스를 제공하고 있다. 메타버스 산업 확대를 위해서는 개방성과 상호운용성 등이 고려된 메타버스 플랫폼이 필요하다. 메타버스 플랫폼 관련하여 최근에 주목할만한 이슈는 엔비디아의 '옴니버스', 에픽게임즈의 '메타휴먼 크리에이터', 마이크로소프트의 '메시'일 것이다.

엔비디아(NVIDIA)는 2020년 GTC(GPU Technology Conference)에서 '옴니버스(Omniverse)' 오픈베타를 공개하였다. 옴니버스 플랫폼은 옴니버스라 불리는 디지털공간에 다수의 사용자가 접속하여 3D 이미지나 영상 편집, 가상세계 구축, 시뮬레이션 등을 협업하는 것이 가능한 환경을 제공한다. 옴니버스에는 현실세계의 물리법칙들이 구현되어 있어서 건축물을 설계하여 지진, 화재 등의 재해 상황에서 얼마나 견디는지, 건축물의 내구성은 어떻게 변경되는지 등을 시뮬레이션하거나, 광고 촬영을 위한 지역의 배경을 캡쳐하여 옴니버스에서 가상공간을 만들어 재현하면서 실제 장소처럼 구성하여 촬영하는 것도 가능하다.

시설 운영 및 작업 최적화를 통한 비용 절감을 위해 작업 환경을 가상공간에 구축하고 기계장치의 배치, 작업원 행동 패턴 등을 시뮬레이션 해볼 수도 있다. 에픽게임즈(Epic Games)는 2021년 2월에 누구나 편리하게 가상세계 아바타를 제작할 수 있는 '메타휴먼 크리에이터(Meta Human Creator)'를 출시하였다. 사용자는 사전에 정의된 얼굴형, 신체 유형, 헤어스타일, 옷 등을 선택하여 이를 바탕으로 얼굴 특징, 피부색 등을 수정하며 가상 캐릭터를 생성할 수 있다.

메타휴먼 크리에이터를 통해 생성된 메타휴먼 캐릭터 샘플은 언리얼 엔진(Unreal Engine)이나 마야(Maya)와 같은 디지털 콘텐츠 제작 응용 프로그램에서 추가 편집이 가능하다. 마이크로소프트(Microsoft)는 2021년 3월에 애저(Azure)를 이용한 XR 플랫폼인 '메시(Mesh)'를 공개하였다. 기존의 2D 기반 협업 플랫폼이 3D 기반의 메시와 통합되면서 여러 분야에서의 활용도 기대되고 있다. 메시는 가상세계의 멀티-플레이어 게임, 원격협업을 위한 리모트 워크, 원격진료/의료, 원격교육 등과 관련된 응용프로그램 개발을 지원한다.

반투명 홀로그램을 형태의 홀로포테이션(Holoportation)을 이용한 실시간 공동작업도 가능하다. 마이크로소프트는 원격회의 서비스를 제공하는 팀즈(Teams)나 다이내믹스 365(Dynamics 365)와의 통합도 계획 중이다. 해양교육 등을 지원하는 비영리단체 오션엑스(OceanX)는 메시를 활용한 홀로그래픽 라보(Holographic Labo)를 발표하였다. 홀로그래픽 라보에서는 여러 지역의 연구실에 있는 해양생물 데이터와 모델을 호출하여 볼 수 있으며 다른 사용자와 공유된 가상현실 공간에서 실시간 대화도 할 수 있다.

13.4 국내외 메타버스 활용 사례

국내 외식 및 식품 프랜차이즈 브랜드도 제페토에 집중하는 모양새다. 또래오래, 무공돈까스, 이디야, CU, GS25 등이 대표적이다. 이중 무공돈까스는 올해 들어 활동을 강화하면서 현재 제페토 내 사용자들이 활동할 수 있는 2종의 맵을 론칭했다. 맵의 일부에 무공돈까스 매장과 브랜드명을 자연스럽게 노출하면서 MZ세대를 포함 다양한 유저들로부터 인기를 얻고 있다. 동시에 굿즈 상품도 직접 제작해 판매까지 하고 있으며, 다양한 크루(제페토 내 그룹이나 모임을 일컫는 말)들에게 전용 유니폼 제작도 지원하는 등 활동성을 높이고 있다.

BGF리테일은 지난해 8월 제페토 내 맵인 한강공원에 CU 제페토 한강공원점을 개점했다. 점포 내부는 CU 인기상품을 실제 편의점과 같은 형태로 진열해뒀고, 편의점 위 루프탑에서는 커피를 마실 수 있도록 했다. 이후 CU 제페토교실매점, CU제페토 지하철역점 등을 연이어 선보였다. 지난해 말 기준 3곳의 방문자는 총 1억1620만명으로 집계됐고 제페토용 화폐로 구입할 수 있는 아바타 유니폼과 가방 등은 총 45만개가 팔려나갔다.

제페토의 대항마로는 SK텔레콤이 선보인 이프랜드를 꼽을 수 있다. 다른 메타버스 서비스가 주로 아바타를 꾸미고, 게임을 즐기는 재미적인 요소에 집중한 반면에 이프랜드는 가상공간에서 아바타로 만나 소통하는 모임 기능으로 차별화를 꾀했다. SK텔레콤은 2년 먼저 선보인 제페토를 따라가는 대신 새로운 전략을 내세웠다. 모임에 특화된 서비스를 제공하는 모임룸을 사전에 생성해 친구를 초대하거나 대형 스크린으로 자료를 공유하는 기능은 오직 이프랜드에서만 가능한 서비스다.

aT, 농수산식품산업 분야 최초로 메타버스 선보여 이 밖에도 다양한 분야에서 자체적으로 제작한 메타버스 서비스를 선보이고 있다.

한국농수산식품유통공사(aT)는 국내 농수산식품산업 분야 최초로 메타버스 서비스를 시작했다. 디지털 플랫폼 메타 aT에 접속하면 aT본사 사옥을 중심으로 대형 스크린과 청년키움식당, aT 스튜디오 등이 포진돼 있다. aT 사옥에 입장하면 현재 진행중인 캠페인과 국내 주요 농수산식품들의 홍보물을 볼 수 있다. 로비에 마련된 콘텐츠를 클릭하면 곧바로 공식 유튜브 채널로 이동할 수 있도록 했다.

위치기반 맛집 정보 서비스 플랫폼인 식신은 지난해 12월 전국단위 메타버스 기반의 가상 부동산 서비스 플랫폼인 트윈코리아를 선보였다. 트윈코리아는 식신이 보유한 방대한 양의 실제 식당 및 상점의 데이터를 융합시킨 최초의 현실 공간 메타버스 플랫폼이다.

일반 부동산처럼 청약을 통해 셀(Cell)을 분양받아 셀 오너가 될 수 있으며, 분양 받은 셀 위에서 진행되는 액티비티에 따라 다양한 수익을 얻을 수 있다. 각각의 셀에는 실제 해당 위치의 식당과 상점이 노출될 예정이다.

메타버스 플랫폼 기업 오썸피아의 CEO이자 『메타버스 골드러시』 저자인 민문호 대표는 "글로벌 메타버스시장은 2030년 1700조원 대로 성장할 것으로 보인다. 포스트 코로나 시대를 맞이해 비대면 문화로 빠르게 전환했기 때문"이라며 "특히 Web 3.0 지능형 웹 시대의 도래와 메타버스시장의 확대로 인한 수익 모델 진화, 메타버스를 활용한 이커머스 수익 창출 가능성, 메타버스와의 브랜드 협업 등의 변화는 엄청난 시장 잠재력을 보여 준다"고 설명했다.

사례 1

애피어, 베터밀크와 전략적 파트너십 체결… AI 기반 새로운 옴니채널 쇼핑 경험 구축

글로벌 인공지능(AI) 서비스형 소프트웨어(SaaS) 기업 애피어(Appier Group Inc.)가 윤리적 생산을 추구하는 대만 유제품 기업 베터밀크(Better Milk)와 전략적 파트너십을 체결했다.

이번 파트너십을 통해 애피어는 디지털 마케팅 전략을 강화하는 원스톱 AI 기반 솔루션을 제공하고, 베터밀크의 마케팅 플랫폼 운영 간소화를 지원한다. 또한, 베터밀크는 애피어 솔루션을 활용, 온·오프라인 데이터를 효과적으로 통합해 고객에게 더 정밀한 커뮤니케이션을 제공하는 한편 더 적은 자원, 운영 비용 및 더 짧은 기간에 마케팅 캠페인 결과를 최적화할 수 있게 됐다.

더 많은 소비자가 온라인 구매로 전환함에 따라 이커머스 플랫폼은 모든 브랜드 운영에서 필수적인 부분이 됐다. 이에 애피어는 마테크 툴 도입으로 온라인 판매와 고객 충성도를 강화하겠다는 베터밀크의 목표를 위해 온라인 플랫폼에서 고객 참여와 상호 작용을 늘릴 수 있도록 도왔다.

베터밀크가 직면했던 두 가지 주요 문제는 다음과 같았다.

1. 오프라인 데이터 확보 및 온라인 데이터와 통합의 어려움

베터밀크의 고객 데이터 소스는 온라인 플랫폼뿐만 아니라, 소매점과 기타 POS (Point-of-Sale)와 같은 오프라인 채널에 분산돼 있었다. 오프라인 유통 채널의 분산은 기존 고객 데이터의 통합이 이뤄지지 않았다는 것을 의미한다. 이 때문에 베터밀크는 정확한 마케팅 활동을 구현하기 위한 고객 행동과 선호도를 전면적으로 파악하기 어려웠다. 결과적으로 베터밀크는 특별 할인을 홍보하거나, 충성 고객에게 브랜드 메시지를 전달할 수 있는 시기적절한 기회를 놓칠 수밖에 없었다.

2. 서로 다른 마케팅 툴로 인한 이질적인 데이터 소스

베터밀크는 지나치게 복잡하고 분산된 여러 마케팅 툴에 의존해 왔다. EDM과 SMS 마케팅 캠페인의 경우, 각기 다른 플랫폼에서 관리되며 서로 다른 고객 접점에서 고객 데이터와 캠페인 성과를 분석하는 데 어려움이 있었다. 이는 추가 시간과 인력이 필요할 뿐만 아니라, 베터밀크의 마케터들은 서로 다른 플랫폼을 끊임없이 전환하고 여러 마케팅 툴에 익숙해져야만 했다.

대만 경제부 통계청에 따르면 2021년 대만의 온라인 유통 판매액은 4303억 대만 달러(약 19조 2989억 5500만원)로 증가해 전년 대비 24.5%의 성장률을 보이며 사상 최고치를 기록했다. 이는 전체 유통 판매액의 10.8%로 2019년보다 3.3% 증가한 수치이다. 회계·경영 컨설팅 업체 PwC 대만(PwC Taiwan)이 발표한 '2021년 대만 중소기업 디지털 전환 조사'에 따르면, 도소매업은 디지털 전환을 통해 시장 점유율을 확대하고 새로운 시장을 공략할 것으로 예상되며 앞으로 3년 안에 40%가 넘는 기업이 새로운 비즈니스 모델을 구축할 계획이다. 이런 관점에서 기업은 앞으로 고객 관계 관리를 개선하기 위해 데이터에 더 많이 의존할 수 있다. 베터밀크는 대만에서 선도적인 중소기업 브랜드 가운데 하나로서 고객 경험과 운영 효율성을 개선하기 위해 디지털 툴을 적극적으로 채택하고 있는 기업이다.

베터밀크 창업자 찌엔찌아 쿵(Chien-Chia Kung)은 "베터밀크는 우유 생산업체, 유통업체와 소비자가 새롭고 독특한 판매 모델의 혜택을 받을 수 있는 비전이 있는 비즈니스 마인드 셋으로 유제품 업계의 지형을 변화시켰다. 베터밀크는 다음 성장 단계로 나아가기 위해 지능형 데이터 통합 기능을 갖춘 애피어의 원스톱 플랫폼을 활용해 고객 참여를 늘리고 파트너와 새로운 협업 기회를 창출할 것"이라며 "강한 AI 기반 마케팅 배경을 보유한 애피어의 전문성은 이번 파트너십에 매우 귀중한 역할을 했다. 디지털 전환 목표를 달성하기 위해 애피어와 협력하게 돼 기쁘다"라는 소감을 밝혔다.

베터밀크는 '고객 참여 및 멤버십 유지 관리' 및 '유통업체 및 업계 파트너와 협업'이라는 두 가지 접근 방식을 통해 현재의 비즈니스 과제를 해결하고자 했다.

◇ 고객 참여 및 멤버십 유지 관리

고객 관계 관리는 베터밀크의 핵심 사항이다. 이에 베터밀크는 애피어의 '아이쿠아(AIQUA)'와 '봇보니(BotBonnie)' 솔루션을 통해 오프라인 소비자 데이터를 온라인 사용자데이터 및 행동과 통합하고, 고객 참여와 멤버십 유지 관리를 강화했다.

아이쿠아의 개인화 클라우드는 서로 다른 마케팅 채널에서 맞춤형 메시지로 낮은 충성도 고객과 높은 충성도 고객을 각각 공략할 수 있다. 예를 들어 충성도가 낮은 고객에게는 재구매 알림과 최신 할인 혜택을 제공하는 한편, 충성도가 높은 고객에게 브랜드 스토리와 주간 배송 구독 메시지를 보내 고객 충성도를 높인다. 대화형 마케팅 솔루션 봇보니는 고객이 웹사이트를 떠난 후에도 '페이스북 메신저(Messenger)'와 '라인(LINE)'을 통해 고객과 소통할 수 있도록 도와 크로스 채널(Cross-channel) 메시지 자동화와 개인 맞춤형 참여 경험을 제공한다.

베터밀크는 웹사이트 전환을 가속하기 위해 AI를 활용, 망설이는 구매자를 파악하고 맞춤형 쿠폰 전달로 거래량과 주문 가치를 극대화하는 애피어의 '아이딜(AiDeal) 전환 최적화 클라우드'도 도입했다. 베터밀크는 아이딜 도입 이후 중추절 기간 소비자가 500대만 달러 이상을 사용했을 때, 50대만 달러를 할인해 주는 온라인 캠페인을 통해 웹사이트 전환율(CVR: Conversion Rate)을 33% 증가시키는 데 성공했다.

◇ 유통업체 및 업계 파트너와 협업

과거 베터밀크의 오프라인 유통 채널은 분산이 심해 오프라인 구매 정보를 효과적으로 추적할 수 없었다. 온·오프라인 데이터를 수집하는 애피어의 솔루션 도입 이후에는 고객을 더 명확하게 파악하고 효과적이며 개인화된 커뮤니케이션을 구현할 수 있었다. 베터밀크는 이제 온라인 캠페인을 통해 고객에 대한 더 많은 통찰력을 얻으며 오프라인 파트너와 정보를 공유할 수 있다. 이를 통해 모든 채널에서 더 나은 고객 경험을 제공하고 다른 브랜드와의 업계 간 온·오프라인 협업 기회를 더 많이 창출할 수 있었다.

'통합 고객 프로필 구성'을 위해 오프라인 소비 데이터를 대시보드로 전송하고, 이커머스 플랫폼 데이터를 아이쿠아로 이전하기 위해 봇보니가 도입됐다. 결과적으로 베터밀크는 각 고객 접점에 걸쳐 고객과의 매우 상호작용적인 관계를 유지하며 고객 여정을 이어갈 수 있었다. 한 예로 대만 최대 은행인 CTBC 은행과 협력으로 신용카드 사용자가 고유 QR 코드를 스캔해 베터밀크의 공식 LINE 계정을 방문하도록 지원했다. 이는 베터밀크가 온라인 커뮤니티를 확장하고 소비자의 생애 가치(Lifetime Value)를 더욱 높이는 데 도움을 줬다.

이번 파트너십으로 베터밀크가 애피어의 AI 기반 솔루션을 활용해 더 고객 중심적인 캠페인을 창출하고, 투자 자본 수익률(ROI)을 극대화할 수 있을 것으로 기대된다.

뉴스탭 취재팀(2022.11.08.), "애피어, 베터밀크와 전략적 파트너십 체결…AI 기반 새로운 옴니채널 쇼핑 경험 구축", 뉴스탭.

사례 2

게임명가 넥슨이 만드는 메타버스는?…게임허브 될 '넥슨타운' 시범 오픈

게임명가 넥슨이 '넥슨타운(NEXON TOWN)'을 선보이며 본격적인 메타버스 사업을 시작한다. 수십년간 쌓아온 넥슨의 게임 리소스를 활용해 다양한 인터랙티브 콘텐츠를 제공하겠다는 것이다.

특히 메타버스가 게임과 많이 닮아 있는 만큼, 업계 1등 게임사로 불리는 넥슨이 만드는 메타버스에 이목이 쏠릴 수밖에 없다. 지금까지 넥슨이 만들어온 게임이 곧 메타버스고, 이 분야에서 가장 잘해왔던 기업이 넥슨이기 때문이다.

◇ 게임소스 기반 넥슨표 메타버스 띄운다

넥슨은 모바일 버추얼 월드 커뮤니티 플랫폼 넥슨타운의 국내 시범 서비스를 시작했다고 15일 밝혔다.

넥슨타운은 넥슨의 풍부한 게임 리소스로 구현된 가상세계에서 이용자들이 자유롭게 소통하고 게임 속 다양한 콘텐츠를 즐길 수 있도록 개발된 모바일 커뮤니티 플랫폼이다. 넥슨타운은 이용자와 이용자를 이어주는 커뮤니티 '버추얼 월드'와 이용자와 게임, 나아가 게임과 게임을 연결해주는 '통합 플랫폼'으로 구성된다. 시범 서비스에서는 버추얼 월드를 즐길 수 있으며, 통합 플랫폼은 업데이트를 통해 탑재해 나갈 계획이다.

버추얼 월드에서는 꾸미기 아이템으로 자신만의 개성있는 아바타를 만들 수 있으며 마비노기, 메이플스토리, 버블파이터, 크레이지아케이드 등 넥슨 게임 캐릭터로 변신도 가능하다. 이용자는 넥슨의 게임 리소스로 만들어진 광장, 교실, 캠핑장, 컨퍼런스룸 등의 가상공간에서 아바타 채팅, 1:1 메신저 등을 통해 텍스트 기반의 평면적 대화가 아닌 입체적 소통을 경험할 수 있다. 또한, 컨퍼런스룸에서는 PDF, 영상 공유 기능을 이용해 친구들과 다양한 정보 교류도 가능하다.

이밖에 자신만의 공간을 꾸미는 '하우징'과 소중한 게임 속 순간을 공유할 수 있는 SNS 기능도 준비 중이다.

◇ 게임은 메타버스…로얄티 높인다

넥슨의 메타버스가 주목되는 이유는 게임이 메타버스와 많이 닮아 있기 때문이다. 온라인 공간에서 아바타로 소통하는 것은 메타버스와 게임의 핵심이다. 일각에선 메타버스와 게임이 다르다고 하지만, 업계 전문가들은 메타버스는 게임이라고 입을 모은다.

김정태 동양대학교 게임학부 교수는 "25년 이상 게임을 만들어온 넥슨이 그 소스를 활용해 메타버스 사업을 하는 것은 당연한 일이고, 잘 할 수 있는 일"이라고 말했다. 지금까지 만들어온 게임들이 메타버스라는 것.

또 김 교수는 "이같은 플랫폼을 통해 게이머들의 충성도도 제고할 수 있다"며 "마비노기 캐릭터와 메이플스토리 캐릭터가 한 공간에서 만나는 것은 가슴 떨리는 일"이라고 전했다. 또 그는 이런 것들이 수십 년 동안 연구가 진행돼 왔던 부분이라고 덧붙였다.

바람의 나라, 메이플스토리, 던전앤파이터, 카트라이더 등 쟁쟁한 게임을 만들어온 넥슨이 가장 잘 할수 있는 것이 메타버스를 만드는 일인 것이다. 실제로 넥슨은 넥슨타운 버추얼 월드에 게임 속 상징적인 맵과 공간들을 순차적으로 추가해 다양한 문화 공간과 놀이 공간을 제공할 계획이다.

◇ 넥슨타운은 게임허브 … 게임과 연결된다

통합 플랫폼은 넥슨의 게임들과 연동되어 기존 커뮤니티에서는 볼 수 없었던 차별화된 시스템으로 선보일 예정이다. 게임에 접속하지 않아도 넥슨타운을 통해 상점을 이용하거나 게임 이벤트에 참여할 수 있는 방식으로 도입된다. 아이템 거래도 가능해진다. 게임 간의 경계 없이 자유롭게 아이템을 거래할 수 있는 넥슨 게임 통합 거래소를 준비 중이다.

넥슨은 넥슨타운 시범 서비스 오픈을 기념해 오는 10월 4일까지 '넥슨타운 익스프레스 티켓' 이벤트를 실시한다. 넥슨타운 '홈페이지에 로그인해 넥슨타운 익스프레스 티켓을 발권하고 개인 SNS에 공유하면 추첨을 통해 총 1000명에게 넥슨캐시 1000원을 선물한다. 또 '넥잘알 OX 퀴즈' 이벤트에 참여하면 추첨을 통해 1천 명에게 넥슨캐시 1000원을 제공한다.

예정규 넥슨 디렉터는 "넥슨타운은 이용자들의 경험을 확장하고 게임과의 연결을 강화하기 위해 출범한 프로젝트"라며 "이용자 중심의 차별화된 시스템을 통해 넥슨의 모든 게임을 아우르는 허브를 완성시켜 나갈 것"이라고 전했다.

이성우기자(2022.9.15),"게임명가 넥슨이 만드는 메타버스는?... 게임허브 될 '넥슨타운' 시범 오픈", 테크엠.

사례 3

[메타버스ESG]
거버넌스 개선에 메타버스는 어떻게 활용되나

거버넌스(G)는 ESG 중에서도 유독 추상적이고 어려운 개념으로 꼽힌다. 투명경영으로 해석하기도 한다. 여기에 온라인 세계 메타버스를 융합하면 사례가 생겨 이해를 도울 수 있다. 메타버스는 소통과 정보 공개가 중요한 투명경영에 효율적인 수단이기 때문이다.

◇ 거버넌스, 투명경영을 위한 의사결정체계

거버넌스는 우리말로 번역하는 것도 난해한 개념이다. 기업 거버넌스는 지배구조부터 의사결정 체계까지 내포한 의미도 다양하다. 거버넌스는 주로 지배구조로 번역되지만, 실천 사례들은 투명경영에 가깝다. 국제표준화기구(ISO)는 거버넌스를 '조직 목표를 추구하는 데 의사결정을 내리고, 그 의사결정을 실행하는 체계'로 정의한다.

ESG에서 거버넌스는 환경(E), 사회(S)보다 추상적이다. 환경은 탄소중립이라는 목표에 대해, 사회는 사회공헌이나 안전한 근로환경 조성 등 눈에 보이는 사례가 많기 때문이다. 해석을 지배구조로 하면 범위가 더 좁아진다. 이사회의 독립 등으로 분야가 한정된다.

서진석 SK텔레콤 ESG혁신그룹 PL은 SK텔레콤 뉴스룸을 통해 "지속가능경영 관점으로 보면 거버넌스는 이사회 중심으로만 보면 안 된다"며 "경영자의 ESG 리더십, ESG 위험과 기회를 경영활동에 반영하는 시스템, 이해관계자의 참여, ESG 경영 실행체계, 인정과 평가·보상체계, ESG 정보 공개 등도 거버넌스와 관련해 중요하게 봐야 할 영역이다"라고 설명했다.

투명한 경영을 위한 정보 공유, 이해관계자의 참여 같은 항목이 메타버스를 활용해 거버넌스를 개선하기 쉬운 부분이다. 정보공시 제도도 투명경영을 위해 도입됐다. 정보를 공개하고 공유해야 이해관계자 감시 기능이 작동될 수 있기 때문이다.

◇효과적 소통 수단 '메타버스'

정보가 이해관계자 모두에 전달되는 것은 수평적 조직문화와도 같은 맥락이다. 수평적 조직에서는 수직적 위계에 따라 소통이 제한되지 않는다. 수평적 조직문화를 만들기 위한 경영방침은 '소통경영', '현장경영'으로도 불리는데, 이것이 메타버스가 거버넌스와 융합하는 지점이다. 시간, 공간의 제약이 없는 메타버스는 효율적인 소통을 돕기 때문이다.

실제 기업들도 임직원간 소통, 주주들과 소통을 강조하고 있다. ESG 경영 실천, 투명경영 강화, 수평적 조직문화 구축 등 이유도 다양하다.

최태원 SK그룹 회장은 올해 3월 SK텔레콤 회장으로 공식 취임한 뒤 화상회의 플랫폼을 이용해 인공지능(AI) 구성원들과 타운홀 미팅을 진행했다. 화상회의 플랫폼 이용이 메타버스를 활용한 지점이다.

최 회장은 타운홀 미팅에서 구성원들의 질문과 의견에 직접 답변했다. 일부 의견에 대해서는 즉석에서 실행을 지시했다. 타운홀 미팅 같은 구성원 간의 소통은 결정권자의 결정 과정과 배경을 파악할 수 있게 한다.

의사결정 과정을 온라인으로 투명하게 공개하는 것도 메타버스 ESG 융합 사례다.

'메타버스 근무'를 시범 도입한 카카오는 어디서 일하는지보다 어떻게 일하는지가 중요하다고 봤다. 이름은 메타버스 근무지만 내용은 원격근무였다. 그리고 카카오는 사내 원칙으로 '내부 정보 100% 공유'를 내걸었다. 사무실에 출근하지 않는 사람 간 정보 공유는 온라인에서 이뤄진다.

국회 회의록도 투명한 의사결정 과정을 국민들과 공유하는 것으로 볼 수 있다. 회의록이 온라인에 게재돼 보는 사람 누구나 의사결정 과정에서 어떤 이야기가 오고 갔는지 알 수 있게 한다. 대한상공회의소가 ESG 경영 우수사례를 소개하는 'ESG B.P' 시리즈 G편에서도 투명경영과 수평적 소통이 핵심이었다.

이준희 법무법인 지평 그룹장은 "전사적으로 부서간 유기적 조합을 통해 좋은 성과를 내고 외부 이해관계자에게 제대로 공시하는 것이 광의의 거버넌스다"라며 "이것이 ESG 경영 내재화를 위한 핵심이다"라고 강조했다.

메타버스를 활용해 거버넌스 실천한 다른 사례로는 온라인 주주총회와 전자투표제 도입도 있다. 이는 메타버스라는 온라인 가상세계를 소수 주주의 의결권, 질문권을 보장하는 것에 활용한 것이다. SK텔레콤을 시작으로 삼성전자, SK하이닉스, 현대차, 네이버 등 국내 주요 기업들이 온라인 주주총회를 열고 있다.

변인호 기자(2022.09.25.), "[메타버스ESG]
거버넌스 개선에 메타버스는 어떻게 활용되나", IT조선

제4부 참고문헌

1. 김귀임, "울산정보산업진흥원, 메타버스에서 가상오피스로 미래 선도", 「울산종합일보」, 2021년 7월 1일.
2. 김상균, 『메타버스: 디지털 지구, 뜨는 것들의 세상』, (서울: 플랜비디자인), pp. 23, 2020.
3. 김정민, "아바타끼리 연애하고 회사도 만든다." 메타버스 플랫폼 '제페토'의 미래". 「중앙일보」. 2021년 4월 3일.
4. 김영빈, "인천시, 'XR 메타버스' 생태계 구축 나서",「인천in」, 2021월 5월 2일.
5. 김서령, "우리 농수산식품산업 메타버스에서 만나요. 한국농수산식품유통공사, 메타버스 활용 플랫폼 '메타 aT' 오픈", 「한국판뉴딜」, 2021년 11월 8일.
6. 김정민, 국내외 메타버스 플랫폼과 콘텐츠 비즈니스 동향, 『Featured Report』, 2021.
7. 김현정, "메타버스, '부캐 전성시대'의 장을 열다", 「The Science Times」, 2021년 6월 3일.
8. 돈호연, '메타버스(metaverse)와 인간의 정신세계', 2022년 1월 9일.
9. 서울특별시 투자창업과 동북권창업팀(2021), 서울시, 국내 최초로 메타버스에 스타트업 지원공간 〈서울창업허브 월드〉 개관.
10. 유현욱, "메타버스로 들어간 BGF리테일, 오는 8월 'CU 제페토한강공원점' 오픈", 「이데일리」, 2021년 5월 26일.
11. 윤정현, Metaverse, 가상과 현실의 경계를 넘어, 과학기술정책연구원, 49(1-2), pp. 3-8, 2021.
12. 윤정현(2021), 메타버스 가상세계 생태계의 진화전망과 혁신전략, 과학기술정책연구원, 45(7-8), 32-42
13. 이승환·한상열, "메타버스 비긴즈: 5대 이슈와 전망", 『SPRi Issue Report』, pp. 3, 2021.
14. 이승환(2021.3.17.), 「로그인(Log In) 메타버스: 인간x공간x시간의혁명」, 『SPRi 이슈리포트』.
15. 장은영, "LG디스플레이 신입사원, 메타버스로 파주-구미 한번에 교육", 「아주경제」, 2021년 7월 8일.
16. 조기웅, 인천시, 지방정부 최초 XR 메타버스 프로젝트 본격 시동(네이버랩스 등 국내 최

고의 전문기업들과 업무협약 체결), 2021.

17. 최은진(2021), 메타버스 플랫폼을 활용한 민화 미술관 기획 연구(제페토 사례를 중심으로), 한국게임학회, 21(6), 63-74.

18. 취재부, "외식업계 메타버스, 이미 시작됐다", 「월간 식당」, 2022년 1월 26일.

19. SmileGATE AI(2020.12. 15), 'Gather Town: 가상공간과 화상미팅의 만남

제5부

메타버스 플랫폼의 활용

14

메타버스와 서비스 경험 관리

14 메타버스와 서비스 경험 관리

14.1 디자인 씽킹과 서비스

디자인 씽킹(design thinking) 또는 디자인 싱킹은 디자인 과정에서 디자이너가 활용하는 창의적인 전략이다. 디자인 씽킹은 또한 전문적인 디자인 관행보다 문제를 숙고하고, 더 폭넓게 해결할 수 있기 위하여 이용할 수 있는 접근법이며, 산업과 사회적 문제에 적용되어 왔다. 디자인 씽킹은 기술적으로 이용 가능하고, 사람들의 요구를 충족하기 위하여 실행 가능한 사업 전략이 고객 가치와 시장 기회로 바꿀 수 있는 것으로써 디자이너의 감각과 방법을 사용한다(Wikipedia, 2017).

왜 서비스 경영에서 디자인 씽킹이 중요한 부분으로 여겨지고 있을까? 서비스 경영은 국립박물관, 지방자치단체의 공공 서비스 제공 등과 같은 공공부문 차원의 서비스가 존재하며 환대산업이나 마이스 산업과 같은 민간부문에서 고객(사람)에게 서비스 제공이 이루어지고 있으며 어떻게 하면 공공부문에 있어서의 시민 그리고 민간부문에 있어서의 사용자의 경험을 극대화하여 서비스 만족도를 높이고 재방문 또는 재구매를 유도하려고 하고 있다. 서비스 경영은 기계나 설비와 같은 도움을 받아서 실행하기도 하고 테마파크나 놀이동산 그리고 작은 에스프레소 커피 전문점에 이르기까지 사람이 자신만이 꿈의 세계에서 상상하고 공감하여 디자인하여서 고객(시민)에게 서비스를 전달하게 된다.

디자인 씽킹은 크게 5단계로 이뤄진다. 'Empathy(공감)-Define(정의)-Ideate(상상)-Prototype(견본)-Test(시험)'가 선순환 단계로 이어지게 된다. IT,

제조뿐 아니라 다양한 산업군에서 사용되는 개발 프로세스와 유사하다.

전체 단계 중 공감의 단계를 가장 핵심으로 꼽고 있는데 공감 단계는 문제를 찾아 정의하는 단계다. "가장 어려운 게 첫 단계인 공감이며, 핵심이다. 먼저 우리가 누구인가? 우리 팀은 누구인가를 파악하게 된다. 디자인 씽킹은 누군가를 우리가 돕고 싶다는 마음에서 시작되고, 누구를 어떻게 도와줄지 정확히 모르겠는데 마음은 있는, 그리고 그 마음을 에너지 삼아서 타인을 관찰하고 인터뷰하고, 많은 생각을 주고받으면서 공감이 생기게 된다. 그리고 여기서 인사이트가 생기는 것이며, 아! 이 사람이 이런 어려움이 있구나. 이걸 해결하면 그들의 삶이 더 좋아지겠구나. 그게 바로 문제를 찾아낸 것, 문제를 정의한 것이다"라고 설명하고 있다.

세계적인 명문 대학인 스탠퍼드에는 독특한 강의가 있다. 2010년 '디자인 씽킹' 강의를 들은 네 명의 젊은이들은 '디자인 씽킹 강의 노트'라는 책을 통해 스탠퍼드 대학의 디자인 씽킹 강의에 대해 소개한다.

'1장. 디자인 씽킹: 문제를 해결하는 최고의 방법'은 디자이너가 생각하는 방식으로 문제를 해결하라고 한다. '2장. 사람에 집중하라'는 사용자 및 주변 사람과 활발하게 소통하면서 많은 자극을 받는 것이 무척 중요하다고 본다. '3장. 문제에 부딪히면 해결방안을 찾아라', '4장. 세상을 친구로 만들어라'는 사람들이 세상을 인식하는 방법이 다양하다고 본다. 그래서 낯선 세계를 탐험하듯 누군가와 교류하며, 경험을 쌓고 그 안에 존재하는 공통점과 차이점을 발견하는 일을 하라고 말한다. '5장. 당신의 창의성에 숨을 불어넣어라'는 이 세상에 정답이란 것은 없으며, 심지어 정답에 가까운 답도 없다는 것을 깨달아가며, 창조적 자신감을 가지는 것을 말한다. '6장. 부끄러울수록 창의적이다'는 상상을 실현하기 전에 만드는 시제품이나 테스트 단계에서 들려오는 비판의 목소리를 즐겨야 한다고 본다. '7장. 창업가적 마인드를 갖춰라'는 시간을 끌기보단 직접 행동하며, 제한된 시간을 부여해 수많은 테스트와 피드백을 받는 것을 목적으로 한다. '8장. 꿈꾸는 당신을 위한 몇 가지 제안'은 자신이 정말 좋아하는 일을 찾는 것이 중요하다는 것을 거듭 강조한다. '9장. 틀에 박힌 삶에서 벗어나라'에서도 자신의 내면을 귀 기울이는 것이 중요하다고 말한다.

14.2 서비스 접점에서의 경험

(1) 서비스 접점

'서비스 접점'이란 용어는 지난 몇 년 동안 서비스 및 마케팅 연구에서 폭넓게 사용되어져 왔다. "서비스 접점은 역할 실행"이며 고객과 서비스 제공자는 서로 간에 해야 할 역할을 가진다고 제시한 그들의 초기 연구에서 그 기원을 두고 있다.

몇몇 학자들은 Shostack(1985)의 이론을 받아들여 서비스 접점을 "일정 기간 동안 소비자가 직접적으로 서비스와 상호작용 하는 것"이라는 좀 더 폭넓은 정의를 내린다. 그녀의 정의는 서비스 요원과 물리적 설비 및 다른 가시적 요소들을 포함해 소비자가 관계하는 서비스 회사의 모든 면을 포괄한다.

그의 정의는 그 만남을 소비자와 기업 사이의 인간 상호작용에 제한하지 않으며, 서비스 접점은 실제로 아무런 인간 상호작용의 요소 없이도 일어날 수 있음을 암시한다

서비스 산업은 '대인산업(People Business)'으로 이는 경영상 인적요소와 인간 관계가 중요함을 의미하는 포괄적인 의미로 받아들여지고 있다. 이를 총체적인 측면에서 서비스라고 하며, 고객의 욕구를 충족시키기 위한 다양한 형태의 인적·물적·시스템적 서비스에 의해 완성되고 판매되는 일체의 영업적 활동이라고 할 수 있다.

그 중에서도 인적 서비스가 가장 대표적 구성요소라고 할 수 있는 이유는 고객과의 상호작용에 의한 주문의 비중이 크고 고객접촉의 빈도가 높아 서비스 제공자가 제공하는 서비스의 내용에 따라 서비스의 품질수준이 평가되기 때문이다.

서비스 제공자는 매일 고객과 상호작용을 하고 있고 외모와 제품 및 서비스에 관한 지식과 같은 요인들 만큼이나 그들의 행동을 통하여 고객 지각에 영향을 미친다. 예를 들면, 만약 간호사들이 그들의 직업에 불만을 가지고 있고 외모나 복장이 단정하지 못하다면, 환자들이나 기타 방문객들은 병원 전체에 대해 부정적인 이미지를 가질 것이다. 직무만족이 없고 동기부여가

거의 없는 종업원들은 언제라도 이직을 하려 하기 때문에 이러한 종업원들에게서 고객만족을 한다는 것은 불가능한 것이다.

서비스 경영에 있어서 서비스의 제공은 서비스 제공자 혹은 기업 소비자의 관계 서비스 기업과 기업 간의 관계측면으로 대별된다. 전자의 경우 단순한 전달이 아닌, 즉 서비스의 품질·소비자의 만족·가치평가에 중요한 영향을 미치며, 후자의 경우 거래 혹은 관계의 지속을 위한 중요시점이 서비스 접점이라는 것을 인식하였다.

이러한 인식은 서비스 시스템 내의 서비스 접점에서 소비자의 만족을 증대시킬 수 있는 서비스 제공의 여러 상황적 요인과 서비스 특성 및 소비자 특성별 요인은 무엇인가에 대한 관심을 유도하고 있다. 따라서 서비스 접점에 관련된 여러 연구자들의 요점을 살펴보면, 그 배경적인 연구로 서비스 접점의 중요성을 Gronroos는 서비스에 있어서 고객의 기대를 유지하거나 정기적인 욕망을 충족시키기 위한 고객 통제 및 공급원천의 선별을 위한 중요성을 관계 마케팅(Relationship Marketing)으로 제기했다.

앞서 이야기한 것처럼, 서비스의 개념으로 무형성(Intengibility), 생산과 소비의 동시발생성(Inseparability of Production and Consumption), 이질성(Heterogeneity), 소멸성(Perishability)의 특징을 볼 수 있는데, 서비스 사업의 성공은 대고객관계관리상 종업원의 유효성에 상당히 좌우된다. 서비스 접점에서 생기는 일련의 상황에서 고객과의 효과적인 커뮤니케이션을 위한 개인적 서비스 능력이 고객의 만족·불만족의 차이를 나타낸다.

서비스 경영 분야의 연구추이에서 마케팅 믹스체계가 기존의 4P's 전략으로는 효과적인 마케팅 전략을 세울 수 없다는 판단 아래 확장된 마케팅 믹스체계로서 인적자원이 강조되는 추세이다. 마케팅에서 4P's(Products, Price, Promotion, Physical Distribution)의 전통적 관심사에 사람(people), 물리적 환경(physical environment), 진행과정(processes)을 포함하여 마케팅 믹스를 확대시켰으며(Bitner, 1990), Cherisher 등(1991)은 물리적 환경 대신 고객 서비스 제공(Provision of Customer Service)을 포함한 7P's를 주장했다.

이러한 부가적 요인으로 그들의 차별성은 인간을 위한 필요와 물리적 환경 및 서비스 제공 문제가 외식산업에서 주요하게 고려되는 기업정책에 따라 다시금 강조된다. 그러나 사람에게 마케팅 믹스를 첨가할 때 자주 발생하는 문제점은 인간 행동이 다양하고 설명하기 어려우며 복잡하다는 것이다. 품질 조절은 서비스 태도, 대인관계 기술, 조직에의 헌신, 훈련의 정도에서 종업원 간의 차이를 보이는 인간적 요소에 기인하는 어려움이 있다. 또한 서비스업의 효율적인 조직 관리에서 중요하게 다루어져야 할 과제는 종업원들이 서비스맨으로서 판매역할을 잘 수행하도록 판매관리교육을 강화하는 것 이상으로 서비스의 질적 수준을 높일 수 있는 종업원의 인사적인 조직 관리를 강화시키는 것이라고 할 수 있으며, 이러한 인력(Manpower)의 양과 질은 경영성과에 중요한 영향을 미치게 된다.

(2) 경험관리와 진실의 순간

서비스 접점차원에서 볼 때 고객 서비스 제공기간이란 고객 서비스 제공과 고객과의 관계에서 접점 서비스 종업원에 의해서 서비스가 작용하는 기간을 의미한다. 또한 고객접점 서비스 제공기간 동안에 고객 서비스 접점의 상호작용은 고객접점 서비스 종업원과 고객용 호텔시설물 및 기타 유형적인 요소들이 포함된 광의적 개념을 의미한다.

결정적 순간(Moment of Truth)은 고객과 호텔기업의 접점으로 해석할 수 있으며, 고객이 조직의 어떤 일면과 접촉하는 일로 조직의 서비스 품질에 관하여 어떤 인상을 얻을 수 있는 사건으로 정의될 수 있다. 결정적 순간은 고객접점 서비스 종업원이 고객에게 서비스 품질을 보여 줄 수 있는 기회로서 지극히 짧은 순간이지만 고객이 받은 서비스에 대한 인상을 좌우한다. 그러므로 결정적 순간은 호텔 기업과 고객이 접촉하는 순간을 관리해야 한다는 개념이다. 서비스에서 결정적 순간을 도입해 성공적으로 사용한 사람들 중 하나는 스칸디나비아항공사의 Jan Carlson 사장이었다. 칼슨 회장은 저서 '고객을 순간에 만족시켜라: 진실의 순간(Moments of Truth: MOT)'을 통해 "매일 고객과 만나는 최전선의 사원에게 15초의 순간에 아이디어, 방법, 대책을 강구할 수 있는 책임과 권한을 위임해야 한다"며 "그 순간이야말로 우리 회사가 가장 좋은 선택이었다는 사실을 고객에게 입증해야 할 소중한 때"라고 주장했다. 그는 이러한 내부 교육을 통해 고객만족경영을 역설했고, 스칸디나비아항공은 1년 만에 7100만달러 흑자로 돌아서는 놀라운 성과를 기록했다.

기업의 이미지를 좌우하는 순간이 언제라고 생각하는가. 매장에 들어서는 단계, 주문하는 단계, 서비스를 제공받는 단계, 계산하는 단계? 또는 기업의 서비스를 경험하는 모든 순간이 고객의 인식에 적용되는 것일까.

고객과의 접촉은 짧은 순간이지만 고객에게 긴 여운을 남긴다. 최초로 서비스를 경험했을 때 첫인상이 결정되는 것은 물론 이후 서비스 회사와 고객 간의 상호작용을 하는 시점 역시 중요하게 작용한다. 이는 고객만족과 재구매 의사에 영향을 미칠 것이며 기업은 이를 기회로 삼아 고객충성도를 증가시키도록 노력해야 한다.

그렇다면 어떻게 고객에게 진실의 순간을 만족시킬 수 있을까. 순간순간 최선의 서비스와 노력이 필요하다. 고객에게 다가가기 위해 고객의 소리에 귀를 기울여야 하고 고객의 평가에서 하나도 빠짐없이 모든 서비스가 긍정적인 인식을 쌓을 수 있도록 해야 한다.

14.3 서비스 스케이프와 경험관리

서비스 스케이프 또는 물리적 환경이란 '서비스가 창출되는 환경으로 기업과 소비자 사이에 상호작용이 발생하는 환경'을 지칭하는 말이다. 이는 서비스의 수행과 의사소통을 용이하게 해주는 유형적인 것으로 고객이 경험하게 되는 자원이다. 서비스는 무형적이고 보통 구매 전에 사용이 불가능하므로 소비자는 서비스 구매 시 자신이 받을 서비스가 무엇인지에 대해 알 수 있는 유형적 단서를 찾게 되는데 이 중 소비자가 자신이 받을 서비스 수준에 대해 그 내용을 추론함에 있어 아주 중요한 역할을 수행하는 것이 바로 물리적 환경이다.

Bitner(1992)는 물리적 분위기 혹은 물리적 증거 개념을 확대하여 이를 서비스 기업에서의 물리적 환경, 즉 서비스 스케이프(Servicescape)라고 표현하였으며 그것은 자연적·사회적 환경과 대비되는 개념으로서 인간이 만든 물리적 환경이라고 정의하였다. 또한 Bitner는 물리적 환경을 주변요소, 공간적 배치와 기능성 그리고 표지판, 상징물과 조형물의 세 가지 범주로 분류하였다.

주변요소(Ambient Condition)는 실내온도, 조명, 소음, 냄새, 색상, 전망 등과 같은 환경의 배경들을 말한다. 일반적으로 주변요소는 인간의 오감에 영향을 미치고 있다. 특히 주변요소가 극단적이거나 오랫동안 접하고 있는 경우에는 그 영향이 쉽게 인식된다. 그러나 때로는 사람들이 인식하지 못하는 경우에도 주변요소들은 무의식적으로 영향을 미친다. 이러한 유형적이지 않은 주변요소는 특정한 환경에서 오랫동안 일을 하는 종업원들에게 중요한 영향을 미치며 소비자의 반응에도 영향을 주고 있다. 예를 들어 슈퍼마켓이나 식당 등에서 음악의 템포가 소비자의 체류시간, 쇼핑속도에 영향을 미칠 수 있다. 그리고 백화점에서 들려주는 음악의 친숙성은 고객 자신들의 쇼핑시간이 얼마나 오래 걸렸는가에 영향을 미친다. 즉 백화점의 고객들은 자신들에게 친숙하지 않은 음악을 들으면서 쇼핑할 때 쇼핑시간이 더 오래 걸렸다고 느낀다고 하였다.

공간적 배치(Spatial Layout)는 기계나 장비, 사무기기를 배열하는 방법, 크기와 형태, 그리고 이들 간의 공간적 관계이다. 기능성(Functionality)은 조직의 목적 달성과 성취를 용이하게 하기 위한 위와 같은 품목들의 기능을 말한다. 공간적 배치와 기능성은 특히 고객들이 종업원의 도움을 받지 못하는 셀프서비스 환경에서 더욱 강조된다.

Baker(1987)는 물리적 환경에 대한 정의를 구조물 내에 포함되어 있는 모든 물적 구조물과 건물로서 그 구성요소에는 건물 외부의 조각과 안내판, 건물 내부의 장식물과 조각, 안내물, 그리고 온도, 소음과 같은 분위기 요인 등이 포함된다고 하였다. 그는 시설 내에 있는 종업원들과 고객들의 유형과 인원수는 환경에 영향을 미칠 수 있고 고객들에 의해 환경으로 지각될 수 있으므로 구성원을 환경의 범위 안에 포함시켰으며 물리적 환경 구조를 분위기, 디자인, 사회적 요인의 세 가지 요인으로 구분하였다.

(1) 구매 결정에 영향

물리적 환경은 외부환경과 내부환경으로 나눌 수 있다. 외부의 물리적 환경은 특히 신규고객을 끌어들이기 위해서 중요하다. 시설의 외형이나 주변 환경 등의 외부환경은 서비스 기업의 차별화된 이미지를 확립하는 데 결정적인 역할을 한다.

내부의 물리적 환경은 벽의 색상이나 장식, 의자나 책상 등의 가구, 서비스 생산에 필요한 시설물 등으로 구성되어 있다. 내부환경은 특히 고객과 종업원의 만족과 생산성에 직결된다. 물리적 환경의 영향 중 구매결정의 영향은 서비스 물리적 환경 내에 있는 많은 요소들이 고객의 행위와 구매, 서비스 경험에 대한 만족에 잠재적으로 영향을 미친다. 어떤 서비스 구매상황에서 분위기는 상품 그 자체보다 구매결정에 더 큰 영향을 미치고, 고객의 태도와 이미지 형성에 직접적으로 영향을 미칠 수 있다고 한다.

(2) 서비스 무형성 극복

서비스의 물리적 환경은 서비스나 그 품질에 대한 정보적 단서를 고객들에게 제공해주는 커뮤니케이션 역할을 한다. 고객들은 기업의 환경 내에서 서비스를 소비하기 때문에 서비스 기업의 물리적 환경은 매우 중요한 영향력을 갖고 있다. 즉 서비스의 물리적 환경은 서비스나 그 품질에 대한 정보적 단서를 고객들에게 제공해 주는 커뮤니케이션 역할을 한다. 서비스의 무형성 때문에 고객들은 서비스 상품을 이해하거나 평가하는 데 다소 어려울 수 있다. 이때 서비스 제공자는 소비자들의 이러한 요구에 부응하여 물리적 환경이라는 유형적 대응물을 제공함으로써 소비자의 이해와 의사결정을 돕는 것이다.

(3) 이미지 형성

물리적 환경은 서비스에 대한 고객 감정을 형성하거나 자극하는 데 도움을 준다. 색상, 조명, 음향, 실내공기, 온도, 공간배치, 가구 스타일 등 서비스에 대한 고객의 인상에 영향을 미칠 수 있는 물리적 환경은 서비스에 대한 고객 감정을 형성하거나 자극하는 데 도움을 준다. 물리적 환경은 이러한 측면에서 실제로 아주 미묘한 것이기에 서비스 기업은 궁극적으로 서비스 자체에 대한 긍정적 인식을 창조하기 위하여 물리적 환경을 잘 조성해야 한다.

(4) 서비스 스케이프 사례: 애플 스토어(Apple Store), 프리스비

애플은 사용자 중심의 경험을 제공하는 전략을 기반으로 하고 있어 특히 소비자와 만나는 공간을 중요시 여긴다. 애플은 hp, 구글 등의 여타 IT 기업과는 다르게 소비자에게 직접 제품을 판매하는 특성상 소비자와의 관계와 그 마케팅 노하우 전략이 매우 뛰어나다.

특히 애플 스토어는 이러한 애플의 뛰어난 마케팅 전략과 사용자 중심의 마인드가 잘 반영된 공간이라 할 수 있다. 전 세계 주요 도시로 확장되고 있는 애플의 마케팅 공간이자 소비자와의 접점 공간으로 활용되고 있다.

애플 스토어 공간 구성의 핵심이 되는 전략은 첫째, 단순히 제품을 판매하는 매장이 아닌 고객에게 경험을 제공하는 장소로서 계획하는 것과 둘째, 애플 스토어를 통해 소비자에게 그들이 주인이라는 점을 명확하게 느낄 수 있도록 하는 것이다. 이에 따라 애플 스토어는 제품 관련 공간은 약 1/4 정도에 불과하며 나머지 애플 스토어가 궁극적으로 추구하는 공간은 지역 내의 대형 도서관과 같이 사람들이 자유로이 드나들며 다양한 경험을 할 수 있는 장소이며 이는 기존의 단순히 상품 판매를 위한 일반적인 상점과 차별화된 전략이라고 할 수 있다. 애플 스토어를 기획할 당시 애플이 가지고 있는 대표 판매 제품은 4가지에 불과했으며 이들은 판매할 제품을 늘리는 대신 그 공간을 사용자들이 주인의식을 느낄 수 있는 경험으로 채우는 전략을 기획하게 된다.

이러한 전략의 수단으로서 애플은 스토어의 테이블, 지니어스 바, 개인 상담코너, 친절한 상담원 등을 계획하였다. 제품 전시를 위한 공간은 극히 일부로서 벽면의 선반을 이용하고 있으며 사람들은 애플 스토어 내부를 자유롭게 돌아다니면서 제품을 사용하고, 상담을 받고, 경험을 제공받게 된다.

14.4 메타버스를 이용한 서비스 경험의 최적화

(1) 사용자 경험 관리 전략

좋은 서비스란 종종 개별화된 서비스로 표현되며, 개별화된 서비스란 고객들의 요구에 맞는 원하는 서비스를 제공하는 것이다. 서비스 접점은 고객과 서비스 제공기업 또는 종업원 간의 상호작용이다. 일대일 서비스 상황에서는 서비스 제공자 자체가 고객에 대한 서비스이기 때문에 사용되는 개별화의 정도 및 형태에 따라서 서비스 만족에 다양한 영향을 미친다.

어떤 서비스는 상당히 표준화되어 있다. 개별화는 고객의 욕구에 맞추어 품질을 향상시키지만 비용이 증가될 수 있다. 개별화가 항상 좋은 것은 아니다. 하버드 경영대학원의 Levit 교수가 지적하듯이 서비스를 공업화 내지 표준화하면 대량생산으로 인한 규모의 경제를 얻을 수 있다. 때로는 신속성, 일관성, 낮은 가격의 제공 등이 개별화된 서비스보다 더 중요할 수 있다.

메타버스는 두 가지의 발전 방향을 보여줄 것이다. 하나는 현실 세계에서 가상세계 방향(from real to virtual)으로, 가상세계가 현실 세상을 모방하며, 몰입적인 디지털 경험을 구축하여 현실 세상에서의 디지털 경험이 강화되는 것이다.

이는 현실 경험의 디지털화(Digitalization of Real Experience)를 실현하는 것을 강조하고 있다. 모바일 인터넷 시대에는 가상세계의 경험이 주로 문자, 그림, 비디오와 같은 2D 형식의 매체로 서로 다른 서비스 대상에 따라 산업용 메타버스(Industrial Metaverse)는 물리적 세계의 생산 효율성을 촉진하고 소비자용 메타버스(Consumer Metaverse)는 개인의 정신적 경험을 풍요롭게 하는 이중 패턴을 형성하게 된다. 이처럼 가상세계와 현실 세계를 통합하는 두 발전 경로가 점차 결합하며 결국 물리적, 정신세계의 순환형 생태계(Closed-loop Ecosystem)를 형성하게 된다.

현실에서 가상으로 발전하는 것은 실제 세계의 경험과 효율성을 향상시키는 과정이다. 산업용 메타버스의 경우, 현실에서 가상으로 발전하는 것은 디지털 및 온라인 전개 과정에서 가상 시나리오를 충분히 활용하는 것을 의미한다. 이를 통해서 물리적 세상에서 효율성 개선도 이룰 수 있다. 예를 들어, 직업 교육은 가상 디지털 워크숍을 구성하기 위한 시뮬레이션 시나리오를 도입하여 학생들에게 실질적인 기술 지침과 효율적인 연습 방법을 제공할 수 있다. 게다가 3D 시뮬레이션 모델은 산업 디자인 과정을 가속화하고, 시험 단계에서의 잠재적인 안전 요소는 물론 자원 비용까지 크게 줄일 수 있다.

소비자용 메타버스의 경우, 현실에서 가상으로 발전하는 것은 디지털 가상 경험을 통해 현실을 강화하는 것을 의미다. 이를 통해서 현실 세상에서의 경험을 풍부하게 할 수 있다. 예를 들면, 미래에 사람들은 AR 글라스를 통해서 자신이 가는 길의 내비게이션 안내를 받을 수 있을 것이다. 또한 영화 '킹스맨 : 골든 서클'에서 나온 것처럼 AR 글라스를 통해 전 세계 서로 다른 지역의 거주하는 사람들이 같은 가상 사무실 회의에 참석할 수 있을 것이다

가상에서 현실로 발전하는 것은 새로운 생산 및 소비 가능성을 탐색하는 과정이다. 산업용 메타버스의 경우, 가상에서 현실로 발전한다는 것은 가상세계의 신흥산업이 더욱 확장하여 가상세계에 전시되고 활용될 수 있다는 것을 의미하며, 동시에 물리적 세계에 실질적인 적용을 통하여 물리적 세계에도 영향을 미치고 실질적인 경제적 가치를 창출한다는 것을 의미한다. 예를 들면, 라바 랩스(Larva Labs)는 '미비츠'(Meebits)를 만들고 이를 가상 예술작품으로서 판매하고 있다. 미비츠는 이더넷(Ethernet) 플랫폼에서 사고팔 수 있는 사용자 생성 알고리즘에 의해 만들어진 2만 개의 고유한 3D 화소 캐릭터이다. 미비츠 소유자는 전체 3D 모델을 포함하는 추가 자산에 접근할 수 있는데, 이를 통해서 미비츠를 렌더링 하거나 움직이게 하여, 미비츠가 애니메이션, 영화 또는 기타 비가상 환경에서 사용되어 경제적 가치를 창출할 수 있다. 이에 따라서 엔터테인먼트 산업에 새로운 가치 수단을 제시한다.

소비자 메타버스의 경우, 가상에서 현실로 발전한다는 것은 현실감을 주는 다양한 상호작용적 경험을 통해 사람들의 정서적 요구가 새로운 가상 환경에서 충족된다는 것을 의미한다. 그동안 사람들은 가상 세계에서 그들의

창의력을 발휘하여 진정한 사회적 및 경제적 가치를 창출할 수 있다. 예를 들면, 가상 아이돌이 수년간의 개발과정 끝에 점점 인기를 얻어 가고 있는데, 한국의 최초 버추얼 인플루언서 로지(Rozy)의 경우, MZ세대가 선호하는 얼굴을 종합해 3D 합성을 통해 탄생했다. 현재 개인 인스타그램 계정 운영 외에도 화보 촬영을 하며 인플루언서 활동을 이어가고 있다. 최근에는 인공지능 음성합성 기술을 통해 AI 보이스까지 탑재하며 라디오 방송 출연과 음원 발매까지 활동의 영역을 조금씩 넓혀가는 등 소비자들과 감정적이고 정서적인 상호작용을 하고 있다.

(2) 메타버스를 이용한 디지털 서비스 경험의 최적화

'현실 세계와 같은 사회적, 경제적 활동이 이루어지는 3차원의 가상공간'을 뜻하는 메타버스(Metaverse)는 '4차 산업혁명' 만큼이나 시대적 변화의 상징이 되었다. 가상 경험을 기획하는 프로듀서로서, 메타버스 시대에 문화의 역할에 대해 메타버스가 함의하는 본질에 대해 생각해 보고자 한다. 음성과 동작, 시선 등으로 변화된 상호작용의 변화를 인지하고, 창조된 디지털 3차원의 세계 안에서 살고 이것이 몸의 일부로 체화되어 새로운 감각과 미디어 경험을 창조할 때 진정한 메타버스로의 전환이 가속화된다.

메타버스는 현실에서 불가능한 세계에 도달하게 해주고, 직접 세계를 창조하는 자유를 주기도 했으며, 새로운 방식으로 사람과의 커뮤니티를 형성하며 관계를 연결시켜주었고, 궁극적으로 내가 그곳에 존재하고 있다는 프레즌스(Presence), 즉 실재감을 느끼게도 해주면서, 새로운 형태의 문화이자 매체 혹은 그것을 초월하는 새로운 우주로 진화하고 있다. 이를 위한 기획에서 체험의 중심에 있는 인간을 염두에 두는 인간 중심 디자인은 더욱 중요하며 이를 위해 3차원적으로 관점을 전환해야 한다

3차원의 공간을 디자인하기 위해서는 단순한 이미지의 공간이 아닌 세계관이 투영된 '세계'를 구축하기에 그 세계를 관통하는 규칙, 행동도 정의해야 한다. 그뿐만 아니라 상호 작용성을 고려하는 몰입적인 스토리텔링에 대해 고민해야 하고, 3차원적으로 사고하는 것에 익숙해져야 하며, 확장성을

감안해야 한다. 현실을 그대로 복제하며 실사로 그대로 구현하는 것은 생각보다 중요하지 않다는 것이 그간의 가상현실 콘텐츠에서 증명되어왔기에, 컴퓨터 그래픽으로 그려낸 새로운 스펙터클을 창조해 낼 때, 제약 없는 무한대의 상상력을 환상적으로 그려 낼 때, 함께 즐기는 사람이 있어 교감할 때, 이 체험에 동참하는 사람들은 감동받고, 놀라워하며, 즐거워할 수 있게 된다.

우리는 더는 수동적으로 객석에 앉아 있길 원하지 않고, 직접 창작에 참여하고 싶어 하며, 항상 새로운 경험을 즐기고 싶어 하고, 능동적 참여가 가능한 환경을 원하는 시대에 와 있다. 외부 활동의 제약이 커진 포스트 코로나 시대를 맞아, 즐거운 유희와 몰입을 찾아 게임과 가상세계로의 참여가 증가하면서 시대적 수요와 맞물렸지만, 기술은 끝없이 진보해 왔고, 예술은 늘 이를 수용하며 경계를 확장시켰다. 메타버스를 몰입하게 하는 VR 헤드셋도 나날이 발전하며 보편화되고 있으며, 메타버스 제작을 가능하게 하는 게임의 가상세계 제작에 활용되는 유니티(Unity)나 언리얼(Unreal) 같은 실시간 게임 엔진과 엔비디아의 옴니버스(Omniverse), 마이크로소프트의 메시(Mesh) 등도 계속 발전이 되면서 쉬운 제작 도구로 변모하고 있다.

메타버스는 현실에서 불가능한 세계에 도달하게도 해주고, 직접 세계를 창조하기도 할 수 있는 자유를 주기도 했으며, 새로운 방식으로 사람과의 커뮤니티를 형성하며 관계를 연결시켜주었고, 궁극적으로 내가 그곳에 존재하고 있다는 '여기 있음(Presence)', 즉 실재감을 느끼게도 해주면서, 새로운 형태의 문화이자 매체 혹은 그것을 초월하는 새로운 우주로 진화하고 있다.

사례 1

메타버스: 가상현실 세계에 땅을 사는 사람들

업은 지난 12개월 동안 20억달러(약 2조8500억원)의 가상토지를 매입했다. 하지만 메타버스가 가상현실 속 생활·업무·여가가 이뤄지는 단일한 몰입형 온라인 공간으로 부상하기까지는 아직 많은 시간이 필요하다. 그렇다면 가상현실 토지를 매입하는 것은 너무 큰 모험일까?

◇ '내 작품을 전시할 공간'

아티스트 앤지 톰슨의 아바타는 검붉은색 모히칸 머리로 항상 담배를 입에 물고 있다. 전형적인 부동산 거물처럼 보이지는 않는다. 하지만 새로운 가상세계에서 토지를 소유하는 사람이 늘고 있고, 앤지도 그중 하나다.

앤지는 "2020년 7월 처음으로 메타버스 토지를 구입했고 약 1500파운드(약 239만원)를 지불했다"며 "내 작품을 전시하려는 용도였지만, 나와 다른 사람들의 예술 세계를 홍보할 메타버스 이벤트 운영에도 사용하려 했다"라고 설명한다.

영국 브라이튼 출신의 앤지는 메타버스 플랫폼 '복셀(Voxels)'에 구축된 가상세계에서 땅을 마련해 갤러리 2곳을 짓고 이곳을 독특하면서도 아름다운 디지털 작품으로 채웠다. 갤러리에 전시한 작품은 암호화폐로 판매한다.

앤지의 땅은 아바타 크기와 비교하면 작은 단독주택 크기다. 3층짜리 건물의 옥상 정원에는 재미로 흑백 줄무늬 횡단보도를 놓았고 분홍색 택시가 끝없이 앞뒤로 움직인다.

부감도를 보면 이 가상세계의 크기를 더 생생하게 실감할 수 있다.

앤지는 "F 키를 누르고 있으면 더 넓은 땅을 조감하며 이웃을 확인할 수 있다"라고 설명한다. 땅을 구분하는 똑같이 생긴 상자들이 앤지의 갤러리 위를 가득 채우며 뻗어나간다.

'복셀'은 메타버스를 내세운 수십 곳의 가상세계 중 하나다. 사람들은 종종 "메타버스"를 하나의 세상처럼 말하기 때문에 헷갈릴 수 있다. 그러나 하나의 플랫폼이 지배적 우위를 갖기 시작하거나 서로 다른 메타버스 세계가 통합되기 전까지는, 기업들이 각자 구축한 토지와 경험을 판매하는 것이다.

메타버스 애널리스트 그룹 '댑레이더(Dapp Radar)'의 리서치에 따르면, 지난 1년 동안만 19억 3000만달러(약 2조 7558억원) 상당의 암호화폐가 가상토지 구매에 사용됐고, 그 중 2200만달러(약 314억원)는 '복셀'에서 3000필지가량의 토지 대금이었다.

'댑레이더'가 이런 거래를 모니터링할 수 있었던 것은 '복셀'이 이더리움 암호화폐 시스템에 기반하기 때문에 다른 모든 가상화폐와 마찬가지로 모든 거래가 공개형 블록체인에 기록·공개되기 때문이다.

만화 같은 모습의 '디센트럴랜드(Decentraland)'도 유명한 가상세계다. 2020년에 만들어진 '디센트럴랜드'의 토지는 구획당 수천 달러, 때로는 수백만 달러에 팔린다. 삼성·UPS·소더비도 '디센트럴랜드'에 땅을 사고 매장과 고객센터를 지었다.

럭셔리 패션 브랜드 필립플레인이 소유한 부지는 축구장 4개 크기에 달하며, 여기에 메타버스 매장과 갤러리가 들어설 예정이다.

그러나 필립플레인의 소유주 플레인은 어머니가 이 150만달러(약 21억원)짜리 토지 매입을 이해하지 못한다고 말한다.

"어머니가 전화로 '너 무슨 짓을 한 거니? 왜 그랬어? 미쳤나 봐, 왜 그렇게 돈을 많이 쓰는 거니, 이게 대체 뭐야?'라고 하셨죠."

플레인은 온라인에서 1년 이상 24종류의 암호화폐로 상품을 판매해 왔다. 2022년 초에는 런던의 올드본드스트리트에 새로운 매장을 열었는데, 의류와 몇몇 NFT(대체불가능토큰)를 판매하고 파운드화 이외에 비트코인·이더리움 등 암호화폐로도 결제할 수 있다.

플레인은 매장을 열면서 메타버스에 대해 더 많이 배울 수 있었다고 말한다. "땅 한 조각에 정말 큰돈을 들여 과감한 시도를 했습니다. 하지만 제 브랜드를 키운 지 24년이 넘었는데 처음부터 다시 시작한다면 어떻게 해야 할지도 생각했어요."

'댑레이더'에 따르면, 암호화폐 가치가 전반적으로 폭락했기 때문에 메타버스 부동산 가치도 과거 1년 최저치에 근접했다.

또 다른 메타버스 '샌드박스'에서도 아디다스·아타리·유비소프트·바이낸스·워너뮤직·구찌 등 다국적 기업이 땅을 사고 상품·서비스를 판매하거나 홍보 중이다.

구찌는 '로블록스(Roblox)'에도 매장을 세웠다. '로블록스'는 '마인크래프트'·'포트나이트' 등 대형 게임 플랫폼과 함께 신생 메타버스 중 가장 주류로 꼽힌다.

이런 게임 회사는 토지를 판매하지 않으며 블록체인 기술도 사용하지 않고 가상세계를 운영한다. 그러나 SF 작가들이 진정한 메타버스에 필수라고 말하는 몇 가지 핵심 요소를 이미 갖추고 있다.

'구찌타운'은 오픈 후 1년 만에 3600만 명의 방문객이, '나이키랜드'는 11개월 만에 2500만 명 이상의 방문객이 찾아왔다. 플레이어는 '구찌타운'에서 실제 돈으로 아바타 의상을 구입할 수 있다. '나이키랜드'에서는 게임에서 얻은 포인트로 아바타용 티셔츠와 신발을 얻을 수 있다.

패션 업계는 메타버스와 관련된 기회와 리스크를 가장 잘 활용하는 듯하다.

암스테르담에 본사를 둔 디지털 의류회사 '더 패브리칸트(The Fabricant)'는 아바타용 의류만 만든다. '디센트럴랜드', '샌드박스', 기타 크립토 메타버스 사용자를 위해 컬렉션과 맞춤형 의류를 디자인한다.

공동 창립자인 앰버 재 슬루텐 수석 디자이너는 "사업을 시작했을 때 다들 미쳤다고 했다. 이런 게 왜 필요하냐는 것이었다. 하지만 우리는 앞으로 디지털 아이템이 널리 사용될 것이라고 굳게 믿었다"라고 설명한다.

지금까지 '더 패브리칸트'의 최고가 기록은 1만9000달러(약 2700만원)에 팔린 디지털 드레스가 차지했다. 디지털 아트인 NFT로 판매됐고 구매자는 아직 아바타에 착용하지 않았다.

'더 패브리칸트'는 메타버스가 곧 많은 사람의 삶의 일부가 될 것으로 생각하는 투자자로부터 1400만달러(약 200억원)의 자금을 모았다.

하지만 '곧'이 언제인지는 확실하지 않다. 크립토 메타버스는 아직 사람이 별로 없고 거의 이벤트용으로만 사용된다. 이벤트 참가자도 수백만이 아닌 수천 명 단위다.

유출 문건에 따르면, 페이스북과 인스타그램을 소유한 '메타'가 수십억 달러를 투자 중인 가상세계에서조차 사람들이 오래 머물지 않는다.

그러나 슬루텐은 가상세계가 더 발전하면서 더 많은 사람이 모일 것이라고 확신한다.

"분명 거대한 시장이 잠재돼 있습니다. 젊은 세대는 이미 게임을 하잖아요. 가상과 현실의 구분이 없죠. 다만 가상세계가 좀 더 발전해야 합니다."

조 타이디 기자(2022.11.06.), "메타버스:
가상현실 세계에 땅을 사는 사람들", BBC NEWS.

사례 2

디지털 권리장전, 특정 계층 집중 아닌 보편적 '설계' 관점 접근 필요

디지털 세계에서의 국민 기본권 보호를 위한 가이드라인으로 기능할 '디지털 권리장전' 마련을 위해 설계 관점 포함, 여러 세대 및 계층에 대한 충분한 의견 수렴, 인간과 디지털 '권리'에 대한 철학적 검토 등이 필요하다는 의견들이 제시됐다.

박윤규 과학기술정보통신부(장관 이종호) 제2차관은 '디지털 권리장전' 마련 방안을 논의하기 위해 30일 서울 중앙우체국에서 제13차 디지털 국정과제 연속 현장 간담회를 개최했다.

이번 간담회는 지난 9월 새정부가 발표한 '대한민국 디지털 전략'의 세부과제로 포함된 '디지털 권리장전' 수립 방안을 논의하기 위해 마련됐다.

박윤규 차관은 인사말에서 "기술이 기술에 그치지 않고 사회 구조에까지 영향을 미치고 있는 만큼, 이 자리가 앞으로 권리장전 마련에 큰 이정표가 되기를 바란다"며 "인간과 사회를 종합적으로 고찰하며 성안될 수 있도록 많은 조언 부탁드린다"고 말했다.

권리장전(Bill of Rights)'이라는 표현은 1689년 명예혁명 이후 영국 의회가 왕으로부터 받아낸 권리 선언문에서 유래한 것이다. '디지털 권리장전'은 디지털 세계에서 개인의 권리에 대해 적은 문서 정도로 해석할 수 있다.

현재 국내에서는 인터넷 윤리 기준과 이를 연계, 심화시킨 인공지능 윤리 기준, 메타버스 윤리 기준 등이 마련돼 있다.

디지털 권리장전은 이를 아우르며 윤리적, 법률적, 가치적 접근 내용을 포함시킬 방침이다.

아울러 디지털 권리장전에서는 인터넷 접근 이용권, 익명 표현의 자유, 개인정보 자기결정권, 잊혀질 권리, 디지털 정보에 대한 형사절차적 권리, 디지털콘텐츠에 대한 지식재산권자의 권리 등이 다뤄질 것으로 보인다.

정부는 미국과 EU, OECD에서 먼저 수립한 권리장전의 내용을 비교·검토해 12월 실무TF를 통한 초안 마련, 2~3월 자문단을 통한 초안 검토, 4~6월 전문가 그룹에 의한 수정안 검토, 7~8월 대국민 최종 검토를 추진할 계획이다.

이 날 첫 번째 발제자로 나선 김명주 서울여대 교수는 급변하는 사회 속에서 국민 전체의 권리를 지속적이고 일관성 있게 보장하기 위한 디지털 윤리 마련의 필요성을 강조했다.

그는 "디지털 대전환을 통해 국민의 기본권을 이전보다 효과적으로 구현하기도 하지만 오히려 약화되거나 무시되는 경우도 있었다"며 "디지털 신기술 등장 시마다 해당 기술에 한정된 사용자의 권리 보장을 윤리, 법으로 반영해 왔지만, 전체 국민의 다양한 권리를 균형 있게 고려하기 어려웠다. 디지털 사회를 살아가는 국민들의 권리를 지속적이고 일관적으로 보호하기 위한 권리장전의 마련이 필요한 시점"이라고 말했다.

두 번째 발제자인 홍선기 박사는 2016년 EU에서 제안한 '디지털 기본권 헌장'에 담긴 구체적 내용을 설명했다.

EU의 디지털 기본권 헌장에는 인간의 존엄성, 자유, 평등, 정보보안, 표현의 자유, 알고리즘 투명성, 인공지능 윤리, 투명성, 망중립성, 잊혀질 권리, 디지털 교육, 아동보호, 노동 등 총 22조로 구성됐다.

그는 "4차산업혁명 시대 인터넷 접근 불가는 모든 생활의 중지를 의미하므로, 디지털 접근권이 기본권과 연계되는 시대가 됐다"며 "더 이상 디지털 권리장전 수립을 미룰 수 없는 시기"라고 말했다.

홍 박사는 "권리장전은 법적 효력은 없고 권고에 가까우나, 국가에 의한 것이므로 간접적인 구속력은 보유하고 있다"며 "향후 권리장전 규정 내용을 구체화하는 입법 방향을 제시하는 가이드라인으로서의 역할과 디지털 권리에 대한 국민 의식 함양의 역할을 할 수 있을 것으로 기대된다"고 덧붙였다.

이어진 토론에서 변순용 서울교대 교수는 "인공지능과 알고리즘이 인간처럼 결정을 내리고 인간 역시 칩을 이식하고 온라인으로 연결되며 기계와 인간이 융합되는 시대"라며 "디지털 시대 우리가 추구해야 할 인간성이 무엇인지, 기존의 인간관과의 차이점이 무엇일지 고민이 필요해 보인다"고 말했다.

그는 이어 "디지털 시민성과 별개로 AI 시대 시민성 및 교육에 대한 부분, 데이터권 및 데이터 의무 간 상충 해결방안, 플랫폼 윤리 등의 내용도 권리장전에 포함됐으면 한다"고 전했다.

이상욱 한양대 교수는 "디지털 격차를 세대 간 차이나 취약계층의 문제가 아니라 '설계'의 문제로 풀어야 한다"며 "권리장전 역시 어떤 것이 디지털 권리를 보장할 수 있는 좋은 설계인가를 다뤘으면 한다"고 말했다.

문아람 정보통신정책연구원 연구위원은 사회적 수용도가 높은 권리장전 수립을 위해 의견 수렴 절차 체계화의 필요성을 강조했다.

조문 제정을 위해 전문가 및 업계 관계자들의 목소리만이 반영되고, 실제 권리장전의 적용 대상인 일반 시민들의 의견은 수기의 어려움의 문제로 소외될 가능성을 차단하기 위한 의견수렴 대상 세분화,

대상 집단별 심층면접, 특정 집단을 대면할 수 있는 전문가 섭외 등의 방법론 설계를 통해 실제 애로점이 반영될 수 있는 방안이 마련될 필요가 있다는 것이다.

최난설헌 연세대 교수는 권리장전의 실효성 강화에 대해 짚었다. 그는 "권리장전을 마련해도, 권리를 뒷받침하기 위한 교육, 교육을 위한 지원 체계 등에 대한 고려가 없으면 권리 주장과 별도로 사회 실현은 어렵다고 본다"고 말했다.

정지연 한국소비자연맹 사무총장은 소비자연맹에서 2020년에 마련한 '지능정보사회 소비자 권리장전'을 소개했다. 포용성, 공정성, 차별받지 않을 권리, 안전성, 투명성, 개인정보 통제권, 책임성, 피해구제 행동권 순이었다.

박성호 한국인터넷기업협회 회장은 자칫 형식에 치우친 추상적인 논의로 디지털 기업의 사업 의지를 꺾을 가능성에 대해 우려를 표명했다.

박 회장은 "디지털 권리장전 수립에서 디지털 권리를 억압하고 있는 군주가 플랫폼 기업인가, 사이버 보안 위험 때문에 정부가 개인정보 통제하면 정부가 군주가 되는 것 아닌가"라며 "잊혀질 권리 등 내용에 대한 사회적 합의가 진행되고 있는데 명확한 방향성과 목적 없이 유럽의 미국 기업에 대한 수동적 방어 논리가 우리에게 직수입되는 것이 맞는가"라고 성토했다.

또한 그는 "이제 겨우 글로벌 시장에서 1.8% 점유율을 보이고 있는 디지털 기업이 자칫 추상적인 논의로 인해 경영 의지를 꺾이는 일은 없어야 할 것"이라고 말했다.

박 차관은 이에 대해 "업계에서 규제는 거부하면서, 이에 대한 대안으로 제안하는 규제보다 더 높은 차원의 논의는 추상적이라고 한다면 정부로서는 용인하기 어렵다"며 "어떤 산업을 억압하는 방향이 아닌 논의 차원으로 이해해주면 좋겠다"고 말했다.

최아름 기자(2022.12.01.),"디지털 권리장전, 특정 계층 집중 아닌 보편적 '설계' 관점 접근 필요", 정보통신신문.

사례 3

[메타버스ESG]
사회적 책임과 메타버스의 융합

ESG는 디지털 전환기에 본격적으로 메타버스와 만나 시간·공간의 제약을 뛰어넘고 있다. ESG의 세 가지 구성요소 중에서도 사회(S)는 메타버스를 이용해 활동 영역을 넓히고 참여율을 끌어올리기 좋은 분야로 꼽힌다.

ESG가 주요 경영 화두가 되기 전부터 많은 기업은 사회적 책임(CSR)을 다하기 위해 여러 활동을 진행해왔다. CSR 같은 사회책임경영은 지속가능성에 초점을 맞춘 ESG의 전신으로 여겨지기도 한다.

특히 ESG 중 사회(S) 분야는 시민사회가 성숙하면서 더 중요해졌다. 이제 소비자는 단순히 가격이 싸다고 제품을 찾지 않는다. 소비를 하면서 가격 이외의 더 많은 요소를 찾는다. 가장 좋은 예는 가습기 살균제다. 가습기 살균제 문제처럼 사회적으로 지탄받는 기업을 상대로 불매운동을 벌인다. 분식회계, 인종차별 같은 논란도 마찬가지다.

반대 경우도 있다. '돈쭐을 낸다'고 표현한다. 사회적으로 좋은 일을 한 기업은 '돈'으로 '혼쭐'을 낸다. 2020년 배고픈 형제에게 치킨을 공짜로 준 것이 온라인에서 알려진 치킨집 사장 이야기 같은 것이 '돈쭐'의 좋은 예다.

사회(S)는 또한 자원봉사, 기부 같은 사회공헌활동에만 해당하는 내용이 아니다. 정부 K-ESG 가이드라인에 따르면 채용·이직·산업안전 같은 노동 문제, 양성평등 등 인권 문제, 지역사회에 대한 공헌, 정보보호 등이 S에 속한다.

◇시간·공간 제약 없는 메타버스로 사회적 책임 실천

ESG 중 S 실천에 메타버스를 활용한 사례는 '온라인'이라는 메타버스 특성을 주로 활용했다. 메타버스라는 가상의 온라인 공간은 시간·공간에 구애받지 않는다. 채용설명회를 온라인으로 진행하는 것도 메타버스ESG 실천이다.

롯데그룹은 채용설명회에 메타버스 플랫폼까지 활용했다. 롯데그룹은 올해 3월 메타버스 플랫폼 '젭(ZEP)'에 '엘-리크루타운'을 만들었다. 롯데는 엘-리크루타운이 가상공간 일대다 질의응답이 가능해 비인기 계열사와 구직자 모두에 도움이 되고 있다는 평가를 받는다. 이렇게 조성된 가상공간은 채용설명회 이후에도 멘토링 공간이나 홍보공간으로 사용할 수 있다.

메타버스는 가상의 상황 체험이 가능한 것도 특징이다. '디지털 트윈'을 활용해 안전한 근로환경을 제공하는 것도 ESG 진단 항목에 포함된다. 디지털 트윈은 가상공간에 현실 세계를 이식하고, 다양한 상황을 미리 시뮬레이션하는 기술을 말한다. 사건사고 예방에 주로 활용된다. 경북 안동시는 올해 CCTV 영상 기반 디지털 트윈을 활용해 산불 방지에 나섰다.

기업에서 여성이 안정적으로 근무할 수 있는 근로환경을 제공하는지도 주요 S 항목이다. 범주는 '다양성 및 양성평등'이다. 이 경우 재택·원격근무는 메타버스를 활용한 S 실천 사례다. 재택근무는 특히 경력이 단절된 여성의 사회활동을 늘릴 수 있는 효과적인 수단으로 꼽힌다. 포스코는 2020년부터 국내 기업 최초로 '경력단절 없는 육아기 재택근무제'를 시행했다. 이는 재택근무 기간 급여, 복리후생, 승진 등을 일반 근무 직원과 동일하게 적용하는 제도다.

SK텔레콤이 서강대와 메타버스 플랫폼 '이프랜드'에 특정 수업, 집단 상담을 구현한 것도 메타버스와 S 융합으로 볼 수 있다. K-ESG 가이드라인 S 분야 추가 진단항목으로 있는 산학협력 활성화 기여, 미래세대 성장 및 교육 기여 부분이다.

사회공헌을 메타버스에서 진행하면 오프라인보다 더 많은 인원 참여가 가능하다. 현실에서는 특정 공간에 수용할 수 있는 인원이 제한된다. 사회공헌활동 참여를 위해 오가는 시간도 필요하다. 메타버스를 활용하면 더 많은 사람의 참여를 독려할 수 있는 셈이다.

두나무와 국경없는의사회는 국적·국경을 초월한 의료 구호 활동을 위해 메타버스를 활용 중이다. 이들은 메타버스 플랫폼 '세컨블록(2ndblock)'에서 구호 활동 지역의 정확한 디지털 지도를 만들고 있다. 전략적 사회공헌이다.

김창하 두나무 메타버스 사업실장은 "시간과 물리적인 거리 때문에 봉사활동에 참여하지 못 한 사람들도 메타버스 공간에서 참여할 수 있다"고 말했다.

변인호 기자(2022.09.23.), "[메타버스ESG]
사회적 책임과 메타버스의 융합", IT조선

메타버스와 정부 및 지방 행정 서비스

15 메타버스와 정부 및 지방 행정 서비스

15.1 메타버스와 지방행정 서비스의 적용 가능성

본장에서는 앞서 이야기했던 메타버스와 그 실제 적용 예시들을 다시 정리해보고자 한다. 메타버스의 개념적 정의는 아직 학계에서 뚜렷하게 정립되지 않은 상태이다. 다만, '초월'을 뜻하는 'meta'와 우주를 뜻하는 'universe'의 합성어로서 인터넷 공간과 물리적 공간이 공존하는 '집합적 가상공존세계(virtual shared space)'를 의미한다고 볼 수 있다. 특히, 코로나19가 초래한 비대면 패러다임으로의 전환 과정에서, 메타버스는 현실세계에서 불가능한 다양한 사회·경제·문화적 활동을 실현하는 공간으로 변모하는 중이다. 일반적으로 메타버스의 유형은 크게 '증강현실(augmented reality)', '라이프로깅(life-logging)', '거울세계(mirror worlds)', '가상세계(virtual worlds)'의 네 가지 유형이다. 이들 네 가지 유형 중 상대적으로 빠른 성장을 보이면서 새로운 혁신 동력을 창출하고 있는 영역이 바로 VR·XR 기반의 메타버스 가상세계라 할 수 있다. 현실과 유사하거나 혹은 완전히 다른 대안적 세계를 디지털로 구축한 공간으로서 특징을 가지기 때문이다. 확장된 세계를 구현하는 동시에 현실을 대체할 수 있는 광범위한 사회 경제적 활동들을 지원해나가는 메타버스 가상세계에서, 사용자들은 실제의 자신을 상징하는 아바타를 통해 현실 세계의 경제적, 사회적인 활동과 유사한 활동을 영위하게 된다. 메 타 버스 시대에는 복합 범용기술로 차별화된 경험 가치 4I (Immersion, Interaction, Imagination, Intelligence) 전달이 가능하고 이로 인해 시·공간을 초월한 새로운 경험 설계가 가능하며 진화된 편의성, 상호작용, 화면·공간 확장성 그리고 범용기술

특성과 경제가치의 진화를 고려해 볼 때 메타버스는 인터넷의 뒤를 잇는 혁명적 변화를 가져올 전망이며 온라인 혁명을 주도했던 인터넷 시대를 넘어, 가상과 현실이 융합된 새로운 혁명을 예고하고 있다.[1]

표 15-1 **네 가지 유형의 메타버스 세계의 특징 비교**

	증강현실 (Augmented Reality)	라이프로깅 (Life-logging)	거울세계 (Mirror Worlds)	가상세계 (Virtual Worlds)
정의	현실공간에 가상의 2D 또는 3D 물체가 겹쳐져 상호작용하는 환경	사물과 사람에 대한 일상적인 경험과 정보를 캡처, 저장, 전송하는 기술	실제 세계를 그대로 투영한 정보가 확장된 가상세계	디지털 데이터로 구축한 가상세계
구현가치 (니즈)	현실세계와 판타지, 편의성을 결합한 몰입 콘텐츠 제공	방대한 현실세계의 경험과 정보를 언제든지 확인가능하며 타자와 공유 가능	외부정보를 가상공간에 통합, 확장함으로써 활용성 극대화	다양한 개인들의 활동이 가능한 현실에 없는 새로운 가상공간을 제공
핵심기술	- 비정형 데이터 - 가공 3D 프린팅 - 5G 네트워크	- 온라인 플랫폼 - 유비쿼터스센서 - 5G 네트워크	- 블록체인 기술 - GIS 시스템 - 데이터 저장, 3D 기술	- 그래픽기술, 5G 네트워크, 인공지능, 블록체인 기술
서비스 사례	- 포켓몬Go - 운전석 앞 HUD - SNOW 앱 - 코카콜라 프로젝트 - 방탈출 게임 - 3D아바타를 통한 SNS 활동 - 에어버스, BMW의 증강현실 스마트 팩토리	- S-health,Apple - 나이키+러닝 - 차량 블랙박스 - SNS(인스타그램, 유튜브, 페북 등) 매체의 블로그, Vlog, 피드 등	- 구글 Earth, 네이버, 카카오 지도 - 에어비앤비 - 미네로바스쿨 - Zoom 회의실 - 폴드잇 디지털 실험실 - 배달의 민족 직방, 다방 등	- 포트나이트 - 마인크래프트 - 로블록스 - 동물의 숲 - 제페토 - 버버리 B서프 - 시뮬레이션 플랫폼

1 이승환, 로그인(Log In) 메타버스 : 인간×공간×시간의 혁명, 소프트웨어정책연구소, SPRi 이슈리포트 IS-115.

	증강현실 (Augmented Reality)	라이프로깅 (Life-logging)	거울세계 (Mirror Worlds)	가상세계 (Virtual Worlds)
주요 대표기업	- 나이앤틱 - 잉그레스 - 마이크로소프트 - 아마존 - 페이스북	- 나이키 - 삼성, 애플 - 페이스북, 트위터 - 마이크로소프트 - 아마존	- 구글, 네이버, 카카오 - 에어비앤비 - 마이크로소프트 - 아마존 - 페이스북	- Epic games - X-box game studio - 네이버Z - 닌텐도 - 엔씨소프트 - 마이크로소프트 - 페이스북
부작용 (도전요소)	- 현실이 중첩된 증강현실 공간 속의 혼란 - 증강현실 속 캐릭터 등에 대한 소유권	- 초상권 및 재산권 침해 - 내부기밀 유출 및 겸업금지위반 등	- 정보조작의 문제 - 거대플랫폼 라인 효과로 불공정거래	- 현실세계의 회피 - 도덕적, 윤리적 문제를 일으킬 무질서 우려

엘지(LG)디스플레이는 올해 상반기에 수시채용으로 입사한 200여 명의 신입사원을 대상으로 2021년 최근 아르피지(RPG·롤플레잉게임) 형식의 메타버스 플랫폼을 활용한 교육을 실시했다고 밝혔다. 엘지디스플레이가 이번에 도입한 메타버스 교육장은 이 회사의 전국 4개 사업장(파주·구미·트윈타워·마곡) 등을 가상공간에 구현했다. 신입사원들은 자신의 집에서 프로그램에 접속해 화상으로 소통하는 동시에 이 공간에서 본인의 아바타를 통해 릴레이 미션이나 게임 등의 프로그램에 참여하며 입사 동기들과 팀워크를 다질 수 있다. 회사 쪽은 하반기에 새로 채용할 700여명의 신입사원은 물론, 기존 임직원에게도 메타버스 교육을 확대 적용한다는 계획이다.[2]

한편, 지방행정 서비스 분야에서도 메타버스를 이용한 관련 사업들이 시작되고 있는 가운데 최근 인천광역시는 2021년 6월 9일 지방정부 최초로 확장현실(XR) 메타버스 전문기업과 함께 'XR 메타버스 인천이음 프로젝트'를 본격적으로 추진하기 위해 업무협약을 체결했다고 밝혔다. 인천시는 이번 프로젝트를 통해 'XR 메타버스 생태계 구축을 통한 글로벌 경쟁력 확보 및 인

2 선담은, 신입사원 교육에 메타버스 도입…"몰입도·네트워크↑", 한겨레, 2021.7.8.

천지역 관련 사업 육성'이라는 목표를 제시했다.[3]

하지만, 공공부문에서 메타버스의 이용은 민간부문과 비교해서 다소간의 차이점을 발견할 수 있는데, 공공부문에서의 메타버스 이용은 민간부문이 가지고 있는 재미, 자유, 편안함 그리고 경제활동 등의 요소 이외의 다른 행정 서비스로의 공공성을 제공할 수 있는 장점을 가져야 한다는 점이다. 이에 공공부문의 메타버스의 활용 가능성은 지방행정 서비스들 중에서 주민들이 직접 행정기관을 방문하여 처리하기 번거롭고 현장방문을 하기 싫은 업무들 즉, 주민들 입장에서 보면 직접 현장방문의 귀차니즘 또는 번거로움을 해결할 수 있는 지방행정 서비스들을 메타버스 서비스를 이용하여 제공할 때에 강점을 가질 수 있다고 판단된다. 또한, 지방자치단체가 보유하고 있는 다양한 도시 데이터를 기반으로 관련 로컬 데이터들을 메타버스에서 활용될 수 있도록 주민들에게 다양한 서비스가 제공한다면 민간부문이 가지고 있지 않는 지방행정 서비스만이 가질 수 있는 강점의 메타버스 서비스가 제공될 것으로 예상된다.

하지만, 민간부문에서도 지금까지 대부분의 논의는 메타버스의 개념 소개 또는 필요성 그리고 향상 활용가능성이 매우 높고 많은 민간부문의 기업들이 관심을 갖고 준비 중에 있다는 수준의 내용이 대부분인 실정이다. 더욱이 현재 메타버스에 대한 지방행정을 위한 주민서비스 강화를 위한 실질적인 적용방안에 대한 연구 또는 정책적 추진방향은 지방자치단체별로 기본적인 논의가 시작되고 있다. 이러한 차원에서 본 연구에서는 메타버스를 활용하여 최근의 다양한 4차 산업혁명의 기술들을 이용하여 지방행정에 새로운 지능을 부여하고 디지털 트윈 데이터 기술을 이용하여 안전한 도시로 나아가기 위한 지방행정 서비스의 혁신방안들에 대해서 분석하고 메타버스의 적용방안들을 도출해보고자 한다.

3 온라인 중앙일보, 인천시, 지방정부 최초 XR 메타버스 프로젝트 본격 시동, 2021.6.9.

15.2 공공부문 메타버스를 이용한 새로운 혁신 서비스: XR 메타버스 인천이음 프로젝트

인천광역시는 올해 6월 9일 지방정부 최초로 확장현실(XR) 메타버스 전문기업과 함께 'XR 메타버스 인천이음 프로젝트'를 본격적으로 추진하기 위해 업무협약을 체결했다고 밝혔다. 이번 프로젝트를 위해 전문기술기업으로 네이버랩스, 에스피테크놀로지, 플레이스비, 인시그널, 페네시아가 참여하며, 수요기관으로는 인천국제공항공사, 인천관광공사, 인천교통공사가 참여했다. 또한, 인천테크노파크가 지역산업 육성 지원한다.[4]

인천시는 'XR 메타버스 인천이음 프로젝트'의 목표를 한국으로 들어오는 첫 경험을 특별하게 이음, 소외 없이 따뜻한 일상의 경험을 스마트하게 이음, 공간의 이동과 일상의 스마트한 경험을 손쉽게 이음으로 정했다.[5]

1)프로젝트의 목적 및 배경

현실세계 XR 메타버스는 현실세계와 동일한 크기와 디지털 가상공간을 구축하고 가상공간에 축적된 정보를 XR 기술 그 중에서도 Lidar기술을 활용해 현실세계 사용자에게 제공함으로써 관광 및 쇼핑 그리고 편의 등 다양한 서비스를 지원하는 온-오프라인 결합 확장 현실 플랫폼이다. 그동안 인천시는 도시데이터의 축적과 도시 정보를 근간으로 2D, 3D 형태의 데이터를 구축하고 활용하는 데에 매우 적극적인 관리와 연구를 수행해왔으며 최근에 활발하게 논의되고 있는 디지털 트윈(digital twins)을 기반으로 XR 메타버스 인천이음 프로젝트를 민간 컨소시엄의 형태로 착수하게 되었다.

특히, 라이다(LIDAR: Light Detection And Ranging) 기술을 이용하여 라이다 센서는 레이저를 목표물에 비춤으로써 사물까지의 거리, 방향, 속도, 온도, 물질 분포 및 농도 특성 등을 감지할 수 있는 기술이다. 라이다 센서는 일반적으로 높은 에너지 밀도와 짧은 주기를 가지는 펄스 신호를 생성할 수 있

4 중앙일보, 인천시, 지방정부 최초 XR 메타버스 프로젝트 본격 시동, 2021.6.9.

5 인천in.com, 인천시, 'XR 메타버스' 생태계 구축 나서, 2021.5.2.

는 레이저의 장점을 활용하여 보다 정밀한 대기 중의 물성 관측 및 거리 측정 등에 활용이 된다.[6]

최근에는 3D 리버스 엔지니어링(reverse engineering) 및 미래 무인자동차를 위한 레이저 스케너 및 3D 영상 카메라의 핵심 기술로 활용되면서 그 활용성과 중요성이 점차 증가되고 있다.[7]

2) XR 메타버스 인천이음 프로젝트의 특징

물리 환경을 디지털 환경으로 구현하는 디지털트윈 기술이 스마트시티, 자율주행, 서비스 로봇, 메타버스 등에 다양하게 활용되면서 다양한 투자와 연구가 활발히 진행되고 있다. XR 메타버스 인천이음 프로젝트에 함께 참여하고 있는 네이버랩스는 ALIKE 솔루션의 핵심으로 항공사진과 인공지능(AI)을 활용해 도시 3D모델, 도로 레이아웃, 고정밀지도(HD맵) 등의 핵심 데이터를 함께 제작할 수 있는 점을 들 수 있다.

(1) 로컬 데이터(local data)가 중심

본 사업은 갑자기 추진된 사업이 아니라 그동안 도시블럭 단위의 정보들에 대한 2차원 지도 및 3차원지도 그리고 디지털 트윈 등에 프로젝트를 추진하기 위한 기본적으로 현장정보를 기본으로 해서 XR 메타버스 인천이음 프로젝트가 추진되었다. 또한, 그동안 꾸준히 진행해온 지리정보시스템(GIS) 등을 이용하여 위치정보 뿐만 아니라 인천광역시의 블록단위의 도시정보에 대한 다양한 데이터 정보를 기반으로 시공간 정보 등을 결합한 인천광역시 지역만의 로컬 데이터(local data)를 활용하는 확장형 메타버스인 것이 다른 관련 프로젝트들과의 차별점 및 특징이라고 할 수 있다. 한마디로 지역만이 가지고 있는 로컬 데이터를 축적하고 잘 관리하고 이를 활용하는 것이 본 프로젝트의 핵심이라고 할 수 있다.

---

6 C. Weitkamp, Lidar: Range-Resolved Optical Remote Sensing of the Atmosphere, Springer, 2005.

7 ETRI, 라이다 센서 기술 동향 및 응용, Electronics and Telecommunications Trends, 2012.

(2) Lidar를 이용한 도시 공간정보 활용

예를 들면, 자율주행자동차의 경우에도 카메라와 GPS(Global Positioning System)만 있다고 해서 자동차가 자율적으로 운행되는 것이 아니다. 자동차가 자율적으로 운행하기 위해서 건물정보, 3차원도시 정보 그리고 정밀 라이다(Lidar) 정보 등이 잘 결합되어야만 가능하다. 외부 공간정보는 GPS 등을 통하여 다양한 정보가 그동안 구글 등을 통해 축적되어왔고 위치정보가 필요한 다양한 사용자들이 이미 익숙하게 사용하고 있다.

하지만 실내 공간정보의 관련된 데이터가 아직까지는 기본적인 데이터만 생성되고 관리될 뿐 매우 구체적인 정보는 아직 많지 않다. 즉 정밀 Lidar 정보가 필요한데, 라이다 레이저 펄스를 쏘고 반사되어 돌아오는 시간을 측정하여 반사체의 위치좌표를 측정하는 레이다 시스템이다. 항공 또는 위성에 탑재되어 지형측량에 사용되며 스피드 건, 자율이동로봇, 자율주행 자동차 등에도 활용되는데 이 시스템이 각광받고 있다. 현재에는 미국의 상장사인 벨로다인(Vilodiyne)과 루미나 테크놀로지(Luminar Technologies Inc,)의 차량용 라이다 개발이 가장 앞선 것으로 알려져 있다.

(3) 실내 공간정보와 메타버스의 연계활용

앞으로 XR 메타버스 인천이음 프로젝트 지속적으로 그리고 성공적으로 추진되어 인천국제공항 등에 실내 공간정보를 잘 관리하고 파악할 수 있다면 일반 시민들에게 다양한 실내 위치서비스를 제공할 수 있으며 건물 및 교량 보수이력 및 실내공간에 대한 데이터 및 정보 관리가 매우 정밀하게 이루어 질 수 있다. 즉, 라이다와 레이더는 주변을 맵핑하고 물체 속도를 측정할 수 있는 다양한 공통 기술들과 보완 기술들을 공유하고 있다[8].

8 테크월드뉴스(http://www.epnc.co.kr)

3) 프로젝트의 진행현황

현재 본 프로젝트는 시작 단계에 있다. 현실의 디지털 정보에 기초를 둔 가상세계에서의 주민 서비스와 관련된 아주 자세하고 디테일 한 서비스 내용들은 향후 본 프로젝트를 진행하면서 설계되고 구현될 것으로 보인다. 특히 도시를 대상으로 하는 디지털 트윈 데이터는 스마트 시티, 자율주행, 서비스 로봇, XR, 메타버스 등에 중요한 요소이며, 도시에 새로운 지능을 부여하고자 하며 이 복제된 거울 세계에는 새로운 미래에 대한 무한한 가능성도 함께 담겨있다.[9] 앞서 이야기하였듯이, 디지털 트윈이란 기본적으로 복제이다. 그런데 이 복제된 거울 세계에는 새로운 미래에 대한 무한한 가능성도 함께 담겨있다. 시뮬레이션을 통해 새로운 관점으로 도시의 문제를 해결하고, 다양하면서도 혁신적인 모빌리티 서비스로 편리를 제공하고, 더 나아가 자율주행과 자동화된 교통시스템으로 안전하면서도 쾌적한 미래 도시를 만들어갈 수도 있을 것이다.

15.3 메타버스를 이용한 지방행정 서비스의 개선방안

코로나19로 인한 비대면 사회로의 급격한 이동은 포스트 코로나 시대에 맞는 새로운 형태의 정부 역할과 지역공동체의 모습에 대한 비전 제시를 요구하고 있다. 우리나라는 전자정부 시스템 구축 및 활용이라는 측면에서 세계적으로 높은 수준에 도달해 있는 선도적인 국가이지만, 대부분의 국가와 마찬가지로 온라인 주민참여 플랫폼은 오프라인 주민참여 플랫폼의 보조적인 수단으로 인식되어 왔다. 따라서 국민의 높아진 기대 수준과 현장의 수요에 부응하여, 주민이 주도적인 역할을 하는 온라인 주민참여 플랫폼을 구축하기 위해서 최근 하나의 대안으로 떠오르고 있는 메타버스 기술의 특징을 잘 이해하고 주민서비스에 적용한다면 좋은 대안이 될 것으로 예상된다.

9 NAVER LABS.

1) 메타버스를 이용한 민원처리 서비스

주민생활환경은 주민의 일상생활의 질을 높이는 데 필요한 시설로서 주민들이 쉽게 접근할 수 있어야 하며, 이러한 접근성은 삶의 질을 측정하는 한 요소로서 공원의 접근성, 의료시설의 접근성, 공공교통의 편리성, 문화·여가 장소의 접근성 등 주민생활시설의 접근성이 생활만족도와 밀접한 관계가 있다. 특정한 장소에 생활서비스 시설이 입지하거나 공급되면 대부분의 주민들은 생활 서비스를 소비하기 위해서 생활서비스 시설이 입지한 곳까지 이동해야 하므로 통상 생활 서비스 시설과 고객과의 거리가 멀어지면 시간 및 금전 비용이 증가하고 이용자가 감소함으로써 공공서비스의 효용이 거리의 증가에 따라 체감하게 된다.

이러한 한계점들을 극복하기 위한 수단으로 메타버스의 활용은 향후 더욱 중요한 역할을 수행할 것으로 기대할 수 있다. 외국 대학에서 주로 많이 사용하고 있는 메타버스 서비스의 하나의 기술로서 게더 타운이라는 도구를 이용하여 지방행정 서비스의 강화를 위한 기본적인 적용방안들에 대해서 살펴보고자 한다. 해외에서도 MIT, 펜실베니아 대학교 및 버클리 포함한 많은 대학들이 게더 타운과 같은 메타버스를 사용하여 직접 모이고 만나서 연구를 진행하기 보다는 언택트 환경을 극복하기 위한 방안으로서 전공별 연구 프로젝트를 관람하고 평가하는 가상 엑스포 및 네트워킹 행사를 개최하고 있다.

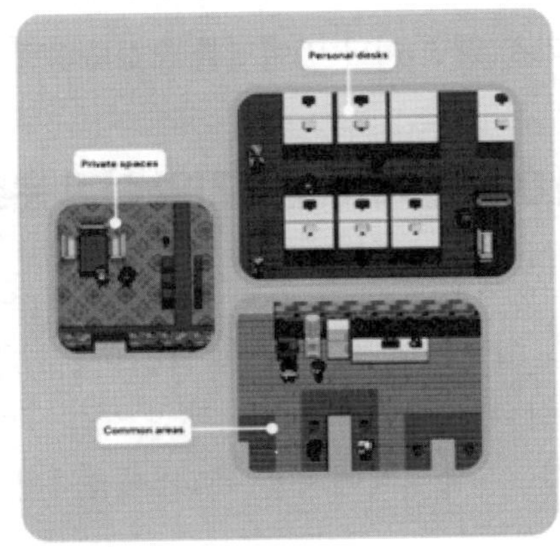

Gather.town의 화면을 이용하여 민원 및 복지 서비스를 수행하고자 할 때를 가상으로 생각해 보면, 먼저 각각의 아바타를 만들고 이어서 민원은 특정 목적의 주민서비스를 받거나 정보를 확인하기 위해서 메타버스로 입장하게 되고 첫 입구 쪽으로 이동하여 메타버스 상의 가상의 민원 및 복지 서비스 부스로 이동하게 된다. 이때 민원 서비스를 제공하는 상대방 아바타 근처로 가면 실제 옆에 가면 대화 할 수 있는 것처럼 자동으로 연결이 되어 대화를 나눌 수 있다.[10]

2) 메타버스를 활용한 지자체의 홍보, 전시회 및 경진대회

메타버스를 이용한 지방행정 서비스 중에서 지자체의 홍보, 경진대회 및 전시회 등은 가장 강력한 메타버스의 효과가 있을 수 있는 수단이라고 할 수 있다. 예를 들어 경진대회 개최 시에 발표 및 경연이 끝난 후 시상식 자체도 온라인으로 시행이 가능하다. 모든 게스트와 수여자 그리고 시상자들이 본인의 아바타로 시상식장에 모여서 본인의 이름이 불리는 순간 앞에 있는 시상식장의 단상위로 올라가고 컴퓨터의 화살표를 이용하여 이동하게 되며 특정 벤치나 쇼파에 함께 안게 되면 화면상에 상대방의 얼굴이 나타나게 되어 인사를 나눌 수도 있다. 어떤 이슈에 대한 토론이나 대화를 실시간으로 나눌 수도 있으며 특정 부스와 특정 쇼파, 그리고 특정 장소에 입장하게 되면 상대방의 얼굴이 나타나게 되어 함께 이야기 할 수 있는 기회의 장이 마련되기 시작한다. 물론, 본인의 선택에 따라서 화면 이나 마이크를 오프(off) 할 수도 있다.

3) 메타버스를 이용한 지자체의 리얼 실감 문화 · 관광 서비스

가상현실(VR)과 증강현실(AR), 사물인터넷(IoT) 등 ICT 기술과 결합해 현실감을 극대화한 실감미디어(XR) 기술과 5G 기술 발전으로 언택트 환경이 지속될 경우 실질적인 주민서비스의 대안으로 자리 잡을 가능성이 매우 높다고 할 수 있다. 가상세계에서는 특히 사용자가 몰입할 수 있는 아

10 Gather.town 홈페이지

바타 구현 기술이 중요하다. 기존의 웹과 달리 아바타를 통해서 가상세계에서의 공간 체험을 다른 유저와 실시간으로 공유하고, 이를 넘어서서 사용자 생성 콘텐츠를 실시간으로 생성 및 유통하는 것까지 가능하다. 최초에 텍스트 단위였던 아바타가 향후 '디지털 쌍둥이(digital twin)'를 구현할 수 있을 만큼, 사용자의 욕망을 충분히 표현할 수 있을 것으로 전망된다.[11]

또한, 디지털 트윈 기술을 이용한 도시의 다양한 실내외의 공간정보를 활용하기 위해서는 기본적으로 도시에 존재하는 공간정보들을 정밀하게 복제하여야 한다. 그런데 이 복제된 거울 세계에는 새로운 도시의 미래에 대한 무한한 가능성도 함께 담겨있다. 도시의 현실 세계와 똑같은 공간 데이터를 가지고 시뮬레이션을 통해 새로운 관점으로 도시의 문제를 사전에 막을 수 있으며 효율적으로 해결하고, 다양하면서도 혁신적인 모빌리티 서비스로 편리를 제공하고, 더 나아가 자율주행과 자동화된 교통시스템으로 안전하면서도 많은 사람들이 함께 살고 싶어 하고 재난사고도 적은 안전한 미래 도시를 만들어갈 수 있을 것이다.

4) 메타버스를 이용한 지자체 고용 및 취업 박람회

코로나 장기화로 기업성장을 위한 비대면 방식 지원은 필수적이며 "스타트업 성장을 위한 판로확대, 글로벌 진출을 위해 다양한 뉴미디어 활용을 강화하고, 현실세계를 넘어 메타버스라는 한발 앞선 마케팅 플랫폼 활용을 통해 창업 생태계를 알릴 수 있다. 서울시가 국내 최초로 가상과 현실의 경계를 허문 3D 가상공간 '메타버스'로 서울의 유망 스타트업을 알린다. 서울시는 27일 전 세계 2억 명이 이용하는 글로벌 메타버스 플랫폼 '제페토(ZEPETO)' 내에 '서울창업허브 월드'를 오는 28일 오픈한다고 밝혔다. 제페토는 네이버가 만든 메타버스 플랫폼이다. 나만의 3D 아바타를 만들어 나이, 성별, 인종 등을 넘어 전 세계 이용자들과 소통하고, 다양한 가상현실 경험을 할 수 있는 서비스를 제공한다.

---

11 한혜원, 메타버스 내 가상세계의 유형 및 발전방향 연구, 한국디지털콘텐츠학회 논문지, 9(2), 2008.6.

서울창업허브 월드 내부에는 서울의 우수 스타트업 64개와 서울시의 창업지원시설을 한 눈에 볼 수 있는 홍보 전시관이 들어선다. 1인 미디어 방송을 할 수 있는 스튜디오, 투자유치 등 다양한 비즈니스 행사가 열리는 컨퍼런스홀, 스타트업 오피스 같이 시가 운영하는 다양한 창업지원시설도 실제처럼 구현된다. 제페토 이용자 누구나 자신의 아바타로 '서울창업허브 월드' 내부를 둘러보고, 시설을 찾은 다른 이용자들과 소통할 수 있다. 서울시 관계자는 "오프라인 설명회, 홈페이지 등 기존 전통매체를 통한 기업홍보 방식에서 벗어나 최근 산업 전반으로 확산 중인 메타버스를 통해 스타트업 글로벌 홍보 효과를 극대화하겠다"면서 "메타버스 플랫폼 같이 급변하는 IT · 비즈니스 환경 속에서 우리 기업이 지속적으로 성장할 수 있는 새로운 기회를 찾을 수 있도록 다양한 지원을 하겠다"고 밝혔다.[12] 이와 같이 앞서 설명한 게더 타운의 서비스를 이용하여 고용 및 취업관련 행사를 주최하는 데에도 메타버스를 이용하는 것이 현재와 같은 언택시 환경에서는 매우 유용할 것으로 판단된다.

5) 가상 사무실의 유지 및 운영

울산정보산업진흥원은 메타버스에서 가상 오피스 '유이파타운'을 구축했다. 울산정보산업진흥원은 지난달 말까지 유이파타운에 구축된 가상 사무실을 시범운영한데 이어 이달부터는 본격적인 운영에 들어간다고 1일 밝혔다. 유이파타운은 실제 사무실처럼 개인 책상, 회의실, 휴게공간 등이 마련되어 있다. 가상공간은 경영기획실, AI신산업본부, 디지털제조혁신본부, 원장실, 대회의실, 대강당 등 모두 동일한 구조로 가상공간을 구축했다.

모든 직원들은 각각 아바타를 성별, 복장, 헤어스타일, 피부색 등 개성에 맞게 만들어 실제 사무실에 들어가듯 가상공간에 입장하게 된다. 가상공간에 입장시켜 자기 책상으로 이동해 근무하거나 팀원들과 직접 대화하듯 화상회의를 하고, 휴게실에서 게임과 대화 등 휴식을 취할 수 있는 방법도 제공하고 있다. 특히 7월 1일부터 코로나19 확산방지를 위해 가상공간인 대강당에서 전 직원이 모여 월례회의를 라이브로 진행했다. 가장 큰 장점은 100% 원격

---

12 아주경제, 서울시, 메타버스에 스타트업 지원 공간 오픈, 2021.5.27.

근무도 가능할 수도 있고 시간과 노력 등 사회적 비용을 아끼고 효율성이 높아 실제 회의뿐만 아니라 워크숍, 문서파일을 동료와 공유하고 컴퓨터 화면도 서로 보여주고 프로젝트 협업, 리뷰, 프레젠테이션 등 툴도 활용하여 가상 오피스로 활용을 극대화할 예정이다.[13] 향후 메타버스 서비스는 공공행정 부문에서 기존 2D기반의 '전자정부'를 3D기반 '가상정부'로 진화하여 누구나 쉽게 가상에서도 실제와 같은 행정서비스를 받을 수 있도록 하고, 단순 반복 업무는 가상 아바타를 활용하는 등 혁신 행정 아이디어를 모색할 것으로 예상하고 있다.

15.4 향후 발전방향

본 연구에서는 최근의 민간부문에서 언택트 환경을 극복하고 현실 세계와 가상 세계를 연결함으로서 새롭게 열리고 있는 메타버스 비즈니스의 성과를 공공부문 및 지방행정에 접목시키기 위한 해결방안에 대한 고민으로 시작되었다. 또한, 행정부문에 있어서 메타버스는 근본적으로 민간부문과 어떠한 차이점이 있고, 있다면 행정부문에서는 어떤 분야에 어떻게 적용하면 주민서비스의 수준과 만족도가 올라갈 것인가에 대한 분석 및 대안제시를 위한 방법이 필요하다.

또한, 현재 문제가 되고 있는 사회현상을 해결하고 더 나아가서 주민들에게 더 수준 높은 행정서비스와 효율적인 만남을 통하여 주민들의 만족도를 높일 수 있는 방법들을 찾아보기 위한 시도라고 할 수 있다. 많은 사람들이 과거와 같은 익숙한 생활 패턴으로 돌아가기 위한 기다림과 과거의 일상들을 추억하고 돌아가기를 희망하고 있지만 무조건적인 기다림 보다는 현재의 환경을 뛰어넘고 해결할 수 있는 방안을 마련하고 적절한 서비스를 제공해야 할 때이다. 이러한 새로운 시도와 노력은 또 다른 일상으로 자리 잡힐 것이며 또 다른 일상으로서 미래 생활의 일부분이 될 것이다.

13 울산매일TV, 울산정보산업진흥원, 메타버스에 가상오피스 유이파타운 구축, 2021.7.1.

이러한 상황에서 그동안 다양한 4차 산업혁명을 주도하는 다양한 혁신 기술들, 즉 인공지능, 빅데이터 분석, 사물인터넷 그리고 블록체인 등과 같은 기술들은 각각 그 성격에 따라서 개별적으로 지방행정 서비스에 적용되고 개발되어 왔다고 할 수 있다. 하지만 이제는 이러한 개별적인 혁신기술들을 주민들이 그냥 편하게 접속하고 이용하고 함께 참여할 수 있고 재미라는 엔터테인먼트인 요소도 포함하는 통합 플랫폼 속으로 민원서비스 등을 끌어들여서 생활 속에서 자연스러운 참여와 공유가 실현되는 하나의 가상과 현실을 이어주는 플랫폼으로 만들어야 하는 것이다. 또한, 메타버스가 공공부문 및 행정부문에서 도움이 되기 위해서는 민원24 또는 부동산 및 토지이용 계획 등과 관련된 복잡하고 번거로움이 수반되는 행정서비스 분야에 접목되어 서비스가 제공된다면 보다 효율적이고 만족도가 높은 새로운 서비스로 자리 잡을 가능성이 높다.

사례 1

문체부X한국관광공사, 제페토에 한국관광 테마월드 시리즈 제작

- ▸ **14개 인구감소지역 포함 33개 지자체 협력**
- ▸ **11.10~12.04. 테마월드 오픈 이벤트**
- ▸ **메타버스로 가보는 보물 같은 지역관광지들**

문화체육관광부(장관 박보균)와 한국관광공사(사장 김장실)는 지자체와 협력, 아시아 최대 메타버스 플랫폼인 '제페토'에서 지역관광 홍보를 위한 한국관광 테마월드 시리즈를 오는 10일부터 출시한다.

이 시리즈는 주요 방한시장인 아시아, 특히 디지털 소통과 교감에 익숙한 Z세대들을 겨냥해 제작됐다. 제페토의 한국관광 테마월드를 방문한 사용자들이 K-컬처와 연계한 매력적인 한국 관광콘텐츠들을 게임 등 놀이 형태로 즐기다 보면 어느덧 한국은 그들에게 '가고 싶은 나라, 경험하고 싶은 나라'로 자연스럽게 인식된다.

공사가 제작한 시리즈는 총 8개로 다양한 테마들이 포함됐다. '영화 속 트래져 헌터처럼 보물 같은 한국관광지를 탐험하는 사람들, 트래블 헌터-K'란 주제로 메타버스 사용자들이 자신의 아바타로 '트래블 헌터-K'가 되어 한국 테마월드를 모험한다는 내용으로 제작됐다.

공사 대표 캐릭터인 호종이의 잃어버린 엄마를 찾아주기 위해 한국의 산과 계곡을 달리는 '타이거 마운틴'과 지역 음식을 소재로 한 야시장, 시대별 한복 등 한국 문화와 동·서·남해를 순환하는 바다열차 등 8개의 테마로 구성되었으며, 각 시리즈 월드는 11월 10일 이벤트를 시작으로 11월 중 순차적으로 출시될 예정이다.

한편 지자체에서도 힘을 보탰다. 전국 14개 인구감소지역을 포함, 모두 33개 지자체들이 지역의 대표 관광지 선정부터 가상공간 제작을 위한 주제 기획과 자료 수집 등을 협업했다.

8개의 테마월드에는 광주 출신의 BTS 멤버 제이홉의 친필 사인과 팬 메시지가 새겨진 기념 조형물, 드라마 '이상한 변호사 우영우'의 인기로 최근 급부상한 울산 고래문화마을 등 지역관광자원을 반영하였고, 제페토 사용자 선호도 조사결과로 선정된 5곳의 지자체 월드(충북 '레이크 월드', 춘천 '닭갈비 마을', 삼척 '비밀의 숲', 대전 '꿈돌이 동산', 영광 '다시 만난 사랑 상사화')도 지역별 특성을 살려 12월 중에 공개될 예정이다.

12월 4일까지 약 한 달간 월드 오픈을 기념하는 다채로운 이벤트도 준비됐다. 제페토의 다양한 사용자 참여 콘텐츠를 활용해 한복, 한국어 학습, 지역관광지 팸투어 등 한국문화관광 체험·학습을 제공해 외국인 사용자들에게 한국을 더 재미있고 친근하게 경험할 수 있도록 구성했다. 우수 활동자에겐 메타버스 속 한국과 함께 현실 속 한국도 여행할 수 있는 왕복 항공권이 주어진다.

그 외에도 제페토에서 아바타 의상과 아이템 구매에 사용할 수 있는 총 15만 상당의 젬을 건 다양한 월드 미션과 이벤트들이 펼쳐진다. 자세한 이벤트 내용은 제페토에서 'kto_rea' 를 검색 후 게시물을 통해 확인할 수 있다.

공사 호수영 디지털혁신팀장은 "점점 성장하고 있는 글로벌 메타버스 플랫폼 사용자들에게 한국의 다양한 지역관광지를 알리고 관심을 갖게 하는 기회가 되길 바란다"며, "메타버스가 지속 가능한 마케팅 채널이 될 수 있도록 지자체 협업을 통해 다각적인 한국관광 콘텐츠를 제공코자 노력할 것"이라고 밝혔다.

정기환 기자(2022.11.10.), "문체부X한국관광공사, 제페토에 한국관광 테마월드 시리즈 제작", 디스커버리 뉴스.

사례 2

메타버스, 스포츠의 패러다임을 바꾼다

세계인의 축제, 2022 월드컵이 한창이다. 이번 월드컵에서는 역사상 가장 정확한 심판이 등장했다. 그 주인공은 'SAOT(Semi Automated Offside Technology)'라는 최첨단 기술이다.

경기장 내 설치된 12개의 추적 카메라가 선수들의 움직임을 초당 50회의 빈도로 미세하게 읽어내고 축구공에 내장된 센서는 공의 움직임을 초당 500회 빈도로 관측해 오프사이드 판정을 내린다.

SAOT는 사람이 하던 기존의 비디오 판독(VAR)과는 비교할 수 없을 만큼의 높은 정확도를 자랑한다.

이처럼 오늘날 스포츠산업에서도 정보통신기술을 도입해 과거에는 할 수 없었던 수많은 혁신이 가능해지고 있다.

스마트밴드, 짐워치(GymWatch), 스마트수트(Smart suit) 등 각종 웨어러블 기기들은 선수들의 훈련이나 경기 중 신체 변화와 운동 정보를 실시간 수집해 부상 여부를 판단하고 적절한 조치를 바로바로 할 수 있게 도와준다.

또 빅데이터와 AI기술은 경기 내용을 분석해 결과를 예측하며, 향후의 전략 수립을 지원한다.

최근 여기에 가상·증강현실기술이 더해져 사람들이 스포츠를 즐기는 방식까지 변화하고 있다. 또한, 프로선수와 감독들은 경기력 향상을 위한 통찰력을 얻고, 선수 및 팀 훈련, 심판 판정, 스포츠 방송, 마케팅 프로모션 등에도 유용하게 활용되고 있다.

◇ 전천후 반복 훈련이 가능해져 선수의 기량 향상에 도움

어떤 운동이든 선수들의 경기력 향상을 위해서는 반복 훈련이 필수다. 하지만 종목에 따라서는 훈련 장소를 준비하기 쉽지 않고 비, 눈, 바람 등의 기상조건도 훈련에 영향을 미친다.

가상·증강현실기술을 활용하면 이 문제를 극복할 수 있다. 축구, 농구, 골프, 빙상 등 어떤 경기장이든 그대로 복제해 선수들이 실제 경기장과 같은 느낌으로 날씨와 상관없이 훈련할 수 있기 때문이다.

예를 들어, STRIVR(Sports TRaining In Virtual Reality)은 선수들이 전천후 훈련할 수있는 시스템을 개발했다. 이 시스템을 사용하면, 선수들은 언제든지 자신의 훈련 모습을 다양한 각도에서 확인하며 잘못된 동작이 교정될 때까지 무한 반복 훈련할 수 있다.

이 시스템은 미국의 주요 풋볼팀에서 먼저 활용돼 효과가 입증되면서, 그 후 농구, 하키, 골프, 스키 등에도 도입돼 선수들의 경기력 향상에 크게 기여하고 있다.

독일의 엄브렐라 소프트웨어가 개발한 축구 훈련용 시뮬레이터(SoccerBot 360)는 또 다른 예다. 이 시뮬레이터는 지름 10미터의 원형으로 만들어졌으며 내부 벽면에는 슛팅과 패스 연습을 위한 가상의 영상이 고해상도(Full HD)로 투사된다.

이 시뮬레이터에는 여러 대의 고속 카메라가 설치돼 선수와 공의 움직임을 추적한다. 예를 들어, 카메라는 선수가 공을 차는 발의 모습은 물론, 타격한 힘, 날아가는 공의 속도, 방향 등을 촬영하고, 컴퓨터를 통해 슛팅과 패스의 정확도를 평가한 후 그 결과를 벽면에 보여 준다.

◇ 국제대회의 심판 판정에도 널리 활용

스포츠 경기에서 심판 판정의 정확도를 높이는 일은 매우 중요하다. 오심은 때때로 경기 결과를 뒤바꾸고 선수의 기록과 경기력에도 좋지 못한 영향을 미치기 때문이다.

이 때문에 프리미어리그나 메이저리그, 그리고 굵직한 국제대회에서는 심판의 판정을 지원하기 위해 증강현실기술이 활용되어왔다. 바로 호크아이(Hawk Eye)라는 시스템이다.

이 기술은 경기장 곳곳에 고성능 카메라를 설치해 빠른 속도로 날아가는 공의 궤적을 밀리미터(mm) 단위로 추적하고, 그 결과를 실제 경기장에 덧입혀 공의 인아웃을 정확히 판정한다.

호크아이 시스템은 처음에는 크리켓 경기의 심판 판정을 지원하기 위한 도구로 사용되었는데, 그 성능이 인정되어 현재는 테니스, 배드민턴, 축구, 야구, 배구 등 20개 이상의 스포츠에서 심판의 인아웃 판정을 지원하는 필수 도구가 되었다.

◇ 스포츠 팬, 흥미롭고 실감나는 스포츠 관람·체험 가능해져

스포츠 방송에서도 가상·증강현실기술이 이미 널리 활용되고 있다.

ESPN, Fox Sports, Star Sports 등은 오래전부터 스포츠 방송에 증강현실을 활용해왔다. 이 방송사가 중계하는 대부분의 스포츠 방송은 AR기술을 활용해 경기와 선수에 대한 다양한 정보를 3D 그래픽과 대화형 콘텐츠 형태로 제공한다.

한편, 미국의 방송 스타트업 NextVR은 스포츠 관람방식을 혁신적으로 바꾸고 있다.

최근 애플에 인수된 이 회사는 NBA와 공동으로 유료 서비스 가입자들에게 NBA의 주요 경기를 VR로 실시간 방송하고 주간 하이라이트를 VOD(Video on Demand) 방식으로 서비스한다.

또한, 이 회사는 미국풋볼리그(NFL), 미국하키리그(NHL)와도 협약을 맺고 주요 경기를 같은 방식으로 서비스하고 있다.

메이저리그(MLB)는 몇 년 전부터 팬들이 야구 경기를 VR로 즐길 수 있는 가상현실기반의 서비스(At Bat VR)를 제공해왔다. 팬들은 마치 타석에서 있는 타자처럼 투수의 투구 내용을 정면에서 볼 수 있다. 물론, 팀의 라인업과 선수별 타율 통계 등의 데이터도 실시간으로 확인 가능하다.

또한, MLB는 야구장 내에 VR을 활용한 특수 타격장(Home Run

Derby in VR)을 설치해 팬들에게 기억에 남을 이벤트도 제공한다.

이 타격장에 입장한 팬은 VR 헤드셋을 착용하고 투수가 던진 공을 향해 방망이를 정확히 휘두르면 날아가는 공의 모습과 관중들의 함성을 들을 수 있다.

◇ 표적 광고를 통해 마케팅 효과 배가

증강현실은 경기장, 관중석, 포스터 등을 매력적이고 효과적인 광고 매체로 만들어 준다.

경기장 내 광고판을 예로 들어보자. 증강현실기술을 활용하면 하나의 경기를 중계방송하면서 시청자가 위치한 지역에 따라 TV 화면에 표시되는 광고판을 변화시킬 수 있다. 이 방식은 낮은 비용으로 표적 광고를 할 수 있어 광고주들이 선호한다.

영국의 LED 전문기업 ADI가 개발한 digiBOARD는 증강현실기술을 활용해 표적 광고를 하는 사례이다. 이 기술은 경기장에서 팬들이 볼 수 있는 전통적인 LED 광고판과 증강현실기술을 결합해 국가별로 맞춤 광고를 한다.

현재 이 시스템은 영국 프리미어리그는 물론, 독일 분데스리가, 이탈리아 세리에 A, 런던 NFL 경기 등의 중계방송에 활용되고 있다.

◇ 국내는 게임·레저 외 강점 스포츠산업부터 상품화 고민할 때

어느덧 글로벌 시장에서는 가상·증강현실기술이 선수들의 훈련방식을 과학화하고 팬들의 스포츠 소비방식을 엔터테인먼트화 하는 등 스포츠산업의 패러다임을 바꾸고 있다.

우리나라에서는 가상·증강현실기술이 스크린골프, 스크린테니스, 스크린야구 등 일반인 대상의 게임·레저 분야에서는 활발히 활용되고 있으나, 정작 스포츠산업의 혁신에는 기여도가 낮은 듯하다.

국내기업들이 모든 스포츠에 대해 가상·증강현실기술을 상품화할 필요는 없다.

그러나 양궁, 태권도, 쇼트트랙 등 우리가 국제적인 강점이 있어 해외에도 영향을 미칠 수 있는 스포츠 종목이라면 가상·증강현실기술의 상품화를 고민해 보아야 하지 않을까? 국내 관련 스타트업들의 도전과 파이팅을 기대해 본다.

최봉기자(2022.12.01),"메타버스, 스포츠의 패러다임을 바꾼다",뉴스투데이.

사례 3

[메타버스ESG 2022]
"ESG, 메타버스로 날개 단다"

메타버스가 글로벌 기업이 치열하게 경쟁하는 신사업 영역으로 부상했다. 코로나 팬데믹으로 비대면 사회가 일상화되면서다. ESG(환경·책임·지배구조) 경영은 기업의 선택이 아닌 필수로 자리잡는 상황이다. 두 영역은 밀접하게 연관돼 있지만 아직은 별개로 인식된다. 두 개념의 정교한 이해가 부족하기 때문이다. 이에 ESG와 메타버스를 정확히 이해하고 두 개념을 결합해 지속 가능한 기업의 성장을 논의하는 장이 마련돼 관심을 모았다.

IT조선 창간 13주년을 맞은 조선미디어그룹 ICT 전문매체 IT조선은 서울 웨스틴조선 호텔 1층 그랜드볼룸에서 '2022 메타버스 ESG' 콘퍼런스를 개최했다. 이날 행사는 온오프라인이 믹스된 디지털트윈 시대의 환경·책임·지배구조를 주제로 메타버스와 ESG를 대표하는 각 전문가가 참여했다.

오늘 행사는 오전 9시 30분부터 오후 5시까지 기조발제와 토론으로 나눠 진행했다. 메타버스의 정의와 성공 경영 전략, ESG와 접목으로 발생할 시너지 효과, 메타버스 제반 기술, 메타버스 윤리원칙 등 다양한 영역에서 발표가 이어졌다.

◇ "메타버스 산업으로만 이해하는 것은 좁은 시각"

첫 기조연설자로 나선 현대원 서강대학교 메타버스대학원 원장은 MMORPG(대규모다중접속역할게임)과 비교해 메타버스의 차별적인 특징을 설명했다. 그는 또한 미래의 메타버스 산업을 선점하기 위한 글로벌 기업 간 경쟁이 치열하게 진행되고 있다고 진단했다.

현 원장은 "접속과 플레이에 그치는 MMORPG 게임과 달리 개별 참여자의 창조적 활동이 자유롭게 허용되면서, 경제활동이 이뤄질 수 있는 통한된 가상경제 공간이 메타버스다"라고 말했다. 그는 이어 "탈중앙화된 자율조직을 의미하는 다오(DAO)에 권한을 적극 줄 수 있는 플랫폼이 메타버스를 선도할 것이다"라고 전망했다.

문형남 대한경영학회 회장은 ESG와 메타버스의 정확한 이해를 강조했다. 그는 "ESG를 환경·사회·지배구조로 표현하지만 이는 오류다"라며 "ESG는 조직의 지속가능성 요소인 환경·책임·투명 경영을 뜻한다"고 말했다. 이를 고려해야만 지속가능한 발전을 할 수 있다는 것이다. 또한그는 "메타버스를 하나의 산업으로만 해석하는 것은 너무나 좁은 시각이다"라며 "메타버스는 대부분 산업에 적용되는 신경제로 바라봐야 한다"고 강조했다.

박관우 위지윅스튜디오 대표(컴투스 최고메타버스 책임자)도 메타버스의 정교한 이해를 강조했다. 가상 공간에 사람들을 단순히 모아놓은데 그치지 않고, 탈중앙화를 핵심으로 하는 웹3.0에 기반한 공간을 메타버스로 이해할 수 있다는 설명이다.

위지윅스튜디오도 블록체인에 기반한 메타버스 공간을 구축 중이다. 그는 "중앙집중형 플랫폼이 아닌 자발적 참여 커뮤니티를 구상하고 있다"며 "많은 접속자가 동시에 들어와 같이 생활하고 같은 공간에서 확장하는 그림을 그리는 상태다"라고 말했다. 그는 이어 "디지털자산을 지속적으로 거래할 수 있는 블록체인 경제시스템을 구상하고 있다"고 말했다.

허원석 과학기술정보통신부 소프트웨어정책관은 이날 '미래먹거리와 지속가능성을 위한 메타버스 전략'을 발표했다. 그는 이 자리에서 정부가 추진하는 메타버스 생태계 조성을 위한 정책을 설명했다.

허 국장은 "세계적 수준의 메타버스 플랫폼을 만들어 2026년까지 글로벌 시장점유율 5위로 자리매김하겠다"며 "4만명의 전문가 양성, 공급기업 220개, 50건 모범사례 발굴을 목표로 삼았다"고 말했다.

과기정통부는 이 외에도 선도형 메타버스 플랫폼 발굴을 민간이 주도할 수 있도록, 디지털 창작물을 NFT로 생성할 수 있는 바우처 지원, 메타버스 인재양성을 위한 메타버스융합대학원 설립, 메타버스 기업 지원 등 육성책을 추진할 계획이다.

허 국장은 "연말까지 메타버스 참여자가 안전과 신뢰 구축을 위해 추구해야 할 자율구범으로 '메타버스 윤리원칙'을 정립하려고 한다"며 "관련 이용자 보호 활동도 방통위, 공정위와 협업해 추진하고자 한다"고 덧붙였다.

◇"메타버스가 미래다" 산업 선도 위한 비즈니스 전략은

메타버스를 미래 비전으로 설정하고, 메타버스를 접목한 새로운 사업을 진행하는 기업들은 자사의 전략을 소개했다.

김정수 야나두 대표는 스포츠테크 서비스에 메타버스를 접목해 서비스를 고도화한 야핏의 사례를 선보였다. 야나두는 현재 메타버스를 적극 접목한 홈트레이닝 서비스로서 야핏을 진화시키고 있다. 야핏 사이클은 세계 랜드마크를 메타버스로 구현해 라이딩할 수 있는 홈 트레이닝 서비스다.

김 대표는 "누구나 할 수 있는 운동인 싸이클(자전거 타기)을 메타버스 세계의 매개체로 봤다"며 "(메타버스가 접목된) 야핏을 이용하면 세계 어디든 갈 수 있다. 아바타와 자전거를 통해 코로나19로 나가지 못하게 됐던 해외 곳곳의 도로를 달릴 수 있다"고 말했다. 그는 이어 "메타버스 세계를 통해 많은 이들이 (동시 접속해) 같은 시간에 라이딩을 하면서 재미있게 즐길 수 있다"고 설명했다.

조현 IPX(구 라인프렌즈) 메타버스 비즈니스 총괄은 블록체인 기술을 접목해, 캐릭터 지식재산권(IP) 산업을 확장시키는 회사의 전략을

소개했다. 그는 "IPX는 이를 지식재산권(IP)3.0'으로 정의하고 개인이 만든 다양한 캐릭터로 멀티버스(Multiverse) 세상에서 소통할 수 있도록 하는 교두보의 역할을 하겠다"고 강조했다.

IPX는 이같은 목표를 위해 두 가지 사업을 진행하고 있다. 오오즈(OOZ)와 웨이드(Wade)다. 조 총괄은 "오오즈는 IPX의 IP 3.0 비전을 담은 캐릭터 사업으로, 최초의 NFT 프로젝트다"라며 "여러 캐릭터가 자신의 소울 메이트를 찾아간다는 세계관을 담았다"고 설명했다. 웨이드는 최근 인기를 얻고 있는 가상인간을 캐릭터로 구현한 캐릭터 인플루언서다. 그는 "모두가 자기 IP를 창작하고 소유하며 돈을 벌 수 있는 IP3.0시대를 생각한다"고 말했다.

김범주 유니티코리아 에반젤리즘 본부장은 메타버스 시대가 도래하면서, 유니티의 사업 영역이 확장되고 있다고 말했다. 게임산업에서 사용하는 개발도구와 게임 엔진 등을 설계해 제공하는데 머무르지 않고, 자동차와 건설, 건축 등 다양한 분야에서 메타버스와 디지털 트윈 혁신 기술을 제공하는데 까지 나아가고 있다는 설명이다.

디지털 트윈 공항이나 가상의류제작 기술 지원이 대표적이다. 김 본부장은 "벤쿠버 국제 공항 같은 경우 유니티 기반의 디지털 트윈 공항을 만들어 실시간 3D로 시각화해 운영을 효율화하며 ESG 영역을 충족하려 노력하고 있다"며 "의류 산업도 현실 세계의 데이터에 기반해 파격적인 디자인의 옷을 가상세계에서 선보이고 있을 수 있도록 하면서, 현실의 의류산업이 발생시키는 의류 폐기물은 최소화하는 데 집중하고 있다"고 말했다.

최승모 플레이댑 개발이사는 메타버스 게임 플랫폼인 플레이댑은 NFT를 적극 접목시켜 블록체인 게임을 발전시키고 있다고 설명했다. 플레이댑은 지난 2019년 크립토도저와 도저버드라는 국내 최초 NFT 게임도 출시한 상태다.

블록체인과 NFT를 접목시키면, 이용자가 서로 다른 다른 게임에서 NFT를 가져가 활용하면서 게임을 즐길 수 있다. 그는 "가상세계의 중심이 되는 NFT가 뒷받침이 되어야, 메타버스 세상에서는 실물경제와 융합된 범국가적인 서비스가 가능해진다"며 "메타버스 세상에서 개인 창작자가 우리의 NFT를 활용해 메타버스 세계를 확장시키는 것이 우리의 목표"라고 설명했다.

윤석민 비톡 대표는 향후 다양한 장르의 메타버스가 출현할 것이라고 예상하면서 스타트업으로서 '메타버스 틈새 시장'을 노리고 있다고 밝혔다. 비톡은 NFT를 중심으로 콘텐츠가 핵심이 되는 서비스 '아이소박스'를 준비 중이다.

윤 대표는 아이소박스에 대해 "남녀노소 누구나 참여할 수 있게 2D 창작툴을 제공할 예정이다"며 "본인의 지갑을 연동해서 공간 내 보유한 NFT 작품을 전시할 수 있다. 이 공간은 개인을 위한 공간뿐만 아니라 NFT프로젝트를 위한 커뮤니티 공간도 될 수도 있다"고 말했다.

◇메타버스·디지털 기술로 ESG 강화한다

SK텔레콤은 메타버스를 통해 환경·책임·투명(ESG)경영을 강화해 나갈 수 있다고 설명했다. 여지영 SK텔레콤 ESG얼라이언스 담당은 메타버스를 통한 비대면 모임 등이 늘어날수록 탄소배출을 줄여 환경 영역에서 도움이 될수 있다고 설명했다. 그러면서 SK텔레콤은 AI서비스에 메타버스 기술을 더해, ESG를 추진하고 있다고 설명했다.

여 담당은 "메타버스를 활용해서 MZ세대의 아픈 마음을 어떻게 어루만질 수 있을까 고민하다가 대학마다 상담을 진행하는 데 주목했다"며 "(2021년) 연말부터 이프랜드에서 서강대와 대학생 정서 케어 프로그램 파일럿을 진행하고 있다"고 말했다. MZ세대의 우울증 비중과 청년 고독사 비중이 늘고 있다 보니 이같은 사회 문제를 해결하고자 이프랜드를 활용한 사례다.

유용규 KT 본부장은 KT가 디지털 트랜스포메이션(DX)에 기반한 기업 ESG 실현에 나선다는 계획이다. 미디어와 콘텐츠, 클라우드 기술, 인공지능(AI)기술을 활용해 환경 문제 개선이나 사회적 책임 강화에 나선다는 설명이다. KT에서 보유한 AI와 딥러닝 기술을 통해 건물마다 최적의 에너지가 공급될 수 있도록 관제 제어하는 'AI빌딩 오퍼레이터'가 대표적이다.

유 본부장은 "AI 빌딩 오퍼레이터는 건물 내에 있는 모든 에너지가 어떻게 사용되고 있는지 전부 수집해 이를 딥러닝해 분석하고 최적화한다"며 "이를 적용한 한 B2B 고객사의 경우 전년 대비 7~8%이상의 에너지 손실을 절감한 사례도 있다"고 설명했다. 유 본부장은 "이외에도 고객사 지역에 있는 공기질을 분석하고 미세먼지와 세균 데이터를 측정해 맞춤형 공기질을 제공하는 등 B2B 사업을 통해 ESG 경영을 강화하고 있다"고 말했다.

◇지속가능한 성장 위한 ESG 경영은 시대 흐름 진단도

박종진 신한은행 ESG 전략실장은 신한은행의 지속가능한 성장을 위해 고객·사회·직원 등 세 부문에서 ESG경영을 강화하고 있다고 설명했다. 금융소비자보호법 시행에 따른 소비자 보호 기능 독립성 확보와 고객 보호 총괄을 위한 소비자 보호 전담 조직을 그룹으로 격상했다. 고객과 은행의 동반 성장을 위해 수치 기반의 평가가 아닌 고객 편의를 위한 활동 위주의 평가 기준도 도입했다.

박 실장은 이어 "친환경 경영활동처럼 사회와 함께 하는 활동도 꾸준히 진행하고 있다"며 "탄소 배출량 감축 및 친환경 금융 지원을 적극 추진 중으로 '2050년까지 탄소 배출량 제로'를 그룹의 중장기 환경 비전으로 설정해 실천하고 있다"고 밝혔다.

그는 이어 "디지털 전환과 ESG 경영을 잘 알아야 지속가능한 경영이 가능하다"며 "신한은행은 스타트업 등 다양한 기업과 제휴를 통해 디지털 전환과 ESG 경영을 고도화하는 작업을 꾸준히 진행하겠다"고 덧붙였다.

DB김종필 LG화학 지속가능전략팀장은 과거 탄소를 많이 배출했던 LG화학이 ESG를 기업 경영에 내재화하면서 체질변화에 앞장서고 있다고 강조했다. 2023년부터는 기존 화석연료를 사용하던 NCC공정 분해로에 수소를 도입하고, 2025년에는 재생에너지를 활용한 전기로를 도입해 생산 과정 중 발생하는 이산화탄소 양을 최소화 한다.

김 팀장은 "탄소 감축 목표를 빠르게 상향하는 것 뿐아니라 시장

과 투명하게 소통하는 활동이 중요해졌다"며 "이런 부분들을 사업전략 내 반영할 수 있도록 매진할 예정이다"라고 말했다. LG화학은 지난해 4월 ESG위원회를 신설한 상태다. 이어 "LG화학은 저탄소 사업 포트폴리오로 빠르게 전환해 기존에 화학이 갖고 있는 이미지를 탈피하는 동시에, 친환경적이고 지속가능한 ESG를 선도할 수 있는 기업으로 발돋움하겠다"고 말했다.

이은주 기자(2022.04.21.), "[메타버스ESG 2022] ESG, 메타버스로 날개 단다", IT조선

제5부 참고문헌

1. 김수현, “킹스맨처럼 안경 끼고 원격회의…현실이 된 ‘AR글래스’”, 「머니투데이」, 2020년 8월 12일.
2. 김승욱, 디자인 씽킹과 서비스 경영, 박영사, 2019.
3. 김상균, 『메타버스: 디지털 지구, 뜨는 것들의 세상』, 서울: 플랜비디자인, 2020.
4. 성윤옥, 서비스스케이프가 서비스품질, 서비스 만족, 서비스 충성도에 미치는 영, 2021.
5. 이상협, 메타버스와 고객경험, 브런치, 2021.8.14, (https://brunch.co.kr/@leeshyup/7)
6. 이해섭, 메타버스 리포트: 눈앞에 온 미래 글로벌 확장현실(XR) 산업 인사이트, 2022.
7. 이혜원, 메타버스 시대의 문화예술과 인간 중심 디자인, 한국인사연구, 2(2), 182-194, 2021.
8. 이혜원 메타버스 플랫폼에서 예술은 어떻게 구현되고 있나? : 해외메타버스 아트프로젝트를 중심으로 2022.
9. 이병준, 가상환경의 기업을 꿈꾼다! Gather.Town, 人CO BLOG, 2021. 5. 15
10. 이승환, 『로그인(Log In) 메타버스: 인간x공간x시간의 혁명』, 『SPRi 이슈리포트』, 2021.
11. 선담은, 신입사원 교육에 메타버스 도입…“몰입도·네트워크↑”, 한겨레, 2021. 7. 8.
12. 스마일게이트 에이아이(Smilegate AI), Gather Town: 가상공간과 화상미팅의 만남, 2020. 12. 15.
13. 한겨레신문, 엘지(LG)디스플레이가 최근 도입한 메타버스 플랫폼 기반 신입사원 교육장면, 2021. 7. 8.
14. 한국경제신문, 스타강사 김미경, 교육업계 첫 AI 휴먼 된다, AI Insight, 2021. 7. 13.
15. 한상열, 메타버스 플랫폼 현황과 전망, 과학기술정책연구원, FUTURE HORIZON, 19-24, 2021. 6.
16. 장정현, “애플 매장의 진화, 스토어(Store)에서 지역 광장 스퀘어(Square)로”, 「라이프스타일 경영미디어」, 2020년 10월 5일.
17. 정재원, 『메타버스(Metaverse) 시대의 도서관 운영』, 『국립중앙도서관 이슈리포트』, 2021. 4.
18. 허윤희, 요즘 힙한 회사들이 근무하는 법, Gather Town, Brunch, 2021.

19. 온라인 중앙일보, 인천시, 지방정부 최초 XR 메타버스 프로젝트 본격 시동, 2021. 6. 9
20. B. Joseph Pine II and James H. Gilmore, "Welcome to the Experience Economy", Harvard Business Review July-August 1998.
21. Christiaan Hogendorn & Brett, "Infrastructure and general purpose technologies: a technology flow framework", Frischmann European Journal of Law and Economics volume 50, 2020.
22. Deloitte Center for Integrated Research, "The spatial Web and Web 3.0, What business leaders should know about the next era of computing", 2020.
23. Innovate UK "Immersive Economy in the UK", 2018.
24. Roger James Hamilton, 『The Metaverse: How it will end the Internet』, 2020. https://www.youtube.com/watch?v=WJecbZWSbVs
25. Teece, D. J. Dynamic capabilities and (digital) platform lifecycles, In Entrepreneurship, innovation, and platforms, Emerald publishing limited, 2017.
26. PwC, "Seeing is Believing", 2020.

저자소개

김승욱

현재 평택대학교 경영학과 교수로 재직 중이며 평생교육원장과 취창업 지원단장을 맡고 있다. 최근에는 이코노미스트 경제지에 [메타버스와 웹3.0 경영]이라는 주제로 전문가 칼럼을 게재하고 있다. 이전에는 연세대학교 경영연구소 전문연구요원, 안진회계법인(Deloitte Korea), 삼일회계법인(PWC: Price Waterhouse Coopers)와 그리고 SAP Korea에서 경영컨설팅과 정보기술 컨설팅 업무를 수행하였다.

최근에는 교육부가 총괄하는 한국형 온라인 교육 강좌사업(K-MOOC)에 2년 연속 선정되어 국비와 운영비를 지원받게 되었으며 이를 통하여 전 세계 학생과 일반인들을 대상으로 경영학 분야의 온라인 교육강좌를 강의하고 있다. 2021년에는 한국형 온라인 공개강좌(K-MOOC)에 [빅데이터와 고객관계관리]가 개별강좌사업에 선정되었으며, 2022년에도 [메타버스와 서비스경영]이 신기술 신산업 분야에 선정되었다.

주요 저서로는 『디자인씽킹과 서비스경영(개정판)』, 『인공지능시대의 경영정보시스템』, 『빅데이터 마케팅과의 융합을 위한 고객관계관리(개정 4판)』, 『디지털 콘텐츠 비즈니스(개정판)』, 『디지털 트랜스포메이션을 위한 경영학 길잡이』 등이 있다.

ESG경영 시대의 메타버스와 고객관계관리

초판발행 2023년 2월 17일

지은이 김승욱
펴낸이 안종만·안상준

편 집 김윤정
기획/마케팅 김한유
표지디자인 BEN STORY
제 작 고철민·조영환

펴낸곳 (주) 박영사
서울특별시 금천구 가산디지털2로 53, 210호(가산동, 한라시그마밸리)
등록 1959. 3. 11. 제300-1959-1호(倫)
전 화 02)733-6771
f a x 02)736-4818
e-mail pys@pybook.co.kr
homepage www.pybook.co.kr
ISBN 979-11-303-1683-3 93320

정 가 28,000원